孙中山大元帅府纪念馆
程存洁 主编
编

孙中山大元帅府纪念馆 壹

可移动文物普查编目

孙中山大元帅府纪念馆编

主　编　程存洁

副主编　白　琰

编　委（按姓氏笔画排列）：

　　　　于　军　白　琰　罗兴连

　　　　陈　莹　庞梓浩　程存洁

　　　　曾舒慧　黎　庆

整　理　周嫦妮

校　对　曾舒慧　陈乃瑜　吴张迪

审　校　程存洁

文物标本是博物馆的基础(代序)

程存洁

在广州珠江南岸,中山大学康乐园校区与海珠桥之间,有一颗璀璨的文化明珠,它就是孙中山大元帅府纪念馆。这里的地理位置优越,景色优美。该纪念馆是依托全国重点文物保护单位广州大元帅府旧址而兴建的,并因孙中山1917年和1923年两次在此开府办公建立革命政权而得名,其政治意义重大。

孙中山大元帅府纪念馆筹建于1997年9月4日,2001年12月28日在完成广州大元帅府旧址内南楼和北楼修缮工程及基本陈列布展工程后首次对外开放,到2003年9月10日在完成旧址门楼复建工程后又实施全面开放。该纪念馆虽然成立时间仅有20余年的历史,但其影响力正在逐步扩大,目前已是广东省和广州市爱国主义教育基地、广州市党员教育基地、广东省统一战线基地,也是国家二级博物馆。该纪念馆是我国唯一一座以孙中山从事革命活动并建立革命政权时的办公场所命名的纪念馆,是中国共产党第一次成功运用统一战线并取得辉煌成就的重要历史见证地,是海峡两岸同胞、海外侨胞的一条重要精神纽带,现存南、北两栋砖木石钢混合结构三层楼的建筑又是我国民族工业走向近代化的重要历史见证物。

博物馆具有弘扬社会主义核心价值观、宣传爱国主义教育和传播优秀历史文化的使命,具有征集收藏文物标本、开展科学研究和宣传教育三大基本职能,其中征集收藏文物标本是为国家保存文化财富的一条重要渠道,是博物馆的基础性工作。孙中山大元帅府纪念馆从筹建之日起,就明确了自己的征集方向,并矢志不渝地开展征集收藏工作。在社会各界友好人士的大力支持下,目前馆藏可移动文物标本从建馆初的零件套发展到今天,数量已过万余件套,初具规模,并成体系。

目前,馆藏文物标本主要有两大类:不可移动文物标本和可移动文物标本。前者有两处,一处是广州大元帅府旧址。这里原先是广东士敏土厂的办公楼,由治平洋行创始人澳大利亚建筑师帕内(Arthur W. Purnell)设计,始建于清光绪三十二年(1906年),是当时全国第二大水泥厂,规模仅次于天津开平水泥厂(启新洋灰股份有限公司),生产机械全部从德国克虏伯公司进口。现存南、北两栋楼房,均三层,坐南朝北,砖木石钢混合结构,金字架灰脊瓦面,平面呈矩形,属典型的殖民地外廊式结构。每层楼的四周均有3米宽的走廊,南北面建有9个半月形阳拱。阳拱下边为宝塔型窗花式廊栏。每层楼的正中为楼梯上落间,木板楼梯直通三楼。每栋楼东西两侧均有壁炉直通楼顶。其中,北楼高14.3米,面宽9间39米,进深五间20.6米;南楼面宽7间27.3米,进深6间23.2米。与建筑有关的还有"奏办广东士敏土厂地界"碑一块、光绪丁未冬月丰润张人骏题"广东士敏土厂"花岗岩石门牌一块(长287厘米,宽92厘米,厚18厘米)及"求是"花岗岩石牌一块。

另一处是赤岗塔。该塔为平面八角形、楼阁式青砖塔，外观九级，内分17层，高50余米，1989年12月被公布为广州市文物保护单位。目前认为该塔始建于明万历四十七年（1619），但据同治十年刊本《番禺县志》卷十七"建置略四"和卷二十四"古迹二"记载，该塔是在明朝天启年间由李待问倡建。关于修建该塔的意义，屈大均在《广东新语》卷十九"坟语·四塔"记载：

  广州有四塔，其在城中者，一曰花塔……一曰光塔……二塔为一城之标，形家者常谓会城状如大舶，二塔其樯，五层楼其舵楼云。其在城东五里者曰赤岗塔，盖会城东郊之山，左臂微伏，两崖林峦，与人居相错，累累若釜钟然。形家者以为中原气力至岭南而薄，岭南地最卑下，乃山水大尽之处，其东水口空虚，灵气不属，法宜以人力补之，补之莫如塔。于是以赤岗为巽方而塔其上，舣棱峻起，凡九级，特立江干，以为人文之英锷。其东二十五里有潆洲……因名曰海鳌之塔。二塔既成，屹然与白云之山并秀，为越东门，而引海印、海珠为三关，而全粤扶舆之气乃完且固。（中华书局，1985年4月第1版，第501～502页）

这段记载显示，明朝堪舆家认为，岭南地处山水尽处，广州东面水口空虚，灵气不足，故建塔以补之；塔建成后，全粤扶舆之气乃完且固。因此，赤岗塔的修建反映了古人具有朴素的哲学思想，将人工作品视为大自然的有机组成部分，是为大自然添加美景。

本书的重点是对馆藏可移动文物标本进行编目。自2013年组织开展第一次全国可移动文物普查工作以来，本馆组织相关业务人员，对馆藏文物标本进行普查登记，经数年努力，该项工作已基本完成。现馆藏文物标本主要有纸类、纺织品类、金属类、杂器类、陶瓷类等五大类，具体包括书法绘画、档案公告、报纸杂志、票据息折、照片名片、证书证件、证章、钱币、童服、书信等，约有一万余件（套）。

本编目虽存在许多不完善的地方，但开展这项工作，正表明我们朝着为繁荣祖国的历史文化的目标而积极进步。九十年前的1931年5月，陈寅恪先生在国立清华大学二十周年纪念特刊上发表了《吾国学术之现状及清华之职责》一文，他在文中直指时弊，为本国艺术史学发声：

  关于本国艺术史材料，其佳者多遭毁损，或流散于东西诸国，或秘藏于权豪之家，国人闻见尚且不能，更何从得而研究？其仅存于公家博物馆者，则高其入览券之价，实等于半公开，又因经费不充，展列匪易，以致艺术珍品不分时代，不别宗派，纷然杂陈，恍惚置身于厂甸之商肆，安能供研究者之参考？……故本国艺术史学若俟其发达，犹邈不可期。（《陈寅恪集·金明馆丛稿二编》，北京：生活·读书·新知三联书店，2001年7月第1版，第362页）

近百年过去了，陈先生提出的这个问题虽得到了一定程度的改善，但总体而言，依然没有完全实现所有艺术珍品均能让读者欣赏、供读者研究之用的目的。我们编辑出版本编目，目的不仅仅是为了方便本馆从业人员熟悉馆藏，更是为了让广大读者能更好地了解本馆馆藏，方便科研考查之需要。如果能实现这个目的，那么我们近十年的辛苦也就没有白费，我们所完成的工作也就有了积极意义。我们真诚地期盼读者批评指正！

凡 例

1. 本编目收入本馆建馆以来到2019年12月以前孙中山大元帅府纪念馆收藏的档案公告、报纸杂志、票据息折、书法字画、照片名片、证书证件、证章、钱币、童服、书信等历史资料和文物藏品，约一万余件。这批资料均已录入全国可移动文物普查文物平台。

2. 为了便于查阅，本图录以藏品质地分类，共分纺织、金属、陶瓷、杂器、纸本等五大类。因本馆纸质藏品较多，故该类按内容又分成书籍、报纸杂志、家书信函、票据息折等九大类。

3. 每件文物藏品刊录信息次序为：编号、名称、尺寸、数量、时代；没有标明数量的，表示该文物数量为1件。

4. 文物藏品编号中，字母代表质地分类，具体如下：

  F：纺织品

  J：金属类

  S：杂器类

  T：陶瓷类

  Z：纸类

5. 文物规格以厘米为单位，以cm表示。量度方式：平面先纵后横；立体先底后高，或以长×宽×高表示。

6. 文物年代，与文物本身的记录相同。公历用阿拉伯数字表示，民国纪年用汉字数字表示。

7. 本书中缺失的字用□表示。

目录

文物标本是博物馆的基础(代序) ……………………… 程存洁 1
凡例 ……………………………………………………………… 1

第一部分　编目 ……………………………………………… 1

一、纺织品类 ………………………………………………… 3
二、金属类 …………………………………………………… 17
　(一) 钱币 ………………………………………………… 17
　(二) 证章 ………………………………………………… 20
　(三) 其他 ………………………………………………… 40
三、杂器类 …………………………………………………… 47
四、陶瓷类 …………………………………………………… 54
五、纸类 ……………………………………………………… 57
　(一) 书籍 ………………………………………………… 57
　(二) 报纸杂志 …………………………………………… 68
　(三) 家书信函 …………………………………………… 84
　(四) 票据息折 …………………………………………… 166
　(五) 照片名片 …………………………………………… 225
　(六) 书法字画 …………………………………………… 246
　(七) 广告标签 …………………………………………… 254
　(八) 档案公文 …………………………………………… 270
　(九) 证书证件 …………………………………………… 336

第二部分　图版 ……………………………………………… 345

一、帅府档案 ………………………………………………… 340
二、广州记忆 ………………………………………………… 378
三、世情世风 ………………………………………………… 396

第一部分

编目

一、纺织品类

1. 0102.F.001,宋庆龄赠予区垲烘的孙中山黑色大衣,肩宽52 cm,长121 cm,民国
2. 0103.F.002,区垲烘在大元帅府时的秋装工作服,肩宽46 cm,长70 cm,民国
3. 0104.F.003,区垲烘在大元帅府时的冬装工作服,肩宽44 cm,长76 cm,民国
4. 0105.F.004,1960年宋庆龄穿的黑皮凉鞋,13 cm×18 cm,一双,1960年
5. 0479.F.005,民国贡缎牙白地浅紫花卉滚绿边高领女衫,78.8 cm×125.8 cm,衣摆60.5 cm,民国
6. 0480.F.006,民国桃红剔花软缎地福禄玉堂富贵滚牙白流苏边喇叭裙,腰围43.5 cm,裙长92.5 cm,裙摆77.5 cm,民国
7. 0481.F.007,民国新娘礼服,衫81.2 cm×130.1 cm,裙99 cm×69 cm,1套2件,民国
8. 1101.F.012,中国童子军布标,1.5 cm×9 cm,民国
9. 1102.F.014,民国开平县一中布标,10 cm×4 cm,民国
10. 1716.F.008,民国台山商团军线织绶带,148.0 cm×9.0 cm,民国
11. 1937.F.009,民国国民革命军陆军第一师步兵第一旅第一团第三营书记罗琼璧布标,5 cm×9.4 cm,民国
12. 1938.F.042,民国中央直辖滇军第二师第一游击第三支队杨瑞苑证章,带长8 cm,证章直径5.7 cm,民国
13. 1939.F.010,民国粤军第一路第一独立旅机关枪连第一排三班王文五布标,11.8 cm×9.5 cm,民国
14. 1940.F.011,民国广东国民大学附中梁荣□布标,4 cm×9.3 cm,民国
15. 1941.F.013,民国中国童子军开平县一中布标,8.8 cm×10 cm,民国
16. 1942.F.015,民国广州惠爱八约浸信会礼拜堂会友骆广新袖章,12.9 cm×3.5 cm,民国
17. 2538.F.016,民国绸缎绣花结婚裙裤,上衣身长62 cm,两袖间长115.5 cm,裙长86 cm,裙头35.5 cm,下摆65 cm,1套2件,民国
18. 2539.F.017,民国黑绒瓜皮帽,直径18 cm,最高11 cm,民国
19. 2540.F.018,民国黑呢瓜皮帽,直径18 cm,最高11.5 cm,民国
20. 2541.F.019,民国灰青色绒礼帽,直径33.8 cm,最高14 cm,民国
21. 2542.F.020,民国浅咖啡色绒礼帽,直径35 cm,最高14 cm,民国
22. 2543.F.021,民国深咖啡色绒礼帽,直径35 cm,最高13 cm,民国
23. 2544.F.022,民国黄麻对襟四袋长袖上衣,身长71 cm,两袖间长138 cm,民国

24. 2545.F.023,民国生蚕丝米色大襟女式长褂,身长96 cm,两袖间长105 cm,民国
25. 2546.F.024,民国生蚕丝白色对襟四袋长袖上衣,身长63 cm,两袖间长128.5 cm,民国
26. 2547.F.025,民国灰色大襟棉长袍,身长137 cm,两袖间长167 cm,民国
27. 2548.F.026,民国黄麻大襟长袖上衣,身长78.5 cm,两袖间长164 cm,民国
28. 2549.F.027,民国蓝色线别对襟长袖上衣,身长65 cm,两袖间长175 cm,民国
29. 2550.F.028,民国灰色缎大襟长袖女式上衣,身长70.5 cm,两袖间长126.5 cm,民国
30. 2551.F.029,民国白色对襟长袖男式上衣,身长74 cm,两袖间长175 cm,民国
31. 2552.F.030,民国白麻大襟男式长衫,身长135 cm,两袖间长165 cm,民国
32. 2553.F.031,民国红绸绣花裙,长85 cm,裙头48.5 cm,下摆84 cm,民国
33. 2554.F.032,清末石青色缎官服大外套,身长64 cm,两袖间长166 cm,清末
34. 2555.F.033,尼龙绣花小脚鞋,最长19.5 cm,高7.8 cm,最宽6.8 cm,一双,民国
35. 2556.F.034,民国棉质绣花香包,11 cm×8.3 cm×2 cm,民国
36. 2557.F.035,民国棉质绣花香包,10.8 cm×8 cm×1.5 cm,民国
37. 2558.F.036,民国彩色珠绣U形鞋面,最宽16 cm,最长18.5 cm,厚0.3 cm,一双,民国
38. 2559.F.037,民国珠绣花卉纹鞋面,最宽7.6 cm,最长20.5 cm,厚0.4 cm,一双,民国
39. 2560.F.038,民国棉质绣五色旗手帕,34.7 cm×34.7 cm,民国
40. 2561.F.039,民国珠绣双旗纹眼镜套,13.2 cm×6 cm×0.6 cm,民国
41. 2576.F.040,民国广东"喜"字珠绣木屐带,底布14 cm×27 cm,珠绣5 cm×18.3 cm,一双,民国
42. 2577.F.041,民国广东桃花珠绣鼻烟壶套,12 cm×6.7 cm×2 cm,民国
43. 3135.F.043,1911年新汉教育公社飘布,18.0 cm×11.8 cm,1911年
44. 3459.F.044,明末清初洪顺堂布质证书,19.5 cm×8 cm,明末清初
45. 3461.F.045,1904年坛香山埠义兴公司给陈明沛的收据,22 cm×10 cm,1904年
46. 3462.F.046,1904年坛香山埠保良会馆给陈明沛的收据,14 cm×10.4 cm,1904年
47. 3463.F.047,1906年檀山正埠致公堂给陈明沛的收据,16.8 cm×10 cm,1906年
48. 3464.F.048,1914年洪安社会馆给陈明沛的收据,17.8 cm×12.5 cm,1914年
49. 4239.F.049,民国美国产咖啡色礼帽,高12.5 cm,直径36 cm,民国
50. 4240.F.050,民国广东机器制帽厂生产的鹰球牌礼帽,高11.5 cm,直径33.5 cm,民国
51. 4241.F.051,民国伦敦产白色南洋帽,高15 cm,直径33.4 cm,民国
52. 4242.F.052,民国珠绣女式拖鞋,前掌宽8 cm,高2 cm,长23 cm,一双,民国
53. 4243.F.053,民国珠绣半包女式拖鞋,前掌23.8 cm×7.3 cm×3.1 cm,一双,民国
54. 4244.F.054,民国缎面女式高跟鞋,前掌24.4 cm×7 cm×7 cm,一双,民国
55. 4735.F.055,1922年广州大东袜厂南号(上海分号)蜜蜂牌彩色童装丝袜,25 cm×11.5 cm,一双,1922年
56. 4736.F.056,1922年广州大东袜厂南号(上海分号)蜜蜂牌彩色童装丝袜,32 cm×11.5 cm,一双,1922年
57. 4748.F.058,民国初年黑色缎长裤,长98 cm,腰宽59 cm,裤脚宽34.5 cm,民国初年
58. 4749.F.059,民国初年黑色真丝镂空手提花大襟上衣,身长71 cm,通臂长127 cm,下摆宽57 cm,民国初年
59. 4750.F.060,民国初年蓝色男装对襟无袖上衣,身长62 cm,肩宽35.5 cm,下摆宽45 cm,民国

初年

60. 4751.F.061,民国初年女装无领大襟长袖上衣,身长84.5 cm,通臂长164 cm,下摆宽69.5 cm,民国初年
61. 4752.F.062,民国初年米色柞蚕丝立领长袖大襟女式上衣,身长68.5 cm,通臂长126 cm,下摆宽62 cm,民国初年
62. 4753.F.063,民国初年黑色真丝俏立领长袖大襟女式上衣,身长61 cm,通臂长112.5 cm,下摆宽53 cm,民国初年
63. 4754.F.064,民国初年灰色柞蚕丝立领长袖大襟女式上衣,身长83 cm,通臂长131 cm,下摆宽58.5 cm,民国初年
64. 4755.F.065,民国初年灰色柞蚕丝立领长袖大襟女式上衣,身长70 cm,通臂长119.5 cm,下摆宽57.5 cm,民国初年
65. 4756.F.066,民国白色丝质短领四袋对襟长袖男式上衣,身长60 cm,通臂长130 cm,下摆宽56 cm,民国
66. 4757.F.067,民国初年深紫色丝绸立领长袖对襟男式上衣,身长65.5 cm,通臂长164 cm,下摆宽66.5 cm,民国初年
67. 4758.F.068,民国初年黑色苎麻无领长袖大襟女式上衣,身长91.5 cm,通臂长136 cm,下摆宽80 cm,民国初年
68. 4759.F.069,民国初年黑色苎麻无领长袖大襟女式上衣,身长90 cm,通臂长154 cm,下摆宽78 cm,民国初年
69. 4760.F.070,民国初年黑色苎麻无领长袖大襟女式上衣,身长90.5 cm,通臂长134 cm,下摆宽75.5 cm,民国初年
70. 4761.F.071,民国初年黑色苎麻无领长袖大襟女式上衣,身长89 cm,通臂长130 cm,下摆宽84 cm,民国初年
71. 4762.F.072,民国初年黑色苎麻无领长袖大襟女式上衣,身长87.5 cm,肩宽40.5 cm,下摆宽72 cm,民国初年
72. 4763.F.073,清代广州均泰绸缎顾□黑色绣花立领对襟长袖女式上衣,身长61 cm,肩宽112 cm,下摆宽52 cm,清代
73. 4764.F.074,清代红色缎绣花流苏长裙,长94 cm,裙头宽36.5 cm,下摆宽71.5 cm,清代
74. 4765.F.075,清代蓝色苎麻无领长袖大襟女式上衣,身长82.5 cm,通臂长147 cm,下摆宽72 cm,清代
75. 4766.F.076,清代蓝色丝绸长裤,长104 cm,裤头宽57.5 cm,裤脚宽35 cm,清代
76. 4965.F.077,民国黑色绸缎长裤,长96 cm,腰宽62.5 cm,裤脚宽34.5 cm,民国
77. 4966.F.078,民国白色棉布裤,长93 cm,脚宽38 cm,腰宽60.5 cm,民国
78. 4967.F.079,民国黑色绸缎长裙,裙长86 cm,腰宽36 cm,裙摆宽72.5 cm,民国
79. 4968.F.080,民国紫色绸缎长裤,长89.5 cm,腰宽57 cm,脚宽41.5 cm,民国
80. 4969.F.081,民国枣红色绸缎中袖旗袍,全长125 cm,通臂长99 cm,下摆宽51.5 cm,民国
81. 4970.F.082,民国橙色绸缎儿童大襟,长54.5 cm,通臂长75.5 cm,下摆宽36 cm,民国
82. 4971.F.083,民国米色对襟长袖男式上衣,长62.5 cm,通臂长152 cm,下摆宽49 cm,民国
83. 4972.F.084,民国紫色绸缎长袖大襟上衣,身长66 cm,通臂长109 cm,下摆宽46.5 cm,民国
84. 4973.F.085,民国紫色丝绸长袖大襟女上衣,身长62 cm,通臂长95 cm,下摆宽45.5 cm,民国

85. 4974.F.086,民国紫色无袖对襟上衣,身长57.5 cm,肩宽39.5 cm,下摆宽61.5 cm,民国
86. 4975.F.087,民国黑色绸缎长袖对襟女上衣,身长70.5 cm,通臂长123 cm,下摆宽70.5 cm,民国
87. 4976.F.088,民国粉红丝绸流苏绣花长裙,裙长102 cm,裙头宽52 cm,下摆宽41 cm,民国
88. 4977.F.089,民国浅绿丝绸长裙,裙长87.5 cm,裙头宽37 cm,下摆宽67 cm,民国
89. 4978.F.090,民国橙红地绸缎山水花卉纹长裙,裙长89.9 cm,裙头37.1 cm,下摆宽72 cm,民国
90. 4979.F.091,民国黑色绸缎长袖对襟男装上衣,身长51 cm,通臂长145 cm,下摆宽55.5 cm,民国
91. 4980.F.092,民国咖啡色丝绸长袖旗袍,全长152 cm,通臂长101 cm,下摆宽51.5 cm,民国
92. 4981.F.093,民国浅蓝色丝绸长裙,裙长89 cm,裙头宽33.5 cm,下摆宽67 cm,民国
93. 4982.F.094,民国黑色绸缎绣花长袖女上装,身长64 cm,通臂长102.5 cm,下摆宽52 cm,民国
94. 4983.F.095,民国黑缎地彩色花卉纹长袖大襟女上衣,通臂长112.5 cm,衣长60 cm,下摆50 cm,民国
95. 4984.F.096,民国棕色丝绸长袖大襟上衣,身长58.5 cm,通臂长107.5 cm,下摆宽46.5 cm,民国
96. 4985.F.097,民国黑色绸缎长袖对襟男上装,身长50.5 cm,通臂长157 cm,下摆宽55.6 cm,民国
97. 4986.F.098,民国紫色丝绸百褶长裙,裙长100 cm,裙头宽31.4 cm,下摆宽37.5 cm,民国
98. 4987.F.099,民国紫色丝绸百褶长裙,裙长100 cm,裙头宽31.7 cm,下摆宽36 cm,民国
99. 4988.F.100,民国红缎地八仙童帽,长13.8 cm,帽沿宽18.5 cm,民国
100. 4989.F.101,民国红缎提花童帽,长10.7 cm,帽沿宽18.5 cm,民国
101. 4990.F.102,民国粉红缎提花童帽,长9.8 cm,帽沿宽19.7 cm,民国
102. 4991.F.103,民国棉布方格童帽,长10.3 cm,帽沿宽21.5 cm,民国
103. 4992.F.104,民国带披肩童帽,长36.5 cm,披肩宽31 cm,民国
104. 4993.F.105,民国紫色缎面平底鞋,长21.6 cm,帮高5.1 cm,一双,民国
105. 4994.F.106,民国瑞麟工厂花篮牌长袜,长54 cm,筒宽11.5 cm,一双,民国
106. 4995.F.107,民国白犬牌长袜,长54.5 cm,筒宽11.3 cm,一双,民国
107. 4996.F.108,民国手足牌童装长袜,长28 cm,筒宽8 cm,一双,民国
108. 5145.F.109,民国广东国民团体会新宁县公会布标,23 cm×8.7 cm,民国
109. 5629.F.057,民国"滇省济升昌"黑绒瓜皮帽,高9.5 cm,直径18.5 cm,民国
110. 5630.F.110,民国"滇省济升昌"黑缎瓜皮帽,高9.5 cm,直径18.3 cm,民国
111. 5809.F.111,民国海关关警袖章,11.7 cm×21.2 cm,民国
112. 5815.F.112,民国黑缎大襟长袖女上衣,身长75.5 cm,下摆宽62 cm,通臂长134.5 cm,民国
113. 5816.F.113,民国黑色麻布长裤,长91 cm,裤脚宽25 cm,裤头宽54 cm,民国
114. 5817.F.114,民国啡色香云纱对襟无袖童上衣,长50 cm,肩宽28.5 cm,下摆宽41 cm,民国
115. 5818.F.115,民国蓝色麻布大襟长袖女上衣,身长81.5 cm,通臂长134.5 cm,下摆宽68.5 cm,民国
116. 5819.F.116,民国粉红色丝绸无领大襟长袖女上衣,身长60 cm,通臂长118 cm,下摆宽57 cm,民国

117. 5820.F.117,民国绿色织锦大襟长袖女上衣,身长 67 cm,通臂长 134.5 cm,下摆宽 57.5 cm,民国
118. 5821.F.118,民国绿色丝绸大襟长袖女上衣,身长 73 cm,通臂长 130.5 cm,下摆宽 68.5 cm,民国
119. 5822.F.119,民国红缎绣花流苏长裙,长 94 cm,裙头宽 43.5 cm,下摆宽 66.5 cm,民国
120. 5823.F.120,民国红色丝绸绣花长裙,长 86 cm,裙头宽 44.5 cm,下摆宽 78.5 cm,民国
121. 5824.F.121,民国红缎绣花流苏长裙,长 93.5 cm,裙头宽 41.5 cm,下摆宽 69.5 cm,民国
122. 5825.F.122,民国玫红丝绸大襟长袖女童上衣,身长 43.5 cm,通臂长 78 cm,下摆宽 43.5 cm,民国
123. 5826.F.123,民国灰绿色丝绸男装长袍,全长 133 cm,通臂长 165 cm,下摆宽 75.5 cm,民国
124. 5827.F.124,民国粉紫色绸缎长袖旗袍,全长 115 cm,通臂长 111 cm,下摆宽 60 cm,民国
125. 5828.F.125,民国浅绿色丝绸长袖旗袍,身长 121 cm,通臂长 164 cm,下摆宽 75.5 cm,民国
126. 5829.F.126,民国红缎绣花流苏长裙,裙长 100 cm,裙头宽 44 cm,民国
127. 5830.F.127,民国红缎绣花流苏长裙,裙长 91 cm,裙头宽 50 cm,民国
128. 5831.F.128,民国红绸绣花流苏长裙,长 88 cm,裙头宽 45 cm,民国
129. 5832.F.129,民国粉红色丝绸绣花流苏长裙,长 92 cm,裙头宽 45.5 cm,民国
130. 5833.F.130,民国褐色绸缎绣鹤对襟长袖女上衣,身长 68.5 cm,通臂长 128 cm,下摆宽 68.5 cm,民国
131. 5834.F.131,民国暗紫色麻布百褶长裙,长 95.5 cm,裙头宽 55 cm,下摆宽 82.5 cm,民国
132. 5835.F.132,民国米黄色麻布大襟长袖女上衣,身长 80 cm,通臂长 130 cm,下摆宽 68.5 cm,民国
133. 5836.F.133,民国青灰色绸缎大襟长袖女上衣,身长 67 cm,通臂长 133 cm,下摆宽 71.5 cm,民国
134. 5837.F.134,民国白底印花丝绸大襟长袖女上衣,身长 59 cm,通臂长 97 cm,下摆宽 47.5 cm,民国
135. 5838.F.135,民国深紫色麻布大襟长袖女上衣,身长 73 cm,通臂长 120 cm,下摆宽 59 cm,民国
136. 5839.F.136,民国黑缎大襟中袖女上衣,身长 70 cm,通臂长 95.5 cm,下摆宽 49 cm,民国
137. 5840.F.137,民国黑缎大襟长袖女上衣,身长 71 cm,通臂长 118 cm,下摆宽 55 cm,民国
138. 5841.F.138,民国黑缎大襟长袖女上衣,身长 67 cm,通臂长 119 cm,下摆宽 59.5 cm,民国
139. 5842.F.139,民国黑缎女长裤,长 92 cm,裤头宽 60 cm,裤脚宽 28.5 cm,民国
140. 5843.F.140,民国黑香云纱长裤,长 94.5 cm,裤头宽 51.5 cm,裤脚宽 34 cm,民国
141. 5844.F.141,民国黑色丝绸提花裙,长 77.5 cm,裙头宽 48.5 cm,下摆宽 64 cm,民国
142. 5845.F.142,民国深蓝色丝绸对襟长袖男上衣,身长 68 cm,通臂长 156 cm,下摆宽 54 cm,民国
143. 5846.F.143,民国蓝色麻布大襟长袖女上衣,身长 85 cm,通臂长 124 cm,下摆宽 75 cm,民国
144. 5847.F.144,民国浅灰色纱绸大襟长袖立领女上衣,身长 71 cm,通臂长 132.5 cm,下摆宽 65 cm,民国
145. 5848.F.145,清末深紫色绸缎对襟长袖女式外套,身长 104.5 cm,通臂长 129 cm,下摆宽 99 cm,清末

146. 6528.F.146,民国浅灰色丝绸裙,长74 cm,下摆宽64 cm,裙头宽32 cm,民国
147. 6529.F.147,民国先施公司生产的灰色丝绸女长袖大襟上衣,长58.5 cm,通臂长120 cm,下摆宽55 cm,民国
148. 6530.F.148,民国永安有限公司出品的棕黑色长袖旗袍,长108 cm,通臂长121.5 cm,下摆宽59 cm,民国
149. 6829.F.149,1931年黄清莲绣广绣绒线绣水仙花绣件,34.8 cm×27.8 cm,1931年
150. 6963.F.150,美国制造中华民国五色国旗,12.4 cm×169 cm,民国
151. 7667.F.151,林黄卷的蓝色卡其布双排扣狐狸皮大衣,肩宽50 cm,袖长61 cm,下摆70 cm,衣长85 cm,民国
152. 7909.F.152,民国红缎地绣牡丹花七彩流苏挂件,65 cm×30.5 cm,民国
153. 7910.F.153,民国红缎地绣福禄寿三星纹童外套,通臂长72 cm,下摆宽35.5 cm,身全长50 cm,民国
154. 7911.F.154,民国浅绿缎地绣五福捧寿图十八星旗五色旗流苏绣件,279 cm×212 cm,民国
155. 7912.F.155,清末民初白缎底通草画风格绘人物船杯垫,直径20 cm,1套5件,清末
156. 7913.F.156,民国满地钉珠花卉纹抹额,9.8 cm×41 cm,民国
157. 7914.F.157,民国红缎地绣花卉纹荷包,80—90 cm×10—12 cm,1套2件,民国
158. 7915.F.158,民国绿缎地织锦蝶恋花纹荷包,12 cm×10.5 cm×2 cm,1套2件,民国
159. 7916.F.159,民国彩地绣瓜果型香荷包,27—17.8 cm×10—8 cm,1套3件,民国
160. 7917.F.160,民国蓝缎地绣喜鹊登梅纹腰荷包,13.0 cm×29 cm,民国
161. 7918.F.161,民国紫红缎地绣花卉腰荷包,14.5 cm×30 cm,民国
162. 7919.F.162,民国蓝缎地绣牛郎织女腰荷包,14 cm×32 cm,民国
163. 7920.F.163,民国蓝缎地绣鸾凤和鸣纹腰荷包,14.3 cm×37 cm,民国
164. 7921.F.164,民国黑缎地刺绣蝶恋花纹腰荷包,14 cm×30.5 cm,民国
165. 7922.F.165,民国紫缎地绣佛手桃纹腰荷包,14.5 cm×30.8 cm,民国
166. 7923.F.166,民国红缎地绣鱼澡纹腰荷包,9.3 cm×13 cm,1套2件,民国
167. 7924.F.167,民国黑缎地绣蝶恋花纹荷包,35 cm×11 cm,民国
168. 7925.F.168,民国蓝色暗花缎地绣花卉纹文具荷包,14.6 cm×24.5 cm,民国
169. 7926.F.169,民国粉红缎地绣佛手纹名片荷包,11.3 cm×8.3 cm,1套2件,民国
170. 7927.F.170,民国湖水绿缎地绣寿桃纹名片荷包,10.8 cm×6.5 cm,1套2件,民国
171. 7928.F.171,民国白缎底绣花卉纹褡裢扇袋名片袋三件套装,褡裢28 cm×8.5 cm,名片袋10.5 cm×6.9 cm,1套3件,民国
172. 7929.F.172,民国蓝缎地绣花卉纹耳套,12 cm×9.8 cm,1套2件,民国
173. 7930.F.173,民国红头地老虎头小童鞋,前掌10.2 cm×4.6 cm×3.8 cm,1套2件,民国
174. 7931.F.174,民国绿绸地绣蝴蝶花卉纹船型童鞋,前掌15 cm×5 cm×6.3 cm,1套2件,民国
175. 7932.F.175,民国黄缎地绣双龙戏珠纹连帽斗篷,全长74 cm,下摆宽44 cm,肩宽37 cm,民国
176. 7933.F.176,民国黑缎地绣荷花锦带对襟女装夹褂,通臂长149 cm,下摆宽83.5 cm,身全长94 cm,民国
177. 7934.F.177,清末黑色暗花缎地绣百花蝴蝶纹对襟女袍,通臂长136 cm,下摆宽91 cm,身全长110 cm,清末

178. 7935.F.178,民国湖水绿暗花绸地绣袍背心裤三件套装,通臂长131 cm,裤头宽48.5 cm,裤长100 cm,身全长99.5 cm,1套3件,民国
179. 7936.F.179,民国黑色暗花绸地绣花果纹二件套装,通臂长142.5 cm,裤头宽37 cm,裤长98 cm,身全长70 cm,1套2件,民国
180. 7937.F.180,民国黑色暗花花卉纹绸百褶裙,裙头宽56.5 cm,裙长93 cm,下摆宽104 cm,民国
181. 7938.F.181,民国橙色缎地绣花卉纹马面裙,裙头宽50 cm,裙长91.5 cm,下摆宽87 cm,民国
182. 7939.F.182,现代蓝缎地钉珠及胶片花卉纹上衣,通臂长55 cm,下摆宽43 cm,身全长48 cm,现代
183. 7940.F.183,民国绿缎地绣蝶恋花纹皮底平跟鞋,前掌24.2 cm×6.8 cm×7.5 cm,1套2件,民国
184. 7941.F.184,民国樊江众教友胡宾西教师的浅绿缎地"圣道化育",73 cm×136 cm,民国
185. 7942.F.185,民国红缎地绣凤戏牡丹纹床幔,63.5 cm×190 cm,民国
186. 7943.F.186,民国红缎地镶八卦框绣八仙图,89 cm×218 cm,民国
187. 7944.F.187,民国杏色缎地绣蝶恋花图绣件,39.5 cm×108.5 cm,民国
188. 7945.F.188,民国红色缎地绣蝶恋花图绣件,26.5 cm×91 cm,民国
189. 7946.F.189,民国红色缎地平金绣福禄寿三星图椅套,145 cm×49 cm,民国
190. 7947.F.190,民国红缎地盘金线绣花鸟纹床幔,100 cm×192 cm,民国
191. 7948.F.191,民国紫红色暗花绸地绣花卉百褶裙,裙头宽40 cm,裙长105 cm,下摆宽75 cm,民国
192. 7949.F.192,民国蓝缎地金银线绣荷塘纹挽袖,56.5 cm×24.7 cm,民国
193. 7950.F.193,民国蓝缎地金银线绣花果挽袖,24.5 cm×60 cm,民国
194. 7951.F.194,民国红缎地绣花鸟纹皮底高跟鞋,前掌24.6 cm×6.6 cm×8.8 cm,1套2件,民国
195. 7952.F.195,民国白色缎地绣花卉挽袖,21.5 cm×49.5 cm,民国
196. 7953.F.196,民国白色缎地绣花鸟纹挽袖,59.7 cm×20.3 cm,民国
197. 7954.F.197,民国白色缎地绣园庭仕女挽袖,60.5 cm×20.5 cm,61.5 cm×21.8 cm,1套2件,民国
198. 7955.F.198,民国蓝色缎地绣菊梅牡丹花挽袖,28.5 cm×51 cm,民国
199. 7956.F.199,黄缎地绣花鸟绣件,35.5 cm×32 cm,民国
200. 7957.F.200,民国黄地绣博古纹绣件,31.5 cm×32.8 cm,民国
201. 7958.F.201,民国红缎地绣牡丹花绣件,50 cm×48.3 cm,民国
202. 7959.F.202,民国蓝缎地绣牡丹花绣件,45.8 cm×46.5 cm,民国
203. 7960.F.203,民国卡其色缎地绣花果绣件,40.5 cm×35.5 cm,民国
204. 7961.F.204,民国绿缎地绣石榴花卉纹肚兜,41 cm×49 cm,民国
205. 7962.F.205,民国红布地贴绣榴开见子图肚兜,38.5 cm×45 cm,民国
206. 7963.F.206,民国红缎地绣花果纹肚兜,39.3 cm×36 cm,民国
207. 7964.F.207,民国红缎地绣花卉纹肚兜,28.1 cm×32.3 cm,民国
208. 7965.F.208,民国黄色暗花缎地绣花卉纹云肩,46 cm×57.7 cm,民国
209. 7966.F.209,民国橙色缎地贴绣老虎型童围涎,24 cm×24.5 cm,民国

210. 7967.F.210,民国红缎地贴绣婴孩虎头帽,14 cm×9.5 cm,民国
211. 7968.F.211,民国彩缎地拼绣荷花型童围涎,26.5 cm×27.5 cm,民国
212. 7969.F.212,民国橙红色缎地粤绣五子夺魁图门帘,212 cm×134 cm,民国
213. 7970.F.213,民国粉红地绣麻姑献寿图寿帐,70 cm×222 cm,民国
214. 7971.F.214,民国红色暗花缎地绣蝶恋花图门帘,171 cm×96 cm,民国
215. 7972.F.215,民国蓝缎地粤绣八仙图挂饰,164 cm×72.5 cm,民国
216. 7973.F.216,民国浅灰色缎地绣瓜瓞绵绵纹床罩,199 cm×147.5 cm,民国
217. 7974.F.217,民国红缎地绣双龙戏珠纹床罩,188 cm×248 cm,民国
218. 7975.F.218,民国红缎地绣麻姑献寿图寿帐,270 cm×93 cm,民国
219. 7976.F.219,民国蓝绸地绣百花蝙蝠图绣件,82 cm×109.5 cm,民国
220. 7977.F.220,民国大红缎地绣三多图门额,59.5 cm×98.5 cm,民国
221. 7978.F.221,民国大红缎地金丝绣孩童赏花图绣件,48.5 cm×42.5 cm,民国
222. 7979.F.222,清末三层四合绣人物花卉蝙蝠云肩,49 cm×51 cm,清末
223. 7980.F.223,民国粉红缎地粤绣鸾凤和鸣图被面,197 cm×148 cm,民国
224. 7981.F.224,民国三蓝绣牡丹花博古纹挽袖,58 cm×21 cm,民国
225. 7982.F.225,民国满地金锦上添花针法绣图庭仕女绣件,19.8 cm×8.6 cm,1套2件,民国
226. 7983.F.226,民国杏色缎地绣团寿如意纹绣件,22.2 cm×46.5 cm,民国
227. 7984.F.227,民国满地金球型花卉纹缂丝织件,25.5 cm×31 cm,1套2件,民国
228. 7985.F.228,民国套红缎三蓝绣花果蝶纹挽袖,23.5 cm×9 cm,1套2件,民国
229. 7986.F.229,民国白麻地十字绣园庭仕女餐桌垫中,29.5 cm×47.5 cm,1套2件,民国
230. 7987.F.230,民国红缎地三蓝绣花果纹马面裙,裙头周长118.0 cm,裙长90.5 cm,民国
231. 7988.F.231,民国黄缎地绣花卉枕顶,16.3 cm×15.3 cm,1套2件,民国
232. 7989.F.232,民国紫色缎地刺绣花卉寿字纹枕顶,17.6 cm×16.2 cm,1套2件,民国
233. 7990.F.233,民国大红缎地刺绣连年有余凤戏牡丹枕顶,18.3 cm×17.6 cm,1套2件,民国
234. 7991.F.234,民国碧绿色缎地绣蝶恋花纹枕顶,16.8 cm×15.4 cm,1套2件,民国
235. 7992.F.235,民国紫红缎地绣花卉纹童围涎,23.3 cm×23 cm,民国
236. 7993.F.236,民国彩缎拼绣盛荷童围涎,直径24.5 cm,民国
237. 7994.F.237,民国黑棉地四合绣花卉纹童围涎,20.8 cm×20.9 cm,民国
238. 7995.F.238,民国彩缎地五福绣花卉纹童围涎,23 cm×23.3 cm,民国
239. 7996.F.239,民国彩缎四瓣绣花果纹童围涎,直径24 cm,民国
240. 7997.F.240,民国粉红缎地夹棉艾虎头冬帽,直径24 cm,长25 cm,民国
241. 7998.F.241,民国黑棉地绣凤凰鱼蝴蝶童冬帽,直径27 cm,长28.5 cm,民国
242. 7999.F.242,民国红缎地蝠寿荷纹童鞋,长12 cm,高3.9 cm,1套2件,民国
243. 8000.F.243,民国蓝缎金丝绣挂件,框88.5 cm×27.5 cm,87.5 cm×27 cm,1套2件,民国
244. 8096.F.244,1948年清远县参议会贺宋子文任职周年纪念的"庶政熙明"锦旗,135 cm×87.4 cm,1948年
245. 8174.F.245,1914年有孙文印的洪顺堂布证书,22.6 cm×13.6 cm,1914年
246. 8199.F.246,民国广东省港大新有限公司浅绿丝缎,153.5 cm×66.4 cm,民国
247. 8514.F.247,民国孙中山画像绣件,45 cm×29 cm,民国
248. 8515.F.248,民国蒋介石画像绣件,42.5 cm×29 cm,民国

249. 8937.F.249,民国布质古湘芹第四十一号大元帅府出入证,7.5 cm×5.6 cm,民国
250. 8939.F.250,民国布质古应芬大元帅府大本营参字第14号特别出入证,11.6 cm×7.3 cm,民国
251. 8943.F.251,民国布质古应芬证章,5.5 cm×4 cm,民国
252. 9059.F.252,民国广东省立勷勤师范学校童军团布标,3.8 cm×9 cm,民国
253. 9065.F.253,民国黑底"打籽"绣牡丹图案旗人上衣,60 cm×124.6 cm,民国
254. 9126.F.254,清末民国初褐底绣五彩凤凰桌围绣品（广绣）,86 cm×94 cm,清末民国初
255. 9156.F.255,民国黑地花卉童冠,19 cm×24.5 cm,民国
256. 9157.F.256,民国深蓝地绒线绣寿山福海帽圈,46.2 cm×43.6 cm,民国
257. 9158.F.257,民国如意云头帽圈,37.5 cm×46.6 cm,民国
258. 9159.F.258,民国蓝地绒线绣婴戏帽圈,40.8 cm×47 cm,民国
259. 9160.F.259,现代虎头帽,13 cm×24 cm,现代
260. 9161.F.260,民国戏剧人物刺绣冬帽,29.5 cm×36 cm,民国
261. 9162.F.261,民国黑地刺绣金玉满堂帽圈,52 cm×27 cm,民国
262. 9163.F.262,民国荷塘秋色帽帔,20.3 cm×20.4 cm,民国
263. 9164.F.263,民国黑地花卉童帽,14.5 cm×23.5 cm,民国
264. 9165.F.264,清末民国初湖水蓝地刺绣杂宝纹,33 cm×26.2 cm,清末民国初
265. 9166.F.265,民国紫蓝地长寿富贵狗头帽,44.5 cm×33.8 cm,民国
266. 9167.F.266,民国兽头蟾蜍贴缎绣冬帽,32 cm×27 cm,民国
267. 9168.F.267,民国鹊桥相会刺绣帽圈,24.5 cm×25 cm,民国
268. 9169.F.268,民国后期虎头帽,42 cm×33 cm,民国
269. 9170.F.269,民国红地白菜帽披,17.5 cm×15 cm,民国
270. 9171.F.270,民国艾虎头帽,39.5 cm×28 cm,民国
271. 9172.F.271,民国贴缎绣花开富贵如意形大发财纹童虎帽,30 cm×13.5 cm×12 cm,民国
272. 9173.F.272,民国黑地刺绣三朵帽圈,43 cm×46.5 cm,民国
273. 9174.F.273,民国蓝地吉祥纹耳套,11 cm×9.8 cm,1套2件,民国
274. 9175.F.274,民国蓝地耳套,10 cm×9 cm,1套2件,民国
275. 9176.F.275,民国喜上眉梢绶带鸟寿梅纹耳套,10 cm×8.8 cm,1套2件,民国
276. 9177.F.276,现代蓝缎花鸟连珠纹边耳套,11 cm×10 cm,1套2件,现代
277. 9178.F.277,民国博古纹刺绣耳套,9.2 cm×9.5 cm,1套2件,民国
278. 9179.F.278,民国吉祥无尽纹耳套,9.5 cm×9.7 cm,1套2件,民国
279. 9180.F.279,民国戏剧人物刺绣童围涎,直径23 cm,民国
280. 9181.F.280,民国黄地印刷布艺老虎童围涎,37.6 cm×26.5 cm,民国
281. 9182.F.281,现代娃娃童围涎,直径21.5 cm,现代
282. 9183.F.282,民国海棠花童围涎,直径26.5 cm,民国
283. 9184.F.283,如意云头童围涎,直径31.5 cm
284. 9185.F.284,民国花卉纹围涎,直径28 cm,民国
285. 9186.F.285,民国桃红地囍肚兜,39.4 cm×42.3 cm,民国
286. 9187.F.286,民国蓝地布艺老虎肚兜,37.2 cm×45.5 cm,民国
287. 9188.F.287,民国戏剧人物肚兜,18.5 cm×23 cm,民国

288. 9189.F.288,民国耄耋富贵肚兜,42.3 cm×48.8 cm,民国
289. 9190.F.289,湖水绿地刺绣围裙,62 cm×33.5 cm,民国
290. 9191.F.290,民国黑地富贵平安围裙,61.1 cm×32.5 cm,民国
291. 9192.F.291,民国童肚兜,35.6 cm×42 cm,民国
292. 9193.F.292,漳绒团花围裙,35.5 cm×37.5 cm,民国
293. 9194.F.293,红缎地刺绣戏剧人物坎肩,31.8 cm×30 cm,民国
294. 9195.F.294,民国红地布艺坎肩,38 cm×30.3 cm,民国
295. 9196.F.295,民国湖水绿地刺绣戏剧人物围裙,38 cm×37 cm,民国
296. 9197.F.296,民国红地刺绣戏剧人物马甲,36.5 cm×38.6 cm,民国
297. 9198.F.297,民国红地布艺如意纹马甲,42.3 cm×44.7 cm,民国
298. 9199.F.298,桃红地暗花坎肩,46 cm×53.5 cm,民国
299. 9200.F.299,红地绒线绣童服(后改),42.3 cm×68.8 cm,民国
300. 9201.F.300,民国湖蓝地麒麟送子满地花套装(裤),裤长45.4 cm,腰宽35 cm,民国
301. 9202.F.301,现代黄地刺绣百寿连体衣,43.5 cm×54 cm,现代
302. 9203.F.302,上衣裤套装,纵52.5 cm,横90 cm,裤长58 cm,腰宽40.4 cm,裤腿宽23.2 cm,民国
303. 9204.F.303,民国红色提花乔其纱女上衣,60 cm×80 cm,民国
304. 9205.F.304,民国湖水红女童上衣,49 cm×91.2 cm,民国
305. 9206.F.305,民国红地白花织锦夹棉旗袍,91.1 cm×95.6 cm,民国
306. 9207.F.306,民国红地福叠长寿刺绣童鞋,11.5 cm×4.5 cm,重24.47 g,1套2件,民国
307. 9208.F.307,现代红地花卉刺绣童鞋,纵15 cm,横6 cm,高7.8 cm,1套2件,现代
308. 9209.F.308,民国花开富贵贴绣童鞋,纵12.5 cm,横4.5 cm,高4.2 cm,1套2件,民国
309. 9210.F.309,现代黑地花开富贵刺绣童鞋,14 cm×5 cm,1套2件,现代
310. 9211.F.310,民国兔头鞋,12.5 cm×4 cm,1套2件,民国
311. 9212.F.311,清橙地花开富贵三蓝绣童靴,16.7 cm×6 cm,1套2件,清代
312. 9213.F.312,清蓝地花开富贵三蓝绣童靴,16 cm×6.5 cm,1套2件,清代
313. 9214.F.313,民国紫地绒称心如意贴绣童鞋,14.5 cm×6 cm,1套2件,民国
314. 9215.F.314,民国浅蓝的牛头鞋,11 cm×6 cm,1套2件,民国
315. 9216.F.315,民国红地花开富贵三蓝绣童靴,16.5 cm×5.3 cm,高19 cm,1套2件,民国
316. 9217.F.316,民国橙杏地二色四平八正亭台式状元帽,27.1 cm×22.2 cm,高25.5 cm,民国
317. 9218.F.317,民国黑缎地绿缎红结帽顶镶金皮绣花开富贵纹颈披饰蝶恋花神兽王凤帽,纵32 cm,横32 cm,高45 cm,民国
318. 9219.F.318,民国紫色暗花绸缀绿暗花罗飘带帽顶贴绣年年有余纹鲶鱼订玻璃珠及珠片童帽,纵32 cm,横32 cm,高51 cm,民国
319. 9220.F.319,民国大红地滚贴绣如意高绣鼻子大镶镜片眼睛彩绣胡子老虎披风帽,13.2 cm×27.5 cm,民国
320. 9221.F.320,民国福到花开富贵发勒,10.5 cm×42.3 cm,民国
321. 9222.F.321,民国白地花开富贵童围涎(样板),直径31 cm,民国
322. 9223.F.322,民国白地如意头童围涎(样板),34.3 cm×34.1 cm,民国
323. 9224.F.323,民国海南黎锦童围涎,49 cm×39 cm,民国

324. 9225.F.324,民国花开富贵童围涎,直径 24.5 cm,民国
325. 9226.F.325,民国如意童围涎,18.5 cm×23.4 cm,民国
326. 9227.F.326,民国白地婴戏图童围涎(样品),32 cm×32.5 cm,民国
327. 9228.F.327,民国深蓝地长命锁肚兜,17.4 cm×20.4 cm,民国
328. 9229.F.328,民国浅蓝地蝶恋花肚兜,40.3 cm×44.2 cm,民国
329. 9230.F.329,民国红缎地刺绣人物肚兜,31.7 cm×36.8 cm,民国
330. 9231.F.330,民国吉祥刺绣肚兜,43 cm×49.2 cm,民国
331. 9232.F.331,民国浅绿地蝶恋花肚兜,36 cm×37.5 cm,民国
332. 9233.F.332,民国麒麟送子刺绣肚兜,34.1 cm×39.7 cm,民国
333. 9234.F.333,民国皮球花三蓝绣肚兜,44.8 cm×51 cm,民国
334. 9235.F.334,民国石榴墨绣肚兜,31.5 cm×34.7 cm,民国
335. 9236.F.335,民国花开富贵肚兜,28.1 cm×32.6 cm,民国
336. 9237.F.336,民国蓝地莲生贵子刺绣肚兜,32.8 cm×39.5 cm,民国
337. 9238.F.337,民国红地莲花坎肩,26 cm×25 cm,民国
338. 9239.F.338,民国黑地莲生贵子坎肩,42.5 cm×38.2 cm,民国
339. 9240.F.339,民国茄皮紫缎刺绣花卉童女袄,51 cm×85 cm,民国
340. 9241.F.340,民国棕褐色花缎大襟夹褂,59 cm×81.2 cm,民国
341. 9242.F.341,民国绿地童裤,纵 55.3 cm,横 35.5 cm,腿宽 14.4 cm,民国
342. 9243.F.342,民国四季平安女褂,51 cm×87 cm,民国
343. 9244.F.343,民国绿地暗花绸童裤,纵 54 cm,横 32 cm,腿宽 22 cm,民国
344. 9245.F.344,民国杏黄地花卉对襟童褂及裤套装,衣,41.5 cm×64.4 cm,裤,45 cm×36.4 cm,腿宽 17 cm,1 套 2 件,民国
345. 9246.F.345,现代蓝绸地一帆风顺童服套装,衣 42.3 cm×72.8 cm,裤 51.5 cm×28.2 cm,腿宽 19 cm,1 套 2 件,现代
346. 9247.F.346,民国浅蓝地童褂,55 cm×104.5 cm,民国
347. 9248.F.347,民国花开富贵开裆裤,46.5 cm×27.5 cm,腿宽 15 cm,民国
348. 9249.F.348,现代深藕色织锦小马褂,35.4 cm×81.5 cm,现代
349. 9250.F.349,民国浅蓝地花开富贵童褂,74.5 cm×81.5 cm,民国
350. 9251.F.350,民国绿缎刺绣花卉女开裆裤,57 cm×37 cm,民国
351. 9252.F.351,民国三娘教子人物布块,39 cm×29.8 cm,民国
352. 9253.F.352,民国粉红软缎绣布块,164.5 cm×72.5 cm,民国
353. 9254.F.353,民国黑地镶银圆金属片及吉祥帽花瓜皮型冬帽,21 cm×20 cm,民国
354. 9255.F.354,民国紫红缎地刺绣竹报平安步步高升纹童帽披,25 cm×12.2 cm,民国
355. 9256.F.355,民国天蓝地滚黑缎压彩带边打籽绣凤戏牡丹眉帘博古四艺颈披帽圈,36 cm×41.7 cm,民国
356. 9257.F.356,民国白缎底滚黑粗细边六瓣莲蓬石榴寿桃彩绣金玉满堂花开富贵围涎,直径 29.7 cm,民国
357. 9258.F.357,民国橙色绸彩绣蝶恋花纹一字襟圆领坎肩,44 cm×43.5 cm,民国
358. 9259.F.358,民国杏色丝绵衬垫绣月季花黑滚边童坎肩,42.5 cm×41 cm,民国
359. 9260.F.359,民国红地兽面鞋,纵 6.5 cm,横 7 cm,高 13.2 cm,1 套 2 件,民国

360. 9261.F.360,民国咖啡色贴绣如意刺绣花卉软靴,纵 11.5 cm,横 5.3 cm,高 19 cm,1 套 2 件,民国
361. 9262.F.361,民国苗族梗边编绣布底弓鞋,纵 15 cm,横 5 cm,高 5.5 cm,1 套 2 件,民国
362. 9284.F.362,民国紫缎地艾虎帽圈,直径 13.9 cm,高 2.5 cm,民国
363. 9285.F.363,民国贴绣碗帽,直径 11.8 cm,高 11.8 cm,民国
364. 9286.F.364,民国黑地长寿多子刺绣碗帽,直径 12 cm,高 11.5 cm,民国
365. 9287.F.365,民国黑地花卉碗帽,直径 14.5 cm,高 8.2 cm,民国
366. 9288.F.366,民国黑缎填丝绵童通天冠冬帽,纵 24.5 cm,横 17.3 cm,高 13.1 cm,民国
367. 9289.F.367,现代牡丹红地孔雀葡萄牡丹纹贴绣加垫棉花冬帽,纵 26 cm,横 34 cm,高 10.5 cm,现代
368. 9290.F.368,民国墨绿色巴图鲁式童坎肩,纵 45.5 cm,横 42 cm,高 4.5 cm,民国
369. 9291.F.369,民国红缎地花卉鲤鱼童坎肩,36.5 cm×30.8 cm,民国
370. 9292.F.370,民国刺绣葫芦形壁挂,24.1 cm×18.9 cm,民国
371. 9293.F.371,民国末至新中国成立初童围涎,直径 33 cm,民国
372. 9294.F.372,民国"花开富贵"童围涎,24.5 cm×29.2 cm,民国
373. 9295.F.373,民国百家童围涎,直径 21 cm,民国
374. 9296.F.374,民国肚兜,33.5 cm×40.2 cm,民国
375. 9297.F.375,民国黑缎团花男童上衣,31 cm×88.5 cm,民国
376. 9298.F.376,民国蓝缎地刺绣三多图坐垫,40 cm×39 cm,民国
377. 9299.F.377,民国蓝缎地蝶恋花坎肩,36.1 cm×35.5 cm,民国
378. 9300.F.378,民国红缎地莲花鸡童围涎,31.6 cm×19 cm,民国
379. 9301.F.379,民国蓝缎地绶带鸟牡丹花纹背心,43.2 cm×35 cm,民国
380. 9302.F.380,民国紫缎地蝶恋花散盆巾,55.3 cm×56.2 cm,民国
381. 9303.F.381,民国藕缎地蝶恋花肚兜改背心,35.1 cm×26.5 cm,民国
382. 9304.F.382,民国婴戏图缂丝残片,36. cm×25.3 cm,民国
383. 9305.F.383,民国红地女童上衣,74.3 cm×95.8 cm,民国
384. 9306.F.384,1950 年代织锦女童上衣,63.3 cm×89 cm,1950 年
385. 9307.F.385,民国紫花缎地蝶恋花童鞋,纵 11 cm,横 4.5 cm,高 3.8 cm,民国
386. 9308.F.386,民国蓝缎地猫头鹰鞋,纵 12 cm,横 10.5 cm,高 4.5 cm,民国
387. 9309.F.387,民国红缎地寿字花卉纹童鞋,纵 10.5 cm,横 4 cm,高 3.7 cm,民国
388. 9310.F.388,民国红缎地蝴蝶童鞋,纵 14.5 cm,横 5.2 cm,高 4.5 cm,1 套 2 件,民国
389. 9311.F.389,民国黑缎地花卉纹童鞋,纵 14.5 cm,横 5.2 cm,高 4.5 cm,1 套 2 件,民国
390. 9312.F.390,民国湖水绿缎绣花皮底鞋配粉红色高邦绣花卉袜,鞋,16 cm×5.1 cm,1 套 4 件,民国
391. 9313.F.391,民国暗黄缎地蝶恋花童鞋,纵 15 cm,横 5 cm,高 5.5 cm,1 套 2 件,民国
392. 9314.F.392,民国桃红缎花卉纹童鞋,纵 13 cm,横 5.8 cm,高 4.2 cm,1 套 2 件,民国
393. 9315.F.393,民国桃红缎五毒纹童鞋,纵 10.6 cm,横 5.5 cm,高 4 cm,1 套 2 件,民国
394. 9316.F.394,民国紫缎地暗花绸花卉纹童鞋,纵 13 cm,横 5.3 cm,高 4.2 cm,1 套 2 件,民国
395. 9317.F.395,民国黑缎地花卉纹童鞋,纵 16 cm,横 6.3 cm,高 5 cm,1 套 2 件,民国
396. 9318.F.396,民国浅紫暗花绸童服,47.5 cm×82.3 cm,民国

397. 9319.F.397,民国红纱暗团花女童服,49.5 cm×77.5 cm,民国
398. 9320.F.398,清光绪女童上衣,53.5 cm×82 cm,清代
399. 9321.F.399,清后期女蟒服,46.6 cm×132 cm,清后期
400. 9322.F.400,现代红地金玉满堂童帽,纵 15.5 cm,横 19 cm,高 13 cm,现代
401. 9323.F.401,民国八梁刺绣童帽,11 cm×23 cm,民国
402. 9324.F.402,民国后期黑地长寿纹碗帽,直径 14.5 cm,高 14 cm,民国
403. 9325.F.403,民国狮子帽圈,直径 13.2 cm,高 21 cm,民国
404. 9326.F.404,1960 至 70 年代因荷得藕童帽,直径 19 cm,高 21 cm,1960 至 1970 年代
405. 9327.F.405,民国济公帽,直径 14 cm,高 10 cm,民国
406. 9328.F.406,民国状元帽,直径 15 cm,高 9 cm,民国
407. 9329.F.407,民国状元帽,直径 15 cm,高 11 cm,民国
408. 9336.F.408,民国武松打虎刺绣肚兜,41 cm×42 cm,民国
409. 9337.F.409,民国平金绣福如东海长丝穗碗帽,纵 15.6 cm,横 21 cm,高 37.5 cm,民国
410. 9338.F.410,清晚期红缎五蓝绣独占鳌头衬丝绵冬帽,纵 31 cm,横 33 cm,高 29.9 cm,清晚期
411. 9339.F.411,民国猪墨绿暗花缎地童冬帽,纵 23 cm,横 23 cm,高 43.5 cm,民国
412. 9340.F.412,民国蓝地牡丹花风帽,45 cm×21 cm,民国
413. 9341.F.413,民国红地兽头帽,纵 8 cm,横 24 cm,高 46.5 cm,民国
414. 9342.F.414,民国黑地狮头帽,15 cm×16 cm,民国
415. 9343.F.415,民国皮绣碗帽,直径 15 cm,民国
416. 9344.F.416,民国对襟如意坎肩,41 cm×45.5 cm,民国
417. 9345.F.417,清晚期紫缎地落花流水盘金绣对襟童褂,49 cm×75.5 cm,清晚期
418. 9346.F.418,民国花开富贵童服套装,衣,43.8 cm×75.5 cm,裤,42 cm×32.3 cm,腰宽 12.5 cm,帽直径 14 cm,1 套 3 件,民国
419. 9347.F.419,民国粉红缎地平金银线绣凤戏牡丹开裆裤,纵 45 cm,横 26 cm,腿宽 11.5 cm,民国
420. 9348.F.420,民国红地花开富贵中童褂,58.2 cm×81.7 cm,民国
421. 9349.F.421,民国蓝地花开富贵童裤,纵 48.2 cm,横 30.7 cm,腿宽 13.2 cm,民国
422. 9350.F.422,民国绿缎地富贵长寿开裆裤,纵 49.3 cm,横 28.5 cm,腿宽 14 cm,民国
423. 9351.F.423,现代紫红地迎春花童褂,44.5 cm×80.5 cm,现代
424. 9352.F.424,民国紫色花漳绒对襟坎肩,41 cm×42.6 cm,民国
425. 9358.F.425,民国草编秸福叠皮底童鞋,纵 15.5 cm,横 5.5 cm,高 4.5 cm,1 套 2 件,民国
426. 9359.F.426,民国紫地花开富贵刺绣童鞋,纵 11 cm,横 5 cm,高 3 cm,1 套 2 件,民国
427. 9360.F.427,民国紫红地连年有余刺绣童鞋,纵 11 cm,横 5 cm,高 3 cm,1 套 2 件,民国
428. 9361.F.428,清晚期三蓝绣花卉女童服,48.5 cm×59 cm,清晚期
429. 9385.F.460,1933 年海珠铁桥开幕典礼来宾证,16.5 cm×4.2 cm,1933 年
430. 9389.F.429,民国广绣桌围,93 cm×89 cm,民国
431. 9390.F.430,民国广绣桌围,92 cm×92 cm,民国
432. 9413.F.431,民国绣书法耳套,8.6 cm×8.4 cm,1 套 2 件,民国
433. 9414.F.432,民国粉红地绣书法耳套,10.1 cm×32 cm,1 套 2 件,民国
434. 9415.F.433,现代黑底蝶恋花耳套,10.4 cm×9 cm,1 套 2 件,现代

435. 9416.F.434,民国黑底绣格言耳套,10.2 cm×9.5 cm,1套2件,民国
436. 9417.F.435,民国堆绣彩缎小狗童围涎,直径29.5 cm,民国
437. 9418.F.436,1950年代柿蒂纹坎肩,38.5 cm×41.4 cm,1950年代
438. 9447.F.437,民国蓝地菊花童拖鞋,纵16 cm,横6.5 cm,高3.5 cm,1套2件,民国
439. 9448.F.438,民国红地福叠长寿刺绣童船鞋,纵15.5 cm,横5.1 cm,高6 cm,1套2件,民国
440. 9449.F.439,民国蓝地蝶恋花童鞋,纵12.7 cm,横5.3 cm,高2.8 cm,1套2件,民国
441. 9450.F.440,民国排金蝙蝠托莲童帽,直径16 cm,高7 cm,民国
442. 9451.F.441,民国花开富贵关煞开通及抓周筛子帽花童石榴帽,直径16 cm,高17 cm,民国
443. 9452.F.442,民国黑地素缎亭台式状元帽,宽23 cm,高30 cm,民国
444. 9453.F.443,民国普蓝地绸巴图鲁式一字襟坎肩,57.3 cm×49.5 cm,民国
445. 9454.F.444,民国普蓝缎地婴戏纹对襟女褂,73.5 cm×128 cm,民国
446. 9455.F.445,清末海水江牙刘海戏蟾童帽圈,43 cm×26 cm,清末
447. 9456.F.446,民国打子绣五福童围涎,直径27 cm,民国
448. 9457.F.447,清末黑淡蓝地两色缎锁针绣喜上眉梢帽圈,14.5 cm×25 cm,清末
449. 9931.F.461,民国刘纪文的大元帅府大本营特别出入证,7.1 cm×5 cm,民国
450. 9968.F.462,民国许淑珍使用过的狐狸皮围脖,纵104.5 cm,横27.5 cm,厚8.1 cm,民国

二、金属类

（一）钱　币

1. 0178.J2.009,1919年徐世昌像十文铜币,直径2.8 cm,1919年
2. 0179.J2.010,中华民国执政纪念币,直径3.9 cm,民国
3. 0180.J2.011,1931年当制钱二十文铜币,直径3.1 cm,1931年
4. 1336.J2.329,当代广州市轮渡公司代用币,直径2.1 cm,当代
5. 6672.J2.613,1923年河北省铸中华铜币十文,直径3 cm,1923年
6. 6674.J2.615,1933年山东省造贰拾文铜元,直径3.1 cm,1933年
7. 6675.J2.616,民国山西造中华铜币壹枚（当制钱十文）,直径2.7 cm,民国
8. 6676.J2.617,1906年"鄂"字大清铜币当制钱十文,直径2.7 cm,1906年
9. 6677.J2.618,民国湖南双旗嘉禾当十铜元,直径2.8 cm,1套2件,民国
10. 6678.J2.619,光绪元宝,直径2.8 cm,清光绪
11. 6679.J2.620,1912年天津造币厂铸中华民国开国纪念币（十文）,直径2.8 cm,1套4件,1912年
12. 6680.J2.621,1912年天津造币厂铸中华民国开国纪念币（十文）,直径2.9 cm,1912年
13. 6681.J2.622,1912年天津造币厂铸中华民国开国纪念币（十文）,直径2.8 cm,1套3件,1912年
14. 6682.J2.623,1912年天津造币厂铸中华民国开国纪念币（十文）,直径2.8 cm,1套4件,1912年
15. 6683.J2.624,1902—1905年吉林省造光绪元宝,直径2.8 cm,1902—1905年
16. 6684.J2.625,1902—1905年湖北省造光绪元宝,直径2.8 cm,1902—1905年
17. 6699.J2.636,民国中华民国开国纪念币（十文）,直径2.8 cm,1套2件,民国
18. 6700.J2.637,1936年中央造币厂铸党徽布图壹分铜币,直径2.5 cm,1936年
19. 6701.J2.638,1937年中央造币厂铸党徽布图壹分铜币,直径2.5 cm,1937年
20. 6702.J2.639,1929年广东省造孙中山像贰毫镍币,直径2.3 cm,1套2件,1929年
21. 6703.J2.640,民国中华民国开国纪念币（十文）,直径2.8 cm,1套2件,民国
22. 6704.J2.641,民国中华民国双旗嘉禾当十铜元,直径2.8 cm,1套2件,民国
23. 6705.J2.642,1929年广东省造孙中山像贰毫镍币,直径2.3 cm,1929年

24. 6706.J2.643,民国中华民国开国纪念币(十文),直径2.8 cm,1套2件,民国
25. 6707.J2.644,1936年中央造币厂铸党徽布图壹分铜币,直径2.5 cm,1套2件,1936年
26. 6708.J2.645,1929年广东省造孙中山像贰毫镍币,直径2.3 cm,1929年
27. 6709.J2.646,1936年中央造币厂铸党徽布图壹分铜币,直径2.6 cm,1套2件,1936年
28. 6710.J2.647,1912年天津造币厂铸中华民国开国纪念币十文,直径2.8 cm,1套2件,1912年
29. 6711.J2.648,民国湖南省造双旗嘉禾铜元(当制钱二十文),直径3.2 cm,1套2件,民国
30. 6712.J2.649,1912年天津造币厂铸中华民国开国纪念币(十文),直径2.8 cm,1套4件,1912年
31. 6713.J2.650,1912年天津造币厂铸中华民国开国纪念币(十文),直径2.8 cm,1套3件,1912年
32. 6714.J2.651,1936年中央造币厂铸党徽布图壹分铜元,直径2.5 cm,1936年
33. 6715.J2.652,民国湖南省造双旗嘉禾铜元(当制钱二十文),直径3.2 cm,民国
34. 6735.J2.672,1912年天津造币厂铸中华民国开国纪念币,直径2.8 cm,1912年
35. 6736.J2.673,1912年天津造币厂铸中华民国开国纪念币,直径2.8 cm,1912年
36. 6737.J2.674,1912年河南省造十文铜元,直径2.8 cm,1912年
37. 6738.J2.675,民国湖南省造双旗嘉禾铜元(当制钱十文),直径2.8 cm,民国
38. 6739.J2.676,民国湖南省造双旗嘉禾铜元(当制钱二十文),直径3.2 cm,民国
39. 6740.J2.677,1937年中央造币厂铸党徽布图壹分铜币,直径2.5 cm,1937年
40. 6742.J2.678,民国湖南省造双旗嘉禾当制钱二十文铜元,直径3.1 cm,民国
41. 6743.J2.679,民国中华民国开国纪念币(十文),直径2.8 cm,民国
42. 6744.J2.680,民国河南省造中华民国当十铜元,直径2.8 cm,民国
43. 6745.J2.681,民国中华民国开国纪念币(十文),直径2.8 cm,民国
44. 6746.J2.682,1919—1921山西造中华铜币(星条旗),直径2.7 cm,1919—1921年
45. 6747.J2.683,1929年广东省造孙中山像贰毫镍币,直径2.3 cm,1929年
46. 6748.J2.684,1929年广东省造孙中山像贰毫镍币,直径2.3 cm,1929年,1套2件
47. 6749.J2.685,1912年天津造币厂铸的中华民国开国纪念币(十文),直径2.8 cm,1套5件,1912年
48. 6750.J2.686,1940年孙中山像五分镍币,直径1.6 cm,1940年
49. 6751.J2.687,1923年云南省造壹毫镍币,直径2.1 cm,1923年
50. 6752.J2.688,1936年中央造币厂铸党徽布图铜币半分,直径2 cm,1936年
51. 6753.J2.689,1941年重庆中央造币厂铸孙中山像十分镍币,直径2 cm,1941年
52. 6754.J2.690,1916年广东省造壹仙铜币,直径2.8 cm,1916年
53. 6755.J2.691,1936年中央造币厂铸党徽布图铜币壹分,直径2.5 cm,1936年
54. 6756.J2.692,1942年重庆中央造币厂铸孙中山像廿分镍币,直径2.3 cm,1942年
55. 6757.J2.693,1912年天津造币厂铸中华民国开国纪念币十文,直径2.8 cm,1912年
56. 6758.J2.694,1912年天津造币厂铸中华民国开国纪念币(十文),直径2.8 cm,1912年
57. 6759.J2.695,1929年广东省造孙中山像贰毫镍币,直径2.3 cm,1929年
58. 6760.J2.696,1912年天津造币厂铸中华民国开国纪念币十文,直径2.8 cm,1912年
59. 6761.J2.697,民国湖南省造双旗嘉禾当制钱二十文铜元,直径3.1 cm,民国
60. 6762.J2.698,民国中华民国开国纪念币,直径2.8 cm,民国

61. 6763.J2.699,1929年广东省造孙中山像贰毫镍币,直径2.3 cm,1929年
62. 6764.J2.700,1912年天津造币厂铸中华民国开国纪念币十文,直径2.8 cm,1912年
63. 6765.J2.701,民国湖南省造双旗嘉禾当十铜元,直径2.8 cm,民国
64. 6766.J2.702,1923年云南省造壹毫镍币,直径2 cm,1套4件,1923年
65. 6767.J2.703,民国中华民国孙中山像开国纪念币(壹圆),直径3.8 cm,民国
66. 6770.J2.706,1929年广东省造孙中山像贰毫镍币,直径2.3 cm,1套2件,1929年
67. 6771.J2.707,1912年天津造币厂铸中华民国开国纪念币十文,直径2.8 cm,1912年
68. 6772.J2.708,民国湖南省造双旗嘉禾当十铜元,直径2.8 cm,民国
69. 6773.J2.709,1929年广东省造贰毫镍币,直径2.3 cm,1929年
70. 6774.J2.710,1912年天津造币厂铸中华民国开国纪念币十文,直径2.8 cm,1912年
71. 6775.J2.711,民国湖南省造双旗嘉禾当十铜元,直径2.8 cm,民国
72. 6776.J2.712,1929年广东省造孙中山像贰毫镍币,直径2.3 cm,1929年
73. 6777.J2.713,1912年天津造币厂铸中华民国开国纪念币十文,直径2.8 cm,1套2件,1912年
74. 6778.J2.714,民国湖南省造双旗嘉禾当制钱二十文铜元,直径3.2 cm,民国
75. 6779.J2.715,清末广东省造光绪元宝库平七分二厘,直径1.9 cm,1套3件,清末
76. 6780.J2.716,1940年中央造币厂铸党徽布图铜币一分,直径1.4 cm,1940年
77. 6781.J2.717,1941年重庆中央造币厂铸孙中山像十分镍币,直径2 cm,1套2件,1941年
78. 6782.J2.718,1942年孙中山像廿分铜币,直径2.5 cm,1套3件,1942年
79. 6783.J2.719,1932年福建省造黄花岗纪念币壹角每十枚当一圆,直径1.6 cm,1932年
80. 6784.J2.720,1929年广东省造孙中山像壹毫镍币,直径1.8 cm,1929年
81. 6785.J2.721,清乾隆通宝,直径2.1 cm,清乾隆
82. 6786.J2.722,1926年壹角每十枚当一圆镍币,直径1.8 cm,1926年
83. 6787.J2.723,1936年中央造币厂铸党徽布图铜币,直径2 cm,1936年
84. 6788.J2.724,1941年重庆中央造币厂铸孙中山像十分镍币,直径2 cm,1941年
85. 6789.J2.725,1916年天津造币厂铸嘉禾中国孔伍厘铜元(每二百枚当一圆),直径2.2 cm,1916年
86. 6790.J2.726,民国孙中山像中华民国开国纪念币,直径2.3 cm,民国
87. 6791.J2.727,1902—1905年湖北省造光绪元宝当十,直径2.8 cm,1套63件,1902—1905年
88. 6795.J2.731,1913年四川造币厂铸双旗贰百文铜元,直径4.8 cm,1913年
89. 6796.J2.732,1912年天津造币厂铸中华民国开国纪念币二十文铜元,直径3.6 cm,1912年
90. 6905.J2.759,民国湖南省造双旗嘉禾铜元,直径2.8 cm,民国
91. 6906.J2.760,1916年广东省造壹仙铜币,直径2.8 cm,1916年
92. 6907.J2.761,1936年孙中山像廿分镍币,直径2.3 cm,1936年
93. 6908.J2.762,1938年孙中山像拾分镍币,直径2 cm,1938年
94. 6909.J2.763,1936年孙中山像拾分镍币,直径2 cm,1936年
95. 6910.J2.764,1936年孙中山像伍分镍币,直径1.8 cm,1936年
96. 6911.J2.765,清末云南省造光绪元宝库平三钱六分铜币,直径3.2 cm,清末
97. 6912.J2.766,1942年孙中山像半圆铜币,直径2.7 cm,1942年
98. 6924.J1.104,民国银币怀表饰,长15 cm,摆宽3.6 cm,民国
99. 6986.J2.768,1912年中华民国湖南九星当十铜元,直径2.8 cm,1912年

100. 6987.J2.769,民国中华民国开国纪念币十文,直径 2.8 cm,民国
101. 6988.J2.770,1912 年军政府造四川铜币当制钱五十文,直径 3.6 cm,1912 年
102. 6989.J2.771,1920 年广东省造贰毫银币,直径 2.3 cm,1920 年
103. 6990.J2.772,1964 年中国台湾地区孙中山先生百年诞辰纪念币(伍拾圆),直径 3.2 cm,1964 年
104. 7903.J2.789,民国孙中山像开国纪念币(壹圆),直径 3.9 cm,民国
105. 7904.J2.790,民国湖南省造双旗嘉禾当二十文铜元,直径 3.2 cm,民国
106. 7905.J2.791,1912 年河南双旗铜币(当制钱二十文),直径 3.1 cm,1912 年
107. 7906.J2.792,1907 年大清铜币(当制钱二十文),直径 3.2 cm,1907 年
108. 7907.J2.793,1905 年户部光绪元宝(当制钱二十文),直径 3.2 cm,1905 年
109. 7908.J2.794,1912 年河南双旗嘉禾铜元(当五十铜元),直径 3.4 cm,1912 年
110. 8107.J2.513,民国执政纪念币,直径 3.9 cm,民国
111. 9099.J2.837,丁巳年广东医学实习馆员银章,10 cm×6.1 cm,1917 年

(二) 证　　章

1. 0117.J2.001,民国国民革命军第四军慰劳北伐军纪念章,6.5 cm×3 cm,民国
2. 0118.J2.002,民国一等嘉禾勋章,最大对角 9 cm,民国
3. 0172.J2.003,1923 年禄步商团成军纪念章,5 cm×3.9 cm,1923 年
4. 0173.J2.004,1916 年云南都督府制拥护共和奖章,纵 6.4 cm,最大对角 5.6 cm,1916 年
5. 0174.J2.005,民国援闽粤军第贰军从军纪念章,直径 3 cm,民国
6. 0175.J2.006,1952 年西南军区颁发的解放西藏纪念章,4.4 cm×3.1 cm,1952 年
7. 0176.J2.007,新中国成立初期中国铁路职工抗美援朝纪念章,最大对角 3.8 cm,新中国成立初期
8. 0177.J2.008,1947 年东北人民解放军勇敢奖章,5 cm×4.3 cm,1947 年
9. 0182.J2.012,1929 年孙中山先生安葬纪念章,直径 7.6 cm,1929 年
10. 0194.J2.013,民国国民革命军第四军第二次北伐胜利纪念章,4.2 cm×3.1 cm,民国
11. 0502.J2.014,民国真光小学学生证章,2.8 cm×3.2 cm,民国
12. 0503.J2.015,中华民国广东军政府绩懋军储银勋章,4.4 cm×4 cm,民国
13. 0504.J2.016,中华民国广东军政府绩懋军储铜勋章,4.4 cm×4 cm,民国
14. 0505.J2.017,民国真光章,直径 1.4 cm,民国
15. 0506.J2.018,民国唐继尧赠靖国纪念章,3.7 cm×3 cm,民国
16. 0507.J2.019,民国军政府下级出入证章,直径 2.6 cm,民国
17. 0508.J2.020,民国粤军纪念章,直径 2.8 cm,民国
18. 0509.J2.021,民国广九铁路职员章,直径 2.9 cm,民国
19. 0510.J2.022,1943 年广东省政府建设厅农林局职员证章,直径 2.4 cm,1943 年
20. 0511.J2.023,民国广东省长公署普通出入证章,7.7 cm×2.7 cm,民国
21. 0512.J2.024,民国广东省番禺县农民协会证章,7.1 cm×3.2 cm,民国
22. 0513.J2.025,1942 年广东建设厅"农"字职员证章,直径 2.3 cm,1942 年
23. 0514.J2.026,1919 年城北番禺商团军成军纪念章,5.1 cm×3.9 cm,1919 年

24. 0515.J2.027,1912年粤商维持公安会成立纪念何约之会员徽章,7.5 cm×3.8 cm,1912年
25. 0516.J2.028,1946年广东省政府民政厅配用章,直径2.7 cm,1946年
26. 0517.J2.029,民国广东省立第一中学校学生证章,3.3 cm×2.8 cm,民国
27. 0518.J2.030,民国广州女子职业学校证章,最大对角2.8 cm,民国
28. 0519.J2.031,民国援川纪念唐继尧赠章,4.3 cm×3.5 cm,民国
29. 0520.J2.032,民国粤军第一军司令部普通出入证章,3.3 cm×2.8 cm,民国
30. 0521.J2.033,民国广州市立商业学校证章,3.8 cm×2.6 cm,民国
31. 0522.J2.034,民国讨贼军游击第二旅司令部证章,6.2 cm×3.7 cm,民国
32. 0524.J2.036,民国广东酒楼茶室总工会章,6.3 cm×3.3 cm,民国
33. 0525.J2.037,民国广州锯木总工会清远分会会员证章,6.6 cm×3.4 cm,民国
34. 0526.J2.038,民国广州市报关店员工会会员证章,6.6 cm×2.8 cm,民国
35. 0527.J2.039,民国广东机器工会台山支会会员证章,2.9 cm×2.7 cm,民国
36. 0528.J2.040,民国广东机器总工会汽车业支会证章,2.8 cm×2.8 cm,民国
37. 0529.J2.041,1941年广东机器工会第九分会证章,2.7 cm×2.7 cm,1941年
38. 0530.J2.042,民国广东机器工会汽车业支会证章,2.4 cm×2.4 cm,民国
39. 0531.J2.043,民国广州烟叶公会会员证章,3.2 cm×2.5 cm,民国
40. 0532.J2.044,民国广州唐装会银首饰器皿工会证章,直径3 cm,民国
41. 0533.J2.045,民国广东机器总工会整理委员会会员证章,3.6 cm×2.6 cm,民国
42. 0534.J2.046,民国广东晒莨总工会会员证章,3.7 cm×3.4 cm,民国
43. 0535.J2.047,民国广州理发工会章,直径3.1 cm,民国
44. 0536.J2.048,民国四邑酱园凉果工会会员证章,4.2 cm×3.4 cm,民国
45. 0537.J2.049,民国汕头驳艇工会证章,直径2.8 cm,民国
46. 0538.J2.050,民国佛山市京果海味酱料集货工会会员证章,6.8 cm×2.9 cm,民国
47. 0539.J2.051,民国广东台山木匠花板建筑总工会证章,3.3 cm×3 cm,民国
48. 0540.J2.052,民国台山全属饼造研究总工会会员证章,4 cm×3.8 cm,民国
49. 0541.J2.053,民国佛山市各江柴木權员工会会员证章,直径2.7 cm,民国
50. 0542.J2.054,1921年广东码头联合总工会会员证章,直径3.6 cm,1921年
51. 0543.J2.055,民国绸布营业总会会员证章,3.3 cm×2.7 cm,民国
52. 0544.J2.056,1952年广州市总工会成立大会纪念章,2.5 cm×2.2 cm,1952年
53. 0545.J2.057,民国广东机器总工会台山县支会第二分部复员纪念章,直径2.6 cm,民国
54. 0546.J2.058,民国广东□船盐运工会改组委员会会员证,6.7 cm×2.7 cm,民国
55. 0547.J2.059,民国广东机器总工会第十一分会复员纪念章,2.7 cm×2.7 cm,民国
56. 0548.J2.060,民国广东辗谷总工会证章,6.2 cm×3.4 cm,民国
57. 0549.J2.061,民国广州市锦纶通纱纺织造业工会会员证章,5.2 cm×4.4 cm,民国
58. 0550.J2.062,民国南海县染纸业工会硪硃年红科会员证章,6.2 cm×3.1 cm,民国
59. 0551.J2.063,1922年广东洋服同研工会开幕纪念章,5.7 cm×3.5 cm,1922年
60. 0552.J2.064,民国佛山市起落货员总工会会员证章,3.3 cm×2.5 cm,民国
61. 0553.J2.065,民国广东沙田田工总工会章,3.4 cm×2.3 cm,民国
62. 0554.J2.066,民国广州车衣业女工会会员证章,6 cm×2.4 cm,民国
63. 0555.J2.067,民国广东机器工人维持会员证章,3.5 cm×2.7 cm,民国

二、金属类

64. 0556.J2.068,民国广东轮渡船务总工会会员证章,3.2 cm×3 cm,民国
65. 0557.J2.069,民国广州锦纶行花素总工会会员证章,3.3 cm×3 cm,民国
66. 0558.J2.070,民国广州城西高岗方便医院第二届同人协助会会员章,5.5 cm×2 cm,民国
67. 0559.J2.071,民国广州市金业公会鉴定会会员入场证,2.8 cm×2.6 cm,民国
68. 0560.J2.072,1921年广东车衣总工会成立纪念章,4.2 cm×3.4 cm,1921年
69. 0561.J2.073,1921年广东木艺建筑总工会会员证章,3.9 cm×2.8 cm,1921年
70. 0563.J2.075,民国广东机器总工会台开恩铜铁业特别区分会会员证章,3 cm×2.8 cm,民国
71. 0564.J2.076,民国广州市机缝业职业工会会员证章,2.5 cm×2.5 cm,民国
72. 0565.J2.077,民国石龙市绸缎布匹店员工会孙中山像证章,2.7 cm×2.7 cm,民国
73. 0566.J2.078,民国广州市建筑业职业工会会员证章,3 cm×3 cm,民国
74. 0567.J2.079,民国广东内河船业总工会会员证章,直径 2.9 cm,民国
75. 0568.J2.080,民国广州粮食理货员工会会员证章,3.5 cm×3.6 cm,民国
76. 0569.J2.081,民国中华海员工会广州分会胜利复员纪念章,直径 2.2 cm,民国
77. 0570.J2.082,民国佛山市铁业工人联合会证章,直径 2.7 cm,民国
78. 0571.J2.083,民国广州市钟表业职业工会证章,直径 2.7 cm,民国
79. 0572.J2.084,民国佛山市绸布店员工会会员章,3.7 cm×2.9 cm,民国
80. 0610.J2.085,民国书籍文具总工会证章,7.7 cm×2.5 cm,民国
81. 0611.J2.086,1922年广悦堂工商总会成立纪念证章,3.6 cm×2.9 cm,1922年
82. 0612.J2.087,民国广东打包工会联益堂证章,3.4 cm×3.2 cm,民国
83. 0613.J2.088,民国四会柴杉竹放运工会会员证章,4.2 cm×3.8 cm,民国
84. 0614.J2.089,1921年修造铁轮船研究工会会员证章,4.5 cm×4.3 cm,1921年
85. 0615.J2.090,民国南海县寿枋工会会员证,1.5 cm×3.8 cm,民国
86. 0616.J2.091,民国广东丝茧水结工会妇女部会员章,3.2 cm×3 cm,民国
87. 0617.J2.092,民国台山县木工业职业工会会员证,1.6 cm×3.1 cm,民国
88. 0618.J2.093,民国广州鲜果工业俱乐部证章,7 cm×2.6 cm,民国
89. 0619.J2.094,1931年先施职员自乐会奖章,2.9 cm×2.2 cm,1931年
90. 0620.J2.095,1926年广州药林工会佛山支会会员证章,3.7 cm×3.3 cm,1926年
91. 0621.J2.096,民国广州市菜栏职工工会会员证章,8 cm×2.3 cm,民国
92. 0622.J2.097,1926年广州米糠店员大会纪念证章,7.3 cm×2.7 cm,1926年
93. 0623.J2.098,民国广东彩瓷公会证章,7.5 cm×2.9 cm,民国
94. 0624.J2.099,民国广州市织造衫袜工会证章,7.2 cm×2.6 cm,民国
95. 0625.J2.100,民国广州市陶瓷店员工会证章,7 cm×3.6 cm,民国
96. 0626.J2.101,民国佛山市各江纸把杂货店员工会会员证章,7.4 cm×2.9 cm,民国
97. 0627.J2.102,1923年省港嘉和互助职业团团员证章,5.4 cm×2.5 cm,1923年
98. 0628.J2.103,民国中华全国铁路总工会粤汉铁路总工会会员证章,4.9 cm×2.2 cm,民国
99. 0629.J2.104,民国广东建筑工人研究社员证章,3.1 cm×2 cm,民国
100. 0630.J2.105,民国广东台山木匠花板建筑工会公益工会证章,3.1 cm×2.9 cm,民国
101. 0631.J2.106,民国香山保育善会员证章,2.8 cm×2.1 cm,民国
102. 0632.J2.107,民国广东机器总工会粤汉铁路区分会证章,3.4 cm×3.2 cm,民国
103. 0633.J2.108,民国广东新宁铁路机务课证章,5.9 cm×2.8 cm,民国

104. 0634.J2.109,民国交通部广州航政局职员证,1.8 cm×1.8 cm,民国
105. 0635.J2.110,民国台山华侨协会会员证章,3.2 cm×2.6 cm,民国
106. 0636.J2.111,民国省港起落货集贤总工会会员证章,3.5 cm×3.2 cm,民国
107. 0637.J2.112,民国广东机器工会台山县支会会员证,2.5 cm×2.8 cm,民国
108. 0638.J2.113,1922年广州药材工会佛山支会徽章,3.4 cm×3.2 cm,1922年
109. 0639.J2.114,民国广东土产物资输出入组合证章,5.4 cm×2.2 cm,民国
110. 0640.J2.115,民国庚申年香港车衣公会成立纪念章,3.9 cm×3.5 cm,民国庚申年
111. 0641.J2.116,民国侨港坭水驻省工会开门纪念章,3.2 cm×2.9 cm,民国
112. 0642.J2.117,民国惠州酒米工人联合会会员证章,2.8 cm×2 cm,民国
113. 0643.J2.118,民国广州河面西家互维工会会员证章,2.8 cm×2.8 cm,民国
114. 0644.J2.119,民国侨港理发焕然工社证章,3.2 cm×3.2 cm,民国
115. 0645.J2.120,民国香港糖业公会会员证章,2.8 cm×2.8 cm,民国
116. 0646.J2.121,民国广义兴石业公会会员证章,3.2 cm×2.8 cm,民国
117. 0772.J2.122,民国惠州织染工会证章,6.2 cm×4.3 cm,民国
118. 0773.J2.123,民国广州市印刷业职业工会会员证,2.5 cm×2.4 cm,民国
119. 0774.J2.124,民国郁南县商民协会都城分会证章,7.3 cm×3.0 cm,民国
120. 0775.J2.125,1926年广州药材工会佛山支会会员证章,6.8 cm×2.5 cm,1926年
121. 0776.J2.126,民国汕头邮务工会会员证章,3.7 cm×3.5 cm,民国
122. 0777.J2.127,民国广州市熟药丸散商业同业公会筹备会证章,直径2.0 cm,民国
123. 0778.J2.128,民国香港京果工商总会会员证章,4.3 cm×3.7 cm,民国
124. 0779.J2.129,民国华侨互助社证章,6.6 cm×3.2 cm,民国
125. 0780.J2.130,1946年旅港潮州同乡会职员证章,6.1 cm×2.7 cm,1946年
126. 0781.J2.131,民国米行同协工会纪章,5.1 cm×4.8 cm,民国
127. 0782.J2.132,民国强华国术社证章,1.8 cm×1.8 cm,民国
128. 0783.J2.133,民国广州市京果海味职业工会证章,3.1 cm×2.8 cm,民国
129. 0784.J2.134,民国宗文证章,2.9 cm×2.4 cm,民国
130. 0785.J2.135,民国中国同盟会中山纪念会证章,2.5 cm×2.5 cm,民国
131. 0786.J2.136,民国开平县装船职业工会证章,2.5 cm×2.5 cm,民国
132. 0787.J2.137,民国开平水口镇商会职员证章,直径2.6 cm,民国
133. 0788.J2.138,民国艺南证章,3.4 cm×3.3 cm,民国
134. 0789.J2.139,民国音乐业职业工会伶伦师旷纪念章,2.8 cm×2.5 cm,民国
135. 0790.J2.140,民国广东总工会惠阳酒米工会会员证,3.3 cm×2.5 cm,民国
136. 0791.J2.141,民国汕头诚心善堂第一分堂揭阳集福善堂证章,4.0 cm×4.5 cm,民国
137. 0792.J2.142,民国澄海下蓬一心善社社员证章,3.3 cm×2.6 cm,民国
138. 0793.J2.143,民国孔教会徽章,4.0 cm×3.5 cm,民国
139. 1151.J2.144,民国援助守土抗日救济沪淞难民努力救国胸章,3.6 cm×1.1 cm,民国
140. 1152.J2.145,民国暹罗(泰国)揭阳会馆会员证,3.0 cm×3.0 cm,民国
141. 1153.J2.146,民国广州□联盛引水工会证章,4.0 cm×2.6 cm,民国
142. 1154.J2.147,民国广东顺德县农民协会会员证章,7.3 cm×3.4 cm,民国
143. 1155.J2.148,民国广东省揭阳县县农民协会会员证,2.6 cm×2.6 cm,民国

二、金属类

23

144. 1156.J2.149,民国广东德庆县农民协会会员证章,3.7 cm×3.3 cm,民国
145. 1157.J2.150,民国广东省揭阳县县农民协会会员证,3.0 cm×2.8 cm,民国
146. 1158.J2.151,民国广东广宁县农民协会会员证,3.5 cm×3.3 cm,民国
147. 1159.J2.152,民国广州市一中校长黄文山赠高中毕业纪念章,直径2.1 cm,民国
148. 1160.J2.153,1932广东省立第二中学校勤学证章,4.1 cm×3.9 cm,1932年
149. 1161.J2.154,民国教伦学校学生证章,2.6 cm×2.1 cm,民国
150. 1162.J2.155,民国私立广州培正中学校至善至正证章,1.8 cm×1.8 cm,民国
151. 1163.J2.156,民国梅县广东省立第五中学校证章,5.7 cm×3.0 cm,民国
152. 1164.J2.157,民国广州市立艺会艺训班毕业纪念章,直径2.3 cm,民国
153. 1165.J2.158,民国广州市十五小胸章,2.9 cm×2.2 cm,民国
154. 1166.J2.159,民国南海九江中心学校证章,3.0 cm×3.8 cm,民国
155. 1167.J2.160,民国培正中学至善至正学生证章,3.0 cm×3.2 cm,民国
156. 1168.J2.161,民国南海县第四区□岗小学校学生证章,2.9 cm×2.3 cm,民国
157. 1169.J2.162,民国培英星社赠培英运动会优胜纪念章,2.0 cm×2.1 cm,民国
158. 1170.J2.163,民国市立一中复校第一届运动大会纪念章,直径2.7 cm,民国
159. 1171.J2.164,1934年度广州市一中校长刘宪朋奖国文比赛优胜奖证章,2.4 cm×2.0 cm,1934年
160. 1172.J2.165,民国龙安伍氏茂日义学特别捐奖章,7.0 cm×3.4 cm,民国
161. 1173.J2.166,民国商业簿记讲习所证章,4.5 cm×4.5 cm,民国
162. 1174.J2.167,民国晨钟励志社证章,2.1 cm×2.6 cm,民国
163. 1175.J2.168,民国广东省立长沙师范学生证章,2.9 cm×3.6 cm,民国
164. 1176.J2.169,民国广东省立越华中学证章,2.9 cm×2.6 cm,民国
165. 1177.J2.170,民国广州市九十小证章,2.9 cm×2.4 cm,民国
166. 1178.J2.171,民国广东省立第一中学校学生证章,1.3 cm×4.4 cm,民国
167. 1179.J2.172,民国台山县立公益小学校胸章,3.2 cm×3.0 cm,民国
168. 1180.J2.173,民国禺山中学校学生证章,2.9 cm×3.2 cm,民国
169. 1181.J2.174,民国市立三十五小学证章,3.1 cm×3.0 cm,民国
170. 1182.J2.175,民国台山县立二中证章,2.9 cm×2.5 cm,民国
171. 1183.J2.176,民国台山端芬中学学生证章,3.6 cm×2.9 cm,民国
172. 1184.J2.177,民国培正学校证章,2.1 cm×1.6 cm,民国
173. 1185.J2.178,民国南海中学校"任重致远"学生证章,2.7 cm×3.1 cm,民国
174. 1186.J2.179,1936年民大童军露营纪念章,2.6 cm×2.3 cm,1936年
175. 1187.J2.180,1937年知用中学3051号学生证章,1.7 cm×4.8 cm,1937年
176. 1188.J2.181,民国知用中学三角形学生证章,3.0 cm×3.4 cm,民国
177. 1189.J2.182,民国知用中学盾形学生证章,3.2 cm×2.5 cm,民国
178. 1190.J2.183,民国知用中学194号学生证章,2.6 cm×2.8 cm,民国
179. 1191.J2.184,民国南海九区三小孝友毅诚女生证章,6.3 cm×3.5 cm,民国
180. 1192.J2.185,1925年台山中学校开幕大纪念胸章,2.6 cm×2.3 cm,1925年
181. 1193.J2.186,民国台山中学357号证章,2.4 cm×5.9 cm,民国
182. 1194.J2.187,民国台山中学虎头形学生证章,2.8 cm×2.5 cm,民国

183. 1195.J2.188,1934年广州市一中校长刘宪朋奖艺术比赛优胜章,2.4 cm×2.0 cm,1934年
184. 1196.J2.189,民国尚宝商业职业学校证章,3.2 cm×3.2 cm,民国
185. 1197.J2.190,民国国立暨南大学经济学会证章,2.3 cm×2.3 cm,民国
186. 1198.J2.191,民国陶秀学校学生证章,3.0 cm×2.7 cm,民国
187. 1199.J2.192,民国台城缉熙学校证章,2.3 cm×2.0 cm,民国
188. 1200.J2.193,民国广东省立二师第二届长途赛跑奖章,3.7 cm×3.2 cm,民国
189. 1201.J2.194,民国番禺自治训练所同学会会员证章,3.8 cm×2.3 cm,民国
190. 1202.J2.195,1931年台山县检阅学生军童子军委员会纪念章,2.5 cm×2.5 cm,1931年
191. 1203.J2.196,民国崇亮学校敬爱勤勇证章,3.3 cm×2.8 cm,民国
192. 1204.J2.197,民国民德学校花卉形镂空胸章,3.5 cm×4.7 cm,民国
193. 1205.J2.198,民国广东省立大埔中学教职员证章,3.0 cm×2.8 cm,民国
194. 1207.J2.200,民国台山四九南村小学校证章,7.5 cm×3.2 cm,民国
195. 1208.J2.201,民国培英中学证章,3.1 cm×2.8 cm,民国
196. 1209.J2.202,民国谭氏学校半圆镂空证章,3.9 cm×4.5 cm,民国
197. 1210.J2.203,民国广雅中学证章,3.0 cm×3.4 cm,民国
198. 1211.J2.204,民国合山县二小证章,5.7 cm×3.1 cm,民国
199. 1212.J2.205,民国广东省第三区小学教员暑期讲习会纪念章,3.2 cm×3.2 cm,民国
200. 1213.J2.206,省立一中2111号胸章,1.0 cm×6.8 cm,民国
201. 1214.J2.207,民国华声中学证章,3.2 cm×3.1 cm,民国
202. 1215.J2.208,民国广州市立第三十六小学证章,1.2 cm×5.8 cm,民国
203. 1216.J2.209,民国广州大学生证章,直径2.1 cm,民国
204. 1217.J2.210,民国广州培育学校证章,3.7 cm×2.8 cm,民国
205. 1218.J2.211,民国光东小学证章,2.9 cm×2.7 cm,民国
206. 1219.J2.212,民国广州横水中心学生证章,2.7 cm×2.9 cm,民国
207. 1220.J2.213,民国广州公益力行小学礼义廉耻证章,2.9 cm×3.1 cm,民国
208. 1221.J2.214,民国广东省立艺术院纪念章,直径2.2 cm,民国
209. 1222.J2.215,民国居正学校证章,2.1 cm×2.3 cm,民国
210. 1223.J2.216,民国广州市国民助产学校证章,直径2.5 cm,民国
211. 1224.J2.217,1938年广东第六区小学教员暑讲会纪念章,直径2.9 cm,1938年
212. 1225.J2.218,民国敦实女分校章,1.3 cm×5.2 cm,民国
213. 1226.J2.219,民国瑞初学校杨佩裳证章,5.9 cm×2.8 cm,民国
214. 1227.J2.220,民国秩祐乡第二中心证章,2.9 cm×3.0 cm,民国
215. 1228.J2.221,民国台山师范学校章,直径2.1 cm,民国
216. 1229.J2.222,民国广州市一中教职员证章,2.8 cm×3.2 cm,民国
217. 1230.J2.223,民国梅县中学章,2.3 cm×1.7 cm,民国
218. 1231.J2.224,民国鹤山县立中学校劳心劳力达己达人证章,直径2.8 cm,民国
219. 1232.J2.225,民国广州市立四十八小学证章,5.8 cm×2.9 cm,民国
220. 1233.J2.226,民国河源县中学证章,1.8 cm×4.3 cm,民国
221. 1234.J2.227,民国敬修中学证章,1.7 cm×2.9 cm,民国
222. 1235.J2.228,民国广东国民大学证章,直径2.4 cm,民国

223. 1236.J2.229,民国台山县立师范证章,2.2 cm×2.6 cm,民国
224. 1237.J2.230,民国广东省立长沙师范学生证章,直径3.1 cm,民国
225. 1238.J2.231,民国广东省台山县地方行政干部训练所证章,2.5 cm×2.1 cm,民国
226. 1239.J2.232,民国广州市私立明智小学校证章,2.8 cm×2.5 cm,民国
227. 1240.J2.233,民国台山昌蕃小学校证章,直径2.7 cm,民国
228. 1241.J2.234,民国梅县县立中学证章,2.8 cm×2.8 cm,民国
229. 1242.J2.235,民国南方商专证章,4.8 cm×2.0 cm,民国
230. 1243.J2.236,民国兴宁国乐研究社社证,直径2.8 cm,民国
231. 1244.J2.237,民国敬和学校证章,3.3 cm×2.5 cm,民国
232. 1245.J2.238,民国中国童子军胸章,1.4 cm×6.2 cm,民国
233. 1246.J2.239,民国番禺县仁风乡第六保国民学校学生证,2.4 cm×2.8 cm,民国
234. 1247.J2.240,民国台山女子师范学生证章,2.9 cm×2.7 cm,民国
235. 1248.J2.241,民国台山女子师范附小学生证章,3.0 cm×2.7 cm,民国
236. 1249.J2.242,民国实用高级会计学校证章,直径2.3 cm,民国
237. 1250.J2.243,民国南海九区三小学校职员证章,2.7 cm×4.0 cm,民国
238. 1251.J2.244,民国知行学校证章,2.8 cm×3.1 cm,民国
239. 1252.J2.245,民国阖邑学校成绩陈列会甲等奖章,2.4 cm×2.0 cm,民国
240. 1253.J2.246,民国端芬中学童军团日行一善花卉形证章,2.0 cm×1.8 cm,民国
241. 1254.J2.247,民国广州市七九小学校证章,3.0 cm×2.4 cm,民国
242. 1255.J2.248,民国广州大学证章,直径2.5 cm,民国
243. 1256.J2.249,民国从化温泉中学勤毅社证章,直径2.4 cm,民国
244. 1257.J2.250,民国广东省立韩山师范学校师修班毕业纪念章,直径3.1 cm,民国
245. 1258.J2.251,民国广东儿童教育纪念章,1.5 cm×1.5 cm,民国
246. 1259.J2.252,民国南海学校证章,2.8 cm×3.1 cm,民国
247. 1260.J2.253,民国纲纪学校证章,直径2.0 cm,民国
248. 1261.J2.254,民国台山任远中学证章,2.4 cm×7.1 cm,民国
249. 1262.J2.255,民国台山任远中学竖形证章,7.9 cm×3.0 cm,民国
250. 1263.J2.256,民国顺德七区第一小学证章,7.8 cm×2.7 cm,民国
251. 1264.J2.257,民国台山敬修中学证章,8.4 cm×3.4 cm,民国
252. 1265.J2.258,民国启文小学校证章,8.1 cm×2.5 cm,民国
253. 1266.J2.259,民国善后处职员证章,4.6 cm×3.6 cm,民国
254. 1267.J2.260,民国交通部广州电报局报差证章,5.5 cm×4.6 cm,民国
255. 1268.J2.261,1919年源谭商团成军纪念章,4.5 cm×3.8 cm,1919年
256. 1269.J2.262,民国广东省长朱庆澜赠奖章,4.5 cm×4.3 cm,民国
257. 1270.J2.263,1924年孙总理主张陆上环球店员总公会证章,3.3 cm×3.0 cm,1924年
258. 1271.J2.264,民国广州市猪肉行商业公会证章,4.1 cm×3.8 cm,民国
259. 1272.J2.265,1920年新会城商团成军纪念章,4.2 cm×4.0 cm,1920年
260. 1273.J2.266,民国广东省政府财政厅普通证章,7.0 cm×2.7 cm,民国
261. 1274.J2.267,民国广东农工厅证章,6.0 cm×2.8 cm,民国
262. 1275.J2.268,民国广东省长公署证章,8.3 cm×3.6 cm,民国

263. 1276.J2.269,民国广州律师证章,4.0 cm×4.7 cm,民国
264. 1277.J2.270,1934年广州市政府新署落成纪念章,直径6.8 cm,1934年
265. 1278.J2.271,民国灾民幼女教养院开院纪念章,4.8 cm×4.4 cm,民国
266. 1279.J2.272,民国国民革命军第四路军工兵指挥部爆破训练班毕业纪念章,直径3.0 cm,民国
267. 1280.J2.273,1924年高明三洲商团成军纪念章,4.9 cm×4.3 cm,1924年
268. 1281.J2.274,民国广州市立银行证章,3.6 cm×3.5 cm,民国
269. 1282.J2.275,1936年粤汉铁路株韶段通车纪念章,3.7 cm×2.8 cm,1936年
270. 1283.J2.276,民国粤东先施公司赠圣母学校音乐队神人以和证章,直径2.9 cm,民国
271. 1284.J2.277,民国陆川日报社证章,直径3.0 cm,民国
272. 1285.J2.278,民国广州中央医院职员证,直径2.4 cm,民国
273. 1286.J2.279,民国利成行车公司台开三赤湖路职员证,直径2.7 cm,民国
274. 1287.J2.280,民国万国缔盟中国红十字会澄海分会普通会员证章,直径3.2 cm,民国
275. 1288.J2.281,1949年华南社六邑分社证章,直径2.3 cm,1949年
276. 1289.J2.282,民国承办建设厅广佛江佛公路货运复兴行证章,直径2.7 cm,民国
277. 1290.J2.283,民国合瓶公路行车公司证章,直径2.7 cm,民国
278. 1291.J2.284,民国广州中国红十字会会员证章,直径2.5 cm,民国
279. 1292.J2.285,民国广东军事政治学校证章,2.2 cm×3.1 cm,民国
280. 1293.J2.286,民国台鹤汽车公司证章,直径2.4 cm,民国
281. 1294.J2.287,民国共和党证章,3.7 cm×3.1 cm,民国
282. 1295.J2.288,民国广州四邑旅店证章,1.9 cm×3.0 cm,民国
283. 1296.J2.289,民国粤兴船务行职员证章,直径2.7 cm,民国
284. 1297.J2.290,1952年高雷垦殖分局海康垦殖所职员证,直径2.7 cm,1952年
285. 1298.J2.291,1946年广州化工厂第一厂经济部证章,直径2.6 cm,1946年
286. 1299.J2.292,民国诏和公路汽车公司证章,3.3 cm×2.6 cm,民国
287. 1300.J2.293,民国广东财政厅兴宁税务局证章,直径3.2 cm,民国
288. 1301.J2.294,现代广州市政府教育局艺专学校证章,直径2.4 cm,现代
289. 1302.J2.295,民国广东财政部缉私分处证章,直径2.3 cm,民国
290. 1303.J2.296,民国孙中山先生纪念章,3.3 cm×2.6 cm,民国
291. 1304.J2.297,民国国民党党员徽章,直径2.6 cm,民国
292. 1305.J2.298,民国台山县教育会会员证章,直径2.4 cm,民国
293. 1306.J2.299,民国广州警察证章,5.9 cm×2.5 cm,民国
294. 1307.J2.300,民国广州市电力管理处证章,直径3.3 cm,民国
295. 1308.J2.301,民国广东恩平地方法院看守所职员证,直径2.6 cm,民国
296. 1309.J2.302,民国澄海县政府证章,直径2.5 cm,民国
297. 1310.J2.303,民国台山县太平戏院证章,直径2.4 cm,民国
298. 1311.J2.304,1948年普宁县政府职员证章,直径2.7 cm,1948年
299. 1312.J2.305,1947年广州市政府教职员证章,直径2.6 cm,1947年
300. 1313.J2.306,民国中山县政府土地局证章,5.4 cm×3.0 cm,民国
301. 1314.J2.307,1947年中国国民党新会县党部证章,直径2.5 cm,1947年

302. 1315.J2.308,民国广东交通银行证章,2.6 cm×2.4 cm,民国
303. 1316.J2.309,民国番禺县第一区区署出入证,直径2.3 cm,民国
304. 1317.J2.310,民国广东开平地方法院证章,直径2.6 cm,民国
305. 1318.J2.311,民国广东财政厅东莞县验税契处证章,直径3.0 cm,民国
306. 1319.J2.312,1919年广州平粜总公所敬赠鼓腹同歌证章,5.2 cm×4.0 cm,1919年
307. 1320.J2.313,民国交通部广州航政局江门办事处证章,5.9 cm×2.5 cm,民国
308. 1321.J2.314,1922年龙川旅省工商联合会成立纪念章,7.2 cm×4.0 cm,1922年
309. 1322.J2.315,民国龙川县县道管理委员会证章,3.4 cm×3.2 cm,民国
310. 1323.J2.316,民国龙川县政府证章,直径3.3 cm,民国
311. 1324.J2.317,民国广东全省平粜委员会第21号证章,5.1 cm×5.9 cm,民国
312. 1325.J2.318,1948年广东省沙田整理处证章,直径2.7 cm,1948年
313. 1326.J2.319,民国广东省佛教会兴宁分会会员证章,直径2.7 cm,民国
314. 1327.J2.320,民国五华县政府证章,直径2.6 cm,民国
315. 1328.J2.321,民国龙川县政府职员证章,直径3.3 cm,民国
316. 1329.J2.322,民国台山县政府证章,直径2.2 cm,民国
317. 1330.J2.323,民国广东省政府建设厅证章,直径2.7 cm,民国
318. 1331.J2.324,民国新会县政府职员证章,直径2.7 cm,民国
319. 1332.J2.325,民国财政部广东省职员证,直径2.4 cm,民国
320. 1333.J2.326,民国广东南山移垦委员会证章,3.2 cm×2.9 cm,民国
321. 1334.J2.327,民国三水西南商团证章,4.2 cm×4.1 cm,民国
322. 1335.J2.328,民国粤汉铁路甲种证章,6.0 cm×3.2 cm,民国
323. 1337.J2.330,民国白宫大酒店第53号证章,直径3.5 cm,民国
324. 1338.J2.331,民国广州湾吼声剧团证章,直径2.9 cm,民国
325. 1339.J2.332,民国商办顺德糖厂裕农公司特别证章,4.2 cm×2.7 cm,民国
326. 1340.J2.333,民国广东高等法院证章,4.3 cm×5.3 cm,民国
327. 1341.J2.334,民国台山地方法院证章,3.0 cm×5.1 cm,民国
328. 1342.J2.335,民国广州市市立国语讲习所证章,7.0 cm×3.2 cm,民国
329. 1343.J2.336,民国曲江县公署证章,7.4 cm×3.4 cm,民国
330. 1344.J2.337,民国城西方便医院赠热心劝募铜证章,2.9 cm×2.6 cm,民国
331. 1345.J2.338,民国城西方便医院赠热心劝募银质证章,7.5 cm×2.6 cm,民国
332. 1346.J2.339,民国广州地方法院证章,6.8 cm×2.8 cm,民国
333. 1348.J2.341,民国广州当按押店员工会会员证章,7.1 cm×3.3 cm,民国
334. 1349.J2.342,民国总理遗嘱纪念章,6.8 cm×3.3 cm,民国
335. 1350.J2.343,民国南洋烟厂配叶部长胸章,4.1 cm×3.0 cm,民国
336. 1351.J2.344,民国广东南洋兄弟烟草公司证章,直径2.7 cm,民国
337. 1352.J2.345,民国广东财政部印花烟酒税局职员证,5.3 cm×3.1 cm,民国
338. 1353.J2.346,民国广州地方法院证章,直径2.5 cm,民国
339. 1354.J2.347,民国和平县政府职员证,直径2.6 cm,民国
340. 1355.J2.348,民国新会县参议会证章,直径2.6 cm,民国
341. 1356.J2.349,1948年广东省地政局证章,直径2.7 cm,1948年

342. 1357.J2.350,民国广东省建设厅东路省道第一行车管理处证章,2.5 cm×2.9 cm,民国
343. 1358.J2.351,民国潮安县政府证章,直径3.3 cm,民国
344. 1359.J2.352,民国南海县九江市政府证章,3.1 cm×2.8 cm,民国
345. 1360.J2.353,民国南海县政府职员证章,4.8 cm×4.2 cm,民国
346. 1361.J2.354,民国财政部广东区国税管理局卅七年佩用证章,直径2.4 cm,民国
347. 1362.J2.355,民国顺德县政府证章,3.5 cm×3.1 cm,民国
348. 1363.J2.356,民国财政部两广区盐税证章,直径2.4 cm,民国
349. 1364.J2.357,民国高要县政府证章,直径3.3 cm,民国
350. 1365.J2.358,民国财政部广东印花烟酒税局台赤属酒类税肇利公司证章,直径3.3 cm,民国
351. 1366.J2.359,民国惠阳税捐处证章,直径2.2 cm,民国
352. 1367.J2.360,民国广东财政厅测量队证章,3.2 cm×3.0 cm,民国
353. 1368.J2.361,民国广东建设厅南区公路专员兼南路省道行车管理处证章,5.9 cm×3.0 cm,民国
354. 1369.J2.362,民国饶平县政府证章,3.5 cm×3.3 cm,民国
355. 1370.J2.363,民国兴宁县政府证章,3.4 cm×3.2 cm,民国
356. 1371.J2.364,民国广州酒楼茶室工会会员证章,直径2.5 cm,民国
357. 1372.J2.365,民国广州市丝织业职业工会会员证章,1.4 cm×3.0 cm,民国
358. 1373.J2.366,民国黎元洪像武汉纪念章,10.8 cm×5.0 cm,民国
359. 1374.J2.367,民国台山商团军证章,4.1 cm×3.7 cm,民国
360. 1375.J2.368,1920年花县商团军第五团成军纪念章,直径4.0 cm,1920年
361. 1376.J2.369,民国袁世凯像玖元纪念章,直径3.2 cm,民国
362. 1377.J2.370,民国正埠致公堂"共同和合结万为记"纪念章,3.8 cm×3.8 cm,民国
363. 1378.J2.371,清宣统三水北路地方自治社开幕纪念名誉员章,直径3.3 cm,清宣统
364. 1379.J2.372,黄帝纪元四千六百十年(1912)平民共济会证章,4.6 cm×3.9 cm,1912年
365. 1380.J2.373,民国唐继尧赠光复纪念章,3.8 cm×3.0 cm,民国
366. 1381.J2.374,民国广东省城肇庆会馆评议员章,直径3.0 cm,民国
367. 1382.J2.375,清光绪戊申年顺德龙山戒烟分会会员徽章,直径3.4 cm,清光绪戊申年
368. 1383.J2.376,1926年广州各界人民纪念孙总理逝世一周年纪念章,直径2.6 cm,1926年
369. 1384.J2.377,民国联合胶厂职工证章,直径2.4 cm,民国
370. 1385.J2.378,民国中华革命党二等军功章,8.7 cm×3.6 cm,民国
371. 1386.J2.379,中华民国广东军政府绩懋军储勋章,5.5 cm×3.8 cm,民国
372. 1387.J2.380,民国共和党铜章,3.4 cm×2.9 cm,民国
373. 1388.J2.381,民国国务院第75号铜章,3.8 cm×3.1 cm,民国
374. 1389.J2.382,民国国民党党员徽章,2.8 cm×2.5 cm,民国
375. 1390.J2.383,民国护国军总司令部程潜敬赠纪念章,3.4 cm×2.9 cm,民国
376. 1391.J2.384,民国成武将军纪念章,4.9 cm×4.5 cm,民国
377. 1392.J2.385,民国国民革命军第四军护党纪念章,直径2.7 cm,民国
378. 1393.J2.386,1919年东平绅董感颂名誉证章,4.6 cm×4.6 cm,1919年
379. 1394.J2.387,民国广义堂泥水同人证章,4.3 cm×3.5 cm,民国
380. 1395.J2.388,民国建国军总司令部证章,8.3 cm×2.1 cm,民国

381. 1396.J2.389,1924年广东法官学校证章,直径3.1 cm,1924年

382. 1397.J2.390,民国光华医校证章,2.2 cm×1.8 cm,民国

383. 1398.J2.391,民国宪政协进会章,3.1 cm×2.7 cm,民国

384. 1399.J2.392,民国陕北镇守使公署章,3.9 cm×3.1 cm,民国

385. 1400.J2.393,民国先施公司职工工会证章,6.9 cm×3.2 cm,民国

386. 1401.J2.394,民国空军第一飞机厂第十九周年纪念证章,4.9 cm×2.3 cm,民国

387. 1402.J2.395,1918年援赣第一军司令官成奖章,9.2 cm×4.1 cm,1918年

388. 1403.J2.396,民国大总统孙文肖像纪念章,直径2.2 cm,民国

389. 1404.J2.397,民国中央军事政治学校第四次运动会纪念章,3.5 cm×3.1 cm,民国

390. 1405.J2.398,民国总统黎元洪君像纪念章,直径2.2 cm,民国

391. 1406.J2.399,民国广州市立中山图书馆奖章,3.6 cm×3.1 cm,民国

392. 1407.J2.400,民国远东银行铜章,直径3.7 cm,民国

393. 1408.J2.401,民国广东晒莨总工会会员证章,2.9 cm×2.8 cm,民国

394. 1409.J2.402,民国督办公署出入证章,3.5 cm×2.9 cm,民国

395. 1410.J2.403,民国中国国民党三水县第五区党部出入证章,5.5 cm×3.9 cm,民国

396. 1411.J2.404,民国醒华学校徽章,4.0 cm×4.0 cm,民国

397. 1412.J2.405,民国鲁国民党章,4.2 cm×3.9 cm,民国

398. 1413.J2.406,民国佛山市磨纸工会会员证章,3.1 cm×3.0 cm,民国

399. 1414.J2.407,民国广东财政厅测量队章,6.3 cm×3.4 cm,民国

400. 1415.J2.408,民国国立中山大学附属中学学生证章,2.9 cm×2.7 cm,民国

401. 1416.J2.409,民国建国川军第一军司令部出入证第15号,6.3 cm×3.0 cm,民国

402. 1417.J2.410,中华民国广东军政府绩懋军储勋章,5.2 cm×4.3 cm,民国

403. 1418.J2.411,民国广东全省第十二次运动大会李宗仁、白崇禧赠篮球第三名奖章,4.0 cm×3.1 cm,民国

404. 1419.J2.412,民国聚贤中学徽章,3.2 cm×3.1 cm,民国

405. 1420.J2.413,民国市立三十三小学徽章,2.8 cm×3.0 cm,民国

406. 1421.J2.414,民国进修女中学"进修德业"学生证章,3.5 cm×2.7 cm,民国

407. 1422.J2.415,民国台山阖邑学校成绩陈列会第三次大陈列特等奖章,3.1 cm×3.0 cm,民国

408. 1423.J2.416,民国台山中学徽章,4.1 cm×2.0 cm,民国

409. 1424.J2.417,民国私立育才小学校徽章,1.5 cm×5.3 cm,民国

410. 1425.J2.418,民国台山中学徽章,3.5 cm×3.3 cm,民国

411. 1426.J2.419,民国其锐恒工厂证章,7.2 cm×2.7 cm,民国

412. 1427.J2.420,民国兴华中学徽章,2.6 cm×2.2 cm,民国

413. 1428.J2.421,民国普宁安仁喜仁善社证章,2.1 cm×3.4 cm,民国

414. 1429.J2.422,1938年龙川县社训干部训练班第二期毕业纪念章,直径3.3 cm,1938年

415. 1430.J2.423,民国从化县地方行政干部训练所毕业纪念章,直径3.0 cm,民国

416. 1431.J2.424,民国紫金县政府证章,直径2.5 cm,民国

417. 1432.J2.425,民国广州市印刷业职业工会会员证,2.5 cm×2.6 cm,民国

418. 1433.J2.426,民国茂名县社会军训练总队部证章,直径3.2 cm,民国

419. 1434.J2.427,民国新宁第二次运动会二等奖章,2.2 cm×1.9 cm,民国

420. 1435.J2.428,1942年度广东省地政局佩用证章,2.6 cm×2.6 cm,1942年
421. 1436.J2.429,民国龙川县地方行政干部训练所结业纪念章,直径2.6 cm,民国
422. 1437.J2.430,民国广州市制香业职业工会会员证章,直径2.4 cm,民国
423. 1438.J2.431,民国律师证章,5.0 cm×3.1 cm,民国
424. 1439.J2.432,民国广州织漂染毛巾工会会员证章,3.0 cm×2.6 cm,民国
425. 1440.J2.433,民国南斐华侨联卫会员出入证章,2.8 cm×2.8 cm,民国
426. 1441.J2.434,民国广州市城西方便医院护士学校证章,2.7 cm×2.7 cm,民国
427. 1442.J2.435,民国广州市铅罐锡器工会会员证章,3.5 cm×2.3 cm,民国
428. 1443.J2.436,民国广州市一中证章,3.0 cm×2.9 cm,民国
429. 1444.J2.437,民国广才中学校学生证章,5.8 cm×2.9 cm,民国
430. 1445.J2.438,民国粤东盐务管理局证章,6.0 cm×3.2 cm,民国
431. 1446.J2.439,民国南海县立第二小学校学生证章,6.8 cm×3.1 cm,民国
432. 1447.J2.440,民国广东财政厅兴宁税务局证章,直径3.1 cm,民国
433. 1448.J2.441,民国广州黎铎医院证章,直径2.2 cm,民国
434. 1449.J2.442,民初光华医校证章,2.2 cm×1.7 cm,民初
435. 1450.J2.443,民国番禺县立中学校证章,2.7 cm×2.4 cm,民国
436. 1451.J2.444,民国广东省立第七中学校学生证章,3.4 cm×3.4 cm,民国
437. 1452.J2.445,民国中国民主社会党广州特别市党部党员纪念章,直径2.0 cm,民国
438. 1453.J2.446,民国财政部广东缉私分处证章,直径2.3 cm,民国
439. 1454.J2.447,民国市立二中第272号证章,4.5 cm×4.6 cm,民国
440. 1455.J2.448,民国粤汉铁路车务处证章,3.9 cm×3.0 cm,民国
441. 1456.J2.449,民国广州大学军事训练会操纪念章,2.1 cm×2.3 cm,民国
442. 1457.J2.450,民国广东省立第一师范证章,2.7 cm×2.1 cm,民国
443. 1458.J2.451,民国省实小学徽章,2.9 cm×2.3 cm,民国
444. 1459.J2.452,民国岭南大学商业学校徽章,2.2 cm×2.4 cm,民国
445. 1460.J2.453,民国育英学校徽章,2.3 cm×2.3 cm,民国
446. 1461.J2.454,民国交通银行证章,4.7 cm×2.4 cm,民国
447. 1462.J2.455,民国交通银行证章,2.6 cm×2.4 cm,民国
448. 1463.J2.456,民国孙中山像章,2.4 cm×2.4 cm,民国
449. 1464.J2.457,民国孙中山遗嘱纪念章,3.6 cm×2.8 cm,民国
450. 1465.J2.458,民国广东财政厅特务团队证章,2.7 cm×3.5 cm,民国
451. 1466.J2.459,民国广东省长公署徽章,3.2 cm×2.7 cm,民国
452. 1467.J2.460,1939年粤汉铁路警备司令部证章,3.0 cm×3.0 cm,1939年
453. 1468.J2.461,民国广州酒楼茶室工会会员证章,2.5 cm×2.5 cm,民国
454. 1469.J2.462,民国广州茶居粉面业职业工会会员证,直径2.4 cm,民国
455. 1470.J2.463,民国广东粤汉铁路证章,3.7 cm×3.6 cm,民国
456. 1471.J2.464,民国全国医药总会召开支会证章,3.9 cm×4.1 cm,民国
457. 1472.J2.465,民国南武中学学生证章,4.9 cm×3.5 cm,民国
458. 1473.J2.466,民国山东国民党证章,3.9 cm×3.9 cm,民国
459. 1474.J2.467,民国广东省地政局证章,直径3.4 cm,民国

460. 1475.J2.468,民国广东省第四区行政督察专员公署证章,直径 3.2 cm,民国
461. 1476.J2.469,1944年广东省建设厅经销处职员证章,直径 2.3 cm,1944年
462. 1477.J2.470,1944年广东省政府设计考核会职员证章,直径 2.3 cm,1944年
463. 1478.J2.471,1944年财政部广东省田赋管理处职员证章,直径 2.2 cm,1944年
464. 1479.J2.472,民国建国公司太平大戏院职员证章,直径 2.5 cm,民国
465. 1480.J2.473,民国佛山市各江柴木权员工会会员开工证章,3.0 cm×2.7 cm,民国
466. 1481.J2.474,民国黄驹烈士殉难纪念章,2.2 cm×1.8 cm,民国
467. 1482.J2.475,民国互助社员徽证,6.6 cm×3.9 cm,民国
468. 1483.J2.476,1945年广州银业公会证章,6.1 cm×3.3 cm,1945年
469. 1484.J2.477,民国四会全属医业卫生研究会会员证,5.8 cm×3.1 cm,民国
470. 1485.J2.478,民国美利园电机隔沙凉水证章,6.9 cm×2.6 cm,民国
471. 1486.J2.479,民国广州柴商公会会员证章,7.0 cm×2.7 cm,民国
472. 1487.J2.480,民国广东鹤山公会会员证章,6.9 cm×3.2 cm,民国
473. 1488.J2.481,1928年国民革命军北伐成功退伍纪念章,4.4 cm×4.0 cm,1928年
474. 1489.J2.482,民国总办处证章,3.3 cm×3.3 cm,民国
475. 1490.J2.483,民国广东工艺局证章,7.4 cm×3.8 cm,民国
476. 1491.J2.484,民国第二次北伐胜利纪念章,7.8 cm×3.2 cm,民国
477. 1492.J2.485,民国广州市市立第一中学校军事训练处学生军证章,2.7 cm×5.3 cm,民国
478. 1493.J2.486,民国联义社证章,直径 2.2 cm,民国
479. 1494.J2.487,民国国民革命军第一游击司令部"努力清党"出入证,5.6 cm×3.4 cm,民国
480. 1495.J2.488,民国广州市船民协会会员证章,直径 2.5 cm,民国
481. 1496.J2.489,民国中国童子军服务员证章,3.4 cm×2.8 cm,民国
482. 1497.J2.490,民国广东童领所本科第二届毕业纪念章,3.7 cm×3.8 cm,民国
483. 1498.J2.491,民国中国童子军广东省支会职员证,直径 2.4 cm,民国
484. 1499.J2.492,民国中国童子军证章,1.5 cm×6.1 cm,民国
485. 1500.J2.493,民国中国童子军证章,1.3 cm×6.1 cm,民国
486. 1502.J2.495,民国邵边同乐堂证章,2.4 cm×3.2 cm,民国
487. 1503.J2.496,民国省港华人船主司机总工会证章,4.0 cm×3.0 cm,民国
488. 1504.J2.497,民国广州当按押同业店员工会会员证,3.8 cm×2.8 cm,民国
489. 1549.J2.498,民国广州制遮业总工会会员证章,2.5 cm×2.6 cm,民国
490. 1550.J2.499,民国广州市商民协会证章,6.4 cm×2.9 cm,民国
491. 1551.J2.500,1920年十一月福建督军兼省长李厚基赠游园筹赈纪念章,直径 4.1 cm,1920年
492. 1552.J2.501,清末建昌营第三镇长运动马雨亭奖品奖章,4.6 cm×3.5 cm,清末
493. 1553.J2.502,1924年国立中山大学学生证,7.0 cm×3.3 cm,1924年
494. 1554.J2.503,民国交通部广州电报局报差证章,5.0 cm×4.7 cm,民国
495. 1555.J2.504,民国香港九龙楼厂协和祥锯木工会会员证章,5.0 cm×4.4 cm,民国
496. 1556.J2.505,民国刘同源堂证章,5.8 cm×5.2 cm,民国
497. 1557.J2.506,民国国事维持会会员证章,3.9 cm×2.8 cm,民国
498. 1558.J2.507,民国广东南海县农民协会会员证章,7.4 cm×3.2 cm,民国
499. 1559.J2.508,民国广东顺德县农民协会会员证章,7.0 cm×3.4 cm,民国

500. 1560.J2.509,民国南海县防护团救护第二大队证章,直径 3.2 cm,民国
501. 1561.J2.510,民国汽车司机工会证章,2.2 cm×2.2 cm,民国
502. 1562.J2.511,民国广东省立文理学院生物学会证章,直径 2.2 cm,民国
503. 1563.J2.512,民国广州市机缝业职业工会会员证,直径 2.5 cm,民国
504. 2474.J2.514,民国英美人寿保险有限公司陈保业章,7.4 cm×2.6 cm,民国
505. 2475.J2.515,民国英国友邦保险(百慕达)有限公司证章,3.4 cm×3 cm,民国
506. 2476.J2.516,民国永安人寿保险有限公司朱金好证章,7.5 cm×2.5 cm,民国
507. 2477.J2.517,民国永安人寿保险有限公司证章,2.8 cm×2.5 cm,民国
508. 3705.J2.518,中华民国国民革命抗日救国军第一集团军陆军第五军第十五师 236 号证章,纵 6.8 cm,直径 3.5 cm,民国
509. 3706.J2.519,中华民国国民革命抗日救国军第一集团军陆军第四军 1029 号证章,纵 6.4 cm,直径 3.2 cm,民国
510. 3753.J2.520,1946 年美国友邦保险(百慕达)有限公司章,纵 7.1 cm,直径 2.9 cm,1946 年
511. 3761.J2.521,民国广东开平长沙宝丰保险公司银质章,直径 2.9 cm,纵 3.1 cm,民国
512. 3762.J2.522,民国英商四海保险公司证章,直径 2 cm,民国
513. 3871.J2.523,1909 年西关英文学堂褒章(德行科中等第六二期),直径 2.8 cm,厚 0.2 cm,1909 年
514. 3954.J2.525,1931 年香港大安意外保险有限公司章,直径 3.1 cm,厚 0.1 cm,1931 年
515. 4744.J2.526,1931 年广州市民促进自治会会员纪念章,长 3.5 cm,最宽 2.3 cm,1931 年
516. 5252.J2.527,1931 年覃公实臣老先生出殡纪念章(陈炯明佩戴),连链长 8.5 cm,牌 3.7 cm×2.2 cm,1931 年
517. 5253.J2.528,民国陈炯明母亲杨太夫人八十一寿辰纪念章,直径 2.3 cm,民国
518. 5254.J2.529,民国福建建国军总指挥处第三三号出入证章,连链长 6.5 cm,牌 2.9 cm×2 cm,1 套 50 件,民国
519. 5255.J2.530,民国建国鄂军警备第五梯团部证章,2.8 cm×2.8 cm,1 套 50 件,民国
520. 5256.J2.531,民国滇军第一师师部证章(347 号),连链长 6 cm,牌最长 3.1 cm,牌最宽 2.9 cm,1 套 48 件,民国
521. 5258.J2.533,民国建国第四军司令部证章(第 57 号),连链长 6.1 cm,牌 2.2 cm×3 cm,1 套 25 件,民国
522. 5383.J2.534,民国粤军第 2 师出入证章(56 号),直径 3.3 cm,民国
523. 5384.J2.535,民国广州市市立五一小学章,1.4 cm×5.3 cm,民国
524. 5385.J2.536,民国广东建筑工人研究社社员证章,最长 3 cm,最宽 2.5 cm,民国
525. 5386.J2.537,民国互维工业总会证章(第 528 号),3.2 cm×2.9 cm,民国
526. 5387.J2.538,民国广州市户政章(广州市户政干部训练班纪念章),2.1 cm×1.5 cm,民国
527. 5388.J2.539,1921 年博文学会会员证章,连链长 8 cm,直径 3 cm,1921 年
528. 5389.J2.540,民国广州市立中山图书馆奖章,最长 3.5 cm,最宽 3 cm,民国
529. 5390.J2.541,民国广集成摆卖证章(第 33 号),牌 3.2 cm×2.5 cm,连链长 6.3 cm,民国
530. 5391.J2.542,民国平民学校章,最长 4.2 cm,最宽 3.7 cm,民国
531. 5392.J2.543,民国建国军总司令部证章(第 232 号),最长 3.7 cm,直径 3.2 cm,民国
532. 5393.J2.544,民国番禺县政府出入证章,连链长 6 cm,直径 3.1 cm,民国

533. 5394.J2.545,1923年禄步商团证章,最长4.4 cm,直径4 cm,1923年
534. 5395.J2.546,民国私立广东光华医科学院附属护士学校毕业证章,直径2.4 cm,民国
535. 5396.J2.547,1919年湘粤桂联军总司令谭浩明赠章,最长4.2 cm,直径2.9 cm,1919年
536. 5397.J2.548,民国广东公路局赠罢工工友建筑中山公路纪念奖章,章长4.5 cm,章宽3.1 cm,连链长6.5 cm,民国
537. 5398.J2.549,民国陆军军官学校出入证章,最长3.6 cm,直径3.1 cm,民国
538. 5793.J2.550,民国广东省政府教育厅义务教育工作人员证章(附投票监察员布标),1/2 直径3.3 cm,连链长6.2 cm,2/2 14 cm×4.1 cm,1套2件,民国
539. 5794.J2.551,民国番禺县第二区私立广秀小学证章,最长4 cm,最宽4 cm,民国
540. 5795.J2.552,1930年中山港开港纪念证章,最长4.3 cm,章直径4.8 cm,1930年
541. 5796.J2.553,民国花县县立第一小学校证章,连链长5.9 cm,章直径3 cm,民国
542. 5797.J2.554,民国广东省营揭阳糖厂证章(NO.62),连链长4.9 cm,直径3.1 cm,民国
543. 5798.J2.555,民国广州司机训练所第一届学员毕业纪念章,连链长6.1 cm,直径3 cm,民国
544. 5799.J2.556,1946年广东公路处职员证(NO.840),直径2.3 cm,1946年
545. 5800.J2.557,1930年广东省保安队教导队纪念章,最长3.5 cm,最宽2.4 cm,1930年
546. 5801.J2.558,1938年中央陆军军官学校广州分校学生总队第十二期毕业纪念章(NO.504),直径3.2 cm,1938年
547. 5802.J2.559,民国交通部广九铁路工人证章,直径3.2 cm,民国
548. 5803.J2.560,民国政治会议广州分会建设委员会统计训练班证章(第88号),最长3 cm,最宽2 cm,民国
549. 5804.J2.561,民国最高法院西南分院证章(NO.9),连链长4.5 cm,章3.9 cm×2 cm,民国
550. 5805.J2.562,民国市保幼稚园证章,连链长6 cm,最宽3.1 cm,民国
551. 5806.J2.563,民国广东省邮务工会成立纪念章(NO.0660),直径2.5 cm,民国
552. 5807.J2.564,民国邮政储金汇业局证章,全长6.1 cm,直径2.4—1.1 cm,民国
553. 5808.J2.565,民国广东邮政局证章,直径2 cm,民国
554. 5810.J2.566,民国海关税警证章,直径4.5 cm,民国
555. 5851.J2.567,1935年广州市辖学校第七次运动大会第二名奖章,最长4 cm,最宽3.2 cm,1935年
556. 5852.J2.568,1925年粤军步兵第一团军士教育连毕业奖章,直径3.1 cm,1925年
557. 6254.J2.569,民国广州市民促进自治会会员纪念章,最长3.5 cm,最宽2.4 cm,民国
558. 6275.J2.570,民国广东省银行职员证章,1.1 cm×3.1 cm×0.1 cm,民国
559. 6276.J2.571,民国广东省银行工役证章,直径2.5 cm,民国
560. 6297.J2.572,民国广东禁烟局番禺分局职员证章,连链长4 cm,宽4.1 cm,民国
561. 6298.J2.573,1938年财政部印花烟酒税局(广东)证章,直径3.1 cm,1938年
562. 6299.J2.574,民国广东省立体育专科学校证章,直径2.7 cm,民国
563. 6300.J2.575,民国培正中学学生证章,2.9 cm×3.1 cm,民国
564. 6301.J2.576,民国广州职业学校学生证章,连链长6.5 cm,宽2.3 cm,民国
565. 6302.J2.577,民国广东火柴厂总工会女会员证章,连链长6.2 cm,宽2 cm,民国
566. 6303.J2.578,民国中华海员工会广州分会中舱支部证章,2.5 cm×3 cm,民国
567. 6304.J2.579,民国广东省建设厅长途电话管理所证章,直径2.1 cm,民国

568. 6305.J2.580,民国广州市京果海味业职业工会证章,直径2.6 cm,民国
569. 6306.J2.581,民国中华民国汉医会徽章(广东),直径3.1 cm,民国
570. 6307.J2.582,民国华侨工业联合总会证章,直径3 cm,民国
571. 6308.J2.583,1919年博济医院赠刘子芳证章,长3.1 cm,直径2.4 cm,1919年
572. 6309.J2.584,民国美洲中国同盟纪念会会员证章,2.9 cm×2.2 cm,民国
573. 6310.J2.585,民国广州统一国语讲习所学员证章,连杠长5.5 cm,直径3.5 cm,民国
574. 6311.J2.586,1926年广东第十次运动会二等奖证章,连杠长7.2 cm,直径3.5 cm,1926年
575. 6312.J2.587,民国广东民大政研会证章,直径2.3 cm,民国
576. 6313.J2.588,民国广东国民大学机工系证章,直径2.4 cm,民国
577. 6314.J2.589,民国广东国民大学法学院证章,直径2.4 cm,民国
578. 6315.J2.590,民国国民政府主席警卫处证章,直径2.3 cm,民国
579. 6316.J2.591,民国广东省广州高职职员证章,直径2.7 cm,民国
580. 6317.J2.592,民国正埠余家公所证章(三藩市),3.1 cm×2.9 cm,民国
581. 6318.J2.593,1919年番禺城北商团军成军纪念证章,直径3.8 cm,1919年
582. 6319.J2.594,民国广州生果摊工人联合会执行委员证章,直径2.6 cm,民国
583. 6320.J2.595,民国广东土木建筑总工会证章,连杠长6 cm,直径2.7 cm,民国
584. 6321.J2.596,民国国民革命军陆军五十九师尉官证章,1.8 cm×4.1 cm,民国
585. 6322.J2.597,民国国民革命军陆军五十九师尉官旗形证章,2.3 cm×3.3 cm,民国
586. 6323.J2.598,1924年东圃商团成军纪念章,连环长3.8 cm,直径3.5 cm,1924年
587. 6324.J2.599,民国广东机器工会番禺支会证章,连杠长6 cm,直径2.3 cm,民国
588. 6325.J2.600,民国广东省河轮渡职业工会证章,连环长2.2 cm,宽5 cm,民国
589. 6326.J2.601,民国国民革命军陆军第一军证章,连环长2.4 cm,宽5 cm,民国
590. 6327.J2.602,民国保皇会同志证章,连环长4.8 cm,直径4 cm,民国
591. 6465.J2.603,民国嘉禾勋章,全长14.6 cm,章直径5.5 cm,民国
592. 6466.J2.604,民国广东实用高级会计科职业学校学生证章(NO.454),连杠长4.5 cm,章1.5 cm×5.2 cm,民国
593. 6467.J2.605,民国广州锦纶花素总工会会员证章(14482),连环长3.2 cm,直径2.8 cm,民国
594. 6468.J2.606,民国广州市茶居业产业工会会员证章(NO.1353),连杠长5.8 cm,章2.9 cm×2.9 cm,民国
595. 6469.J2.607,民国广州市三轮车业职业工友联谊公证章(NO.154),直径2.3 cm,民国
596. 6470.J2.608,民国广州市三轮车业职业工友联谊会纪念章,直径2 cm,民国
597. 6471.J2.609,民国广东锦纶织造工业联合会章(三四七六),连杠长6.8 cm,章最长3.1 cm,民国
598. 6472.J2.610,民国英商旗昌人寿保险公司保户章(45828),全长7 cm,章直径2.3 cm,民国
599. 6580.J2.611,1945年中国滑翔总会会长蒋中正赠的中国滑翔总会纪念章,全长8.1 cm,章直径4.6 cm,1945年
600. 6581.J2.612,1960年中南军政委员会赠解放华中南纪念章,直径3.8 cm,1960年
601. 6673.J2.614,民国阎锡山像山西光复第一周纪念章,直径2.8 cm,民国
602. 6689.J2.626,民国国民革命军步兵少尉领章,2.3 cm×5 cm,1套2件,民国
603. 6690.J2.627,民国国民革命军步兵少尉领章,2.3 cm×5 cm,1套2件,民国
604. 6691.J2.628,民国国民革命军炮兵中尉领章,2.3 cm×5 cm,民国

605. 6692.J2.629,民国国民革命军步兵准尉领章,2.3 cm×5 cm,1套2件,民国
606. 6693.J2.630,民国国民革命军少将领章,2.1 cm×4.9 cm,1套2件,民国
607. 6694.J2.631,民国国民革命军步兵上尉领章,2.3 cm×5 cm,1套2件,民国
608. 6695.J2.632,民国国民革命军步兵上尉领章,2.3 cm×5 cm,1套2件,民国
609. 6696.J2.633,民国国民革命军步兵中尉领章,2.3 cm×5 cm,1套2件,民国
610. 6697.J2.634,民国国民革命军少校领章,2.3 cm×5 cm,1套2件,民国
611. 6698.J2.635,民国国民革命军步兵上士领章,2.2 cm×4.8 cm,1套2件,民国
612. 6716.J2.653,民国湖南省耒阳举行的十六届全省运动会纪念章,直径2.3 cm,民国
613. 6717.J2.654,民国衡郴师管区桂阳团管区在乡军官会徽章,直径3.1 cm,民国
614. 6718.J2.655,民国耒阳大隆乡公所25号证章,直径3.2 cm,民国
615. 6719.J2.656,民国耒阳记者公会纪念章第28号,直径2 cm,民国
616. 6720.J2.657,民国耒阳县政府第043号证章,直径2.2 cm,民国
617. 6729.J2.666,1950年代中华人民共和国中央人民政府人民革命军事委员会赠中苏友谊万岁纪念章,全长8 cm,章直径4 cm,1套2件,1950年代
618. 6730.J2.667,1955年江苏军区第一届功模代表大会纪念证章(5月1日),全长8 cm,章直径4.2 cm,1955年
619. 6731.J2.668,1958年重庆市各界人民一九五八国庆向党献礼庆功大会奖章,全长9.3 cm,章直径5 cm,1958年
620. 6732.J2.669,1947年渤海区党委军区赠保卫东北人民子弟兵参军纪念章,全长8.8 cm,章直径4 cm,1947年
621. 6733.J2.670,民国空军特务旅服务纪念章,连环长5.5 cm,章直径5.1 cm,民国
622. 6734.J2.671,1944年国民党教育长梁华盛赠中南干部训练团纪念章,全长8.5 cm,章直径20.8 cm,1944年
623. 6768.J2.704,1927年孙中山先生双旗纪念章,连环长3.3 cm,章直径2.6 cm,1927年
624. 6769.J2.705,民国孙中山先生总理遗嘱纪念章,连链长6 cm,章直径6.1 cm,民国
625. 6792.J2.728,民国监察冀边区行政委员会赠抗日光荣复员证章,连环长3.1 cm,章直径2.8 cm,民国
626. 6793.J2.729,民国资源委员会中央电工器材厂电工章,直径3.2 cm,民国
627. 6794.J2.730,1949年广州绥靖公署章,直径2.8 cm,1949年
628. 6822.J2.733,1929年北伐成功退伍纪念章,全长5.5 cm,章直径3.8 cm,1929年
629. 6823.J2.734,民国抗战纪念章,连杠长7.4 cm,章直径3.5 cm,民国
630. 6824.J2.735,1947年中央陆军军官学校"亲爱精诚"纪念章,连环长5.6 cm,章直径5.2 cm,1947年
631. 6845.J2.736,1920年九月香港木匠总工会会员徽章,最长3.4 cm,最宽2.6 cm,1920年
632. 6846.J2.737,民国广东军属会会员证章(NO.8984),直径2.4 cm,民国
633. 6847.J2.738,1921年福建督军兼省长李厚基赠福建全省学校联合运动会纪念章,直径3.8 cm,1921年
634. 6848.J2.739,1929年国军编遣委员会赠退伍纪念章(75371),直径4 cm,1929年
635. 6852.J2.740,1939年广东人民购机抗敌筹募委员会赠"输财救国"章,最长3.3 cm,最宽2.6 cm,1939年

636. 6853.J2.741,民国冯玉祥赠革命纪念章,最长 3.5 cm,最宽 2.5 cm,民国
637. 6854.J2.742,民国中国红十字会救护员章,3.6 cm×4.6 cm,民国
638. 6855.J2.743,1947 年国民党广东省党部职员证章(NO.252),直径 2.3 cm,1947 年
639. 6856.J2.744,民国安徽督军署通行证章,连环长 3.5 cm,章直径 3 cm,民国
640. 6857.J2.745,民国国民党中央党部证章(59),最长 2.5 cm,最宽 5.6 cm,民国
641. 6858.J2.746,1926 年广东总工会十五年纪念章,直径 2.8 cm,1926 年
642. 6859.J2.747,民国新会县临时参议会参议员证章,直径 2.5 cm,民国
643. 6860.J2.748,民国广州黎铎医院章(NO.107),直径 2.2 cm,民国
644. 6861.J2.749,民国国民革命军总司令部特别党部赠慰劳北伐前敌将士纪念章,直径 4 cm,民国
645. 6862.J2.750,民国广东省政府财政厅普通证章(NO.330),连杠长 4.5 cm,章 1.6 cm×5 cm,民国
646. 6866.J2.751,民国共和党章,直径 3.2 cm,民国
647. 6867.J2.752,民国共和党章,直径 3 cm,民国
648. 6869.J2.753,1930 年代—1940 年代港九内衣职工总会会员证章(373),最长 2.7 cm,最宽 2.4 cm,1930 年
649. 6874.J2.754,民国唐继尧赠靖国纪念章,连环长 3.8 cm,章直径 3 cm,民国
650. 6878.J2.755,民国主张公道章(322414365),连环长 3.3 cm,章直径 3 cm,民国
651. 6879.J2.756,民国主张公道章(133321084),连环长 3.3 cm,章直径 3 cm,民国
652. 6880.J2.757,1926 年广州各界人民纪念孙总理逝世一周年纪念章,连环长 2.9 cm,章直径 2.6 cm,1926 年
653. 6881.J2.758,民国广东恩平地方法院看守所职员证章,直径 2.6 cm,民国
654. 6927.J2.767,现代中华人民共和国名誉主席宋庆龄"国之瑰宝"纪念章,直径 4 cm,现代
655. 7504.J2.773,1946 年国民政府制八年抗战胜利纪念章,7.0 cm×7.0 cm,1946 年
656. 7638.J2.774,民国海军中山军舰证章,直径 1.8 cm,民国
657. 7639.J2.775,1925 年慰劳革命军人会赠"拥护革命政府"证章,3.7 cm×1.6 cm,1925 年
658. 7640.J2.776,民国广东省长公署纪念章,6.1 cm×2.9 cm,民国
659. 7641.J2.777,民国国民党清党纪念章,3.2 cm×2.5 cm,民国
660. 7642.J2.778,民国全港罢工委员会宣传学校第一届纪念章,2.7 cm×3.2 cm,民国
661. 7643.J2.779,民国建国粤军第五军惠州善后督办署纪念章,3.2 cm×2.2 cm,民国
662. 7644.J2.780,民国执信学校学生银质证章,2.2 cm×2.2 cm,民国
663. 7645.J2.781,民国广州电话管理处证章,直径 2.3 cm,民国
664. 7646.J2.782,民国广州市电灯局工人联团俱乐部银质证章,直径 2.5 cm,民国
665. 7647.J2.783,民国广州市土地局证章,1.6 cm×4.7 cm,民国
666. 7648.J2.784,民国广东省立广雅中学证章(2186),1.0 cm×7.7 cm,民国
667. 7649.J2.785,民国广东省立广雅中学盾形证章(0752),3.2 cm×3.0 cm,民国
668. 7650.J2.786,1938 年广州市自来水管理处证章,直径 3,2 cm,1938 年
669. 7666.J2.787,民国大本营普通出入证(60),直径 2.7 cm,民国
670. 7679.J2.788,民国国民党缅甸仰光支部党员褒章,直径 2.9 cm,连环纵 3.3 cm,民国
671. 8048.J2.795,民国国立广东大学学生证章(213 号),4 cm×2.6 cm,民国

672. 8049.J2.796,民国教育部银质珐琅四等奖章,直径4 cm,民国
673. 8097.J2.797,中华民国开国纪念币(十文),直径2.8 cm,民国
674. 8182.J2.798,民国中央军事政治学校第五期证章,7.1 cm×3.4 cm,民国
675. 8183.J2.799,民国两广盐运使公署证章,5.7 cm×3.2 cm,民国
676. 8184.J2.800,民国广州市故衣店员工会证章,6.1 cm×2.7 cm,民国
677. 8185.J2.801,民国广州车衣业女工会会员证章,3.4 cm×2.4 cm,民国
678. 8186.J2.802,民国中华酒业联合总会"工人罢工回国纪念章",纵6.8 cm,章直径2.8 cm,民国
679. 8187.J2.803,民国广东草席总工会会员证章,纵6.3 cm,章直径2.6 cm,民国
680. 8188.J2.804,民国粤汉铁路总工会会员证章,纵7.5 cm,章直径3.9 cm,民国
681. 8189.J2.805,民国广东机器工会第一次全省代表大会代表员纪念章,纵7.2 cm,章直径2.9 cm,民国
682. 8190.J2.806,民国广州贩烟总工会会员证章,7.6 cm×2.6 cm,民国
683. 8191.J2.807,民国广州美亚公司广州织绸厂证章,纵4.4 cm,直径3 cm,民国
684. 8936.J2.808,民国铜珐琅花瓣形大元帅府徽章,8.8 cm×4.3 cm,民国
685. 8940.J2.809,民国铜珐琅国民政府立法院证章,直径3 cm,民国
686. 8941.J2.810,民国铜齿轮形温泉建设促进会会证,7 cm×4 cm,民国
687. 8942.J2.811,民国铜珐琅行政院证章,5.5 cm×2 cm,民国
688. 8944.J2.812,民国铜八角形军政府证章,8.1 cm×2.9 cm,民国
689. 8945.J2.813,民国铜珐琅"国"字党徽证章,直径3 cm,民国
690. 8946.J2.814,1919年菱形古应芬广东省议会第二届议员证章,9.1 cm×3.8 cm,1919年
691. 8947.J2.815,民国铜珐琅广东省政府党徽证章,7.2 cm×3.7 cm,民国
692. 8948.J2.816,民国铜珐琅"国府"证章,直径3 cm,民国
693. 8949.J2.817,民国铜珐琅花瓣形大本营特别出入证,7.5 cm×3.6 cm,民国
694. 8950.J2.818,民国银珐琅八角形广东省长公署证章,6.6 cm×2.9 cm,民国
695. 8951.J2.819,民国铜八角形广东省长公署证章,7 cm×2.5 cm,民国
696. 8952.J2.820,民国国会秘书厅银质证章,8 cm×3 cm,民国
697. 8953.J2.821,民国铜珐琅秘书厅证章,7.6 cm×2.8 cm,民国
698. 9051.J2.822,民国广东省营麻织厂工匠铜证章,3.2 cm×2.8 cm,民国
699. 9060.J2.823,民国中国童子军胸章,1.4 cm×6.9 cm,民国
700. 9086.J2.824,民国二等银色义赈纪念奖章,11.3 cm×5.8 cm,民国
701. 9087.J2.825,民国四等银质云麾勋章,11.4 cm×6 cm,民国
702. 9088.J2.826,民国墨绿采玉勋章,绢32 cm×3.6 cm,章9.2 cm×6.4 cm,民国
703. 9089.J2.827,民国白色采玉勋章,16.4 cm×6.4 cm,民国
704. 9090.J2.828,民国国徽铜奖章,7.9 cm×2.8 cm,民国
705. 9091.J2.829,民国六等银质云麾勋章,11 cm×6 cm,民国
706. 9092.J2.830,民国南京建都纪念铜章,11.9 cm×6 cm,民国
707. 9093.J2.831,清末双龙宝皇铜章,9.5 cm×4.9 cm,清末
708. 9094.J2.832,民国兵工分厂铜章,5.8 cm×3.7 cm,民国
709. 9095.J2.833,1916年副总统就职银质纪念章,7.5 cm×3.3 cm,1916年
710. 9096.J2.834,民国广东巡按使李唔银质奖章,9.4 cm×4.1 cm,民国

711. 9097.J2.835,民国蓝色采玉铜勋章,15 cm×6.3 cm,民国
712. 9098.J2.836,民国大同勋章,11.5 cm×6.1 cm,民国
713. 9100.J2.838,民国宝鼎勋章附原盒,8 cm×8.2 cm,民国
714. 9101.J2.839,民国九等景星勋章样章,12.1 cm×6 cm,民国
715. 9102.J2.840,民国八等景星勋章样章,12.5 cm×6 cm,民国
716. 9103.J2.841,1912年大统领孙氏肖像银章,3.9 cm×3.3 cm,1912年
717. 9104.J2.842,民国交通部纪念章,5.4 cm×3 cm,民国
718. 9105.J2.843,1926年广东内河船业总工会纪念章,7 cm×2.8 cm,1926年
719. 9106.J2.844,民国三等文虎勋章附盒,17.5 cm×6.7 cm,民国
720. 9107.J2.845,1923年十月十日大总统曹锟就任纪念章,11.5 cm×4.7 cm,1923年
721. 9108.J2.846,民国国民政府司法部法官政治党务训练班证章,6.6 cm×2.6 cm,民国
722. 9109.J2.847,民国金山致公堂干事科长证章,直径4.3 cm,民国
723. 9110.J2.848,民国省长公署普通出入铜证章,5.3 cm×3.5 cm,民国
724. 9111.J2.849,民国京汉铁路总工会江岸工会会员证章,4 cm×3.8 cm,民国
725. 9112.J2.850,民国广东玉石总工会会员证章,7 cm×2.9 cm,民国
726. 9113.J2.851,民国广东省地方自治工作人员训练所证章,4.3 cm×3.2 cm,民国
727. 9114.J2.852,民国觉先声剧团证章,直径3.1 cm,民国
728. 9115.J2.853,民国广州武昌树胶厂制造场职员铜证章,2.6 cm×3.5 cm,民国
729. 9116.J2.854,民国广州捷和钢铁制造厂厂徽铜证章,直径3.2 cm,民国
730. 9117.J2.855,民国国立中山大学银证章,直径2.3 cm,民国
731. 9118.J2.856,民国粤东长途汽车公司证章,3.5 cm×2.6 cm,民国
732. 9120.J2.857,民国初年广州市菜栏职工工会会员铜证章,7.6 cm×2.3 cm,民初
733. 9121.J2.858,民国光华医学院银证章,3.2 cm×3.7 cm,民国
734. 9122.J2.859,民国广州织漂染毛巾工会会员铜证章,6 cm×2.5 cm,民国
735. 9123.J2.860,民国元年固宿战役铜纪念章,4 cm×4.7 cm,1912年
736. 9124.J2.861,民国广州市美术学校铜证章,5.7 cm×3.2 cm,民国
737. 9125.J2.862,宣统庚申年陆军大臣钦命校阅铜证章,3.6 cm×3.1 cm,宣统庚申年
738. 9384.J2.863,民国广东军事厅职员铜证章,6.4 cm×3.3 cm,民国
739. 9391.J2.864,民国安徽督军倪铜公勋章,盒11 cm×6.7 cm,章12 cm×4.3 cm,民国
740. 9392.J2.865,1913年十月十日第一任大总统袁世凯就任铜纪念章,10.7 cm×3.9 cm,1913年
741. 9393.J2.866,民国宪法成立铜纪念章,11.3 cm×4.3 cm,民国
742. 9396.J2.867,民国曹锟头像版宪法成立银纪念章,9.6 cm×3.9 cm,民国
743. 9397.J2.868,1917年代权总统铜纪念章,13.7 cm×3.8 cm,1917年
744. 9398.J2.869,1916年副总统就职铜纪念章,盒10.5 cm×5.5 cm,章9 cm×3.1 cm,1916年
745. 9399.J2.870,民国总司令吴光新银纪念章,15.8 cm×7.2 cm,民国
746. 9400.J2.871,1916年一等一级拥护共和铜奖章,11 cm×6 cm,1916年
747. 9401.J2.872,民国银质宝光嘉禾勋章,10.8 cm×5.2 cm,1套2件,民国
748. 9407.J2.873,民国吴佩孚头像"军学优长"铜奖章,12.8 cm×5 cm,民国
749. 9408.J2.874,民国铜质景星勋章,直径9 cm,民国
750. 9553.J2.875,民国国民革命军工程教导队第三期同学纪念章,4 cm×5.6 cm,民国

751. 9554.J2.876,民国广东财政厅沙田测丈队职员证章,3.8 cm×3.9 cm,民国
752. 9555.J2.877,民国广东财政厅清丈田畂技术员养成所毕业铜纪念章,2.3 cm×3 cm,民国
753. 9556.J2.878,民国农林部中央农业实验所农情报告员第六年奖章,直径2.8 cm,民国
754. 9557.J2.879,民国农林部中央农业实验所农情报告员第七年奖章,直径3.5 cm,民国
755. 9558.J2.880,民国沙面胜利大厦证章,直径3.7 cm,民国
756. 9559.J2.881,民国高要县政府铜证章,3.8 cm×2.7 cm,民国
757. 9560.J2.882,民国广东地政工作人员养成所毕业同学会证章,直径2 cm,民国
758. 9561.J2.883,民国南海佛山建筑业职业工会铜证章,6.5 cm×2.6 cm,民国
759. 9562.J2.884,民国广州新华酒家证章,6.5 cm×2.6 cm,民国
760. 9563.J2.885,民国广东土货箱行工会证章,直径2.8 cm,民国
761. 9564.J2.886,民国中国国民党广州特别市党部第六区第九区分部平民学校铜证章,直径2.8 cm,民国
762. 9565.J2.887,清末美国制保皇会光绪像银证章,4.2 cm×3.4 cm,6.5 cm×6.5 cm,1套2件,清末
763. 9936.J2.888,民国刘纪文的国民革命军誓师十周年之纪勋章(带盒),8.5 cm×3.6 cm,民国
764. 9937.J2.889,民国国民政府授予刘纪文的第二十八号二等景星勋章(大绶带盒),9.2 cm×9.5 cm,84.5 cm×29.5 cm,1套2件,民国

（三）其 他

1. 0004.J1.001,民国中央陆军军官学校毕业纪念铜墨盒,7.8 cm×5.2 cm×3.1 cm,民国
2. 0005.J1.002,民国总理遗嘱铜墨盒,7 cm×7 cm×2.8 cm,民国
3. 0006.J1.003,民国"勿忘国耻"铜墨盒,直径5.6 cm,民国
4. 0055.J1.004,民国孙中山像搪瓷盒,口径35 cm,底径18.5 cm,高11 cm,民国
5. 0187.J1.005,民国辛亥革命共和纪念指挥刀,长96 cm,民国
6. 0188.J1.006,民国孙中山纪念怀表,6.6 cm×5 cm,民国
7. 0482.J1.007,民国先施公司奖杯,口径7.3 cm,足径6.9 cm,高17.1 cm,民国
8. 0483.J1.008,民国先施公司铜水壶,通高18.4 cm,腹径14.3 cm,厚4.6 cm,民国
9. 0484.J1.009,民国先施号天宝花卉双兔纹白铜锁扣,12.8 cm×17 cm,1套2件,民国
10. 0485.J1.010,民国粤汉铁路铜墨盒,8.1 cm×8.1 cm×2.9 cm,1套2件,民国
11. 0486.J1.011,民国广州市第三次菊花比赛"秋圃奇葩"纪念杯,22.2 cm×14.6 cm×14.8 cm,1套2件,民国
12. 0487.J1.012,民国培正青年会日化妆比赛全场第二名奖杯,口径7.5 cm,底径6.1 cm,高21.5 cm,民国
13. 0488.J1.013,民国八仙图锡茶壶,口径6 cm,底径8 cm,高11 cm,民国
14. 0489.J1.014,民国先施公司"先施社出品"压印机,16.6 cm×12.7 cm×9.6 cm,民国
15. 0523.J2.035,中华1912年革命军功牌,6.4 cm×3.9 cm,1912年
16. 0562.J2.074,民国粤汉铁路南段管理局机务处,2 cm×3.9 cm,民国
17. 1206.J2.199,民国旅美邑侨捐建台山县立中学高中校舍,4.0 cm×2.3 cm,民国
18. 1347.J2.340,民国广东省政府广州区第贰蔗糖营造场,8.2 cm×3.4 cm,民国

19. 1501.J2.494,民国中国童子军帽徽,3.1 cm×2.5 cm,民国
20. 1546.J1.015,民国长命富贵五色旗十八星旗图纹银锁,51.5 cm×12.0 cm,民国
21. 1547.J1.016,民国纪念孙中山三民主义镀金人物铜器,(3.5—4.0 cm)×(1.8—3.3 cm),1套5件,民国
22. 1548.J1.017,民国南海师范铜字饰品,(2.5—2.8 cm)×(2.1—2.5 cm),1套4件,民国
23. 2562.J1.018,民国铜胎掐丝珐琅五彩旗纹杯,高 5.7 cm,口径 6.8 cm,足径 3.4 cm,民国
24. 2563.J1.020,民国铜胎掐丝珐琅星条旗黄龙旗纹杯,高 2.5 cm,口径 4.9 cm,足径 2 cm,民国
25. 2564.J1.021,清代新加坡产烟罐,通高 8.6 cm,口径 7 cm,足径 7.4 cm,清代
26. 2565.J1.023,民国中华民国总统纪念铜水烟斗,高 32.3 cm,底 7.1 cm×3.2 cm,民国
27. 2566.J1.024,民国广州制造关公读书图铜壳暖水瓶,通高 34.3 cm,口径 4.5 cm,足径 9 cm,民国
28. 2567.J1.025,民国消防水枪,长 136.5 cm,口径 2.3 cm,底径 4.7 cm,民国
29. 2571.J1.028,民国广州成珠饼家铁质饼罐,高 11.8 cm,底 16.1 cm×10.5 cm,民国
30. 2573.J1.029,民国"袁"字旗景泰蓝水烟筒,高 23.8 cm,底 7.2 cm×3.5 cm,民国
31. 2574.J1.030,民国广东军事政治学校铜质奖杯,通高 27.2 cm,口径 8 cm,足径 1.7 cm,民国
32. 2575.J1.031,民国孙中山先生遗嘱铁质火柴盒,5.5 cm×3.8 cm×1.2 cm,民国
33. 2578.J1.032,民国南洋兄弟烟业有限公司金龙牌铁质香烟罐,通高 8 cm,口径 6.5 cm,底径 6.9 cm,民国
34. 2579.J1.033,民国 W.D&H.O.Wills 公司 Three Castles 牌铁质香烟罐,通高 7.8 cm,口径 6.6 cm,底径 6.7 cm,民国
35. 2580.J1.034,民国英国 Gallaher 有限公司 Homeward Bound 牌铁质香烟罐,通高 8.4 cm,口径 6.6 cm,底径 6.6 cm,民国
36. 2581.J1.035,民国英国 Gallaher 有限公司"Torchlight"牌铁质香烟罐,通高 8 cm,口径 6.5 cm,底径 7 cm,民国
37. 2582.J1.036,民国英国 Carreras 有限公司"Craven A"牌铁质香烟罐,通高 8 cm,口径 6.6 cm,底径 6.7 cm,民国
38. 2583.J1.037,民国英国 Ardath 香烟有限公司"The state express"牌铁质香烟罐,通高 8 cm,口径 6.5 cm,底径 6.8 cm,民国
39. 2589.J1.038,民国爱牙兄弟公司爱国牌牙粉铁盒,7 cm×4.4 cm×4.5 cm,民国
40. 3783.J1.027,民国永安公司金属暖手壶,通高 18 cm,口径 4 cm,腹部直径 13.5 cm,民国
41. 3950.J1.054,民国香港广生行有限公司双妹牌花露水、生发油搪瓷广告牌,60.5 cm×45.7 cm,民国
42. 3951.J1.055,民国仁丹经售处搪瓷广告,60 cm×45 cm,民国
43. 4370.J1.039,民国佛镇潘辰大街西成金铺铁盒,通高 1.5 cm,直径 6.5 cm,民国
44. 4371.J1.040,民国广州广福泰茶行茶叶铝罐,通高 12 cm,口径 6.6 cm,底径 7 cm,民国
45. 4504.J1.042,民国 TORCHLIGHT 牌香烟广告牌,26 cm×18.5 cm,民国
46. 4603.J1.041,广州状元坊裕泰绣庄铁盒,49.5 cm×34.5 cm×11 cm,民国
47. 4732.J1.043,民国广州北风选庄正南安腊鸭铁盒,22.2 cm×13.9 cm×8.3 cm,民国
48. 4737.J1.044,民国铁质绞盘牌香烟盒,通高 8 cm,直径 7.3 cm,民国
49. 4738.J1.045,民国铁质红宝石王后牌香烟盒,通高 7.5 cm,直径 6.7 cm,民国
50. 4740.J1.058,民国童子军军旗旗头,22.7 cm×12 cm,民国

51. 4741.J1.046,民国香港广生行有限公司双妹牌加波力牙粉铁盒,通高2.8 cm,直径6 cm,民国
52. 4742.J1.047,民国广州光亚厂制新亚酒店铜盘,高1 cm,口径35.5 cm,底径30 cm,民国
53. 4743.J1.048,民国发报机,22 cm×16.2 cm×20.8 cm,民国
54. 4746.J1.059,民国广州自治协会赠自治论文奖品牌,高15.6 cm,最长12 cm,最宽2.5 cm,民国
55. 5002.J1.049,民国"共和"银簪,长10.6 cm,最宽2.7 cm,民国
56. 5003.J1.050,民国"广州酒家"仕女图铜瓶,通高20.4 cm,底径6.7 cm,口径6.4 cm,民国
57. 5004.J1.051,民国"广州酒家"仕女图铜瓶,通高20 cm,底径6.7 cm,口径6.4 cm,民国
58. 5005.J1.052,民国钟荣光赠广州大学第一次运动大会"努力前进"奖杯,高30 cm,足径8.8 cm,口径10.3 cm,民国
59. 5006.J1.053,1931年广州市国货展览会纪念瓶,通高21.2 cm,足径7.5 cm,口径7 cm,1931年
60. 5222.J1.056,民国爱琴镀金怀表,连链长37.5 cm,表直径5 cm,民国
61. 5257.J2.532,民国粤军总司令部调查处(26号),最长4 cm,最宽3.9 cm,1套50件,民国
62. 5608.J1.057,民国"废除二十一条约"金属鞋拔子,11.2 cm×3.8 cm,民国
63. 5632.J1.060,民国广州市梁康泉出品椭圆铜喷水壶,底径8.5 cm×6.1 cm,高7.5 cm,最长12 cm,民国
64. 5633.J1.061,民国铁制警棍,全长61.5 cm,宽2.2 cm—3.3 cm,民国
65. 5634.J1.062,民国华成烟公司生产的美丽牌香烟烟盒,通高7.9 cm,直径6.2 cm,民国
66. 5635.J1.063,民国中国南洋兄弟烟草有限公司出品红七星香烟盒,通高7 cm,直径6.6 cm,民国
67. 5636.J1.064,民国上海民众烟草公司大来牌香烟烟盒,通高7 cm,直径6.6 cm,民国
68. 5637.J1.065,民国CHI TUNG烟草有限公司生产的大前门烟盒,通高7.7 cm,直径7.2 cm,民国
69. 5638.J1.066,民国中国南洋烟草有限公司生产的"555"香烟烟盒,通高7.7 cm,直径6.6 cm,民国
70. 5641.J1.067,民国美国生产的Stanlly牌铁盒保温瓶,通高36.3 cm,底径9.5 cm,民国
71. 5642.J1.068,民国铁熨斗,通高21 cm,最宽12.1 cm,民国
72. 5646.J1.069,民国仰光生产的铁皮箱,67 cm×44.8 cm×38.3 cm,民国
73. 5649.J1.070,民国铜脸盆,口径38.3 cm,高8 cm,底径15 cm,民国
74. 5792.J1.071,民国广东省会警察局局长李洁之赠佩剑,连鞘长36.2 cm,最宽5.5 cm,民国
75. 6270.J1.072,民国先施公司生产铜制长命锁项链,长47 cm,民国
76. 6721.J2.658,民国勋标,1.1 cm×10.6 cm,民国
77. 6722.J2.659,民国勋标,1.1 cm×10.6 cm,民国
78. 6723.J2.660,民国勋标,1 cm×10.5 cm,民国
79. 6724.J2.661,民国勋标,1.1 cm×7 cm,民国
80. 6725.J2.662,民国勋标,1 cm×7.1 cm,民国
81. 6726.J2.663,民国勋标,1.1 cm×6.7 cm,民国
82. 6727.J2.664,民国勋标,1 cm×7.1 cm,民国
83. 6728.J2.665,民国勋标,1 cm×9.5 cm,民国
84. 6741.J1.073,民国蝶形双扣银腰带,全长67 cm,最宽3 cm,民国
85. 6797.J1.074,民国巴黎LE JOCKEY CLUG牌望远镜,长12 cm,最宽5.2 cm,高8.8 cm,民国
86. 6798.J1.075,民国大东公司铜座钟,连把高17 cm,最长13 cm,最宽10 cm,民国
87. 6799.J1.076,民国广州生产的"参议院"商标手电筒,连盖长22.3 cm,灯面直径6.5 cm,民国
88. 6800.J1.077,民国锡酒壶(带盖),通高19.5 cm,口径5.9 cm,底径8.4 cm,民国

89. 6801.J1.078,民国铁熨斗,长 18 cm,最宽 9.8 cm,高 11 cm,民国
90. 6802.J1.079,民国木柄铁熨斗,长 14.5 cm,最宽 8 cm,高 11 cm,民国
91. 6803.J1.080,民国铜暖手炉,连把手高 16.5 cm,盖面直径 15.5 cm,底径 14 cm,民国
92. 6804.J1.081,民国刘海戏蟾图铜脸盆,高 9.5 cm,口径 34.8 cm,民国
93. 6805.J1.082,民国"三元连捷抄手"铜墨盒(带盖),通高 2.5 cm,口径 6.1 cm,底径 6.5 cm,民国
94. 6806.J1.083,民国"为先人讲礼义"铜墨盒(带盖),通高 2.7 cm,口径 6.2 cm,底径 6.5 cm,民国
95. 6807.J1.084,民国"连捷三元及第"铜墨盒(带盖),通高 2.2 cm,底径 6.2 cm,口径 6 cm,民国
96. 6808.J1.085,民国铜脸盆,高 16 cm,口径 47 cm,底径 37 cm,民国
97. 6809.J1.086,民国望远镜,长 12 cm,最宽 5.2 cm,高 9.8 cm,民国
98. 6810.J1.087,民国叶形铜印章盒,高 1.1 cm,最长 5.9 cm,最宽 3.1 cm,民国
99. 6811.J1.088,民国花卉纹铜痰盂,高 19 cm,口径 18.5 cm,底径 8 cm,民国
100. 6812.J1.089,民国"新锦隆造"铁熨斗,高 21.5 cm,长 21.5 cm,最宽 11.3 cm,民国
101. 6813.J1.090,民国铜油灯座,高 10 cm,最宽 17 cm,底径 8.9 cm,民国
102. 6814.J1.091,民国长把锡壶(带盖),通高 10.3 cm,连把宽 25.5 cm,底径 7 cm,民国
103. 6815.J1.092,民国潮阳锦利铜油灯,高 9.8 cm,口径 2.6 cm,最宽 9.5 cm,底径 5.9 cm,民国
104. 6816.J1.093,1938 年"凌学第"锡茶壶(带盖),通高 20.5 cm,底径 10 cm,1938 年
105. 6817.J1.094,民国花卉纹蚊帐铜挂钩,1/2 长 24.8 cm,最宽 9.8 cm,2/2 长 25.8 cm,1 套 2 件,民国
106. 6818.J1.095,民国"竹报平安"铜挂锁,长 8 cm,最宽 1.6 cm,高 5.3 cm,民国
107. 6819.J1.096,民国团寿纹铜熨斗,连把长 17.5 cm,口径 12.6 cm,高 8.5 cm,民国
108. 6820.J1.097,民国双旗纹铜烟斗,高 29.3 cm,底径 7 cm×3.3 cm,民国
109. 6821.J1.098,民国"天下为公"方形白铜墨盒(带盖),通高 4.2 cm,长 10.9 cm,宽 7.9 cm,民国
110. 6825.J1.099,民国"抗战必胜"铜印盒(带盖),6.7 cm×2.1 cm×2.3 cm,民国
111. 6826.J1.100,民国"个个还要爱国"六角形铜墨盒(带盖),通高 2.3 cm,直径 6.8 cm,民国
112. 6827.J1.101,民国"个个还要爱国"六角形铜墨盒(带盖),通高 2.3 cm,直径 6.8 cm,民国
113. 6830.J1.102,民国美国 RELIANCE 牌镀金怀表,连链长 41 cm,表直径 4.8 cm,民国
114. 6831.J1.103,现代瑞士英纳格牌手表,周长 19 cm,表直径 3.4 cm,现代
115. 6833.J1.105,民国英文打字机,长 30 cm,宽 30.5 cm,通高 10 cm,民国
116. 6834.J1.106,民国眼镜(带盒),1/2 13.6 cm×12 cm×3.8 cm,2/2 13.8 cm×6 cm×1.4 cm,民国
117. 6841.J1.107,民国德国制"孙中山总理纪念座钟",32 cm×13.8 cm×30 cm,民国
118. 6844.J1.108,民国五色旗十八星旗"国耻"挂牌,最长 7.2 cm,最宽 5 cm,民国
119. 6863.J1.109,民国五色旗十八星旗挂牌,最长 6.1 cm,最宽 4.9 cm,民国
120. 6864.J1.110,民国五色旗十八星旗福在眼前挂牌,最长 5.5 cm,最宽 5.5 cm,民国
121. 6865.J1.111,民国双旗"状元及第"挂牌,最长 9.2 cm,最宽 4.4 cm,民国
122. 6870.J1.112,民国国民党军队帽徽,直径 3.1 cm,民国
123. 6871.J1.113,民国国民党军队帽徽,直径 3.1 cm,民国
124. 6872.J1.114,民国国民党军队帽徽,直径 2.3 cm,民国
125. 6873.J1.115,民国国民党军队帽徽,直径 3 cm,民国
126. 6875.J1.116,民初西洋指挥剑,全长 94.5 cm,最宽 9.5 cm,民初
127. 6876.J1.117,民国前镗枪,128.5 cm×15 cm×5.5 cm,民国

128. 6877.J1.118,民国国民党军队帽徽,直径2.8 cm,民国
129. 6894.J1.119,民国"古月轩"铜笔架,最高6 cm,最宽3.7 cm,最长9.8 cm,民国
130. 6895.J1.120,民国杨森赠章士钊的"松柏同荣"铜墨盒,通高3.1 cm,长8.8 cm,宽8.8 cm,民国
131. 6896.J1.121,金代春宫图铜砝码,3.7 cm×2.7 cm×1 cm,1套2件,金代
132. 6897.J1.122,民国"面向真理低头"铜墨盒,通高2.5 cm,口径5.9 cm,底径6 cm,民国
133. 6898.J1.123,民国陈其美置共和双旗纹椭圆铜墨盒,通高3.6 cm,口径7.1 cm×5.4 cm,底径7.6 cm×5.9 cm,民国
134. 6899.J1.124,1909年周庆云赠天为先生的世界地图纹铜墨盒,通高3.6 cm,口径7.3 cm,底径7.8 cm,1909年
135. 6900.J1.125,1917年羽毛纹铜笔座,最高6.5 cm,底径10.1 cm×6 cm,1917年
136. 6901.J1.126,民国宋哲元赠"革命尚未成功,同志仍须努力"铜纸镇,20 cm×2 cm×0.4 cm,1套2件,民国
137. 6923.J1.127,民国上海谋得利有限公司生产的铜军号,长46 cm,最宽11.5 cm,民国
138. 7651.J1.128,民国庆祝革命成功、宣传三民主义人偶银器组,3.2 cm×2.0 cm,1套8件,民国
139. 7773.J1.019,民国铜胎掐丝珐琅五彩旗纹杯,高5.8 cm,口径7 cm,足径3.4 cm,民国
140. 7774.J1.022,清代新加坡产香烟罐,通高8.3 cm,口径7.2 cm,足径7.3 cm,清代
141. 7783.J1.129,1950年代胜家牌手摇式缝纫机,木箱,通高24 cm,长54.5 cm,宽36.5 cm,机身,高32 cm,长52.5 cm,宽22 cm,1950年
142. 7784.J1.026,1926年中山第四次运动大会奖杯,高8.7 cm,口径4.7 cm,足径4.3 cm,1926年
143. 7883.J1.134,清末银锤胎福寿纹戒指,介面2.5 cm×4 cm,周长7 cm,清末
144. 7884.J1.135,清末银锤胎花卉纹戒指,介面2 cm×3.4 cm,周长7 cm,清末
145. 7885.J1.136,清末银锤胎牡丹花纹戒指,介面1.8 cm×3.5 cm,周长6.4 cm,清末
146. 7886.J1.137,清末银锤胎梅花纹戒指,介面1.9 cm×4.2 cm,周长6.7 cm,清末
147. 7887.J1.138,清末银锤胎山水人物纹戒指,介面2 cm×4 cm,周长6.5 cm,清末
148. 7888.J1.139,民国银镀金点翠头饰,7.6 cm—6.5 cm×4 cm—1 cm,1套4件,民国
149. 7889.J1.140,清末银挂件,最长35 cm,最宽35 cm,清末
150. 7890.J1.141,民国银胎珐琅彩手镯,直径6 cm,1套2件,民国
151. 7891.J1.142,民国银锤胎双龙戏珠纹手镯,直径7.8 cm,1套2件,民国
152. 7893.J1.144,民国袁世凯像银盘,口径9.1 cm,足径3.9 cm,高1.3 cm,民国
153. 7894.J1.145,民国"长寿富贵"帽饰,最大直径3.5 cm,高0.4 cm,1套4件,民国
154. 7895.J1.146,民国"福"字帽饰,直径3.5 cm,厚0.3 cm,民国
155. 7896.J1.147,民国"寿"字帽饰,直径3.3 cm,厚1.3 cm,民国
156. 7897.J1.148,民国八卦纹帽饰,直径3.8 cm,厚0.9 cm,民国
157. 7898.J1.149,民国狮子滚绣球型帽饰,长5.6 cm,宽3.5 cm,民国
158. 7899.J1.150,民国狮子滚绣球型帽饰,长5.8 cm,宽4.2 cm,民国
159. 7900.J1.151,民国狮子头型帽饰,直径3.6 cm,厚1.2 cm,宽3.6 cm,民国
160. 7901.J1.152,民国金蟾型帽饰,长3.5 cm,宽3.6 cm,厚1.2 cm,民国
161. 7902.J1.153,民国袁世凯像银盘,口径9.1 cm,足径3.9 cm,高1.2 cm,民国
162. 8004.J1.154,1947年河南省造"唤起民众"铁钟,口径38 cm,高38.5 cm,1947年
163. 8006.J1.155,民国胜家牌手摇式缝纫机,长44 cm,宽24 cm,通高32.5 cm,民国

164. 8192.J1.156,民国捷克斯洛伐克制造十四K镀金孙中山像纽扣,直径1.8 cm,1套5件,民国
165. 8193.J1.157,民国捷克斯洛伐克制造星虎牌十四K镀金孙中山像纽扣,直径1.4 cm,1套5件,民国
166. 8194.J1.158,民国广州成珠饼家小凤饼铁罐,直径10.7 cm,民国
167. 8935.J1.159,民国古应芬半身铜像,长34 cm,宽42 cm,高74 cm,民国
168. 9052.J1.160,民国五色旗十八星旗花卉纹银帽饰,4.9 cm×6.3 cm,民国
169. 9053.J1.161,民国五色旗十八星旗博古纹银帽饰,3.6 cm×4.4 cm,民国
170. 9061.J1.162,民国中国童子军帽徽,3.1 cm×2.5 cm,民国
171. 9062.J1.163,民国中国童子军缝衣指扣,直径1.7 cm,宽1.5 cm,民国
172. 9119.J1.164,清末海军用银质口哨,纵2.5 cm,横14.3 cm,清末
173. 9263.J1.165,清代四大天王帽花,纵5.2 cm,横2.3 cm,1套2件,清代
174. 9264.J1.166,清代佛帽花,7.5 cm×6.5 cm,清代
175. 9265.J1.167,清代佛帽花,6.5 cm×5.6 cm,清代
176. 9266.J1.168,民国富贵长命帽花,直径3.2 cm,1套4件,民国
177. 9267.J1.169,清代长命富贵长命锁项链,纵43 cm,横7 cm,厚1.5 cm,清代
178. 9268.J1.170,清代天仙送子长命锁项链,纵39.5 cm,横7.2 cm,厚2.7 cm,清代
179. 9269.J1.171,中华人民共和国成立后大生产锁牌,4.2 cm×5.5 cm,中华人民共和国成立后
180. 9272.J1.172,清代一团和气帽花,3.5 cm×5.3 cm,清代
181. 9273.J1.173,民国关煞开通帽花,直径2.2 cm,1套4件,民国
182. 9274.J1.174,民国八卦帽花,直径4.8 cm,民国
183. 9275.J1.175,民国鎏金帽花,4.5 cm×3.2 cm,民国
184. 9276.J1.176,清代刘海戏金蟾帽花,4.5 cm×6.2 cm,清代
185. 9277.J1.177,民国琵琶记戏剧如意形百家宝锁,纵35 cm,横10.5 cm,厚2.2 cm,民国
186. 9278.J1.178,民国金属镶银丝线文王百子宝锁,8.8 cm×12 cm,民国
187. 9279.J1.179,民国福禄贞祥锁牌,纵2.2 cm,横4 cm,厚1.4 cm,民国
188. 9280.J1.180,民国状元及第长命富贵锁,纵2.6 cm,横3.5 cm,厚1.5 cm,民国
189. 9281.J1.181,清代银锁项链,47 cm×4.7 cm,清代
190. 9282.J1.182,清代后期福禄项仪项圈,栓件纵2.6 cm,横5.1 cm,厚1 cm,项圈25.5 cm×21 cm,锁牌17 cm×12.7 cm,1套3件,清代
191. 9283.J1.183,清末民国初长命锁项链,纵45 cm,横6.8 cm,厚1.9 cm,清末
192. 9330.J1.184,民国长命铜锁,4.7 cm×5.3 cm,民国
193. 9331.J1.185,清末福禄寿长命锁项圈,纵24.2 cm,横18.3 cm,厚1.5 cm,清末
194. 9332.J1.186,民国"其昌"银锁项链,纵19.5 cm,横3.9 cm,厚1.7 cm,民国
195. 9333.J1.187,清代"寿绵长"长命锁项链,纵32.0 cm,横5.5 cm,厚1.8 cm,清代
196. 9334.J1.188,清末"长命富贵"银锁,纵7.5 cm,横9.3 cm,厚1.0 cm,清末
197. 9335.J1.189,民国"百世"银锁,纵3.6 cm,横3.0 cm,厚0.8 cm,民国
198. 9353.J1.190,民国端午节颈饰,36 cm×13 cm,民国
199. 9354.J1.191,清末长命百岁银锁,纵13 cm,横17.7 cm,厚0.7 cm,清末
200. 9355.J1.192,清末长命百岁银锁项链,纵9 cm,横8 cm,厚0.7 cm,清末
201. 9356.J1.193,民国文王百子百家锁,纵5.5 cm,横6.8 cm,厚1 cm,民国

202. 9357.J1.194,民国百家保锁长命锁,纵2.2 cm,横4.5 cm,厚1.1 cm,民国
203. 9394.J1.195,民国宪法成立铜纪念胸针,1.6 cm×4 cm,民国
204. 9395.J1.196,民国宪法成立铜纪念胸针,1.6 cm×4 cm,民国
205. 9406.J1.197,清末民国初银钱包,22.5 cm×14.8 cm,清末
206. 9411.J1.198,民国铁质手柄凸版五色旗十八星旗图案指挥刀,纵9 cm,横97 cm,厚5 cm,民国
207. 9927.J1.199,民国刘纪文使用过的派克牌笔套装(带盒),12.7 cm×1.4 cm,14 cm×1.6 cm,13.5 cm×1.4 cm,1套3件,民国
208. 9928.J1.200,民国刘纪文使用过的德国制便携式工具套装,12.1 cm×10.2 cm,1套9件,民国

三、杂器类

1. 0024.S1.001,清代翡翠手镯,外径8 cm,内径6 cm,清代
2. 0100.S1.002,清代玉佩,6.5 cm×7.5 cm,清代
3. 0101.S1.003,清代玉手镯,外径7.9 cm,内径6 cm,清代
4. 0113.S2.001,清末玻璃彩绘仕女图镜画,40 cm×55.5 cm,1套2件,清末
5. 0114.S2.002,民国宋庆龄馈赠毛焕章之镜匾,纵69 cm,横142 cm,厚1.5 cm,民国
6. 0500.S3.001,民国先施化妆品有限公司香粉盒,直径7.1 cm,高2.4 cm,1套2件,民国
7. 0501.S3.002,民国圆点纹眼镜盒,17.4 cm×6.9 cm×1.5 cm,民国
8. 2568.S3.004,民国英商时昌洋行火险燕梳分理处木牌匾,172 cm×31.8 cm×2.2 cm,民国
9. 2572.S3.005,民国广州黄泗记腊味专家木质印版,17.9 cm×14.1 cm×2.1 cm,民国
10. 2584.S3.006,民国中国大东南烟公司赠电木香烟盒,9 cm×9 cm×1 cm,民国
11. 2585.S3.093,民国广东省港广生行有限公司双妹嚜爽身粉,4 cm×3.4 cm×8.2 cm,民国
12. 2586.S2.004,民国广东省港广生行有限公司双妹嚜花露水瓶,高16 cm,口径1.4 cm,底径3.5 cm,民国
13. 2587.S3.007,民国广州万家济出品蛇胆陈皮膏木质印版,20.5 cm×16.8 cm×2.5 cm,民国
14. 2588.S3.008,民国广州普济药房木质印版,18 cm×14 cm×1.5 cm,民国
15. 2590.S2.005,民国英美烟公司赠铁框玻璃镜,27 cm×22.4 cm×1 cm,民国
16. 2591.S3.009,民国广州粤港回春阁木药盒,9.2 cm×5.7 cm×5.7 cm,民国
17. 2593.S3.011,民国新月唱片公司黑胶唱片(笑匠说白),包装袋26.2 cm×26.2 cm,光盘直径25.3 cm,民国
18. 2594.S3.012,民国德国璧架唱片公司黑胶唱片(粤曲《画楼春怨》),包装袋25.7 cm×25.7 cm,光盘直径25 cm,民国
19. 2595.S3.013,民国远东唱片公司林超群、王醒伯黑胶唱片,包装袋25.5 cm×25.5 cm,光盘直径25 cm,民国
20. 2596.S3.014,民国远东唱片公司《情恨鸳鸯》黑胶唱片,包装袋25.5 cm×25.5 cm,光盘直径25 cm,民国
21. 2597.S3.015,民国香港鹤鸣唱片公司薛觉先、唐雪卿黑胶唱片,包装袋25.8 cm×25 cm,光盘直径25 cm,民国
22. 2598.S3.016,民国德国璧架唱片公司黑胶唱片(粤剧《慈悲甘露醉裙钗》),包装袋26 cm×26 cm,光盘直径25 cm,民国

23. 3392.S3.017,民国楷书"梅襄廼"木刻章,高4 cm,长8 cm,印面9.1 cm×4 cm,民国
24. 3393.S3.018,民国楷书"籍交"木刻章,1/2高4.9 cm,长2 cm,印面2.9 cm×1.3 cm,2/2高2.9 cm,长2.8 cm,印面3.6 cm×1.6 cm,1套2件,民国
25. 3394.S3.019,民国楷书"港纸交易"木刻章,高4.2 cm,长2.8 cm,印面3.1 cm×0.9 cm,民国
26. 3395.S3.020,民国楷书"赞卿行一"木刻章,高4.9 cm,长2.3 cm,印面3 cm×0.8 cm,民国
27. 3396.S3.021,民国楷书"广安荣司理人代收即交原人收讫"木刻章,高3.9 cm,长3 cm,印面3.8 cm×1.3 cm,民国
28. 3397.S3.022,民国楷书"香江酒楼四点入席"木刻章,高3.2 cm,长2.6 cm,印面3 cm×1.5 cm,民国
29. 3398.S3.023,民国楷书"香港均裕源梅襄廼"木刻章,高5 cm,长2.4 cm,印面3.1 cm×1.6 cm,民国
30. 3399.S3.024,民国楷书"逸阅山房"木刻章,高3.7 cm,长4 cm,印面5 cm×1.5 cm,民国
31. 3400.S3.025,民国楷书"爵生伯行名鑫宗超"木刻章,高4.2 cm,长2.7 cm,印面3 cm×1.6 cm,民国
32. 3401.S3.026,民国楷书"梅宗超书柬"木刻章,1/3高4 cm,长4.1 cm,印面5.2 cm×1.2 cm,2/3高4.4 cm,长3.4 cm,印面4.9 cm×1.2 cm,3/3高4.5 cm,长3.9 cm,印面5 cm×1.3 cm,1套3件,民国
33. 3402.S3.027,民国楷书"香港上环广安荣梅襄廼书柬"木刻章,高4.5 cm,长4 cm,印面5.2 cm×1.4 cm,民国
34. 3403.S3.028,民国楷书"梅襄廼书柬"木刻章,高4.2 cm,长3.8 cm,印面5.1 cm×1.2 cm,民国
35. 3404.S3.029,民国楷书"梅爵生书柬"木刻章,高4.1 cm,长4 cm,印面5.2 cm×1.3 cm,民国
36. 3405.S3.030,民国楷书"香港上环广安荣隆记书柬"木刻章,高4.4 cm,长5.9 cm,印面6.8 cm×1.6 cm,民国
37. 3406.S3.031,民国楷书"爵生伯行"木刻章,高3.7 cm,长2.2 cm,印面2.8 cm×0.7 cm,民国
38. 3407.S3.032,民国楷书"雅轩行"木刻章,高3.7 cm,长1.9 cm,印面2.5 cm×0.7 cm,民国
39. 3408.S3.033,民国楷书"梅宗超书柬"木刻章,高5.5 cm,长2.4 cm,印面3.8 cm×1.4 cm,民国
40. 3409.S3.034,民国楷书"海口均益"木刻章,高4 cm,长2 cm,印面2.8 cm×1.4 cm,民国
41. 3410.S3.035,民国草书"梅"木刻章,高4.9 cm,长1.2 cm,印面1.2 cm×1.3 cm,民国
42. 3411.S3.036,民国楷书"支"木刻章,高4 cm,长0.9 cm,印面0.6 cm×0.9 cm,民国
43. 3412.S3.037,民国楷书"捌"木刻章,高3.1 cm,长0.9 cm,印面0.8 cm×0.8 cm,民国
44. 3413.S3.038,民国篆书"爵生氏"木刻章,高4.5 cm,长1.9 cm,印面2.3 cm×1.2 cm,民国
45. 3414.S3.039,民国篆书"陈绍南"木刻章,高3.3 cm,长0.9 cm,印面1.2 cm×1.2 cm,民国
46. 3415.S3.040,民国篆书"福禄寿"石刻章,高4.3 cm,长2.5 cm,印面2.4 cm×2.4 cm,民国
47. 3416.S3.041,民国篆书"为善最乐"石刻章,高2.1 cm,长2.1 cm,印面2.1 cm×1 cm,民国
48. 3417.S3.042,民国篆书"志在千里"石刻章,高3 cm,长1.4 cm,印面1.4 cm×0.8 cm,民国
49. 3418.S3.043,民国阮□□石印章一枚,高3.2 cm,长2.2 cm,印面2.3 cm×1.2 cm,民国
50. 3778.S2.006,民国先施化妆品有限公司生发油,通高15.8 cm,底径6.2 cm×3.7 cm,口径2.2 cm,民国
51. 3779.S2.007,民国先施化妆品有限公司护发霜,通高7.3 cm,底径5.7 cm,口径5.5 cm,民国
52. 3780.S2.008,民国先施化妆品有限公司雪蕊牌雪花膏(附纸盒),通高11.4 cm,底部4 cm×4 cm,

口径 3 cm,民国

53. 3785.S2.009,民国广州粤东广芝馆英神普救丸(附广告),1/2 通高 7.1 cm,口径 1.1 cm,底径 2.1 cm×1.3 cm,2/2 25.6 cm×44.8 cm,1 套 2 件,民国
54. 4098.S3.045,民国电报机(附件 1 个),底座 15.2 cm×8.5 cm,高 8.2 cm,1 套 2 件,民国
55. 4099.S3.046,民国电报机(附件 1 个),底座 14.8 cm×9.1 cm,高 4.2 cm,1 套 2 件,民国
56. 4247.S3.047,民国楷书"均和围收租"木刻章,高 3.9 cm,印面 5 cm×1.4 cm,民国
57. 4248.S3.048,民国楷书"何光燕"木刻章,高 2.3 cm,印面 4.4 cm×1.7 cm,民国
58. 4249.S3.049,民国楷书"何辉谦"木刻章,高 2.3 cm,印面 4.7 cm×1.6 cm,民国
59. 4250.S3.050,民国楷书"何文海"木刻章,高 3.8 cm,印面 7.3 cm×3.3 cm,民国
60. 4251.S3.051,民国楷书"何劲"木刻章,高 2.3 cm,印面 5.3 cm×2.3 cm,民国
61. 4252.S3.052,民国楷书"何达修"木刻章,高 4 cm,印面 8 cm×3.2 cm,民国
62. 4253.S3.053,民国楷书"德源祥记"木刻章,高 5.6 cm,印面 4.3 cm×2 cm,民国
63. 4254.S3.054,民国楷书"兴隆号收货银"木刻章,高 5.6 cm,印面 5.5 cm×1.3 cm,民国
64. 4255.S3.055,民国楷书"何星樵书柬"木刻章,高 3.8 cm,印面 5.9 cm×1.3 cm,民国
65. 4256.S3.056,民国篆书"星□小章"木刻章,高 4.5 cm,印面 4.6 cm×1.6 cm,民国
66. 4372.S3.057,民国广州回春阁木盒,1/3 9.1 cm×5.7 cm×5.5 cm,2/3 8 cm×4.3 cm×4.7 cm,3/3 过于残破,没有尺寸,1 套 3 件,民国
67. 4380.S3.058,民国酸枝五色旗十八星旗福寿纹椅,40 cm×52 cm×89 cm,民国
68. 7776.S3.059,民国酸枝五色旗十八星旗福寿纹椅,39.5 cm×52 cm×88.7 cm,民国
69. 5011.S3.60,1907 年大路局较合公斗,高 14.6 cm,口径 19.4 cm×19.4 cm,底径 22.8 cm×22.8 cm,1907 年
70. 5350.S3.61,汪道源阳文印章,高 4.1 cm,印面 1.6 cm×0.8 cm,民国
71. 5351.S3.62,杨沐几阳文印章,高 3.8 cm,印面 1.6 cm×0.7 cm,民国
72. 5624.S2.010,民国红色玻璃座油灯(带玻璃罩),通高 37 cm,底径 4 cm,口径 4 cm,民国
73. 5625.S2.011,民国红色玻璃座油灯(带玻璃罩),口径 4.3 cm,通高 40.2 cm,底径 3.5 cm,民国
74. 5626.S2.012,民国蓝色玻璃座油灯(带玻璃罩),口径 4.2 cm,底径 8 cm,通高 40 cm,民国
75. 5627.S2.013,民国高足玻璃油灯(带玻璃罩),口径 5 cm,底径 12.9 cm,通高 43 cm,民国
76. 5628.S2.014,民国"景濂书屋"方形油灯,连提手高 18 cm,底径 6.8 cm×5.3 cm,民国
77. 5631.S3.063,民国绿色桐油纸伞,长 73 cm,束口直径 10 cm,民国
78. 5639.S3.064,民国"孔庙明圣昌盛造"课子图漆制果盒,足径 23.5 cm,通高 13.8 cm,口径 29.5 cm,民国
79. 5640.S3.065,民国广州鸡栏茂隆造漆金花鸟图果篮,通高 34.1 cm,口径 26.8 cm,足径 27 cm,民国
80. 5643.S3.066,民国广州市广富元皮箱厂木漆皮箱,52 cm×31 cm×20 cm,民国
81. 5644.S3.067,民国长方形漆皮箱,62.5 cm×24.5 cm×17 cm,民国
82. 5645.S3.068,1883 年"联庆社"木箱,52 cm×36.5 cm×37.5 cm,1883 年
83. 5647.S3.069,民国昆甸木桶,1/2 高 50 cm,口径 30.5 cm,底径 28 cm,2/2 高 50 cm,口径 31 cm,底径 27.5 cm,1 套 2 件,民国
84. 5648.S3.070,现代洗衣板,61 cm×29 cm×2 cm,现代
85. 5650.S2.015,民国加拿大生产的 COLEMAN 牌汽灯,连提手高 49 cm,足径 15.5 cm,民国
86. 5651.S3.071,民国广州"鸡栏昌隆造"漆金花鸟纹梳妆盒,20 cm×27 cm×17.3 cm,民国

87. 5652.S3.072,现代藤制手提箱,55 cm×38 cm×21 cm,现代
88. 5811.S3.073,民国"尚武精神"皮带,74 cm×11.3 cm,民国
89. 5850.S3.074,民国"广州圣和堂安胎保产催生丸标本箱"招牌,70.8 cm×31 cm×1 cm,民国
90. 6832.S3.086,民国算盘文具木盒,24 cm×13.5 cm×6.5 cm,民国
91. 6835.S3.075,民国藏画竹筒(带盖),通高 33.3 cm,口径 5.5 cm,底径 5.8 cm,民国
92. 6836.S3.076,民国刻"抗战胜利"竹茶壶(带盖),高 18 cm,口径 9 cm,底径 9.5 cm,民国
93. 6837.S3.077,民国漆皮皮箱,37 cm×26 cm×15 cm,民国
94. 6838.S3.078,民国镶螺钿木把镜,连把长 29 cm,最宽 12 cm,厚 1.1 cm,民国
95. 6839.S3.079,民国包皮木箱,41 cm×25 cm×12.5 cm,民国
96. 6840.S3.080,民国"天下为公,世界大同"木盒,19.5 cm×17.5 cm×14.5 cm,民国
97. 6843.S3.081,1925 年孙文遗嘱折扇,长 29.5 cm,最宽 49.5 cm,1925 年
98. 6849.S3.082,民国孙中山肖像党旗纽扣,直径 1.5 cm,民国
99. 6850.S3.083,民国孙中山肖像纽扣,直径 1.5 cm,民国
100. 6851.S3.084,民国孙中山全身像纽扣,直径 1.5 cm,民国
101. 6913.S2.016,民国"广州万新"椭圆形玻璃瓶,高 16.8 cm,口径 2.5 cm,底径 6.4 cm×3.8 cm,民国
102. 6914.S2.017,民国"羊城杨巷上海大药房"椭圆形玻璃瓶,高 14.3 cm,口径 2.1 cm,底径 5.4 cm×2.4 cm,民国
103. 6915.S2.018,民国"粤东安乐水房"玻璃瓶,高 18.5 cm,口径 2.5 cm,底径 4.2 cm,民国
104. 6916.S2.019,民国"太平汽水厂"汽水瓶,高 21.8 cm,口径 2.5 cm,底径 6.7 cm,民国
105. 6917.S2.020,民国广州"中华汽水公司"汽水瓶,高 22 cm,口径 2.5 cm,底径 6.1 cm,民国
106. 6918.S2.021,民国"美国医学博士补肺止咳露"扁形瓶,高 13.7 cm,口径 2.5 cm,底径 6.1 cm×3 cm,民国
107. 6919.S2.022,民国先施公司监制的"上等生发香油"扁形瓶,高 18.5 cm,口径 1.9 cm,底径 5.5 cm×3 cm,民国
108. 6920.S2.023,民国中国先施有限公司精制卫生汽水瓶,高 20.7 cm,口径 2.5 cm,底径 4.7 cm,民国
109. 6921.S2.024,民国广州市新戊隆监制花嚫玫瑰生发香油瓶,高 21.3 cm,口径 2 cm,底径 6.6 cm×4 cm,民国
110. 6922.S2.025,民国广州"中华汽水公司"汽水瓶,高 21.9 cm,口径 2.4 cm,底径 6.8 cm,民国
111. 6925.S3.085,民国漆绘红楼梦图七子福字形糖果盒,通高 4.9 cm,最长 29.5 cm,最宽 25 cm,民国
112. 7452.S3.087,民国时期木质印章"李同"(按揭专用),26 cm×1.2 cm×4.0 cm,民国
113. 7453.S3.088,民国时期石质印章(李同),1.8 cm×1.0 cm×3.0 cm,民国
114. 7454.S3.089,民国时期木质印章"环球公司",1.8 cm×1.8 cm×2.6 cm,民国
115. 7455.S3.090,民国时期木质印章"荣业公司",3.5 cm×1.6 cm×2.7 cm,民国
116. 7456.S3.091,民国时期木质印章"王鼐麟",3.4 cm×1.6 cm×4.1 cm,民国
117. 7457.S3.092,民国时期木质印章"黄澧群"(锦秀堂银主章),4.8 cm×1.1 cm×3.6 cm,民国
118. 7775.S3.010,民国广州粤港回春阁木药盒,9.2 cm×5.7 cm×5.7 cm,民国
119. 7782.S3.003,民国胡展堂先生国葬纪念章,19.7 cm×18.5 cm×2.7 cm,民国
120. 7786.S3.094,民国孙中山像纽扣,直径 1.8 cm,高 0.3 cm,民国
121. 7874.S1.004,民国玉雕蝶形帽饰,5 cm×3 cm,民国

122. 7875.S1.005,民国玉雕"福"字帽饰,3 cm×2.9 cm,民国
123. 7876.S1.006,民国玉雕园林人物形帽饰,3.5 cm×4 cm,民国
124. 7877.S1.007,玉雕"金玉满屋"配件(附银链一条),佩5.7 cm×8.9 cm,1套2件,民国
125. 9270.S1.008,清代状元及第玉长命锁,纵4.5 cm,横7.0 cm,厚0.6 cm,清代
126. 9271.S1.009,清代后期莲生贵子玉长命锁,纵6.9 cm,横9.3 cm,厚0.6 cm,清代
127. 9566.S2.026,民国孙中山像"总理遗嘱"玻璃杯,口径7.2 cm,底径5.3 cm,高11.9 cm,民国
128. 7878.S3.095,民国绿色鲨鱼皮纹眼镜盒,最宽6.9 cm,厚3 cm,全长17.5 cm,民国
129. 8001.S3.096,民国木刻"民权发达,世界文明"对联,纵143.5 cm,横29.0 cm—29.5 cm,厚3 cm,1套2件,民国
130. 8005.S3.097,民国帆布折叠椅,50 cm×51.5 cm×97.5 cm,民国
131. 8007.S3.098,民国酸枝白石双狮两椅一几,31 cm×41.1 cm×74 cm,54 cm×45 cm×105.5 cm,54 cm×45.0 cm×105.5 cm,1套3件,民国
132. 8008.S3.099,民国酸枝白石双狮两椅一几,41 cm×31 cm×75 cm,50 cm×45 cm×106.6 cm,50 cm×45 cm×106.6 cm,1套3件,民国
133. 8009.S3.100,民国酸枝两椅一几,32 cm×45 cm×83.5 cm,50 cm×46.5 cm×100.2 cm,50 cm×46.5 cm×100.2 cm,1套3件,民国
134. 8010.S3.101,民国见光枝(酸枝)三抽书桌,125.7 cm×57.9 cm×86.2 cm,民国
135. 8011.S3.102,清末酸枝英雄着陆三级拼床,190.0 cm×62 cm×102 cm,清末
136. 8012.S3.103,民国酸枝双狮戏珠带镜衣柜,48 cm×118 cm×229 cm,民国
137. 8013.S3.104,民国酸枝车子脚两层方几,39 cm×38 cm×76 cm,民国
138. 8014.S3.105,民国酸枝(见光枝)白石面带镜梳妆台,91.5 cm×59 cm×162 cm,民国
139. 8015.S3.106,清末酸枝合仙台,90.1 cm×45 cm×87 cm,90.1 cm×44.6 cm×86.5 cm,1套2件,清末
140. 8016.S3.107,民国酸枝四幅炕床,190 cm×57.9 cm×67.5 cm,民国
141. 8017.S3.108,民国酸枝镶白石双人椅,148.0 cm×58 cm×91 cm,民国
142. 8018.S3.109,民国酸枝镶石两椅一几,45.5 cm×62.5 cm×54 cm,63.3 cm×55 cm×90 cm,63.3 cm×55 cm×90 cm,1套3件,民国
143. 8019.S3.110,民国酸枝镶石方台连凳,69 cm×69 cm×72.9 cm,33.5 cm×33.5 cm×38.5 cm,33.5 cm×33.5 cm×38.5 cm,33.5 cm×33.5 cm×38.5 cm,33.5 cm×33.5 cm×38.5 cm,1套5件,民国
144. 8020.S3.111,民国酸枝玻璃趟门餐柜,86 cm×41.9 cm×107.5 cm,民国
145. 8021.S3.112,清末酸枝二层几,39.5 cm×29.5 cm×73 cm,清末
146. 8022.S3.113,民国酸枝镶镜五斗柜,115 cm×107.5 cm×165.5 cm,民国
147. 8023.S3.114,民国酸枝四斗柜,107.3 cm×53.9 cm×111.3 cm,民国
148. 8024.S3.115,民国酸枝镶镜玻璃面梳妆台(连凳),118 cm×47 cm×148 cm,41 cm×35 cm×36.5 cm,1套2件,民国
149. 8025.S3.116,民国酸枝镶镜衣柜,114.5 cm×57.3 cm×182 cm,民国
150. 8026.S3.117,民国酸枝床头柜,48 cm×42 cm×77 cm,民国
151. 8027.S3.118,民国樟木雕山水人物箱,105 cm×49.5 cm×57 cm,1套2件,民国
152. 8028.S3.119,民国金山木箱,84 cm×41.5 cm×35.5 cm,民国

153. 8029.S3.120,民国金山木箱,101 cm×50 cm×46 cm,民国
154. 8030.S3.121,民国阳江漆皮箱,82 cm×51.5 cm×37.5 cm,民国
155. 8031.S3.122,民国酸枝框杉板西式床,200 cm×150 cm×200 cm,民国
156. 8032.S3.123,民国杉木书柜,63 cm×41.2 cm×77 cm,民国
157. 8033.S3.124,民国杉木书柜,63 cm×41.2 cm×77 cm,民国
158. 8034.S3.125,民国杉木书柜,53 cm×37 cm×70 cm,民国
159. 8035.S3.126,民国酸枝踏脚,1套4件,45 cm×35 cm×25 cm,民国
160. 8195.S3.127,民国远东唱片公司王醒伯、大影怜黑胶唱片,直径25.1 cm,民国
161. 8196.S3.128,民国远东唱片公司肖丽章、廖侠怀黑胶唱片,直径25.1 cm,民国
162. 8197.S3.129,民国歌林比亚厂徐柳仙黑胶唱片,直径25 cm,民国
163. 8198.S3.130,民国巴乐风最优唱片公司郑君棉黑胶唱片,直径24.9 cm,民国
164. 8202.S3.131,民国吴铁城题字木质照片"纯仁药房",258 cm—32.7 cm×4 cm—30.3 cm,1套5件,民国
165. 9064.S3.132,民国十八星图案木手杖,94 cm×9 cm,民国
166. 9404.S3.133,民国黑色"五色旗"图案纽扣,直径2 cm,1套4件,民国
167. 9405.S3.134,民国白色"五色旗十八星旗"图案纽扣,直径2 cm,1套2件,民国
168. 9943.S3.135,民国乙巳年刘纪文篆刻白文印,纵2.2 cm,横2.5 cm,高5.3 cm,民国
169. 9944.S3.136,民国刘纪文篆刻朱文印,纵2.4 cm,横2.3 cm,高5.2 cm,民国
170. 9945.S3.137,民国戊午年仲嘉海赠刘纪文象牙朱文印,纵1.4 cm,横1.4 cm,高4.7 cm,民国
171. 9946.S3.138,民国刘纪文手写款印木质印,纵3.0 cm,横1.2 cm,高3 cm,民国
172. 9947.S3.139,民国"刘纪文赠"朱文木印,纵2.4 cm,横2.5 cm,高6.2 cm,民国
173. 9948.S3.140,民国戊辰年松窗刻"刘纪文印"白文方印,纵2.5 cm,横2.5 cm,高4.9 cm,民国
174. 9949.S3.141,民国松窗刻"纪文"朱文印,纵2.5 cm,横2.5 cm,高4.9 cm,民国
175. 9950.S3.142,民国庚午年德光刻"东莞原籍"白文方印,纵2.3 cm,横2.3 cm,高7.5 cm,民国
176. 9951.S3.143,1936年"淑珍"昌化鸡血石朱文印,纵0.6 cm,横0.6 cm,高3.5 cm,1套2件,民国
177. 9952.S3.144,民国"刘纪文章"朱文印,纵1.5 cm,横1.5 cm,高3.7 cm,民国
178. 9953.S3.145,民国"花好月圆人寿"朱文印,纵1.7 cm,横1.7 cm,高5.2 cm,民国
179. 9954.S3.146,民国"刘纪文"白文水晶印,1/2纵1.5 cm,横1.5 cm,高5.3 cm,2/2纵9.7 cm,横2.3 cm,高2.2 cm,1套2件,民国
180. 9955.S3.147,民国醉石刻"刘纪文"朱文象牙印,1/2纵1.5 cm,横1.5 cm,高6.5 cm,2/2纵10.2 cm,横2.2 cm,高1.9 cm,1套2件,民国
181. 9956.S3.148,民国"刘许淑珍"朱文玛瑙圆印,1/2直径1.5 cm,高4 cm,2/2纵7.9 cm,横2.9 cm,1套2件,民国
182. 9957.S3.149,民国"刘纪文"朱文印,纵1.3 cm,横1.3 cm,高3.3 cm,民国
183. 9958.S3.150,民国"东莞"朱文茶晶印,纵2.3 cm,横2.3 cm,高7.9 cm,民国
184. 9959.S3.151,民国"刘纪文印"白文茶晶印,纵2.3 cm,横2.3 cm,高7.9 cm,民国
185. 9960.S3.152,民国松斋(李仙根)刻"五岳归来"白文印,纵2.3 cm,横2.3 cm,高7.9 cm,民国
186. 9961.S3.153,民国冯庚侯为刘纪文刻"纪文"朱文印,纵0.6 cm,横0.6 cm,高2.7 cm,民国
187. 9962.S3.154,民国"纪文"朱文印,纵0.7 cm,横0.7 cm,高4.2 cm,民国

188. 9963.S3.155,民国刘纪文的"芷兰室主"及"刘纪文玺"寿山石印,1/2 纵 2.2 cm,横 2.2 cm,高 6 cm,2/2 纵 2.2 cm,横 2.2 cm,高 6 cm,1 套 2 件,民国
189. 9964.S3.156,民国刘绮文赠刘纪文象牙印材,纵 2.2 cm,横 2.2 cm,高 9 cm,民国
190. 10359.S3.157,民国木镶粉彩玉堂富贵瓷板圆几,台面直径 46.7 cm,高 64.3 cm,民国

四、陶瓷类

1. 0010.T1.001,民国青花双旗图碟,口径12.8 cm,足径7.8 cm,高2.5 cm,1套2件,民国
2. 0011.T1.002,民国五色旗十八星旗暖杯,口径7.2 cm,底径7.2 cm,高9.9 cm,1套3件,民国
3. 0012.T1.003,民国彩福寿纹火水灯,底径6.8 cm,通高12.8 cm,民国
4. 0013.T1.004,民国青花国民党党旗烟灰盅,10 cm×12.8 cm×5.6 cm,民国
5. 0014.T1.005,清蓝釉笔架,2.9 cm×8 cm×9.5 cm,清代
6. 0015.T1.006,民国青花"一鹭连科"图高足碟,口径20.3 cm,足径12.5 cm,高6.8 cm,民国
7. 0016.T1.007,民国彩五色旗十八星旗图文纹罐,口径3.8 cm,底径7.8 cm,高11 cm,民国
8. 0017.T1.008,民国彩五色旗十八星旗图文纹笔筒,口径7 cm,高11 cm,民国
9. 0018.T1.009,民国青花瓷砚,口径13.3 cm,足径14 cm,高3.6 cm,民国
10. 0019.T1.010,民国彩五色旗十八星旗纹壶,口径7.6 cm,底径7.3 cm,通高12.7 cm,民国
11. 0020.T1.011,民国国民党党徽纹盘,口径17.8 cm,足径9 cm,高2.3 cm,民国
12. 0021.T1.012,民国墨彩总理遗嘱兰花图油灯,足径9.1 cm,通高10 cm,1套2件,民国
13. 0022.T1.013,民国彩山水狮耳瓶,口径9 cm,底径6.2 cm,高23.5 cm,民国
14. 0023.T1.014,民国浅降彩人物茶壶,口径10 cm,底径15.7 cm,1套2件,民国
15. 0026.T1.015,民国彩三民主义图壶,横17 cm,通高9.5 cm,民国
16. 0027.T1.016,清光绪年青花桑叶蚕纹碗,口径12.5 cm,底径4.5 cm,高5.3 cm,1套2件,清光绪年
17. 0028.T1.017,民国青花缠枝莲纹杯,口径9 cm,底径3.8 cm,高5 cm,1套2件,民国
18. 0029.T1.018,民国彩山水盖盅,通高9 cm,1套2件,民国
19. 0030.T1.019,民国彩花卉纹壶,通高7 cm,民国
20. 0031.T1.020,民国彩"抗战建国"印盒,7 cm×9.3 cm×3 cm,民国
21. 0032.T1.021,民国彩"提倡国货"耳杯,直径7.5 cm,高8.5 cm,民国
22. 0033.T1.022,民国彩人物盘(新仿),口径27 cm,底径15.5 cm,高4.4 cm,民国
23. 0106.T1.023,民国粉彩仕女婴孩悬挂五色旗花瓶,口径18 cm,足径14 cm,高44 cm,民国
24. 0107.T1.024,民国粉彩小童观鱼连盖冬瓜坛,口径9.5 cm,足径14.5 cm,通高32 cm,民国
25. 0108.T1.025,民国五彩描金博古插五色旗帽筒,口径12.5 cm,足径12.5 cm,高28 cm,民国
26. 0109.T1.026,民国粉彩博古插五色旗双耳花瓶,口径8 cm,足径7.5 cm,高23 cm,民国
27. 0110.T1.027,民国五彩袁世凯黎元洪像悬双旗茶壶,口径8 cm,足径8 cm,通高14 cm,民国
28. 0111.T1.028,民国五色旗十八星旗小杯,口径6.7 cm,足径4 cm,高5.5 cm,民国

29. 0112.T1.029,民国孙中山像瓷片,27.5 cm×40 cm×1 cm,民国
30. 0192.T1.030,民国彩博古部首瓶,口径 18.6 cm,足径 13.7 cm,高 43.4 cm,民国
31. 0498.T1.031,民国青花自由双旗图纹碟,口径 12.5 cm,足径 7.9 cm,高 1.4 cm,民国
32. 0499.T1.032,民国彩五色旗十八星旗五族共和图纹酒杯,口径 5.3 cm,足径 4 cm,高 5.1 cm,民国
33. 2569.T1.033,民国彩山水图提梁壶,通高 13.2 cm,口径 7.2 cm,足径 10.7 cm,民国
34. 2570.T1.034,1913 年彩五色旗纹提梁壶,通高 13.5 cm,口径 5.7 cm,足径 11.3 cm,1913 年
35. 3460.T1.035,1912 年洪顺堂制青花瓷筷子筒,高 18 cm,口径 6 cm×4.2 cm,1912 年
36. 4361.T1.036,民国国民党党旗杯,高 4.5 cm,口径 6.2 cm,足径 3.3 cm,民国
37. 4373.T1.037,民国潮汕地区博彩代用币,直径 2.2 cm,厚 0.5 cm,1 套 30 件,民国
38. 4374.T1.038,民国潮汕地区博彩代用币,最大 2.5 cm×1.6 cm×0.2 cm,最小直径 1.5 cm,厚 0.2 cm,1 套 10 件,民国
39. 4731.T1.039,民国广州兴记隆南乳厂陶盒(带盖),口径 9.5 cm×9.5 cm,通高 12 cm,底径 11 cm×11 cm,民国
40. 4739.T1.040,民国孙中山像瓷质瓜棱形茶壶,通高 11 cm,足径 7 cm,口径 6.2 cm,民国
41. 4997.T.041,民国西关酒店小碟,高 0.9 cm,口径 9.7 cm,足径 5.1 cm,民国
42. 4998.T.042,民国西关酒店小碟,高 0.7 cm,口径 9.8 cm,足径 5 cm,民国
43. 4999.T.043,民国西关酒店小碟,高 0.7 cm,口径 10 cm,足径 5.2 cm,民国
44. 5000.T.044,民国西关酒店小碟,高 0.8 cm,口径 9.8 cm,足径 5.3 cm,民国
45. 5001.T.045,民国西关酒店小碟,高 0.8 cm,口径 9.5 cm,足径 5.3 cm,民国
46. 5007.T.046,民国青花"广州酒店"盖锅(带盖),通高 14 cm,足径 26.5 cm,口径 25.8 cm,民国
47. 5008.T.047,民国"光复大汉"杯,高 4.4 cm,足径 2.3 cm,口径 5.5 cm,民国
48. 5009.T.048,1923 年五色旗纹把杯,高 4.9 cm,足径 3.2 cm,口径 7 cm,1923 年
49. 5012.T.049,民国佛山余德昌柱候酱罐(带盖),通高 13.5 cm,口径 11.4 cm,底径 11.3 cm×11.3 cm,民国
50. 5812.T.050,民国"挽回利权"瓷罐(带盖),足径 4.3 cm,通高 6 cm,口径 6.2 cm,民国
51. 5813.T.051,民国"挽回利权"瓷罐(带盖),足径 6.4 cm,通高 6 cm,口径 6.3 cm,民国
52. 5814.T.052,民国"民族至上"瓷碟,高 1 cm,口径 12.8 cm,足径 6 cm,民国
53. 5849.T.053,民国酱釉双旗纹扇形筷子筒,最长 29.5 cm,最宽 22 cm,厚 4.5 cm,民国
54. 6269.T.054,1934 年元旦广州市政府新署落成纪念花盆,高 28 cm,底径 27.3 cm×27.3 cm,口径 38.5 cm×37.5 cm,1934 年
55. 6271.T.055,民国彩花鸟"利权挽回"瓷碗,高 6.7 cm,足径 12.5 cm,口径 21.5 cm,民国
56. 6272.T.056,民国彩花鸟"利权挽回"瓷碗,高 7 cm,足径 12.5 cm,口径 21.5 cm,民国
57. 9050.T.057,民国"广东军事政治学校"瓷碗,口径 17 cm,高 9.6 cm,足径 11 cm,民国
58. 9419.T.058,民国粉彩花鸟纹盘,直径 23.8 cm,民国
59. 9420.T.059,民国粉彩花鸟纹盘,直径 23.4 cm,民国
60. 9940.T.060,1941 年邓光祖绘刘纪文墨彩瓷像碟,盘直径 18.4 cm,厚 2.4 cm,托直径 10.7 cm,民国
61. 9941.T.061,1968 年施世恩女士彩绘花卉瓷盘,盘直径 20.9 cm,厚 1.7 cm,托直径 12.6 cm,1968 年

62. 9942.T.062,1930年杨景洛赠刘纪文浅绛彩山水纹杯,口直径7.3 cm,托直径2.9 cm,民国

63. 9965.T.063,民国粉彩"许乡贤堂"款小杯,口直径6.3 cm,座直径2.4 cm,高3.4 cm,1套3件,民国

64. 9966.T.064,民国粉彩"芝兰室"款绣球花小碗,口直径9.1 cm,座直径3.2 cm,高4.4 cm,1套7件,民国

65. 9967.T.065,民国刘纪文许淑珍在广州时使用的"乾隆年制"款粉彩瓷器套装,1/9 口直径7.7 cm,座直径8.2 cm,高13.5 cm,2/9 口直径6.7 cm,座直径6.5 cm,高11.5 cm,3/9—6/9 口直径13.6 cm,座直径6.7 cm,高2.5 cm,7/9—9/9 口直径9.2 cm,座直径3.7 cm,高5.7 cm,重430.35 cm,1套9件,民国

五、纸 类

(一) 书 籍

1. 0001.Z1.001,1929年出版孙中山著《实业计划》,17.5 cm×11 cm,1929年
2. 0002.Z1.002,1926年出版邹鲁编著《广州三月二十九革命史》,22.5 cm×15 cm,1926年
3. 0003.Z1.003,1929年版《哀思录》,29.0 cm×17.4 cm,1套3册,1929年
4. 0009.Z1.004,民国《总理全集》第1集下册,20.9 cm×15 cm,民国
5. 0060.Z1.005,民国《孙中山全集》,18.1 cm×13.4 cm,民国
6. 0061.Z1.006,1922年版孙中山著《建国方略》,25.5 cm×18.5 cm,1922年
7. 0062.Z1.007,民国洪懋熙编《最新中华形势一览图》,25.3 cm×19 cm,民国
8. 0115.Z1.008,清末民初《大革命写真画》,15.2 cm×23 cm,1套14册,清末民初
9. 0116.Z1.009,民国《广东省农民协会修正章程》,18.5 cm×12.5 cm,民国
10. 0171.Z1.010,1912年《孙中山书牍》,19.5 cm×13.2 cm,1套2册,1912年
11. 0191.Z1.011,民国《中山故事读本》,20 cm×13 cm,1套3册,民国
12. 0195.Z1.012,民国《美洲华侨筹赈祖国失业工人妇孺慈善总会征信录》,24.8 cm×18 cm,民国
13. 0197.Z1.013,民国《岑粤督历史》,17.7 cm×10.7 cm,民国
14. 0198.Z1.014,1922年版蒋介石著《孙大总统广州蒙难记》,18.4 cm×12.8 cm,1922年
15. 0199.Z1.015,民国国立广东大学文科课本《中国文化史纲》,24.1 cm×13.8 cm,民国
16. 0203.Z1.019,民国《广州储蓄银行各种存款章程》,18.9 cm×10.3 cm,民国
17. 0204.Z1.020,民国谭微中辑《庚申粤人驱贼始末记》,18.8 cm×13.3 cm,民国
18. 0205.Z1.021,民国东粤浮生编辑《陈炯明历史》,20.7 cm×15.5 cm,民国
19. 0206.Z1.022,1926年初版《广州三月二十九革命史》,22.2 cm×15 cm,1926年
20. 0208.Z1.024,1937年《广州市电力管理处营业章程》,18.6 cm×13.1 cm,1937年
21. 0211.Z1.027,民国广州法政专门学校讲义《经济原论》,24.6 cm×12.9 cm,民国
22. 0212.Z1.028,民国广州法政专门学校讲义《民律总论》,24.5 cm×13.3 cm,民国
23. 0213.Z1.029,民国广州法政专门学校讲义《法院编制法》,24.6 cm×13.3 cm,民国
24. 0214.Z1.030,民国广州法政专门学校讲义《商法总则》,24.6 cm×13.4 cm,民国
25. 0215.Z1.031,民国广州法政专门学校讲义《公文程式》,24.6 cm×13.4 cm,民国
26. 0216.Z1.032,民国广州法政专门学校讲义《法学通论》,24.6 cm×12.9 cm,民国

27. 0217.Z1.033,1913年中学校用教科书《修身要义》(上卷),20.9 cm×14 cm,1913年
28. 0218.Z1.034,1913年高等小学校教科书《新理科甲种》,20.2 cm×13.1 cm,1913年
29. 0219.Z1.035,1919年《中华民国作状必读》,刘杰伯著,19 cm×13.1 cm,1919年
30. 0220.Z1.036,1913年《国语正音教科书》(初编),20 cm×12.9 cm,1913年
31. 0221.Z1.037,1913年《国语正音教科书》(二编),20.3 cm×13.1 cm×1 cm,1913年
32. 0222.Z1.038,民国《中国国民党第一次全国代表大会宣言》,18.3 cm×12.9 cm×0.1 cm,民国
33. 0325.Z1.039,民国《三民主义浅说问答第一全国大会宣言》,18.7 cm×13.5 cm×0.3 cm,民国
34. 0326.Z1.040,1926年邓中夏著《省港罢工概况》,18.7 cm×13.1 cm×0.6 cm,1926年
35. 0327.Z1.041,1927年《兴筑丰宁路入上下九甫至观音桥等马路征信录目次》,26.4 cm×19 cm×0.8 cm,1927年
36. 0328.Z1.042,1931年曾炯翔编撰《办理公路指南》,26 cm×19 cm×1.1 cm,1931年
37. 0329.Z1.043,1922年《广东省立第一甲种工业学校同学录》,16.9 cm×11.7 cm×0.4 cm,1922年
38. 0332.Z1.046,民国《孙大总统五权宪法讲演录》,19.2 cm×12.9 cm×0.1 cm,民国
39. 0334.Z1.048,1936年《中山纪念图书馆第一期征信录》,20.3 cm×12.9 cm×0.8 cm,1936年
40. 0335.Z1.049,民国朱庆澜著《家庭教育》,18.4 cm×12.8 cm×0.5 cm,民国
41. 0336.Z1.050,1925年《三民主义问答》,13 cm×9.4 cm×0.2 cm,1925年
42. 0337.Z1.051,民国《陆军礼节》,12.7 cm×9.5 cm×0.4 cm,民国
43. 0338.Z1.052,1934年《南大员生手册》,12.8 cm×7.6 cm×0.6 cm,1934年
44. 0339.Z1.053,1923年六月《南大与华侨》第一卷第二号,20 cm×14.8 cm×0.3 cm,1923年
45. 0344.Z1.058,1922年《伍汉持纪念医院附设图强产科专门医学校章程》,24.2 cm×15.1 cm×0.2 cm,1922年
46. 0345.Z1.059,1924年《伍汉持纪念医院附设图强产科专门医学校章程》,24.2 cm×15.3 cm×0.2 cm,1924年
47. 0348.Z1.062,1934年《国立中山大学现状》,26.2 cm×18.5 cm×1.4 cm,1934年
48. 0353.Z1.067,民国孙中山著《三民主义》,18.8 cm×13.4 cm×2.5 cm,民国
49. 0354.Z1.068,1932年《新华酒店有限公司注册章程》,18.4 cm×13.4 cm×0.4 cm,1932年
50. 0355.Z1.069,民国中国农工银行广州分行《普通存款章程》,17.1 cm×9.4 cm×0.1 cm,民国
51. 0356.Z1.070,民国中国农工银行储蓄部广州分部《各种储蓄存款章程》,17.3 cm×8.9 cm×0.2 cm,民国
52. 1717.Z1.071,民国《国立中山大学第十届毕业同学录》,27.2 cm×20.0 cm×2.3 cm,民国
53. 1718.Z1.072,1929年《广东南越大学法政科第一届毕业同学录》,21.3 cm×16.5 cm×0.9 cm,1929年
54. 1719.Z1.073,民国《南越大学讲义》,24.5 cm×13.5 cm×5.5 cm,民国
55. 1726.Z1.080,1935年《培英学校鹏社同学录》,19.6 cm×27.2 cm×1.6 cm,1935年
56. 1727.Z1.081,1928年《广东省立第壹中学校新制第四届甲班毕业同学录》,14.6 cm×21.7 cm×0.9 cm,1928年
57. 1728.Z1.082,民国《毒瓦斯中毒之症状及其治疗法》,18.6 cm×13.2 cm×0.4 cm,民国
58. 1730.Z1.084,1932年编《广东省立一中同学录》,14.2 cm×8.3 cm×1.1 cm,1932年
59. 1744.Z1.098,民国粤曲研究社印行《天网》,18.9 cm×13.2 cm×0.2 cm,民国

60. 1745.Z1.099，民国粤曲研究社印行《荡寇》，18.5 cm×13.3 cm×0.3 cm，民国
61. 1746.Z1.100，民国广州第八甫华兴书局印行粤曲剧本《欲魔》，18.8 cm×13.2 cm×0.3 cm，民国
62. 1748.Z1.102，民国尤真皮克著《鲍罗庭之罪恶》，18.8 cm×13.7 cm×0.6 cm，民国
63. 1749.Z1.103，1925年《关税问题与特别会议》，18.7 cm×13.1 cm×0.3 cm，1925年
64. 1751.Z1.105，民国《广东糖业与冯锐》，20.8 cm×15.0 cm×0.5 cm，民国
65. 1782.Z1.136，1934年广东工会工作人员养成所编印《演词汇编》，18.7 cm×12.6 cm×0.8 cm，1934年
66. 1783.Z1.137，1926年金曾澄编述《三民主义回答》，18.6 cm×13.1 cm×1.0 cm，1926年
67. 1784.Z1.138，1926年金曾澄编述《三民主义回答》，18.6 cm×12.9 cm×1.0 cm，1926年
68. 1785.Z1.139，1926年版孙中山著《民权初步》，20.6 cm×15.5 cm×0.7 cm，1926年
69. 1786.Z1.140，1929年《中山全书》，18.8 cm×12.9 cm×(0.9 cm—1.6 cm)，1套4册，1929年
70. 1787.Z1.141，1925年上海国民书局印行孙中山著《民生主义》，20.0 cm×15.1 cm×0.5 cm，1925年
71. 1788.Z1.142，1925年中国宣传讲习所印行《国耻演说》，20.0 cm×15.0 cm×0.4 cm，1925年
72. 1789.Z1.143，1925年上海国民书局印行《民族主义》，20.0 cm×15.0 cm×0.4 cm，1925年
73. 1792.Z1.146，1925年《古巴华侨追悼国父孙中山先生纪念录》，24.8 cm×17.5 cm×1.4 cm，1925年
74. 1795.Z1.149，1926年版《三民主义》，18.7 cm×13.1 cm×2.7 cm，1926年
75. 1796.Z1.150，1936年区季鸾编述《广东纸币史》下篇，23.0 cm×15.4 cm×0.9 cm，1936年
76. 1800.Z1.154，清光绪癸卯年北洋陆军教练处印《战法学辑要》，21.5 cm×14.2 cm×0.5 cm，清光绪癸卯年
77. 1801.Z1.155，1927年《北伐图册》，25.3 cm×35.4 cm×0.4 cm，1927年
78. 3704.Z1.376，民国《士兵识字课本》第一册，19 cm×13 cm×0.5 cm，民国
79. 3707.Z1.377，1933年国民革命军第一集团军总司令部编印《法规汇编》，1/4 20.8 cm×15.3 cm×2.7 cm，2/4 20.8 cm×15.3 cm×3 cm，3/4 20.8 cm×15.3 cm×2 cm，4/4 20.8 cm×15.3 cm×2.5 cm，1套4册，1933年
80. 3710.Z1.380，1929年《广东财政要览》上册，26.7 cm×19.2 cm×2.6 cm，1929年
81. 3711.Z1.381，1926年《最近胡汉民先生演讲集》，18.8 cm×12.8 cm×0.3 cm，1926年
82. 3712.Z1.382，1924年《中外名人演讲录》卷下，18.4 cm×12.6 cm×0.7 cm，1924年
83. 3714.Z1.383，民国《建国大纲·三民主义浅说》，18.6 cm×13.1 cm，民国
84. 3715.Z1.384，民国粤剧剧本《情天孽警》，20.8 cm×14.2 cm×0.4 cm，民国
85. 3716.Z1.385，1911年《订正最新理科教科书》第四册，20.4 cm×13.5 cm×0.5 cm，1911年
86. 3717.Z1.386，民国《广东高等巡警学堂步兵口令》，17.5 cm×10.5 cm，民国
87. 3721.Z1.387，民国《广东高等巡警学堂讲义》，25.6 cm×15 cm×1.2 cm，民国
88. 3722.Z1.388，1927年《孙中山先生传略》，18 cm×13 cm×0.4 cm，1927年
89. 3772.Z1.389，1926年谢瀛洲编著《五权宪法大纲》，21.4 cm×15.4 cm×1 cm，1926年
90. 3773.Z1.390，1937年黄主席治丧委员会编《黄主席慕松纪念册》，19 cm×13.3 cm×0.3 cm，1937年
91. 3774.Z1.391，1923年《沈军图粤大战记》，20.5 cm×15.5 cm×0.6 cm，1923年

92. 4087.Z1.397,1926年王照良著《国文读本》高级第四册,19.7 cm×13.8 cm,1926年
93. 4094.Z1.401,1902年佛山宝华阁藏版《妇孺浅解》,15.8 cm×11 cm×0.4 cm,1902年
94. 4095.Z1.402,民国孙中山著《三民主义》,14.8 cm×10.7 cm×1.5 cm,民国
95. 4096.Z1.403,民国孙中山著《三民主义》,14.8 cm×10.7 cm×1.3 cm,民国
96. 4097.Z1.404,民国孙中山著《建国方略》,13 cm×9.4 cm×1.5 cm,民国
97. 4108.Z1.413,民国《先施公司征文集》,14 cm×15.3 cm,民国
98. 4215.Z1.414,民国《孙大总统五权宪法讲演录》,18.4 cm×13.4 cm,民国
99. 4216.Z1.415,1929年陈历群著《矿业条例》,22.3 cm×15.5 cm×0.4 cm,1929年
100. 4246.Z1.419,1945年三民印书馆印行《孙中山广州蒙难记》,18.2 cm×13 cm,1945年
101. 4347.Z1.420,1930年《中山先生亲征录》,18.3 cm×13.3 cm,1930年
102. 4348.Z1.421,1924年《孙大元帅演说集》,19.9 cm×15 cm,1924年
103. 4358.Z1.423,1912年司慕德著 Caught In The Chinese Revolution,19 cm×13 cm×2.4 cm,1912年
104. 4359.Z1.424,1912年 Arthur J. Brown 著《辛亥革命》,19.5 cm×13 cm×2.2 cm,1912年
105. 4360.Z1.425,1912年 James Cantlie 与 C. Sheridan Jones 著《孙中山与中国的觉醒》,20.3 cm×13.3 cm×3.3 cm,1912年
106. 4366.Z1.426,1922年伍延光编《伍廷芳》,21 cm×15.2 cm×0.3 cm,1922年
107. 4368.Z1.428,1951年罗家伦编《中华民国开国名人像》第一辑,26 cm×18.5 cm,1951年
108. 4369.Z1.429,1952年罗家伦编《黄花岗革命烈士画史》,26.3 cm×18.6 cm×0.4 cm,1952年
109. 4376.Z1.430,1927年孙中山著《民权初步》,19 cm×12.9 cm×0.6 cm,1927年
110. 4848.Z1.444,民国吴经熊、黄公觉著《中国制宪史》,21 cm×14.6 cm×0.5 cm,民国
111. 4907.Z1.445,1911年《清国革命战实纪》,22 cm×15 cm×1.2 cm,1911年
112. 4918.Z1.447,1933年《一中生活写真集》,30.9 cm×23.3 cm,1933年
113. 4919.Z1.448,1937年《培道学生》,25.8 cm×19 cm×1 cm,1937年
114. 4920.Z1.449,1931年曾炯翔编撰《公路指南》,26 cm×19 cm×1 cm,1931年
115. 5033.Z1.457,民国私立广州培正中学员生印赠《抗日》,18.9 cm×13.3 cm,民国
116. 5034.Z1.458,1922年《广东光华医校章程》,21.7 cm×15.5 cm,1922年
117. 5035.Z1.459,1924年《私立图强助产学校章程》,20.2 cm×14.9 cm,1924年
118. 5051.Z1.462,民国黄埔中央军事政治学校政治部出版黄埔丛书之九《革命史上的重要纪念日》,18.4 cm×12.9 cm×1.9 cm,民国
119. 5054.Z1.465,1926年国民革命军北路司令部政治部印《政治工作须知》,18.9 cm×12.9 cm,1926年
120. 5129.Z1.466,1926年萱野长知著《中华民国革命秘笈》,21.5 cm×15 cm×3.5 cm,1926年
121. 5130.Z1.467,1912年埃德温·J.J·格尔著《中国革命记 1911—1912》英文版,22.7 cm×14.6 cm×5.6 cm,1912年
122. 5131.Z1.468,1907年黄民编《秋风秋雨》,18.9 cm×12.8 cm×0.4 cm,1907年
123. 5132.Z1.469,1927年上海中山书局出版孙文著《伦敦被难记》,18.5 cm×13 cm,1927年
124. 5133.Z1.470,1937年王绍箕著《秋瑾女士遗著集》,17.1 cm×12 cm×0.6 cm,1937年
125. 5134.Z1.471,1936年程述编著《黄兴》,18.4 cm×13 cm,1936年
126. 5135.Z1.472,民国吉林办理选举事务所印行《省议会议员选举法施行细则》,26 cm×

15.3 cm,民国

127. 5136.Z1.473,民国吉林筹备选举事务所印行《省议会议员选举法》,29 cm×17.8 cm,民国
128. 5137.Z1.474,民国《省议会议员选举调查员办事细则》,26 cm×15.3 cm,民国
129. 5146.Z1.475,1906年广州学院前麟书阁石印《初学字辩》,17.5 cm×12.4 cm,1906年,1套2件
130. 5147.Z1.476,1917年陈独秀主撰《新青年》第三卷第五号,25.8 cm×18.4 cm,1917年
131. 5148.Z1.477,1917年陈独秀主撰《新青年》第三卷第六号,25.8 cm×18.4 cm,1917年
132. 5149.Z1.478,1921年《孙中山总统五权宪法讲演录》(非卖品),19 cm×13 cm,1921年
133. 5150.Z1.479,1912年《民事刑事诉讼律草案》,26 cm×15.3 cm,1912年
134. 5151.Z1.480,1928年谭根著《航空引导每个人》,19.3 cm×13 cm×1.8 cm,1928年
135. 5153.Z1.481,1913年《唱歌教授法说要》,20.8 cm×13.1 cm,1913年
136. 5154.Z1.482,1912年《中华初等小学国文教科书》第一册,19.3 cm×13 cm,1912年
137. 5155.Z1.483,1912年《中华初等小学国文教科书》第二册,20.1 cm×13.5 cm,1912年
138. 5156.Z1.484,1913年《中华初等小学国文教科书》第五册,20.5 cm×13.2 cm,1913年
139. 5157.Z1.485,民国初年广州市大同学校著《幼稚新读本》第四卷,20.5 cm×13.5 cm,民国初年
140. 5158.Z1.486,民国初年广州市大同学校著《幼稚新读本》第五卷,20.5 cm×13.5 cm,民国初年
141. 5159.Z1.487,民国初年广州市大同学校著《幼稚新读本》第六卷,20.5 cm×13.5 cm,民国初年
142. 5160.Z1.488,1920年商务印书馆发行《共和国教科书新地理》第一册,19.9 cm×12.8 cm,1920年
143. 5194.Z1.489,1918年《中华英文会话教科书》第三册,19.1 cm×13 cm,1918年
144. 5195.Z1.490,1926年《广州市商铺名录》,26 cm×19 cm,1926年
145. 5196.Z1.491,民国邵元冲编制《美国劳工状况》,15 cm×13.9 cm×1.4 cm,民国
146. 5197.Z1.492,1912年《华英国学训蒙编》,19 cm×13 cm,1912年
147. 5199.Z1.493,1922年《中国童子军初级课程》,14.5 cm×10.5 cm×1.3 cm,1922年
148. 5202.Z1.496,民国《广州市立一中概览》,26.5 cm×19 cm×0.5 cm,民国
149. 5203.Z1.497,民国《旅美华侨实录》,18.5 cm×12.7 cm×1.6 cm,民国
150. 5204.Z1.498,民国《中学乐典教科书》,20.5 cm×13.8 cm×0.5 cm,民国
151. 5205.Z1.499,民国《新撰历史教科书》第四册,19.7 cm×13 cm,民国
152. 5206.Z1.500,1932年《高级公民课本》第二册,18.6 cm×13.2 cm,1932年
153. 5207.Z1.501,民国《初中本国地理》第一册,19.6 cm×13.3 cm,民国
154. 5208.Z1.502,1925年《卫生学》,19 cm×13 cm×0.7 cm,1925年
155. 5209.Z1.503,1937年《复兴算术教科书》,19 cm×13 cm,1937年
156. 5210.Z1.504,1948年《综合英语课本》第一册,17.9 cm×12.7 cm,1948年
157. 5211.Z1.505,民国《步兵夜间教育》,12.6 cm×9.5 cm×1.2 cm,民国
158. 5212.Z1.506,民国《小学办学要览》,19.2 cm×13.3 cm×1 cm,民国
159. 5213.Z1.507,民国《地方自治要鉴》,25 cm×14.3 cm×1 cm,民国
160. 5214.Z1.508,1943年姚曾荫著《广东省的华侨汇款》,21 cm×14.9 cm,1943年
161. 5215.Z1.509,1923年《勉励会讲义》,19.7 cm×13 cm×1 cm,1923年

162. 5216.Z1.510,1947年冯自由著《华侨革命开国史》,18 cm×12.8 cm×0.8 cm,1947年
163. 5217.Z1.511,民国梁启超著饮冰室丛著第十二种《新大陆游记》,18.5 cm×12.7 cm×1.2 cm,民国
164. 5218.Z1.512,民国郑介民著《广州乱事记》,21.2 cm×14.3 cm,民国
165. 5219.Z1.513,1930年刘南峰编译《英国百年来的外交政策》,21.5 cm×15 cm×0.6 cm,1930年
166. 5220.Z1.514,1926年《中国简要新地图》,22.5 cm×15.5 cm,1926年
167. 5221.Z1.515,民国《国民须要知》,23.5 cm×15.6 cm,民国
168. 5352.Z1.517,1930年汪兆镛著《山阴汪氏谱》,26 cm×15 cm×0.5 cm,1930年
169. 5354.Z1.519,1926年三民印书社印行《国民革命军总司令蒋中正历史》,18.9 cm×12.9 cm×0.4 cm,1926年
170. 5355.Z1.520,民国省港时文阁书局选印《总司令蒋介石》,18.9 cm×13.1 cm×0.5 cm,民国
171. 5356.Z1.521,1926年三民出版部印行《蒋中正演说集》,19.9 cm×14.7 cm×0.8 cm,1926年
172. 5357.Z1.522,1925年美洲工艺同盟总会出版《工声》第十四期,24.5 cm×17.2 cm,1925年
173. 5358.Z1.523,1924年中央执行委员会印行《中国国民党第一次全国代表大会宣言及决议案》,18.8 cm×13 cm,1924年
174. 5359.Z1.524,民国广州市教育局印《三民主义浅说》,12.6 cm×9.3 cm,民国
175. 5360.Z1.525,1921年《孙大总统五权宪法讲演录》,18.9 cm×13 cm,1921年
176. 5361.Z1.526,1921年《进步的广州市》(英文版),22.4 cm×16.3 cm×0.4 cm,1921年
177. 5362.Z1.527,1926年《国民革命军总司令蒋中正敬告全国民众》,17.6 cm×12.6 cm,1926年
178. 5363.Z1.528,1920年《驻墨中国国民党恳亲大会纪实》,22.5 cm×14.8 cm×0.5 cm,1920年
179. 5364.Z1.529,1918年《戊午赈灾记》,20.4 cm×15.2 cm×1.7 cm,1918年
180. 5366.Z1.530,1925年《广东大学医科学院第一届毕业同学录》,20 cm×13.1 cm×0.6 cm,1925年
181. 5367.Z1.531,1919年《广东粮食救济会第一期布告》,20.7 cm×14.5 cm×0.9 cm,1919年
182. 5368.Z1.532,清末荡房丛书之一《孙逸仙》,21.3 cm×14 cm,清末
183. 5369.Z1.533,美国《南北统一大总统袁世凯》,18 cm×11.8 cm,民国
184. 5370.Z1.534,1911年版孙中山著《孙大总统自述伦敦被难记》,18.2 cm×12.9 cm×0.4 cm,1911年
185. 5371.Z1.535,1926年黄昌谷编《孙中山先生遗教》,1/2 20.8 cm×14.9 cm×1.8 cm,2/2 20.8 cm×14.9 cm×1.5 cm,1926年,1套2册
186. 5374.Z1.538,1926年中国国民党广州特别市党部宣传部《三民主义歌曲》,18.9 cm×13.2 cm,1926年
187. 5375.Z1.539,1927年国立第一中山大学政治训育部宣传部印行《三民主义简本》,19 cm×13 cm×0.3 cm,1927年
188. 5376.Z1.540,1947年吴宋慈著《护法计程》,26.3 cm×19 cm,1947年
189. 5379.Z1.543,清末英文版画册 *A Souvenir of Canton*,12 cm×17.8 cm×0.5 cm,清末
190. 5380.Z1.544,清末《两广方言学堂国文科讲义》,26.5 cm×15.5 cm×1.2 cm,清末
191. 5381.Z1.545,1912年粤省商团公所印《新订步兵操法》,20.5 cm×13 cm×1 cm,1912年
192. 5382.Z1.546,1942年版孙中山著《建国方略》日译本《支那国土计划》,18.6 cm×13.5 cm×

1.6 cm,1942 年

193. 5425.Z1.547,1919 年医学士何旭初著《传染病之防免法》,17.5 cm×10.4 cm,1919 年

194. 5426.Z1.548,1922 年《民生关键》,15 cm×10.8 cm,1922 年

195. 5433.Z1.549,1933 年《广州市第一次展览会》,35.5 cm×25.8 cm×1 cm,1933 年

196. 5444.Z1.550,民国《访问一览》,24 cm×16.8 cm×1.2 cm,民国

197. 5445.Z1.551,民国《领事官职务》,23.3 cm×16 cm×1.5 cm,民国

198. 5582.Z1.553,1944 年《落花梦》,18.3 cm×12.8 cm×0.4 cm,1944 年

199. 5590.Z1.554,民国朱执信著《朱执信文集》,1—2/2 24.8 cm×17.5 cm×1.6 cm,1 套 2 件,民国

200. 5591.Z1.555,民国《中国国民党第一次全国代表大会宣言：三民主义浅说》,18.5 cm×12.8 cm,民国

201. 5592.Z1.556,民国纳训翻译的《孙中山先生的生平》,21.5 cm×14.7 cm,民国

202. 5593.Z1.557,1927 年 *Civil War In Nationalist China*,20 cm×13.6 cm×0.6 cm,1927 年

203. 5659.Z1.570,1919 年《精武本纪》(精武十周年纪念),26.5 cm×19.7 cm×1.7 cm,1919 年

204. 5662.Z1.571,1927 年梁镜球著《惠州围城战画笔记》,25.8 cm×18 cm×0.8 cm,1927 年

205. 5663.Z1.572,1924 年《先施公司二十五周(年)纪念册》,28.7 cm×22.8 cm×12.8 cm,1924 年

206. 5703.Z1.573,1925 年孙中山先生葬事筹备委员会编《孙中山先生陵墓图案》,24.8 cm×17.8 cm×0.3 cm,1925 年

207. 5704.Z1.574,1925 年上海会文堂印行《绘图民国通俗演义》第二册,20.2 cm×13.3 cm×0.4 cm,1925 年

208. 5705.Z1.575,1925 年上海会文堂印行《绘图民国通俗演义》第三册,20.2 cm×13.3 cm×0.5 cm,1925 年

209. 5706.Z1.576,1925 年上海会文堂印行《绘图民国通俗演义》第四册,20.2 cm×13.3 cm×0.4 cm,1925 年

210. 5707.Z1.577,1925 年上海会文堂印行《绘图民国通俗演义》第五册,20.2 cm×13.3 cm×0.6 cm,1925 年

211. 5708.Z1.578,1925 年上海会文堂印行《绘图民国通俗演义》第六册,20.2 cm×13.3 cm×0.6 cm,1925 年

212. 5709.Z1.579,1925 年上海会文堂印行《绘图民国通俗演义》第七册,20.2 cm×13.3 cm×0.6 cm,1925 年

213. 5710.Z1.580,1925 年上海会文堂印行《绘图民国通俗演义》第八册,20.2 cm×13.3 cm×0.5 cm,1925 年

214. 5711.Z1.581,1925 年上海会文堂印行《绘图民国通俗演义》第九册,19.8 cm×13.2 cm×0.5 cm,1925 年

215. 5712.Z1.582,1925 年上海会文堂印行《绘图民国通俗演义》第十册,19.8 cm×13.2 cm×0.5 cm,1925 年

216. 5713.Z1.583,1925 年上海会文堂印行《绘图民国通俗演义》第十二册,19.8 cm×13.2 cm×0.5 cm,1925 年

217. 5714.Z1.584,1913 年《法令大全》,19.3 cm×13 cm×8 cm,1913 年

218. 5788.Z1.587,1926 年《广州快览》,18.8 cm×13 cm×0.6 cm,1926 年

219. 5789.Z1.588,民国《孙中山先生》,12 cm×8.5 cm,民国
220. 6252.Z1.589,1934年《广州指南》,20.8 cm×14.9 cm×2.8 cm,1934年
221. 6253.Z1.590,1927年《国民政府建国大纲》,16.5 cm×13 cm,1927年
222. 6257.Z1.592,1937年广东省会公安局长李洁之著《一年来之回顾》,18.3 cm×12.8 cm,1937年
223. 6266.Z1.597,1924年开平谢缵泰著《中华民国革命秘史》,24.3 cm×15.8 cm,1924年
224. 6331.Z1.600,1912年出版《快看大元帅黄兴》,17.9 cm×11.4 cm,1912年
225. 6332.Z1.601,1912年出版《快看女革命军首领吴淑卿义侠全传》,17.9 cm×12 cm,1912年
226. 6338.Z1.604,1910年英文版《广州指南》,18.2 cm×12.2 cm,1910年
227. 6339.Z1.605,1910年英文版《广州、澳门、西江旅游指南》,15.8 cm×10.6 cm,1910年
228. 6457.Z1.606,1927年邵翼如演讲《中国之革命运动及其背景》,18.3 cm×13 cm,1927年
229. 6462.Z1.608,1915年岭南学校学生协助母校筹款队《纪念录》,20.3 cm×15.4 cm×0.8 cm,1915年
230. 6463.Z1.609,1927年国立第一中山大学政治训育部宣传部印行《三民主义简本》,20.4 cm×14.9 cm,1927年
231. 6842.Z1.611,1927年孙中山著《国民政府建国大纲》,18.8 cm×13 cm,1927年
232. 6893.Z1.612,民国《总理奉安实录》,35 cm×23.8 cm,1套2册,民国
233. 6926.Z1.613,民国《总理奉安实录》上、下册,35 cm×24 cm,1套2册,民国
234. 6933.Z1.616,民国孙中山著作《建国大纲》,13.5 cm×9.3 cm×0.8 cm,民国
235. 6934.Z1.617,民国《孙中山先生演说集》,21 cm×15 cm×1.7 cm,民国
236. 6938.Z1.619,1958年谭永年主编《辛亥革命回忆录》上、下册,1/2,2/2 19 cm×13.2 cm×1.9 cm,1套2册,1958年
237. 6941.Z1.622,1973年《中国国父孙中山医生》,18.8 cm×13.3 cm,1973年
238. 6983.Z1.632,1933年巴黎出版 SOUVENIRS D'UN R? VOLUTIONNAIRE CHIOSI,18.5 cm×11.8 cm,1933年
239. 6991.Z1.633,1953年美国出版 THE MAN WHO CHANGED CHINATHE STORY OF SUN YAT-SEN,21.5 cm×14.7 cm×2.3 cm,1953年
240. 7607.Z1.634,《黄司令官莫京平匪凯旋全城公开提灯会记事(壬戌年)》,22.9 cm×13.5 cm,民国
241. 7652.Z1.635,1921年建设社发行出版《朱执信集》上、下集,25.0 cm×17.6 cm,1套2册,1921年
242. 7657.Z1.640,民国《伍廷芳(秩庸)博士哀思录》,30.6 cm×20.4 cm,民国
243. 7661.Z1.643,1965年香港汉学出版社《黄居素山水画集》第一辑,27.2 cm×38.9 cm,1965年
244. 7664.Z1.645,1932年上海光明书局发行雪澄编《汪精卫诗存》,15.1 cm×11.0 cm,1932年
245. 7669.Z1.646,1928年《大元帅府令汇编》第一辑,36.1 cm×24.4 cm×2.5 cm,1928年
246. 7674.Z1.647,1936年李炳瑞著《新广州市》英文版,22.9 cm×15.7 cm×3.1 cm,1936年
247. 7676.Z1.610,1921年《广州市市政厅所属各局职员录》,20.3 cm×15.5 cm,1921年
248. 7708.Z1.189,1935年《先施有限公司年结册》,19.2 cm×12.4 cm×0.1 cm,1935年
249. 7709.Z1.190,1936年《先施有限公司年结册》,18.9 cm×12.4 cm×0.1 cm,1936年
250. 7712.Z1.193,1912年新会梁启超著《中国魂》(上),20.0 cm×13.7 cm×0.3 cm,1912年

251. 7713.Z1.194,民国《中国国民党广州特别市市党部工人运动讲习所第一届同学录》,18.8 cm×13.1 cm×0.1 cm,民国
252. 7714.Z1.195,光绪二十九年《商部注册章程广州商务总会重印》,24.8 cm×14.6 cm×0.3 cm,清光绪二十九年
253. 7715.Z1.196,民国《广州黄埔军校教材地图》,30.4 cm×47 cm×0.1 cm,民国
254. 7716.Z1.197,民国《一周间大事记》第十四期,18.2 cm×12.8 cm×0.1 cm,民国
255. 7717.Z1.198,民国《名人写真集》,19.2 cm×13.1 cm×2.6 cm,民国
256. 7718.Z1.199,1906年《初级小学国文教科书》第九册,20.2 cm×13.4 cm×0.6 cm,1906年
257. 7719.Z1.200,1906年《初级小学国文教科书》第八册二条,20.2 cm×13.4 cm×0.6 cm,1906年
258. 7720.Z1.201,1904年《初等小学体操教科书》,20.6 cm×13.5 cm×0.3 cm,1904年
259. 7721.Z1.202,1911年《小学笔算新教科书》,20.6 cm×13 cm×0.6 cm,1911年
260. 7722.Z1.203,1909年《最新高等小学笔算教科书》第三册,20.3 cm×13 cm×0.6 cm,1909年
261. 7723.Z1.204,1908年《最新初等小学格致教科书》第一册,20.7 cm×13.7 cm×0.5 cm,1908年
262. 7724.Z1.205,1903年《蒙学中国历史教科书》,19.3 cm×12.6 cm×0.9 cm,1套2件,1903年
263. 7725.Z1.206,清末《蒙学中国地理教科书》,18.9 cm×12.8 cm×0.4 cm,清末
264. 7726.Z1.207,1907年《最新初等小学国文教科书》第六册,20.9 cm×13 cm×0.7 cm,1907年
265. 7727.Z1.208,1911年《最新高等小学理科教科书》第四册,20.2 cm×13.2 cm×0.9 cm,1911年
266. 7728.Z1.209,清末《初等论说文范》第三册,20 cm×13.3 cm×0.4 cm,清末
267. 7729.Z1.210,1906年《最新初等小学修身教科书》第九册,20.5 cm×13.1 cm×0.3 cm,1906年
268. 7730.Z1.211,《1928年度国立暨南大学年鉴》,26.8 cm×19.5 cm×2.8 cm,1928年
269. 7731.Z1.212,民国《广东警官学校大观》,25 cm×17.6 cm×2.4 cm,民国
270. 7733.Z1.214,清末《新宁自治研究所讲义》第六卷,25.4 cm×14 cm×1 cm,清末
271. 7734.Z1.215,1986年《孙中山先生遗札》,34.7 cm×22 cm×0.5 cm,1986年
272. 7736.Z1.217,1894年英文版《广州旅游指南》,21.5 cm×13.9 cm×2 cm,1894年
273. 7737.Z1.218,民国医书,20.9 cm×12.4 cm×0.3 cm,民国
274. 7739.Z1.220,1913年《中华民国最近财政之统计》,21 cm×14.3 cm×0.3 cm,1913年
275. 7740.Z1.221,民国《伍氏族谱》,31.1 cm×18.2 cm×1.3 cm,民国
276. 7742.Z1.223,1906年《岭南学生界》第三期第一册,21.9 cm×15.1 cm×0.5 cm,1906年
277. 7747.Z1.228,1912年《黎大总统书牍》,20.8 cm×13 cm×0.4 cm,1912年
278. 7748.Z1.229,1913年《震旦》第三期,26.5 cm×18.5 cm×1.5 cm,1913年
279. 7749.Z1.230,1916年《民国之精华》第一辑,30.2 cm×21.5 cm×4 cm,1916年
280. 7750.Z1.231,1884年《古巴华人广州南海姓名册全录》,21.3 cm×12.3 cm×0.6 cm,1884年
281. 7787.Z1.648,1934年《岭南伍氏合族总谱》,31.3 cm×18 cm,1套14件,1934年
282. 7788.Z1.649,1935年蔡廷锴著《海外印象记》,26.7 cm×19 cm×2 cm,1935年
283. 7796.Z1.657,1929年安仁丛书第三十种《民族主义与人口问题》,18.8 cm×13.3 cm,1929年
284. 7797.Z1.658,民国学部颁行《国民必读》,20 cm×14.6 cm,民国

285. 7798.Z1.659,1929年《改组派之真面目》,19.5 cm×13.2 cm,1929年
286. 8114.Z1.683,民国版 *A Handbook to the West River*,18.5 cm×12.5 cm,民国
287. 8141.Z1.686,民国梁启超著《袁政府伪造民意密电书后》,26.5 cm×18.2 cm,民国
288. 8143.Z1.688,1925年上海民智书局印行《孙中山先生陵墓图案》,25 cm×17.7 cm,1925年
289. 8144.Z1.689,1929年上海民智书局印行《孙中山先生治丧大事记》,24.6 cm×17.4 cm,1929年
290. 8145.Z1.690,1927年光华书局印孙文著《中国革命史》,14.6 cm×10.5 cm,1927年
291. 8146.Z1.691,1927年上海民智书局印行《军人精神教育》,12.7 cm×8.9 cm,1927年
292. 8147.Z1.692,1925年上海民智书局印行廖仲恺译《全民政治》,18.6 cm×13.1 cm,1925年
293. 8148.Z1.693,1929年广益书局印行时希圣编《三民主义唱歌集》,13.1 cm×19.1 cm,1929年
294. 8153.Z1.694,1926年中国国民党中央执行委员会工人部印行《工人觉悟团结起来》,18.5 cm×13 cm,1926年
295. 8157.Z1.696,民国孔绂苍著《珠江花史》初卷,18.1 cm×12.1 cm,民国
296. 8160.Z1.697,民国《护国军纪事》,21.5 cm×15.1 cm,民国
297. 8161.Z1.698,1928年八月版《关税特别会议议事录》(一),25.2 cm×14.6 cm,1928年
298. 8162.Z1.699,清 George SMITH 著《游历中国设领事馆城市暨香港舢岛纪事》,20.5 cm×13.5 cm,清代
299. 8163.Z1.700,民国中国国民党工人运动宣传委员会编印《工人读本》(第二种),18.8 cm×12.8 cm,民国
300. 8164.Z1.701,1925年上海世界书局出版社版《初级常识课本》(第八册),20.1 cm×13.4 cm,1925年
301. 8165.Z1.702,1927年中央军事政治学校印《方教育长鼎英言论集》,20 cm×15.1 cm,1927年
302. 8166.Z1.703,清亨特著《广州番鬼录》,19.5 cm×13.1 cm,清代
303. 8167.Z1.704,1924年上海民智书局印《中国国民党实业讲演集》,18.6 cm×12.8 cm,1924年
304. 8168.Z1.705,1925年中国国民党中央执行委员会农民部刊印《国民政府之统一广东政治与反革命势力》(农民丛书第四种),18.9 cm×13 cm,1925年
305. 8169.Z1.706,1928年上海商务印书馆印 Fuank.W.Price 译孙文著《三民主义》,18.8 cm×12.9 cm,1928年
306. 8170.Z1.707,1932年刘纪文著《广州指南》,20.6 cm×15.1 cm,1932年
307. 8171.Z1.708,1925年中国国民党陆军军官学校第三期同学录(重印),26.9 cm×19.3 cm,1925年
308. 8172.Z1.709,1916年《袁世凯伪造民意纪实》,24.8 cm×16.8 cm,1916年
309. 8175.Z1.711,1921年10月《桂系据粤及经过实情》,24.5 cm×18 cm,1921年
310. 8176.Z1.712,民国上海传记初版公司《中华今代名人传》,35.3 cm×31.7 cm,民国
311. 8540.Z1.719,1929年《总理奉移纪念册》,26 cm×19 cm,1929年
312. 8617.Z1.721,民国《大元帅对东路讨贼军演说词》(黄昌谷记),18.3 cm×12.7 cm,民国
313. 8802.Z1.722,1928年9月1日《先锋》第十一期,50.8 cm×32.3 cm,1928年
314. 8814.Z1.723,民国《古公哀思录》,16.8 cm×1.8 cm,民国
315. 8912.Z1.724,民国《中国国民党宣传方略》,12.7 cm×9.2 cm,民国
316. 8929.Z1.725,1931年9月初版《不匱室诗钞》,纵25.3 cm,横15.6 cm,厚0.8 cm,1931年
317. 8930.Z1.726,1928年6月马骧著《军余诗存》,纵29.6 cm,横17.3 cm,厚0.3 cm,1928年

318. 8931.Z1.727,1928年《胡维绰先生讣告》,纵30.6 cm,横17.8 cm,厚0.3 cm,1928年
319. 8932.Z1.728,民国《双梧桐馆书目》,册纵28.9 cm,横15.6 cm,厚1.2 cm,散页21.3 cm—27.6 cm×18.6 cm—27.3 cm,民国
320. 8933.Z1.729,民国《林公直勉事略》,照片20.4 cm×14.2 cm,讣告29.1 cm×13 cm,书33 cm×14.7 cm,1套3件,民国
321. 8934.Z1.730,民国《孙中山哀思录》(第一册),纵28.5 cm,横17.5 cm,厚1.8 cm,民国
322. 9048.Z1.731,1920年《庚申粤人驱贼始末记》,纵18.1 cm,横12.7 cm,厚1.2 cm,1920年
323. 9049.Z1.732,民国Whampoa Port Development Administration Second Report,26.4 cm×19 cm,民国
324. 9072.Z1.734,1936年版储祎著《五卅惨案》,纵18.3 cm,横13.1 cm,厚0.5 cm,1936年
325. 9365.Z1.739,1937年版《历史写真》,纵22.2 cm,横30.2 cm,厚3.1 cm,1937年
326. 9366.Z1.740,1934年版《中国速记学》,纵22.3 cm,横15 cm,厚0.6 cm,1934年
327. 9367.Z1.741,1923年版《山西调查记》,纵18.2 cm,横13.2 cm,厚1 cm,1923年
328. 9368.Z1.742,1930年版《通史新义》,纵22.9 cm,横15.3 cm,厚1.4 cm,1930年
329. 9369.Z1.743,1944年版《蒋夫人游美纪念册》,纵29.8 cm,横23 cm,厚1.3 cm,1944年
330. 9370.Z1.744,1942年版《孙中山书信十封》,纵26.1 cm,横18.4 cm,厚1.1 cm,1942年
331. 9519.Z1.748,民国元年八月国务院印行《中华民国国会组织法》,纵28.7 cm,横17.9 cm,厚0.6 cm,1912年
332. 9530.Z1.749,1926年中央军事政治学校政治部出版《三民主义》,纵18.9 cm,横13.5 cm,厚1.9 cm,1926年
333. 9532.Z1.751,民国广东法官学校专门部辛壬班《心理学》讲义,纵24.5 cm,横13.4 cm,厚1 cm,民国
334. 9533.Z1.752,民国广东法官学校专门部辛壬班《法学通论》讲义,纵24.5 cm,横13.3 cm,厚1 cm,民国
335. 9534.Z1.753,民国广东法官学校专门部辛壬班《罗马法》讲义,纵24.5 cm,横13.5 cm,厚0.8 cm,民国
336. 9552.Z1.754,民国《总理奉安实录》精装本,纵34.7 cm,横24.0 cm,厚4.5 cm,民国
337. 9845.Z1.755,1934年刘氏铨宏公家谱,纵25.2 cm,横16.8 cm,厚1.2 cm,1934年
338. 9846.Z1.756,1946年国民政府审计部职员录,纵25.8 cm,横19.3 cm,厚0.3 cm,1946年
339. 9939.Z1.758,民国刘纪文撰汪精卫书《古霎雪墓表》拓本,纵33.3 cm,横19.5 cm,厚3 cm,民国
340. 10356.Z1.759,民国章氏国学讲习会印《古文尚书拾遗定本》,纵27.3 cm,横18.3 cm,厚0.7 cm,民国
341. 10357.Z1.760,民国章氏国学讲习会印《太炎先生自定年谱》,纵25.8 cm,横18.2 cm,厚0.3 cm,民国
342. 10358.Z1.761,1924年聚珍仿宋印《清建国别记》,纵25.6 cm,横15.1 cm,厚0.7 cm,1924年
343. 8040.Z3.3906,民国马来西亚中国国民党芙蓉支部刊发的《孙总理史略》,21 cm×15 cm,民国
344. 8543.Z3.4280,1948年陈融《黄梅花屋诗稿》,25.6 cm×15.8 cm,1948年

(二) 报 纸 杂 志

1. 0200.Z1.016,民国广州南关戏院电影杂志《鸾凤和鸣》,26.9 cm×19.6 cm,民国
2. 0201.Z1.017,民国广州永汉新国民有声影戏院刊赠杂志《忠节难全》,26.2 cm×19 cm,民国
3. 0202.Z1.018,民国广州明珠戏院编辑部刊赠杂志《灵肉之门》,26.6 cm×19.3 cm,民国
4. 0207.Z1.023,1920年《广东教育会杂志》第一卷第一期,22.4 cm×15.4 cm,1920年
5. 0209.Z1.025,1917年8月21日《广东中华新报》,55 cm×78 cm,1917年
6. 0210.Z1.026,民国《广东省政府特刊》,24.9 cm×18.4 cm,民国
7. 0330.Z1.044,1922年《发起南洋华侨报界联合会商榷书》,18.5 cm×10 cm×0.1 cm,1922年
8. 0331.Z1.045,1930年《兴华培正分校筹建校舍特刊》,22.3 cm×15.5 cm×0.5 cm,1930年
9. 0333.Z1.047,1926年《廖仲恺先生逝世周年纪念特刊》,18.8 cm×13.4 cm×0.5 cm,1926年
10. 0340.Z1.054,1922年《中国南洋兄弟烟草股份有限公司第三年度决算报告》,23 cm×14.9 cm×0.1 cm,1922年
11. 0341.Z1.055,1923年《农事月刊》第二卷第二号,20.7 cm×15.2 cm×0.4 cm,1923年
12. 0342.Z1.056,1915年《岭南学生报》第一卷第三号,21.5 cm×14.7 cm×0.8 cm,1915年
13. 0343.Z1.057,1926年《广东青年》二月号,26 cm×19.5 cm×0.1 cm,1926年
14. 0346.Z1.060,1925年《培英青年》第九第十期,22 cm×15.4 cm×0.3 cm,1925年
15. 0347.Z1.061,1929年《培正四十周年纪念特刊》,26 cm×18.8 cm×0.6 cm,1929年
16. 0349.Z1.063,1921年《广九铁路管理局公报》第四期,25.5 cm×18.8 cm×0.4 cm,1921年
17. 0350.Z1.064,1921年6月《广九铁路管理局公报》第六期,25.5 cm×18.8 cm×0.4 cm,1921年
18. 0351.Z1.065,1921年9月《广九铁路管理局公报》第九期,26 cm×19.3 cm×0.4 cm,1921年
19. 0352.Z1.066,1921年12月《广九铁路管理局公报》第十二期,26 cm×19 cm×0.4 cm,1921年
20. 1720.Z1.074,1933年出版《兴华中学十周纪念特刊》,26.4 cm×19.7 cm×2.7 cm,1933年
21. 1721.Z1.075,1935年出版《培英青年会平民义学校二十五周年纪念特刊》,26.5 cm×18.8 cm×0.7 cm,1935年
22. 1722.Z1.076,1933年《培英学生创刊号》,21.8 cm×15.5 cm×0.4 cm,1933年
23. 1723.Z1.077,1918年《广东省会学生联合会月报》,21.0 cm×15.5 cm×0.3 cm,1918年
24. 1724.Z1.078,1936年《知用学生》创刊号,24.8 cm×18.2 cm×0.3 cm,1936年
25. 1725.Z1.079,1936年《中华青年》创刊号,26.2 cm×19.1 cm×0.2 cm,1936年
26. 1729.Z1.083,1919年《珠江学报》第三期,20.6 cm×15.3 cm×0.8 cm,1919年
27. 1731.Z1.085,1930年刊《广东水利:黄埔港专号》,26.0 cm×18.5 cm×0.9 cm,1930年
28. 1732.Z1.086,1930年《培英青年》第四卷第二期,21.4 cm×5.7 cm×0.7 cm,1930年
29. 1733.Z1.087,1933年《明远学生》第三四期,26.1 cm×18.6 cm×0.3 cm,1933年
30. 1734.Z1.088,1936年《市一中八周年纪念刊》,26.2 cm×19.2 cm×0.1 cm,1936年
31. 1735.Z1.089,1933年广州培英鹏社出版《鹏声特刊》,24.9 cm×18.5 cm×0.3 cm,1933年
32. 1736.Z1.090,1933年《一中学生》第一期,26.3 cm×19.3 cm×1.1 cm,1933年
33. 1737.Z1.091,1937年《培正校刊》迁鹤第一号,26.5 cm×19.3 cm×0.3 cm,1937年
34. 1738.Z1.092,1930年12月版《火星》杂志,25.6 cm×19.3 cm×0.1 cm,1930年
35. 1739.Z1.093,民国《广州大学附中学生自治会期刊》第二期,25.3 cm×19.0 cm×0.6 cm,民国

36. 1740.Z1.094,1937年培英中学出版《义声期刊》第二期,25.8 cm×18.2 cm×1.2 cm,1937年
37. 1741.Z1.095,1935年《市一中学生》第九期,26.4 cm×19.2 cm×0.8 cm,1935年
38. 1742.Z1.096,1935年《知用学生》月刊第一卷第三期,25.7 cm×18.1 cm×0.6 cm,1935年
39. 1743.Z1.097,1948年《真光校刊》第三期,26.4 cm×18.6 cm×0.1 cm,1948年
40. 1747.Z1.101,1936年《市一中周刊》,26.1 cm×19.2 cm×0.1 cm,1936年
41. 1750.Z1.104,1935年出版《广州牛皮鞋料业同业公会四周年刊》,26.2 cm×19.0 cm×2.1 cm,1935年
42. 1752.Z1.106,1936年广州杂志社印《广州杂志》第一期,20.9 cm×15.0 cm×0.1 cm,1936年
43. 1753.Z1.107,1936年广州杂志社印《广州杂志》第二期,20.7 cm×14.6 cm×0.1 cm,1936年
44. 1754.Z1.108,1936年广州杂志社印《广州杂志》第三期,20.7 cm×14.7 cm×0.1 cm,1936年
45. 1755.Z1.109,1936年广州杂志社印《广州杂志》第四期,20.8 cm×14.8 cm×0.1 cm,1936年
46. 1756.Z1.110,1936年广州杂志社印《广州杂志》第五期,20.7 cm×14.6 cm×0.1 cm,1936年
47. 1757.Z1.111,1936年广州杂志社印《广州杂志》第六期,20.7 cm×14.7 cm×0.1 cm,1936年
48. 1758.Z1.112,1936年广州杂志社印《广州杂志》第七期,20.7 cm×14.7 cm×0.1 cm,1936年
49. 1759.Z1.113,1936年广州杂志社印《广州杂志》第八期,20.7 cm×14.8 cm×0.1 cm,1936年
50. 1760.Z1.114,1936年广州杂志社印《广州杂志》第九期,20.8 cm×14.8 cm×0.1 cm,1936年
51. 1761.Z1.115,1936年广州杂志社印《广州杂志》第十期,20.7 cm×14.8 cm×0.1 cm,1936年
52. 1762.Z1.116,1936年广州杂志社印《广州杂志》第十一期,20.7 cm×14.8 cm×0.1 cm,1936年
53. 1763.Z1.117,1936年广州杂志社印《广州杂志》第十二期,20.7 cm×14.8 cm×0.1 cm,1936年
54. 1764.Z1.118,1936年广州杂志社印《广州杂志》第十三期,20.7 cm×14.8 cm×0.1 cm,1936年
55. 1765.Z1.119,1936年广州杂志社印《广州杂志》第十四期,20.7 cm×14.8 cm×0.1 cm,1936年
56. 1766.Z1.120,1936年广州杂志社印《广州杂志》第十五期,20.7 cm×14.8 cm×0.1 cm,1936年
57. 1767.Z1.121,1936年广州杂志社印《广州杂志》第十六期,20.7 cm×14.8 cm×0.1 cm,1936年
58. 1768.Z1.122,1936年广州杂志社印《广州杂志》第十七期,20.7 cm×14.8 cm×0.1 cm,1936年
59. 1769.Z1.123,1936年广州杂志社印《广州杂志》第十八期,20.7 cm×14.8 cm×0.1 cm,1936年
60. 1770.Z1.124,1936年广州杂志社印《广州杂志》第十九期,20.7 cm×14.8 cm×0.1 cm,1936年
61. 1771.Z1.125,1936年广州杂志社印《广州杂志》第二十期,20.7 cm×14.7 cm×0.1 cm,1936年
62. 1772.Z1.126,1936年广州杂志社印《广州杂志》第二十一期,20.7 cm×14.8 cm×0.1 cm,1936年
63. 1773.Z1.127,1936年广州杂志社印《广州杂志》第二十二期,20.3 cm×14.5 cm×0.1 cm,1936年
64. 1774.Z1.128,1936年广州杂志社印《广州杂志》第二十三期,20.8 cm×14.8 cm×0.1 cm,1936年
65. 1775.Z1.129,1936年广州杂志社印《广州杂志》第二十四期,20.7 cm×14.8 cm×0.1 cm,1936年
66. 1776.Z1.130,1936年广州杂志社印《广州杂志》第二十五期,20.8 cm×14.7 cm×0.1 cm,1936年
67. 1777.Z1.131,1936年广州杂志社印《广州杂志》第二十六期,20.7 cm×14.7 cm×0.1 cm,1936年
68. 1778.Z1.132,1936年广州杂志社印《广州杂志》第二十七期,20.7 cm×14.7 cm×0.1 cm,

1936年
69. 1779.Z1.133,1936年广州杂志社印《广州杂志》第二十八期,20.6 cm×14.7 cm×0.1 cm,1936年
70. 1780.Z1.134,1936年广州杂志社印《广州杂志》第二十九期,20.7 cm×14.7 cm×0.1 cm,1936年
71. 1781.Z1.135,1936年广州杂志社印《广州杂志》第三十期,20.8 cm×14.7 cm×0.1 cm,1936年
72. 1790.Z1.144,1925年中国伟人演说汇刊《当代名人演讲集》,19.9 cm×15.0 cm×1.1 cm,1925年
73. 1791.Z1.145,1921年《新青年》第八卷第六号,25.0 cm×17.2 cm×0.6 cm,1921年
74. 1793.Z1.147,1937年《广东经济建设月刊》第三期,26.1 cm×18.9 cm×0.9 cm,1937年
75. 1794.Z1.148,1937年《广东经济建设月刊》第四期,26.3 cm×19.0 cm×1.1 cm,1937年
76. 1797.Z1.151,清宣统元年刊《林则徐》,21.7 cm×14.2 cm×0.2 cm,清宣统元年
77. 1798.Z1.152,清光绪二十三年《知新报》第十七期,26.6 cm×14.1 cm×0.6 cm,清光绪二十三年
78. 1799.Z1.153,清光绪二十三年《知新报》第三十期,26.6 cm×14.8 cm×1.0 cm,清光绪二十三年
79. 1802.Z1.156,1927年上海良友图书印刷公司印《良友》杂志第二十一期,38.5 cm×27.0 cm×0.4 cm,1927年
80. 1803.Z1.157,1928年上海良友图书印刷公司印《良友》杂志第三十一期,35.5 cm×26.2 cm×0.3 cm,1928年
81. 1804.Z1.158,1929年上海良友图书印刷公司印《良友》杂志第三十四期,35.2 cm×26.0 cm×0.2 cm,1929年
82. 1805.Z1.159,1929年上海良友图书印刷公司印《良友》杂志第三十六期,35.2 cm×25.6 cm×0.3 cm,1929年
83. 1806.Z1.160,1929年上海良友图书印刷公司印《良友》杂志第三十八期,34.7 cm×25.3 cm×0.3 cm,1929年
84. 1808.Z1.232,1920年5月14日《培正周刊》(国耻日纪念报·第九期),36.4 cm×78.9 cm,1920年
85. 1809.Z1.233,1920年4月22日《培正周刊》(第六期),39.4 cm×55.0 cm,1920年
86. 1810.Z1.234,1920年4月13日《培正周刊》(第五期),39.1 cm×54.9 cm,1920年
87. 1811.Z1.235,1903年9月18日广州《安雅书局世说编》(第八四五号),63.6 cm×73.9 cm,1903年
88. 1812.Z1.236,1927年3月14日《工人之路》(第五百九十五期),39.3 cm×54.5 cm,1927年
89. 1813.Z1.237,1926年11月12日《国民新闻》(第三四六号),54.5 cm×78.7 cm,1926年
90. 1814.Z1.238,1935年1月20日《私立协和女师校刊》(第二期),26.1 cm×19.0 cm,1935年
91. 1815.Z1.239,1935年7月8日广州市知用中学印《广州知用中学校刊》(第二七四号),54.5 cm×39.5 cm,1935年
92. 1816.Z1.240,1924年3月30日《京报·列宁特刊》,40.1 cm×54.1 cm,1924年
93. 1817.Z1.241,1923年5月5日《马克斯纪念特刊》,54.1 cm×79.0 cm,1923年
94. 1818.Z1.242,1924年4月5日上海《民国日报》附刊《党悟》,25.2 cm×17.6 cm,1套4件,1924年

95. 1819.Z1.243,1924年4月6日上海民国日报附刊《党悟》,25.2 cm×17.6 cm,1套4件,1924年
96. 1820.Z1.244,1924年4月13日上海民国日报附刊《党悟》,25.1 cm×17.7 cm,1套4件,1924年
97. 1821.Z1.245,1924年4月14日上海民国日报附刊《党悟》,25.2 cm×17.7 cm,1套4件,1924年
98. 1822.Z1.246,1924年4月3日《教育周报》(第三期),25.1 cm×17.7 cm,1套4件,1924年
99. 1823.Z1.247,1924年4月24日《教育周报》(第六期),25.1 cm×17.7 cm,1套4件,1924年
100. 1824.Z1.248,1924年4月19日《平民周报》(第六期),25.1 cm×17.7 cm,1套4件,1924年
101. 1825.Z1.249,1924年4月13日《评论之评论》(第四期),25.0 cm×17.7 cm,1套4件,1924年
102. 1826.Z1.250,1924年4月4日《政治周报》(第四期),25.0 cm×17.7 cm,1套4件,1924年
103. 1827.Z1.251,1924年4月27日《科学周报》(第四期),25.0 cm×17.6 cm,1套4件,1924年
104. 1828.Z1.252,1924年4月8日《文艺周刊》(第二十八期),25.1 cm×17.6 cm,1套4件,1924年
105. 1829.Z1.253,1924年4月21日《艺术评论》(第五十二期),25.0 cm×17.7 cm,1套4件,1924年
106. 1830.Z1.254,1924年4月23日《妇女周报》(第卅五期),25.0 cm×17.7 cm,1套4件,1924年
107. 1831.Z1.255,1932年6月20日国立暨南大学校刊(第九期),26.4 cm×19.2 cm,1932年
108. 1832.Z1.256,1936年6月25日《国立中山大学日报》(第二二一八号),27.3 cm×19.5 cm,1936年
109. 1833.Z1.257,1927年4月29日《黄埔日刊》(第三一二号),38.4 cm×54.5 cm,1927年
110. 1834.Z1.258,民国国立暨南大学《松涛》创刊号,54.6 cm×39.3 cm,民国
111. 1835.Z1.259,民国《广东省立第一中学校学生会成立纪念特刊》,54.7 cm×39.3 cm,民国
112. 1836.Z1.260,1926年《广东省立第一中学学生五卅特刊》,44.6 cm×39.3 cm,1926年
113. 1837.Z1.261,民国《广东省立第一中学国学研究会成立纪念特刊》,27.4 cm×19.4 cm,民国
114. 1838.Z1.262,1933年5月29日知用附小《儿童园地》国耻号,54.5 cm×39.0 cm,1933年
115. 1839.Z1.263,1935年1月《明远学生月刊》(第二期),54.5 cm×39.0 cm,1935年
116. 1840.Z1.264,1931年3月19日《万人周报》(第十二期),54.4 cm×39.0 cm,1931年
117. 1841.Z1.265,1933年5月30日《广州市兴华中学校刊》(第八期),39.2 cm×54.8 cm,1933年
118. 1842.Z1.266,1933年3月6日广州市知用中学印《广州市知用中学校报》(第一七五号),55.1 cm×39.4 cm,1933年
119. 1843.Z1.267,1934年3月5日广州市知用中学印《广州市知用中学校报》(第二一五号),54.6 cm×39.6 cm,1934年
120. 1844.Z1.268,1933年3月13日广州市知用中学印《广州市知用中学校报》(第一七六号),54.6 cm×39.3 cm,1933年
121. 1845.Z1.269,1936年5月18日广州市知用中学印《广州市知用中学校报》(第三〇七号),54.8 cm×39.3 cm,1936年
122. 1846.Z1.270,1935年6月10日广州市知用中学印《广州市知用中学校报》(第二七〇

号),54.8 cm×39.6 cm,1935 年

123. 1847.Z1.271,1935 年 6 月 17 日广州市知用中学印《广州市知用中学校报》(第二七一号),54.4 cm×39.3 cm,1935 年

124. 1848.Z1.272,1933 年 4 月 3 日广州市知用中学印《广州市知用中学校报》(第一七八号),54.8 cm×39.8 cm,1933 年

125. 1849.Z1.273,1935 年 5 月 20 日广州市知用中学印《广州市知用中学校报》(第二六七号),55.1 cm×39.2 cm,1935 年

126. 1850.Z1.274,1934 年 11 月 19 日广州市知用中学印《广州市知用中学校报》(第二四二号),54.7 cm×39.2 cm,1934 年

127. 1851.Z1.275,1935 年 12 月 23 日广州市知用中学印《广州市知用中学校报》(第二九〇号),54.6 cm×39.5 cm,1935 年

128. 1852.Z1.276,1932 年 9 月 25 日广州市知用中学印《广州市知用中学校报》(第一五七号),54.6 cm×38.6 cm,1932 年

129. 1853.Z1.277,1936 年 3 月 23 日广州市知用中学印《广州市知用中学校报》(第二九九号),54.8 cm×39.1 cm,1936 年

130. 1854.Z1.278,1933 年 5 月 1 日广州市知用中学印《广州市知用中学校报》(第一八一号),54.5 cm×39.1 cm,1933 年

131. 1855.Z1.279,1933 年 2 月 27 日广州市知用中学印《广州市知用中学校报》(第一七四号),54.9 cm×39.1 cm,1933 年

132. 1856.Z1.280,1935 年 12 月 16 日广州市知用中学印《广州市知用中学校报》(第二八九号),54.5 cm×39.0 cm,1935 年

133. 1857.Z1.281,1935 年 7 月 1 日广州市知用中学印《广州市知用中学校报》(第二七三号),54.7 cm×39.5 cm,1935 年

134. 1858.Z1.282,1931 年 11 月 16 日广州市知用中学印《广州市知用中学校报》(第一二六号),54.3 cm×39.6 cm,1931 年

135. 1859.Z1.283,1935 年 12 月 2 日广州市知用中学印《广州市知用中学校报》(第二八七号),54.2 cm×39.1 cm,1935 年

136. 1860.Z1.284,1932 年 9 月 19 日广州市知用中学印《广州市知用中学校报》(第一五六号),54.7 cm×39.0 cm,1932 年

137. 1861.Z1.285,1932 年 10 月 3 日广州市知用中学印《广州市知用中学校报》(第一五八号),54.7 cm×39.3 cm,1932 年

138. 1862.Z1.286,1935 年 4 月 22 日广州市知用中学印《广州市知用中学校报》(第二六三号),54.8 cm×39.3 cm,1935 年

139. 1863.Z1.287,1934 年 2 月 5 日广州市知用中学印《广州市知用中学校报》(第二一一号),54.6 cm×39.6 cm,1934 年

140. 1864.Z1.288,1935 年 5 月 6 日广州市知用中学印《广州市知用中学校报》(第二六五号),53.6 cm×39.1 cm,1935 年

141. 1865.Z1.289,1932 年 9 月 12 日广州市知用中学印《广州市知用中学校报》(第一五五号),26.6 cm×38.4 cm,1932 年,1 套 4 件

142. 1866.Z1.290,1933 年 2 月 20 日广州市知用中学印《广州市知用中学校报》(第一七三

号),54.5 cm×39.5 cm,1933 年

143. 1867.Z1.291,1934 年 10 月 22 日广州市知用中学印《广州市知用中学校报》(第二三八号),54.6 cm×39.6 cm,1934 年

144. 1868.Z1.292,1934 年 10 月 29 日广州市知用中学印《广州市知用中学校报》(第二三九号),54.4 cm×39.7 cm,1934 年

145. 1869.Z1.293,1935 年 6 月 24 日广州市知用中学印《广州市知用中学校报》(第二七二号),54.5 cm×39.6 cm,1935 年

146. 1870.Z1.294,1935 年 6 月 2 日广州市知用中学印《广州市知用中学校报》(第二六九号),54.4 cm×39.0 cm,1935 年

147. 1871.Z1.295,1935 年 5 月 27 日广州市知用中学印《广州市知用中学校报》(第二六八号),53.7 cm×39.3 cm,1935 年

148. 1872.Z1.296,1934 年 12 月 10 日广州市知用中学印《广州市知用中学校报》(第二四五号),54.5 cm×39.4 cm,1934 年

149. 1873.Z1.297,1934 年 2 月 6 日广州市知用中学印《广州市知用中学校报》(第一七二号),54.6 cm×39.4 cm,1934 年

150. 1874.Z1.298,1933 年 1 月 16 日广州市知用中学印《广州市知用中学校报》(第一七一号),54.7 cm×39.6 cm,1933 年

151. 1875.Z1.299,1933 年 9 月 12 日广州市知用中学印《广州市知用中学校报》(第一九一号),54.8 cm×39.1 cm,1933 年

152. 1876.Z1.300,1933 年 6 月 12 日广州市知用中学印《广州市知用中学校报》(第一八七号),54.9 cm×39.4 cm,1933 年

153. 1877.Z1.301,1933 年 3 月 20 日广州市知用中学印《广州市知用中学校报》(第一七七号),54.4 cm×39.0 cm,1933 年

154. 1878.Z1.302,1934 年 4 月 2 日广州市知用中学印《广州市知用中学校报》(第二一九号),54.6 cm×39.3 cm,1934 年

155. 1879.Z1.303,1934 年 11 月 5 日广州市知用中学印《广州市知用中学校报》(第二四〇号),54.7 cm×39.6 cm,1934 年

156. 1880.Z1.304,1936 年 2 月 24 日广州市市立第一中学校印《广州市立一中周刊》(第一九八期),54.7 cm×38.7 cm,1936 年

157. 1881.Z1.305,1936 年 2 月 17 日广州市市立第一中学校印《广州市立一中周刊》(第一九七期),55.0 cm×39.1 cm,1936 年

158. 1882.Z1.306,1936 年 5 月 25 日广州市市立第一中学校印《广州市立一中周刊》(第二一〇期),54.6 cm×39.3 cm,1936 年

159. 1883.Z1.307,1936 年 4 月 13 日广州市市立第一中学校印《广州市立一中周刊》(第二〇四期),54.6 cm×39.4 cm,1936 年

160. 1884.Z1.308,1934 年 12 月 24 日广州市市立第一中学校印《广州市立一中周刊》(第一五四期),54.8 cm×39.7 cm,1934 年

161. 1885.Z1.309,1936 年 5 月 11 日广州市市立第一中学校印《广州市立一中周刊》(第二〇八期),54.7 cm×38.9 cm,1936 年

162. 1886.Z1.310,1935 年 11 月 11 日广州市市立第一中学校印《广州市立一中周刊》(第一八七

期),54.5 cm×39.6 cm,1935年

163. 1887.Z1.311,1935年12月9日广州市市立第一中学校印《广州市立一中周刊》(第一九一期),54.1 cm×39.6 cm,1935年

164. 1888.Z1.312,1936年3月30日广州市市立第一中学校印《广州市立一中周刊》(第二〇三期),54.8 cm×38.7 cm,1936年

165. 1889.Z1.313,1936年4月27日广州市市立第一中学校印《广州市立一中周刊》(第二〇六期),54.5 cm×39.1 cm,1936年

166. 1890.Z1.314,1935年12月30日广州市市立第一中学校印《广州市立一中周刊》(第一九四期),54.3 cm×39.7 cm,1935年

167. 1891.Z1.315,1935年12月16日广州市市立第一中学校印《广州市立一中周刊》(第一九二期),54.3 cm×39.3 cm,1935年

168. 1892.Z1.316,1935年10月14日广州市市立第一中学校印《广州市立一中周刊》(第一八四期),54.0 cm×39.9 cm,1935年

169. 1893.Z1.317,1936年3月2日广州市市立第一中学校印《广州市立一中周刊》(第一九九期),54.0 cm×39.1 cm,1936年

170. 1894.Z1.318,1936年4月20日广州市市立第一中学校印《广州市立一中周刊》(第二〇五期),54.6 cm×38.7 cm,1936年

171. 1895.Z1.319,1936年5月18日广州市市立第一中学校印《广州市立一中周刊》(第二〇九期),54.6 cm×39.2 cm,1936年

172. 1896.Z1.320,1935年11月11日广州市市立第一中学校印《广州市立一中周刊》(第一八七期),54.4 cm×39.8 cm,1935年

173. 1897.Z1.321,1936年3月16日广州市市立第一中学校印《广州市立一中周刊》(第二〇一期),54.8 cm×38.8 cm,1936年

174. 1898.Z1.322,1936年3月9日广州市市立第一中学校印《广州市立一中周刊》(第二〇〇期),55.3 cm×39.1 cm,1936年

175. 1899.Z1.323,1936年5月4日广州市市立第一中学校印《广州市立一中周刊》(第二〇七期),54.8 cm×39.0 cm,1936年

176. 1900.Z1.324,1935年9月30日广州市市立第一中学校印《广州市立一中周刊》(第一八二期),54.8 cm×39.4 cm,1套2件,1935年

177. 1901.Z1.325,1935年11月25日广州市市立第一中学校印《广州市立一中周刊》(第一八九期),55.1 cm×39.2 cm,1935年

178. 1902.Z1.326,1935年12月23日广州市市立第一中学校印《广州市立一中周刊》(第一九三期),54.6 cm×39.7 cm,1935年

179. 1903.Z1.327,1935年10月28日广州市市立第一中学校印《广州市立一中周刊》(第一八五期),53.6 cm×39.4 cm,1935年

180. 1904.Z1.328,1935年11月4日广州市市立第一中学校印《广州市立一中周刊》(第一八六期),55.1 cm×39.1 cm,1935年

181. 1905.Z1.329,1935年12月2日广州市市立第一中学校印《广州市立一中周刊》(第一九〇期),54.6 cm×39.2 cm,1935年

182. 1906.Z1.330,1936年1月13日广州市市立第一中学校印《广州市立一中周刊》(第一九五

期),1/2 55.0 cm×39.3 cm,2/2 27.3 cm×39.7 cm,1套2件,1936年

183. 1907.Z1.331,1936年3月23日广州市市立第一中学校印《广州市立一中周刊》(第二〇二期),54.9 cm×39.6 cm,1936年

184. 1908.Z1.332,民国广州市市立第一中学校印《广州市立一中周刊》第一六一期残版,54.0 cm×38.9 cm,民国

185. 1909.Z1.333,民国广州市市立第一中学校印《广州市立一中周刊》第一九七期残版,27.2 cm×38.7 cm,民国

186. 1910.Z1.334,1936年2月18日广州市市立第一中学校印《广州市立一中学生报》(第十六期),27.2 cm×39.4 cm,1936年

187. 1911.Z1.335,1935年11月26日广州市市立第一中学校印《广州市立一中学生报》(第四期),27.2 cm×40.8 cm,1935年

188. 1912.Z1.336,1935年11月19日广州市市立第一中学校印《广州市立一中学生报》(第三期),27.3 cm×39.7 cm,1935年

189. 1913.Z1.337,1935年12月31日广州市市立第一中学校印《广州市立一中学生报》(第九期),27.5 cm×39.4 cm,1935年

190. 1914.Z1.338,1936年3月31日广州市市立第一中学校印《广州市立一中学生报》(第二十二期),27.7 cm×39.3 cm,1936年

191. 1915.Z1.339,1936年4月7日广州市市立第一中学校印《广州市立一中学生报》(第二十三期),27.3 cm×39.3 cm,1936年

192. 1916.Z1.340,1935年12月24日广州市市立第一中学校印《广州市立一中学生报》(第八期),27.2 cm×40.7 cm,1935年

193. 1917.Z1.341,1935年12月10日广州市市立第一中学校印《广州市立一中学生报》(第六期),27.2 cm×39.6 cm,1935年

194. 1918.Z1.342,1936年3月10日广州市市立一中校印《广州市立一中学生报》(第十九期),27.5 cm×39.8 cm,1936年

195. 1919.Z1.343,1936年3月17日广州市市立第一中学校印《广州市立一中学生报》(第二十期),27.6 cm×39.5 cm,1936年

196. 1920.Z1.344,1936年2月25日广州市市立第一中学校印《广州市立一中学生报》(第十七期),27.2 cm×39.5 cm,1936年

197. 1921.Z1.345,1936年3月3日广州市市立第一中学校印《广州市立一中学生报》(第十八期),27.6 cm×39.4 cm,1936年

198. 1922.Z1.346,1936年1月28日广州市市立第一中学校印《广州市立一中学生报》(第十三期),27.3 cm×39.1 cm,1936年

199. 1923.Z1.347,1935年12月3日广州市市立第一中学校印《广州市立一中学生报》(第五期),27.3 cm×40.7 cm,1935年

200. 1924.Z1.348,1936年2月11日广州市市立第一中学校印《广州市立一中学生报》(第十五期),27.3 cm×39.6 cm,1936年

201. 1925.Z1.349,1936年4月21日广州市市立第一中学校印《广州市立一中学生报》(第二十五期),27.5 cm×39.4 cm,1936年

202. 1926.Z1.350,1935年12月17日广州市市立第一中学校印《广州市立一中学生报》(第七

期),27.1 cm×39.3 cm,1935 年

203. 1927.Z1.351,1936 年 2 月 4 日广州市市立第一中学校印《广州市立一中学生报》(第十四期),27.4 cm×39.5 cm,1936 年

204. 1928.Z1.352,1936 年 4 月 14 日广州市市立第一中学校印《广州市立一中学生报》(第二十四期),27.1 cm×39.7 cm,1936 年

205. 1929.Z1.353,1936 年 3 月 24 日广州市市立第一中学校印《广州市立一中学生报》(第二十一期),27.6 cm×39.2 cm,1936 年

206. 1930.Z1.354,1936 年 5 月 26 日广州市市立第一中学校印《广州市立一中学生报》(第三十期),27.5 cm×39.4 cm,1936 年

207. 1931.Z1.355,1936 年 4 月 28 日广州市市立第一中学校印《广州市立一中学生报》(第二十六期),27.2 cm×39.6 cm,1936 年

208. 1932.Z1.356,1934 年 12 月 4 日广州市市立第一中学校印《广州市立一中学生报》(第一〇二期),27.0 cm×39.5 cm,1934 年

209. 1933.Z1.357,1934 年 9 月 16 日广州市市立第一中学校印《广州市立一中学生报》(第八十八期),27.1 cm×39.7 cm,1934 年

210. 1934.Z1.358,1934 年 7 月 30 日广州市市立第一中学校印《广州市立一中学生报》(第八十一期),27.3 cm×39.3 cm,1934 年

211. 1935.Z1.359,1936 年 5 月 5 日广州市市立第一中学校印《广州市立一中学生报》(第二十七期),27.9 cm×39.0 cm,1936 年

212. 1936.Z1.360,1936 年 5 月 12 日广州市市立第一中学校印《广州市立一中学生报》(第二十八期),27.7 cm×39.3 cm,1936 年

213. 2369.Z1.361,1900 年法文报 *Le Petit Journal*(第 503 期),45 cm×31.2 cm,1 套 2 件,1900 年

214. 2370.Z1.362,1900 年法文报 *Le Petit Journal*(第 507 期),44.6 cm×31.3 cm,1 套 2 件,1900 年

215. 2371.Z1.363,1858 年 2 月 13 日英文画报 *The Illustrated London News*,40.3 cm×28.1 cm,1858 年

216. 2372.Z1.364,1858 年 4 月 10 日英文画报 *The Illustrated London News*,40.3 cm×28.1 cm,1858 年

217. 2373.Z1.365,1858 年 6 月 26 日英文画报 *The Illustrated London News*,40.3 cm×28.1 cm,1858 年

218. 2374.Z1.366,1858 年 6 月 5 日英文画报 *The Illustrated London News*,39.4 cm×27.6 cm,1858 年

219. 2375.Z1.367,1858 年 2 月 20 日英文画报 *The Illustrated London News*,40.4 cm×27 cm,1858 年

220. 2376.Z1.368,1858 年 3 月 14 日英文画报 *The Illustrated London News*,40.3 cm×28.1 cm,1858 年

221. 2377.Z1.369,1858 年 9 月 18 日英文画报 *The Illustrated London News*,38.8 cm×26.3 cm,1858 年

222. 2378.Z1.370,1858 年 12 月 25 日英文画报 *The Illustrated London News*,40.3 cm×

28.1 cm,1858 年

223. 2379.Z1.371,1858 年 3 月 20 日英文画报 *The Illustrated London News*,40.3 cm× 28.1 cm,1858 年

224. 2380.Z1.372,1858 年 12 月 18 日英文画报 *The Illustrated London News*（抽鸦片专版）,40 cm×27 cm,1858 年

225. 2469.Z1.373,1933 年《华安合群保寿公司二十周年纪念刊》,26.2 cm×19 cm,1933 年

226. 2749.Z1.374,1909 年《徐士芹关于实行劝办海军义捐的布告》剪报,12.3 cm×14 cm,1909 年

227. 2752.Z1.375,1904 年 12 月 15 日香港《商报》(第 254 号)剪报,19 cm×42.7 cm,1904 年

228. 3708.Z1.378,1933 年《商标汇刊·中国之部》,26.4 cm×18.8 cm×9 cm,1933 年

229. 3709.Z1.379,1930 年《广东财政厅财政公报第一期》,26 cm×18.9 cm×0.9 cm,1930 年

230. 4089.Z1.398,1932 年广东无线电学校用书《一九二七年华盛顿会议国际无线电报通例》,21.2 cm×14.6 cm×0.5 cm,1932 年

231. 4092.Z1.399,1935 年《中国无线电》第三卷第十三期,24.2 cm×17 cm×0.4 cm,1935 年

232. 4093.Z1.400,1936 年《中华无线电》第一卷第十期,24.5 cm×17.5 cm×0.3 cm,1936 年

233. 4100.Z1.405,1933 年《勷大工学院半月刊》第二期,26.5 cm×19 cm,1933 年

234. 4101.Z1.406,1933 年《勷大工学院半月刊》第三、四期合刊,26.4 cm×19 cm,1933 年

235. 4102.Z1.407,1934 年《勷大工学院半月刊》第十期,26.5 cm×19 cm,1934 年

236. 4103.Z1.408,1934 年《勷大工学院半月刊》第十一期,26.5 cm×19.2 cm,1934 年

237. 4104.Z1.409,1937 年《勷大旬刊》第二卷第二十期,26.5 cm×18.9 cm,1937 年

238. 4105.Z1.410,1936 年《勷大旬刊》第一卷第二十四期,26 cm×19 cm,1936 年

239. 4106.Z1.411,1948 年上海永安公司永安月刊社《永安月刊》第 106 期,26.2 cm× 18.6 cm,1948 年

240. 4107.Z1.412,1948 年上海永安公司永安月刊社《永安月刊》第 105 期,26 cm×18.5 cm, 1948 年

241. 4217.Z1.416,1930 年广东省财政厅编辑处编《广东财政公报》第二十六期,26.2 cm× 19.3 cm×0.6 cm,1930 年

242. 4218.Z1.417,1936 年《广东财政日刊》(九月二十二日),54.5 cm×79 cm,1936 年

243. 4219.Z1.418,1936 年《广东财政日刊》(九月二十二日),54.7 cm×79 cm,1936 年

244. 4353.Z1.422,1936 年《明星日报》(1 月 12 日),39.5 cm×53.6 cm,1936 年

245. 4367.Z1.427,1921 年《醒华杂志》创刊号,22 cm×17.8 cm×1 cm,1921 年

246. 4587.Z1.431,1930 年《国民新闻》报纸(2 月 28 日),59.3 cm×43.5 cm,1930 年

247. 4651.Z1.432,1922 年《国华报》(12 月 7 日),53.5 cm×36.8 cm,1922 年

248. 4834.Z1.433,1920 年 10 月 6 日至 1921 年 6 月 14 日《北京中国大学校刊》(1—73 期), 38.6 cm×26.7 cm×1.4 cm,1920 年

249. 4835.Z1.434,1923 年《中国大学日刊》(第 197 号—第 241 号),37.6 cm×26.7 cm× 1 cm,1923 年

250. 4836.Z1.435,1921 年《中国大学校刊》(第 1 号—第 65 号),38.5 cm×26.8 cm×1 cm,1921 年

251. 4837.Z1.436,1922 年 11 月 1 日至 1923 年 1 月 27 日《中国大学日刊》(第 131 号—第 196 号),38.8 cm×26.8 cm×1 cm,1922 年

252. 4838.Z1.437,1922 年 12 月 11 日北京中国大学批评旬刊社印行《批评》第三号,25.5 cm×

18.3 cm,1922 年

253. 4839.Z1.438,1922 年 12 月 21 日北京中国大学批评旬刊社印行《批评》第四号,25.5 cm×18.3 cm,1922 年
254. 4840.Z1.439,1923 年 5 月 1 日北京中国大学批评旬刊社印行《批评》第十二号,26 cm×18.3 cm,1923 年
255. 4841.Z1.440,1922 年 5 月 30 日北京中国大学晨光杂志社印行《晨光》第一卷第一号,25 cm×18 cm×1 cm,1922 年
256. 4842.Z1.441,1922 年 9 月 30 日北京中国大学晨光杂志社印行《晨光》第一卷第二号,25.2 cm×17.8 cm×0.7 cm,1922 年
257. 4843.Z1.442,1922 年 11 月 30 日北京中国大学晨光杂志社印行《晨光》第一卷第三号,25.2 cm×17.8 cm×0.9 cm,1922 年
258. 4844.Z1.443,1922 年 11 月 30 日北京中国大学晨光杂志社印行《晨光》第一卷第四号,25 cm×17.8 cm×1.2 cm,1922 年
259. 4911.Z1.446,1903 年《北洋官报》,24 cm×16.2 cm,1903 年
260. 5026.Z1.450,1936 年 4 月《培正校刊》,19.5 cm×13.4 cm,1936 年
261. 5027.Z1.451,1936 年《培正青年学生会廿六周年纪念暨同学日特刊》,21.7 cm×15.2 cm,1936 年
262. 5028.Z1.452,1936 年广州东山培正中学学生自治会印《培正学生》第二卷第二期,26.4 cm×19.2 cm×0.7 cm,1936 年
263. 5029.Z1.453,1936 年广州东山培正中学学生自治会印《培正学生》第四期,26.4 cm×19 cm×0.3 cm,1936 年
264. 5030.Z1.454,1936 年广州东山培正中学学生自治会印《培正学生》第二卷第一期,26.5 cm×19 cm×0.4 cm,1936 年
265. 5031.Z1.455,1925 年广州东山培正中学学生自治会印《培正学生》第三期,26.1 cm×19.2 cm×0.2 cm,1925 年
266. 5032.Z1.456,1925 年广州东山培正中学学生自治会印《培正学生》第二期,26 cm×19.1 cm×0.2 cm,1925 年
267. 5036.Z1.460,民国《国民革命军第四军政治部军事画报》,26.3 cm×39 cm,民国
268. 5037.Z1.461,1948 年《广东西村士敏土厂复厂三周年纪念特刊》,20.7 cm×15.3 cm×0.4 cm,1948 年
269. 5052.Z1.463,1936 年《粤汉铁路株韶段·工程记载汇刊》,26 cm×18.4 cm×2.8 cm,1936 年
270. 5053.Z1.464,1922 年胡适主编《努力周刊》1—60 期,胡适印《读书杂志》1—11 期合订本,37.5 cm×25.8 cm×1.3 cm,1922 年
271. 5200.Z1.494,1933 年《市一中欢送第三届毕业同学特刊》,19 cm×13.4 cm,1933 年
272. 5201.Z1.495,1933 年《市一中五周年纪念特刊》,27 cm×20.4 cm,1933 年
273. 5326.Z1.516,民国《中国国民党三藩市分部党务月刊第五期号外》,35.6 cm×55 cm,民国
274. 5353.Z1.518,1927 年中国南强报社印《蒋中正》,20.8 cm×15.1 cm×0.5 cm,1927 年
275. 5372.Z1.536,1926 年《浙江人民欢迎何总指挥大会特刊》,25 cm×14.9 cm,1926 年
276. 5373.Z1.537,1927 年《国民革命军画报》创刊号,39.5 cm×54.2 cm,1927 年
277. 5377.Z1.541,1922 年 7 月 15 日《南越报》,54.5 cm×71.5 cm,1922 年
278. 5378.Z1.542,1922 年 7 月 28 日《南越报》,54.5 cm×71.5 cm,1922 年

279. 5446.Z1.552,1925年《长崎华侨时中小学校二十周年纪念刊》,21.8 cm×16 cm×0.5 cm,1925年
280. 5614.Z1.558,1898年清议报馆冯镜如编辑印《清议报》第三十二册,22.5 cm×14.8 cm×0.3 cm,1898年
281. 5615.Z1.559,1898年清议报馆冯镜如编辑印《清议报》第三十四册,22.6 cm×13.8 cm×0.3 cm,1898年
282. 5616.Z1.560,1898年清议报馆冯镜如编辑印《清议报》第三十五册,22.4 cm×13.8 cm×0.3 cm,1898年
283. 5617.Z1.561,1898年清议报馆冯镜如编辑印《清议报》第三十六册,22.4 cm×13.8 cm×0.3 cm,1898年
284. 5618.Z1.562,1898年清议报馆冯镜如编辑印《清议报》第三十七册,22.4 cm×13.8 cm×0.3 cm,1898年
285. 5619.Z1.563,1898年清议报馆冯镜如编辑印《清议报》第三十八册,22.4 cm×13.8 cm×0.3 cm,1898年
286. 5620.Z1.564,1898年清议报馆冯镜如编辑印《清议报》第三十九册,22.4 cm×13.8 cm×0.3 cm,1898年
287. 5621.Z1.565,1898年清议报馆冯镜如编辑印《清议报》第四十册,22.4 cm×13.8 cm×0.3 cm,1898年
288. 5622.Z1.566,1898年清议报馆冯镜如编辑印《清议报》第四十三册,22.4 cm×13.9 cm×0.3 cm,1898年
289. 5623.Z1.567,1898年清议报馆冯镜如编辑印《清议报》第四十四册,22.4 cm×13.8 cm×0.3 cm,1898年
290. 5657.Z1.568,1913年7月30日《循环日报》,65 cm×95 cm,1913年
291. 5658.Z1.569,1927年《国际写真情报》杂志,38.3 cm×26.4 cm×0.3 cm,1927年
292. 5718.Z1.585,1912年法文杂志 Le Pèlerin,26.2 cm×18.8 cm,1912年
293. 5787.Z1.586,1936年《粤汉铁路株韶段工程纪载丛刊》,26 cm×18.5 cm×2.6 cm,1936年
294. 6255.Z1.591,1911年12月11日《光汉报》第四十号,54.2 cm×73.5 cm,1911年
295. 6258.Z1.593,1926年《香港学生》(第八期),18.8 cm×12.9 cm,1926年
296. 6259.Z1.594,1926年《香港学生》(第十期),18.8 cm×13.2 cm,1926年
297. 6260.Z1.595,1926年《香港学生》(第十一期),18.8 cm×13 cm,1926年
298. 6261.Z1.596,1926年《香港学生》(第十二期),18.8 cm×13 cm,1926年
299. 6273.Z1.598,1936年觉先旅行社团特刊《觉先集》,26.8 cm×19.3 cm,1936年
300. 6274.Z1.599,1936年觉先旅行社团特刊《觉先集》,27 cm×19.5 cm,1936年
301. 6335.Z1.602,1925年《雄声》月刊创刊号,19.3 cm×13.3 cm,1925年
302. 6337.Z1.603,1919年《广东省会学生联合会丛刊》创刊号,20 cm×15 cm×0.6 cm,1919年
303. 6458.Z1.607,1922年广东省立第一甲种工业学校《工业杂志》第一期,24.3 cm×13.5 cm×1.3 cm,1922年
304. 6930.Z1.614,1912年英文杂志 LesLie's,41 cm×27 cm,1912年
305. 6932.Z1.615,1920年美国独立杂志刊出孙中山撰写的英文文章《中国的自白》,29.3 cm×21 cm,1920年
306. 6937.Z1.618,1935年菲律宾槟榔屿《光华日报》二十五周年纪念版,50.5 cm×36 cm,1935年

307. 6939.Z1.620,1965年菲律宾侨报《国父百年纪念》,30 cm×22.5 cm,1965年
308. 6940.Z1.621,1969年《少年中国晨报》月历牌,28 cm×17.8 cm,1套2件,1969年
309. 6974.Z1.623,1898年10月16日法文报纸 Le Petit Parisien,45.2 cm×62.1 cm,3/3 40 cm×27.9 cm,1套3件,1898年
310. 6975.Z1.624,1911年10月29日法文报纸 Le Petie Journal,44.5 cm×62 cm,1套2件,1911年
311. 6976.Z1.625,1911年12月14日美国杂志 The Independent,23.7 cm×16.2 cm,1911年
312. 6977.Z1.626,1912年2月24日英文杂志 The Outlook,22.9 cm×16.5 cm,1912年
313. 6978.Z1.627,1912年1月6日法文杂志 Le Monde Illustre,39.4 cm×56 cm,1912年
314. 6979.Z1.628,1912年1月27日法文杂志 L'Illustration,39 cm×58.7 cm,3/3 39 cm×29 cm,1套3件,1912年
315. 6980.Z1.629,1912年3月9日法文杂志 L'Illustration,39 cm×29.4 cm,1912年
316. 6981.Z1.630,1922年1月21日美国杂志 The Literary Digest 中国号,30.5 cm×22.5 cm,1922年
317. 6982.Z1.631,1925年3月21日英文杂志 The Illustrated London News,38.1 cm×26.3 cm,1925年
318. 7624.Z1.685,1927年《知用学生》第四期列宁纪念号,19.7 cm×13.7 cm,1927年
319. 7653.Z1.636,1921年国民党驻三藩市总支部刊行《党务杂纪》第二卷第四号,25.1 cm×18.5 cm,1921年
320. 7654.Z1.637,1931年《中央导报》第二十二期(中国国民党四大专号),25.0 cm×17.0 cm,1931年
321. 7655.Z1.638,1931年《中央导报》第十一期,25.2 cm×17.5 cm,1931年
322. 7656.Z1.639,1934年广州市政府刊行《广州市自动电话概况》(非卖品),21.3 cm×15.3 cm,1934年
323. 7658.Z1.641,1923年8月1日《华文商报》(第九百零一号),54.6 cm×83.6 cm,1923年
324. 7659.Z1.642,1923年7月31号《华文商报》(第九百号),54.6 cm×83.6 cm,1923年
325. 7662.Z1.644,光绪二十四年《岭海报》第十五期(第一百十五号),62.4 cm×102.3 cm,清光绪二十四年
326. 7680.Z1.161,1929年上海良友图书印刷公司印《良友》杂志第三十九期,34.9 cm×26.2 cm×0.2 cm,1929年
327. 7681.Z1.162,1929年上海良友图书印刷公司印《良友》杂志第四十一期,34.7 cm×25.4 cm×0.2 cm,1929年
328. 7682.Z1.163,1930年上海良友图书印刷公司印《良友》杂志第四十五期,34.3 cm×25.3 cm×0.3 cm,1930年
329. 7683.Z1.164,1930年上海良友图书印刷公司印《良友》杂志第四十六期,34.7 cm×25.6 cm×0.1 cm,1930年
330. 7684.Z1.165,1930年上海良友图书印刷公司印《良友》杂志第四十七期,34.7 cm×25.7 cm×0.3 cm,1930年
331. 7685.Z1.166,1930年上海良友图书印刷公司印《良友》杂志第四十九期,34.8 cm×25.6 cm×0.3 cm,1930年

332. 7686.Z1.167,1930 年上海良友图书印刷公司印《良友》杂志第五十期,35.1 cm×25.5 cm×0.3 cm,1930 年

333. 7687.Z1.168,1930 年上海良友图书印刷公司印《良友》杂志第五十二期,34.9 cm×25.2 cm×0.3 cm,1930 年

334. 7688.Z1.169,1931 年上海良友图书印刷公司印《良友》杂志第五十三期,34.8 cm×25.9 cm×0.4 cm,1931 年

335. 7689.Z1.170,1931 年上海良友图书印刷公司印《良友》杂志第五十四期,34.9 cm×26.1 cm×0.3 cm,1931 年

336. 7690.Z1.171,1931 年上海良友图书印刷公司印《良友》杂志第五十六期,35.8 cm×25.8 cm×0.5 cm,1931 年

337. 7691.Z1.172,1931 年上海良友图书印刷公司印《良友》杂志第五十七期,35.2 cm×25.8 cm×0.5 cm,1931 年

338. 7692.Z1.173,1931 年上海良友图书印刷公司印《良友》杂志第六十期,35.1 cm×26.4 cm×0.3 cm,1931 年

339. 7693.Z1.174,1931 年上海良友图书印刷公司印《良友》杂志第六十二期,35.3 cm×26.2 cm×0.4 cm,1931 年

340. 7694.Z1.175,1932 年上海良友图书印刷公司印《良友》杂志第六十六期,26.1 cm×19.9 cm×0.4 cm,1932 年

341. 7695.Z1.176,1932 年上海良友图书印刷公司印《良友》杂志第七十二期,36.0 cm×26.0 cm×0.4 cm,1932 年

342. 7696.Z1.177,1933 年上海良友图书印刷公司印《良友》杂志第七十五期,35.5 cm×25.3 cm×0.3 cm,1933 年

343. 7697.Z1.178,1933 年上海良友图书印刷公司印《良友》杂志第八十三期,35.9 cm×25.4 cm×0.5 cm,1933 年

344. 7698.Z1.179,1933 年上海良友图书印刷公司印《良友》杂志第七十九期,35.6 cm×25.3 cm×0.4 cm,1933 年

345. 7699.Z1.180,1934 年上海良友图书印刷公司印《良友》杂志第八十七期,35.8 cm×25.3 cm×0.4 cm,1934 年

346. 7700.Z1.181,1934 年上海良友图书印刷公司印《良友》杂志第八十九期,35.5 cm×25.5 cm×0.3 cm,1934 年

347. 7701.Z1.182,1935 年上海良友图书印刷公司印《良友》杂志第一一一期,35.1 cm×25.0 cm×0.5 cm,1935 年

348. 7702.Z1.183,1936 年上海良友图书印刷公司印《良友》杂志第一一六期,35.3 cm×25.2 cm×0.3 cm,1936 年

349. 7703.Z1.184,1936 年上海良友图书印刷公司印《良友》杂志第一二三期,35.4 cm×25.1 cm×0.5 cm,1936 年

350. 7704.Z1.185,1937 年上海良友图书印刷公司印《良友》杂志第一二四期,35.4 cm×25.7 cm×0.5 cm,1937 年

351. 7705.Z1.186,1937 年上海良友图书印刷公司印《良友》杂志第一二五期,35.6 cm×25.1 cm×0.4 cm,1937 年

352. 7706.Z1.187,1937年上海良友图书印刷公司印《良友》杂志第一二六期,35.4 cm×25.5 cm×0.4 cm,1937年
353. 7707.Z1.188,1938年上海良友图书印刷公司印《良友》杂志第一三六期,35.5 cm×25.4 cm×0.3 cm,1938年
354. 7710.Z1.191,1926年《努力》孙中山先生周年纪念专号,24.9 cm×19.5 cm×0.3 cm,1926年
355. 7711.Z1.192,1912年《伍瑞南先生六十寿言汇刊》,26.6 cm×19.6 cm×0.3 cm,1912年
356. 7732.Z1.213,1931年《广东七十二行商报二十五周年纪念》,35.8 cm×26.2 cm×0.8 cm,1931年
357. 7735.Z1.216,1934年《国华报日历》,15 cm×7.4 cm×1.8 cm,1934年
358. 7738.Z1.219,民国《新到各省来电时务报》,18.4 cm×11.8 cm×0.1 cm,民国
359. 7741.Z1.222,1912年《广东司法星期报》第二十期,21.4 cm×15.3 cm×0.6 cm,1912年
360. 7743.Z1.224,1904年《新民丛报》第三年第十一号,21.4 cm×14.7 cm×0.5 cm,1904年
361. 7744.Z1.225,1903年《新世界学报》第十三号,21.7 cm×14.6 cm×0.6 cm,1903年
362. 7745.Z1.226,1903年《新世界学报》第十四号,21.4 cm×14.6 cm×0.6 cm,1903年
363. 7746.Z1.227,1912年写真画报临时增刊第一卷第三编《清国写真帖》,26.2 cm×18.2 cm×0.8 cm,1912年
364. 7789.Z1.650,1900年11月4日出版的法国 *Le Petit Journal* 杂志,45.8 cm×30.1 cm,1900年
365. 7790.Z1.651,1900年8月5日出版的法国 *Le Petit Journal* 杂志,44 cm×30.2 cm,1900年
366. 7791.Z1.652,1900年6月24日出版的法国 *Le Pelerin* 杂志,44 cm×30.2 cm,1900年
367. 7792.Z1.653,1937年9月5日出版的法国 *Le Petit Journal* 杂志,26.6 cm×37.7 cm,1套4件,1937年
368. 7793.Z1.654,1937年9月5日出版的法国 *Le Petit Journal* 杂志,26.4 cm×18.8 cm,1937年
369. 7794.Z1.655,1858年5月22日出版的法国 *L'Illustration Journal Universel* 杂志,36.8 cm×26.5 cm,1套4件,1858年
370. 7795.Z1.656,1924年10月12日出版的法国 *Le Pelerin* 杂志,26.6 cm×18.8 cm,1924年
371. 8047.Z1.680,1926年九月五日《工人之路》(第四百二十七期),39.3 cm×25.1 cm,1926年
372. 8056.Z1.681,1927年五月三十日出版第十五期《良友》,38.5 cm×26.8 cm,1927年
373. 8057.Z1.660,清宣统元年《图画日报》第五十六册,24.8 cm×10.4 cm,清宣统元年
374. 8058.Z1.661,清宣统元年《图画日报》第五十五册,25 cm×10.4 cm,清宣统元年
375. 8059.Z1.662,清宣统元年《图画日报》第五十四册,24.1 cm×10.5 cm,清宣统元年
376. 8060.Z1.663,清宣统元年《图画日报》第四十九册,24.2 cm×10.5 cm,清宣统元年
377. 8061.Z1.664,清宣统元年《图画日报》第五十三册,24.3 cm×10.5 cm,清宣统元年
378. 8062.Z1.665,清宣统元年《图画日报》第五十二册,24.9 cm×10.4 cm,清宣统元年
379. 8063.Z1.666,清宣统元年《图画日报》第七十一册,24.6 cm×10.5 cm,清宣统元年
380. 8064.Z1.667,清宣统元年《图画日报》第六十九册,24.8 cm×10.3 cm,清宣统元年
381. 8065.Z1.668,清宣统元年《图画日报》第七十三册,25 cm×10.7 cm,清宣统元年
382. 8066.Z1.669,清宣统元年《图画日报》第十八册,24.9 cm×10.4 cm,清宣统元年
383. 8067.Z1.670,清宣统元年《图画日报》第一百七十五册,24.9 cm×10.6 cm,清宣统元年
384. 8068.Z1.671,清宣统元年《图画日报》第一百六十六册,24.9 cm×10.7 cm,清宣统元年

385. 8069.Z1.672,清宣统元年《图画日报》第一百四十册,24.9 cm×10.5 cm,清宣统元年
386. 8070.Z1.673,清宣统元年《图画日报》第一百四十四册,25.1 cm×10.6 cm,清宣统元年
387. 8071.Z1.674,清宣统元年《图画日报》第二百八十五号,25.2 cm×10.4 cm,清宣统元年
388. 8072.Z1.675,清宣统元年《图画日报》第一百三十三册,24.8 cm×10.5 cm,清宣统元年
389. 8073.Z1.676,清宣统元年《图画日报》第一百四十七册,25.2 cm×10.3 cm,清宣统元年
390. 8074.Z1.677,清宣统元年《图画日报》第一百一十三册,24.9 cm×10.5 cm,清宣统元年
391. 8075.Z1.678,清宣统元年《图画日报》第一百二十九册,24.6 cm×10.4 cm,清宣统元年
392. 8076.Z1.679,清宣统元年《图画日报》第一百三十册,24.7 cm×10.5 cm,清宣统元年
393. 8093.Z1.682,1932年十月廿八日广州日报纪念古应芬逝世周年特刊(残版),54.6 cm×39.5 cm,1932年
394. 8119.Z1.684,1918年十二月十号第三期《广东省会学生联合会月报》,20.4 cm×15.1 cm,1918年
395. 8142.Z1.687,1911年10月初版时事新报馆编《革命党小传》第一册,18.9 cm×13.1 cm,1911年
396. 8154.Z1.695,1931年五月卅一日《广州明珠周刊》,26.7 cm×19.5 cm,1931年
397. 8173.Z1.710,1927年二月十六日第一百八十八期《向导》周报,27.7 cm×20.1 cm,1927年
398. 8177.Z1.713,1925年十一月廿九日《少年中国晨报·星期增刊》,56.6 cm×44.3 cm,1925年
399. 8178.Z1.714,1933年六月三日第八十五期《侨生抗日周刊》,31.9 cm×46.5 cm,1933年
400. 8180.Z1.715,1925年三月十五日《少年中国晨报·星期增刊》,56.7 cm×44.2 cm,1925年
401. 8526.Z1.716,1933年《古湘芹先生逝世纪念专刊》,纵19 cm,横13.3 cm,厚0.8 cm,1933年
402. 8527.Z1.717,1935年《古湘芹先生逝世纪念专刊》,纵8.8 cm,横12.8 cm,厚0.8 cm,1935年
403. 8528.Z1.718,1932年《古湘芹先生逝世纪念专刊》,纵21 cm,横15.6 cm,厚0.8 cm,1932年
404. 8615.Z1.720,1927年"邓泽如古应芬查办汪兆铭等之呈覆"剪报,17.7 cm×38.3 cm,1927年
405. 9071.Z1.733,民国《平民报图画界》散页,22.3 cm×57 cm,1套13件,民国
406. 9081.Z1.735,1926至1928年《良友》杂志合订本(1—24期),37.5 cm×25.5 cm,1926至1928年
407. 9082.Z1.736,1927至1929年《良友》杂志合订本(25—38期),34.2 cm×24.4 cm,1927至1929年
408. 9363.Z1.737,1954年版《新青年杂志》影印本,26.3 cm×19.3 cm,1套12件,1954年
409. 9364.Z1.738,1912至1914年《国粹学报》,19.8 cm×13.2 cm,1套21件,1912至1914年
410. 9509.Z1.745,1927年4月17日第三百五十一号《图画时报》,38.6 cm×26.3 cm,1套2件,1927年
411. 9510.Z1.746,1927年4月1日第三百四十七号《图画时报》,38.3 cm×26.3 cm,1套2件,1927年
412. 9511.Z1.747,1927年12月4日第四百一十六号《图画时报》,38.4 cm×26.3 cm,1套2件,1927年
413. 9531.Z1.750,1929年三月第一期《法官学校周刊》,26.1 cm×18.6 cm,1929年
414. 0038.Z1.757,1934年《广州市政府新署落成纪念专刊》,纵25.2 cm,横17.8 cm,厚2.4 cm,民国
415. 8794.Z3.4506,1931年12月8日《公评报》剪报,28.5 cm×38 cm,1931年
416. 8798.Z3.4509,1928年11月19日《自由新报》关于《报界的使命》剪报,33.5 cm×32.8 cm,1928年

417. 8908.Z3.4606,1919年关于"和平"剪报,10.6 cm—14.5 cm×13.6 cm—14.5 cm,1套2件,1919年

（三）家 书 信 函

1. 0053.Z3.002,民国胡汉民信札,29.5 cm×21 cm,1套2页,民国
2. 0054.Z3.003,民国李仙根信札,内页34 cm×21.4 cm,信封28.5 cm×16 cm,1套2件,民国
3. 0056.Z3.004,1974年宋庆龄住宅秘书室寄给区壋烘的信,内页26.3 cm×19 cm,信封9 cm×17.7 cm,1套2件,1974年
4. 0057.Z3.005,1958年宋庆龄住宅秘书室寄给区壋烘的信,26.4 cm×18.9 cm,1958年
5. 0058.Z3.0062,1962年宋庆龄寄给区壋烘的信,内页28.4 cm×24.3 cm,信封9.3 cm×20.3 cm,1套2件,1962年
6. 0059.Z3.007,1949年宋庆龄致区壋烘的信,内页26.7 cm×18.8 cm,信封19 cm×9.5 cm,1套2件,1949年
7. 0079.Z3.018,1977年宋庆龄在唐山地震后寄给区壋烘的信,内页26.8 cm×19.4 cm,信封17 cm×9 cm,1套2件,1977年
8. 0128.Z3.030,1922年杜澄乡保卫团谭公衮、唐祝唐致邓荫南的请辞函,21.3 cm×51.9 cm,1922年
9. 0134.Z3.036,民国三藩市维持总会给朱祝裘之感谢信,内页27.6 cm×21.8 cm,信封17 cm×9.5 cm,1套2件,民国
10. 0229.Z3.087,民国广州长堤西濠大酒店信笺纸,25.8 cm×15 cm,民国
11. 0232.Z3.090,1924年杨蓁就存款期满一事致香圃函,31.5 cm×22 cm,1924年
12. 0233.Z3.091,1924年杨蓁致夫人李时珍家书,31.5 cm×22 cm,1924年
13. 0234.Z3.092,1921年4月17号鄢仕周致崔叔华信函,内页25 cm×17.1 cm,信封20.7 cm×9.8 cm,1套2件,1921年
14. 0235.Z3.093,1921年1月崔文英致父母亲家书,内页29.4 cm×19 cm,信封21.8 cm×11.1 cm,1套7件,1921年
15. 0236.Z3.094,民国李梧致崔树华函,25 cm×17.1 cm,1套3页,民国
16. 0237.Z3.095,民国李梧致崔树华函,25.1 cm×17.1 cm,1套4页,民国
17. 0246.Z3.104,1922年香港先施保险置业有限公司信封,26.5 cm×12.5 cm,1922年
18. 0278.Z3.136,1917年8月崔文藻自广州五仙门致左乐山函封,24.1 cm×12.9 cm,1917年
19. 0280.Z3.138,民国李烈钧致姜玉笙函,24.8 cm×15.1 cm,1套2页,民国
20. 0281.Z3.139,1936年广东国民大学校长吴鼎新致谢宗质函,32.1 cm×21.5 cm,1936年
21. 0282.Z3.140,1921年驻坎拿大总领事杨书处致邝祥益函,内页27 cm×18.8 cm,信封9.3 cm×16.6 cm,1套2件,1921年
22. 0283.Z3.141,1922年李梧致崔树华函,内页26.5 cm×62.3 cm,信封21.3 cm×11.2 cm,1套2件,1922年
23. 0286.Z3.144,民国叶恭绰手书信札,28.9 cm×19.8 cm,1套2页,民国
24. 0287.Z3.145,1916年崔文藻自韶州镇守使署致崔叔华函封,23.5 cm×11.6 cm,1916年
25. 0288.Z3.146,1917年崔文藻自广州五仙门内云南会馆致崔叔华函封,21 cm×11.1 cm,

1917年

26. 0289.Z3.147,1921年左亚雄致崔叔华函,内页26.1 cm×15.7 cm,信封20.3 cm×10.2 cm,1套2件,1921年
27. 0290.Z3.148,1921年李樾致崔叔华函,内页25 cm×17.6 cm,信封18 cm×9.3 cm,1套4件,1921年
28. 0291.Z3.149,1920年1月崔叔华家人自四川东云阳县寄回的家书之信封,22.1 cm×11.3 cm,1920年
29. 0292.Z3.150,1920年2月崔叔华家人自四川东云阳县寄回之家书函封,23.5 cm×11.3 cm,1920年
30. 0293.Z3.151,1920年崔叔华自镇雄县致崔文蔚函封,18.8 cm×9.8 cm,1920年
31. 0294.Z3.152,1921年崔叔华收到信件之函封,19 cm×9.4 cm,1921年
32. 0475.Z3.203,民国周礼现致周礼炳函,内页23.7 cm×11.3 cm,信封14.8 cm×6.2 cm,1套2件,民国
33. 0476.Z3.204,1927年吴懋源致周礼现函,内页23.5 cm×15.6 cm,信封19.6 cm×9.9 cm,1套2件,1927年
34. 0477.Z3.205,1936年周礼琨自美国致周礼现函,内页27.9 cm×21.5 cm,信封9.3 cm×6.5 cm,1套2件,1936年
35. 0478.Z3.206,民国池杰致周礼现函,内页22.4 cm×14.3 cm,信封15.9 cm×7.4 cm,1套2件,民国
36. 0573.Z3.207,1927年(周)茂添致周礼现函,内页25.1 cm×16.9 cm,信封16.1 cm×7.7 cm,1套2件,1927年
37. 0574.Z3.208,民国(周)超良致周伯陶函,内页25.3 cm×16.8 cm,信封14.9 cm×7 cm,1套2件,民国
38. 0575.Z3.209,民国周超良致胡翼周函,内页25.2 cm×35.7 cm,信封15 cm×7 cm,1套2件,民国
39. 0576.Z3.210,1921年驰杰致周礼现函,25.3 cm×20.3 cm,1921年
40. 0577.Z3.211,民国署名礼□的信札,23.4 cm×47.9 cm,民国
41. 0578.Z3.212,1928年周礼现致周礼卓函,23.7 cm×32.2 cm,1928年
42. 0579.Z3.213,民国持杰致周礼现函,23.9 cm×26.4 cm,民国
43. 0594.Z3.214,民国邓仲泽致邓柱臣函(廿二日),内页25.7 cm×14 cm,信封13.9 cm×6.7 cm,1套2件,民国
44. 0595.Z3.215,民国邓仲泽致邓相业、邓衍隆函,内页25.4 cm×14.6 cm,信封15.1 cm×6.9 cm,1套2件,民国
45. 0596.Z3.216,民国邓仲泽致邓柱臣函(三月廿二日),内页25.5 cm×17.4 cm,信封13.9 cm×6.5 cm,1套2件,民国
46. 0597.Z3.217,1933年邓仲泽致邓柱臣函,内页25.1 cm×9.5 cm,信封13.9 cm×6.5 cm,1套2件,1933年
47. 0598.Z3.218,1932年邓仲泽致邓祖业函,内页25.3 cm×17.4 cm,信封14.8 cm×6.8 cm,1套2件,1932年
48. 0599.Z3.219,民国邓仲泽致邓柱臣函(十二月十一日),23.9 cm×13.3 cm,民国

49. 0721.Z3.220,民国邓仲泽致邓柱臣函(二月二十二日),内页 25.1 cm×31.3 cm,信封 13.9 cm×6.6 cm,1套2件,民国
50. 0722.Z3.221,民国邓仲泽致邓柱臣函(十一月二十六日),内页 23.6 cm×17.3 cm,信封 10.2 cm×15.4 cm,1套2件,民国
51. 0723.Z3.222,民国邓仲泽致邓柱臣函(一月二十二日),内页 25.4 cm×21.4 cm,信封 14.9 cm×7.0 cm,1套2件,民国
52. 0724.Z3.223,民国邓仲泽致邓柱臣函(三月十日),24.2 cm×15.9 cm,民国
53. 0725.Z3.224,1917年2月2日邓仲泽致邓柱臣函,24.0 cm×16.1 cm,1917年
54. 0726.Z3.225,1934年邓楷隆致邓相业函,内页 25.5 cm×14.8 cm,信封 13.5 cm×6.5 cm,1套2件,1934年
55. 0727.Z3.226,1933年邓楷隆致邓相业函(十一月一日),25.7 cm×15.1 cm,1933年
56. 0728.Z3.227,1933年邓楷隆致邓相业函(六月一日),26.0 cm×15.5 cm,1套4页,1933年
57. 0729.Z3.228,1933年邓楷隆致邓相业函(十月四日),26.4 cm×15.1 cm,1933年
58. 0730.Z3.229,1922年3月6日邓楷隆致邓相业函,21.6 cm×27.8 cm,1套2页,1922年
59. 0731.Z3.230,1925年1月18日邓楷隆致邓相业函,内页 28.0 cm×21.4 cm,信封 13.5 cm×6.5 cm,1套2件,1925年
60. 0732.Z3.231,1925年2月15日邓楷隆致邓相业函,28.0 cm×21.4 cm,1925年
61. 0733.Z3.232,1924年9月10日邓楷隆致邓相业函,28.0 cm×21.4 cm,1924年
62. 0734.Z3.233,1933年邓楷隆致邓相业函(七月七日),26.2 cm×15.6 cm,1933年,1套2页,民国
63. 0735.Z3.234,1929年邓楷隆致邓相业函(十二月廿六日),32.8 cm×21.0 cm,1929年
64. 0736.Z3.235,民国赵宗坛致邓柱臣函,内页 23.2 cm×12.5 cm,名片 20.1 cm×9.8 cm,1套2件,民国
65. 0737.Z3.236,民国周瑞伴收函封,9.2 cm×16.5 cm,民国
66. 0738.Z3.237,民国周松宽收函封,15.7 cm×8.0 cm,民国
67. 0739.Z3.238,1913年6月9日美国加州默塞德镇寄周长焕收函封,8.9 cm×15.2 cm,1913年
68. 0740.Z3.239,民国周添麟收函封,8.9 cm×15.2 cm,民国
69. 0743.Z3.242,清末孙谋致邓柱臣函,22.4 cm×12.7 cm,1套3页,清末
70. 0744.Z3.243,清末署名梁诚信函,22.6 cm×12.5 cm,1套2页,清末
71. 0745.Z3.244,清末名正致邓柱臣函,22.8 cm×12.7 cm,1套2页,清末
72. 0760.Z3.246,民国孙士颐致邓柱臣函,1/3,2/3 17.5 cm×23.2 cm、3/3 24.7 cm×11.8 cm,1套3件,民国
73. 0761.Z3.247,1922年9月9日邓仙石致邓柱臣函,内页 25.8 cm×10.9 cm,信封 14.7 cm×6.9 cm,1套2件,1922年
74. 0762.Z3.248,民国邓仙石致邓柱臣函(二月初七),25.2 cm×10.7 cm,1套2页,民国
75. 0763.Z3.249,民国邓荫隆致邓相业函,24.0 cm×20.5 cm、24.0 cm×3.5 cm、13.7 cm×6.7 cm,1套3件,民国
76. 0764.Z3.250,民国(邓)毓致邓柱臣函,25.7 cm×12.8 cm,1套2件,民国
77. 0769.Z3.255,清光绪辛丑年邓彬业致邓柱臣转邓相业函,内页 23.7 cm×50.9 cm,信封 13.1 cm×5.6 cm,1套2件,清光绪辛丑年

78. 0770.Z3.256,清末邓世德致邓相业函(十二月十八日),内页 24.3 cm×27.6 cm,信封 14.3 cm×6.7 cm,1 套 2 件,清末

79. 0794.Z3.257,1916 年 2 月 8 日邓仙石致邓柱臣函,内页 24.0 cm×22.6 cm,信封 9.2 cm× 16.2 cm,1 套 2 件,1916 年

80. 0795.Z3.258,清光绪甲午年邓乙藜致邓相业函,内页 25.8 cm×18.2 cm,信封 7.8 cm× 13.8 cm,1 套 2 件,清光绪甲午年

81. 0796.Z3.259,民国邓相业致邓彬业函(五月廿九日),内页 26.5 cm×13.3 cm,信封 15.8 cm×8.4 cm,1 套 2 件,民国

82. 0797.Z3.260,1922 年邓世端致邓相业函,内页 23.5 cm×25.3 cm,信封 14.1 cm×6.3 cm,1 套 2 件,1922 年

83. 0798.Z3.261,1918 年邓卓峰致邓柱臣函,内页 24.2 cm×30.1 cm,信封 14.1 cm×7.4 cm,1 套 2 件,1918 年

84. 0799.Z3.262,1915 年邓习□致邓相业函,内页 24.4 cm×30.1 cm,信封 9.2 cm×7.4 cm,1 套 2 件,1915 年

85. 0800.Z3.263,清光绪癸卯年邓彬业致邓相业函,内页 22.0 cm×37.7 cm,信封 14.1 cm× 6.8 cm,1 套 2 件,清光绪癸卯年

86. 0801.Z3.264,1916 年邓藩隆致邓相业等人函,内页 24.2 cm×34.9 cm,信封 14.5 cm× 7.0 cm,1 套 2 件,1916 年

87. 0802.Z3.265,1918 年 12 月 23 日邓载业致邓相业函,内页 25.5 cm×19.3 cm,信封 12.6 cm×6.2 cm,1 套 2 件,1918 年

88. 0803.Z3.266,1903 年 9 月 6 日余衢中因讼事致邓相业函,内页 24.9 cm×25.1 cm,信封 15.7 cm×7.2 cm,1 套 2 件,1903 年

89. 0804.Z3.267,民国邓世端致邓颂唐函(四月初八日),内页 25.8 cm×13.3 cm,信封 16.1 cm×7.8 cm,1 套 2 件,民国

90. 0805.Z3.268,民国邓卓峰致邓柱臣函(一月七日),内页 23.9 cm×16.3 cm,信封 14.7 cm× 7.3 cm,1 套 2 件,民国

91. 0806.Z3.269,1920 年 12 月 15 日邓协隆致邓相业函,内页 27.9 cm×21.5 cm,信封 15.1 cm× 7.1 cm,1 套 3 件,1920 年

92. 0807.Z3.270,民国邓世安致邓柱臣函(二月六日),内页 24.1 cm×11.8 cm,信封 13.8 cm× 6.5 cm,1 套 2 件,民国

93. 0808.Z3.271,1916 年 4 月 22 日香港公益荣致邓相业函,内页 24.2 cm×45.7 cm,信封 14.7 cm×7.3 cm,1 套 2 件,1916 年

94. 0809.Z3.272,民国邓卓峰致邓环业邓相业函(六月廿五号),内页 23.6 cm×16.4 cm,信封 14.5 cm×7.3 cm,1 套 2 件,民国

95. 0810.Z3.273,民国关秀珊致邓煦隆等襄业函(十二月十六日),内页 23.4 cm×12.7 cm,信封 15.9 cm×7.5 cm,1 套 3 件,民国

96. 0811.Z3.274,1934 年 2 月 21 日邓乐熙致邓相业函,内页 25.9 cm×17.6 cm,信封 13.6 cm×6.5 cm,1 套 2 件,1934 年

97. 0812.Z3.275,民国邓有年致邓相业函(十二月九日),内页 26.4 cm×17.5 cm,信封 14.5 cm×6.4 cm,1 套 2 件,民国

98. 0813.Z3.276,1916年二月八日余衢中致邓相业函,内页24.3 cm×14.7 cm,信封13.9 cm×6.4 cm,1套2件,1916年

99. 0814.Z3.277,民国邓相业侄媳妇马氏致其函(十二月十五日),内页26.3 cm×16.2 cm,信封17.1 cm×8.5 cm,1套5件,民国

100. 0815.Z3.278,民国邓颂平致邓相业函(四月十□日),内页23.3 cm×9.3 cm,信封14.1 cm×6.5 cm,1套2件,民国

101. 0816.Z3.279,民国邓颂平致邓相业函(十二月十三日),内页25.3 cm×19.2 cm,信封15.2 cm×7.4 cm,1套2件,民国

102. 0817.Z3.280,民国余康中致邓相业函(四月十五日),内页23.7 cm×14.0 cm,信封13.6 cm×6.9 cm,1套2件,民国

103. 0818.Z3.281,民国邓相业之媳梁氏致其函(五月初八日),内页24.2 cm×14.4 cm,信封15.8 cm×6.5 cm,1套2件,民国

104. 0819.Z3.282,民国邓□栋致邓柱臣函(十一月廿八日),内页21.7 cm×27.8 cm,信封8.8 cm×16.1 cm,1套3件,民国

105. 0820.Z3.283,1907年3月25日邓赓歌致邓赓轸函,内页23.0 cm×12.2 cm,信封11.9 cm×6.0 cm,1套2件,1907年

106. 0821.Z3.284,民国邓禳致邓相业函(十月五日),内页24.1 cm×17.6 cm,信封14.5 cm×7.0 cm,1套2件,民国

107. 0822.Z3.285,民国邓有壬致邓相业函(八月十二日),内页22.3 cm×10.1 cm,信封12.9 cm×6.3 cm,1套2件,民国

108. 0823.Z3.286,民国邓让隆致邓相业函(七月廿七日),内页23.8 cm×22.4 cm,信封12.6 cm×6.2 cm,1套2件,民国

109. 0824.Z3.287,1916年9月9日邓卓峰致邓柱臣函,内页24.1 cm×26.9 cm,信封14.6 cm×7.2 cm,1套2件,1916年

110. 0825.Z3.288,民国邓有壬致邓相业函(九月初九日),内页23.7 cm×15.6 cm,信封12.9 cm×6.5 cm,1套2件,民国

111. 0826.Z3.289,民国邓世燊致邓相业函,内页23.8 cm×12.7 cm,信封14.4 cm×6.7 cm,1套2件,民国

112. 0827.Z3.290,1925年邓毓亭致邓柱臣函,内页24.7 cm×26.5 cm,信封15.6 cm×7.3 cm,1套2件,1925年

113. 0828.Z3.291,1925年邓世端致邓柱臣函,内页23.4 cm×13.1 cm,信封14.0 cm×6.5 cm,1套2件,1925年

114. 0829.Z3.292,民国邓怡隆致邓相业函(十一月初十日),内页25.7 cm×23.3 cm,信封15.8 cm×7.5 cm,1套2件,民国

115. 0830.Z3.293,民国司徒珠文致邓相业函(二月三十日),内页24.3 cm×11.8 cm,信封15.8 cm×6.4 cm,1套2件,民国

116. 0831.Z3.294,1916年4月8日邓彬业致邓相业函,内页21.9 cm×46.3 cm,信封12.1 cm×6.1 cm,1套2件,1916年

117. 0832.Z3.295,1933年2月27日邓寿泉致邓相业函,内页25.9 cm×17.5 cm,信封14.9 cm×6.8 cm,1套2件,1933年

118. 0833.Z3.296,1925年4月18日邓世端致邓柱臣函,内页25.8 cm×13.2 cm,信封15.2 cm×7.2 cm,1套2件,1925年

119. 0834.Z3.297,民国余□□致邓浩业函(三月初十日),内页25.4 cm×27.4 cm,信封12.6 cm×6.1 cm,1套2件,民国

120. 0835.Z3.298,民国邓卓峰致邓柱臣函(十二月廿一日),内页24.2 cm×12.9 cm,信封14.1 cm×6.8 cm,1套2件,民国

121. 0837.Z3.300,1922年6月23日邓环业邓荫隆等致邓相业邓载业等函,内页21.6 cm×27.9 cm,信封14.1 cm×6.6 cm,1套3件,1922年

122. 0838.Z3.301,民国邓世安致邓柱臣函(二月十八日),内页25.9 cm×11.4 cm,信封14.7 cm×7.0 cm,1套2件,民国

123. 0839.Z3.302,1914年5月12日邓相业致邓浩业函,内页25.0 cm×31.8 cm,信封15.5 cm×8.3 cm,1套2件,1914年

124. 0840.Z3.303,1905年2月27日周成汝致邓柱臣函,内页24.1 cm×20.8 cm,信封12.9 cm×6.2 cm,1套2件,1905年

125. 0841.Z3.304,1932年9月18日邓有年致邓相业函,内页24.6 cm×11.2 cm,信封14.6 cm×6.8 cm,1套3件,1932年

126. 0842.Z3.305,民国邓世安致邓柱臣函(七月初七日),内页24.1 cm×19.6 cm,信封14.0 cm×6.5 cm,1套2件,民国

127. 0843.Z3.306,民国诲一致邓柱臣函(九月十八日),内页23.5 cm×22.0 cm,信封13.7 cm×6.8 cm,1套2件,民国

128. 0844.Z3.307,民国邓世安致邓柱臣函(二月十四日),内页25.7 cm×11.5 cm,信封15.7 cm×7.5 cm,1套2件,民国

129. 0845.Z3.308,民国邓亦生、邓世端致邓柱臣函,内页25.4 cm×27.4 cm,信封16.0 cm×7.6 cm,1套2件,民国

130. 0846.Z3.309,1924年9月26日关国钧致邓相业函,内页23.7 cm×21.7 cm,信封14.1 cm×6.6 cm,1套2件,1924年

131. 0847.Z3.310,民国邓湛业致邓相业函(七月二十一日),内页24.3 cm×8.9 cm,信封13.1 cm×6.2 cm,1套2件,民国

132. 0848.Z3.311,民国邓赓飏致邓柱臣函(二月十九日),内页24.6 cm×19.0 cm,信封13.1 cm×6.4 cm,1套2件,民国

133. 0849.Z3.312,民国邓世端致邓柱臣函(十一月廿七日),内页23.6 cm×10.0 cm,信封13.8 cm×6.5 cm,1套2件,民国

134. 0850.Z3.313,1932年邓寿泉致邓柱臣函,内页23.9 cm×11.1 cm,信封14.0 cm×6.6 cm,1套2件,1932年

135. 0851.Z3.314,1922年7月24日邓荫隆致邓相业函,内页23.9 cm×33.8 cm,信封13.7 cm×6.4 cm,1套2件,1922年

136. 0852.Z3.315,1930年陶某为辞教员席致邓相业等人函,内页23.8 cm×18.3 cm,信封15.7 cm×7.6 cm,1套2件,1930年

137. 0853.Z3.316,民国邓世端致邓柱臣函(九月初四日),内页26.2 cm×17.3 cm,信封15.9 cm×7.5 cm,1套2件,民国

138. 0854.Z3.317,民国邓贻翼致邓相业函（一月十五日），内页 25.2 cm×25.2 cm,信封 13.6 cm×6.7 cm,1套2件,民国

139. 0855.Z3.318,民国邓乙藜致邓相业函（十二月廿三日），内页 25.6 cm×39.7 cm,信封 9.0 cm×15.1 cm,1套2件,民国

140. 0856.Z3.319,清宣统己酉年邓晋卿致邓柱臣函,内页 23.6 cm×34.2 cm,信封 15.1 cm×7.6 cm,1套2件,清宣统己酉年

141. 0857.Z3.320,清末邓晋卿致邓柱臣函（四月三十日）,23.6 cm×34.2 cm,清末

142. 0858.Z3.321,1919年邓让隆致邓柱臣函,内页 24.2 cm×16.3 cm,信封 9.2 cm×16.3 cm,1套2件,1919年

143. 0859.Z3.322,1921年余衢中致邓相业函,内页 23.3 cm×18.8 cm,信封 13.9 cm×6.6 cm,1套2件,1921年

144. 0860.Z3.323,民国邓相业给其子邓赓朝的家书（四月初二日）,内页 23.7 cm×18.9 cm,信封 14.5 cm×7.2 cm,1套2件,民国

145. 0861.Z3.324,1905年2月14日周成汝致邓柱臣关进仁函,内页 23.9 cm×22.8 cm,信封 14.8 cm×8.2 cm,1套2件,1905年

146. 0862.Z3.325,民国邓相业致邓彬业函（五月二十日）,内页 23.6 cm×34.2 cm,信封 14.4 cm×7.2 cm,1套2件,民国

147. 0863.Z3.326,1914年1月11日邓相业致邓奏隆等人函,内页 24.2 cm×50.4 cm,信封 14.9 cm×7.9 cm,1套2件,1914年

148. 0864.Z3.327,民国邓辅隆（贻参）致邓柱臣函（二月十六日）,内页 24.5 cm×27.2 cm,信封 10.2 cm×16.2 cm,1套2件,民国

149. 0865.Z3.328,清光绪辛丑年邓彬业致邓相业函,内页 21.9 cm×43.5 cm,信封 8.8 cm×15.8 cm,1套2件,清光绪辛丑年

150. 0866.Z3.329,1914年1月11日邓相业致邓奏隆函,内页 25.9 cm×13.8 cm,信封 15.0 cm×7.9 cm,1套2件,1914年

151. 0867.Z3.330,民国邓相业致邓赓朝函（八月初十日）,内页 23.5 cm×47.5 cm,信封 14.4 cm×7.2 cm,1套2件,民国

152. 0868.Z3.331,1931年邓毓亭致邓柱臣函,内页 24.3 cm×16.7 cm,信封 15.6 cm×7.6 cm,1套3件,1931年

153. 0869.Z3.332,民国邓相业致邓赓歌、邓赓朝函（十二月初五日）,内页 21.4 cm×12.6 cm,信封 14.7 cm×7.5 cm,1套2件,民国

154. 0870.Z3.333,民国邓赓飓致邓柱臣函（七月初十日）,内页 25.4 cm×13.3 cm,信封 14.2 cm×6.9 cm,1套2件,民国

155. 0872.Z3.335,1924年邓有年致邓相业函,内页 21.6 cm×13.9 cm,信封 9.2 cm×16.5 cm,1套2件,1924年

156. 0873.Z3.336,民国邓协隆致邓相业函（十月十八日）,内页 26.8 cm×15.3 cm,信封 15.3 cm×7.4 cm,1套2件,民国

157. 0874.Z3.337,民国由广东开平赤坎立爱约寄邓襄业函,内页 25.8 cm×12.9 cm,信封 14.2 cm×6.7 cm,1套2件,民国

158. 0875.Z3.338,民国邓世端致邓柱臣函（四月初四日）,内页 24.4 cm×12.2 cm,信封

13.6 cm×6.5 cm,1套2件,民国

159. 0876.Z3.339,民国邓燊业致邓环业邓相业函(十月廿七日),内页22.0 cm×50.8 cm,信封13.8 cm×7.2 cm,1套2件,民国

160. 0877.Z3.340,1920年3月16日泮和致邓柱臣函,内页24.2 cm×14.6 cm,信封9.0 cm×15.1 cm,1套2件,1920年

161. 0878.Z3.341,1915年1月3日邓相业自美国匪匪埠致肇庆中学邓颂唐函,内页24.3 cm×8.9 cm,信封14.0 cm×6.7 cm,1套2件,1915年

162. 0879.Z3.342,1904年12月2日邓乙藜致邓相业函,内页25.9 cm×17.1 cm,信封8.7 cm×15.1 cm,1套2件,1904年

163. 0880.Z3.343,民国邓遇隆(邓赓飚)致邓相业函(五月三日),内页20.0 cm×12.5 cm,信封14.2 cm×6.7 cm,1套2件,民国

164. 0881.Z3.344,1921年邓燃业自美国匪匪埠致广东开平永安里邓相业函,内页24.4 cm×18.1 cm,信封12.9 cm×6.7 cm,1套2件,1921年

165. 0882.Z3.345,1916年2月23日邓名世自广东开平永安里致美国匪匪怡盛号邓相业函,内页23.5 cm×14.5 cm,信封13.7 cm×6.9 cm,1套2件,1916年

166. 0883.Z3.346,清光绪乙巳年邓泽洋致邓相业函,24.0 cm×17.2 cm,清光绪乙巳年

167. 0884.Z3.347,民国邓有壬致邓相业函(七月廿五日),内页23.1 cm×11.9 cm,信封12.9 cm×6.4 cm,1套2件,民国

168. 0885.Z3.348,1912年3月8日雷质生致广东开平赤墈东埠广顺隆邓柱臣函,内页25.2 cm×10.8 cm,信封14.7 cm×7.3 cm,1套2件,1912年

169. 0886.Z3.349,民国邓有懋自香港致邓相业函(五月初二日),内页25.2 cm×18.6 cm,信封14.3 cm×7.2 cm,1套2件,民国

170. 0887.Z3.350,1899年2月13日邓荷隆致邓相业函,内页26.0 cm×28.8 cm,信封15.0 cm×7.4 cm,1套2件,1899年

171. 0888.Z3.351,1926年邓毓亭致广东开平赤坎下埠广顺隆邓柱臣函,内页23.9 cm×12.3 cm,信封15.0 cm×7.1 cm,1套2件,1926年

172. 0889.Z3.352,民国邓有壬致美国匪匪埠广和昌邓相业函(八月初三日),内页23.6 cm×10.7 cm,信封12.8 cm×6.5 cm,1套2件,民国

173. 0890.Z3.353,1928年8月12日黄永华致邓相业函,内页25.7 cm×15.2 cm,16.6 cm×7.4 cm,1套2件,1928年

174. 0891.Z3.354,1918年广东开平永安里邓彬业致美国匪匪埠怡盛号邓相业函,内页23.9 cm×42.6 cm,信封13.0 cm×6.5 cm,1套2件,1918年

175. 0892.Z3.355,1905年3月16日周成汝致邓相业函,内页25.4 cm×10.8 cm,14.7 cm×7.0 cm,1套2件,1905年

176. 0893.Z3.357,1913年12月26日邓锢隆致邓相业函,内页23.9 cm×15.1 cm,13.9 cm×6.7 cm,1套2件,1913年

177. 0894.Z3.358,民国邓杉业致邓相业函(十二月十二日),内页23.7 cm×10.7 cm,信封15.5 cm×7.8 cm,1套3件,民国

178. 0895.Z3.359,1929年12月10日邓有年致邓相业函,内页27.8 cm×18.7 cm,13.9 cm×6.7 cm,1套3件,1929年

179. 0896.Z3.360,民国邓辅隆（贻参）致美国匪匪埠广和昌邓柱臣函（七月初九日），内页 24.6 cm×27.0 cm,信封 14.6 cm×7.6 cm,1套2件,民国

180. 0897.Z3.361,民国邓辅隆（贻参）致美国匪匪埠广和昌邓相业函（五月二十日），内页 26.2 cm×26.5 cm,信封 13.1 cm×6.5 cm,1套2件,民国

181. 0898.Z3.362,1916年2月28日邓习隆致邓相业函,内页 24.2 cm×13.3 cm,信封 14.0 cm×6.9 cm,1套2件,1916年

182. 0899.Z3.363,1931年司徒俊衍致广顺隆邓相业函,内页 30.1 cm×20.5 cm,信封 14.7 cm×7.4 cm,1套2件,1931年

183. 0900.Z3.364,民国邓相业致广东恩平沙湖田粮办事处邓汝梅函（十月十九日），内页 29.6 cm×20.2 cm,信封 18.1 cm×9.2 cm,1套3件,民国

184. 0901.Z3.365,1922年邓世安致邓柱臣函,内页 25.6 cm×11.0 cm,信封 10.4 cm×15.3 cm,1套2件,1922年

185. 0902.Z3.366,1925年11月27日香港新利源邓毓亭致邓惠生函,内页 25.8 cm×12.9 cm,信封 14.0 cm×6.7 cm,1套2件,1925年

186. 0904.Z3.368,民国邓业廷邓业祯致邓燃业邓相业等人函（元月廿八日），内页 24.0 cm×33.2 cm,信封 14.1 cm×7.3 cm,1套2件,民国

187. 0905.Z3.369,民国广东开平赤坎上埠立爱约关秀珊致赤坎东埠广顺隆邓襄业函（五月十七日），内页 24.3 cm×11.1 cm,信封 15.6 cm×6.9 cm,1套2件,民国

188. 0906.Z3.370,民国邓彬业致邓相业函（三月十五日），20.9 cm×32.1 cm,民国

189. 0907.Z3.371,1921年10月26日关□亨致广东开平赤坎下埠广顺隆邓相业函,内页 23.7 cm×8.9 cm,信封 12.8 cm×7.2 cm,1套2件,1921年

190. 0908.Z3.372,1927年1月10日邓相业致广东恩平沙湖田粮征收处邓汝梅函,内页 28.8 cm×18.6 cm,信封 18.2 cm×9.2 cm,1套3件,1927年

191. 0909.Z3.373,1901年3月12日邓荷隆致美国匪匪埠广和昌号邓相业函,内页 25.6 cm×23.5 cm,信封 12.5 cm×6.1 cm,1套2件,1901年

192. 0910.Z3.374,1915年12月11日邓载业致美国匪匪埠怡盛号邓相业函,内页 24.2 cm×34.7 cm,信封 10.3 cm×15.2 cm,1套2件,1915年

193. 0911.Z3.375,1917年3月28日邓秦隆致邓相业函,内页 21.2 cm×12.6 cm,信封 14.6 cm×6.5 cm,1套2件,1917年

194. 0912.Z3.376,1919年1月13日邓精业致美国匪匪埠怡盛号邓相业函,内页 25.3 cm×21.9 cm,信封 13.8 cm×7.2 cm,1套2件,1919年

195. 0913.Z3.377,民国邓辅隆（贻参）致邓相业函（十月廿七日），内页 24.5 cm×31.9 cm,信封 14.9 cm×7.3 cm,1套2件,民国

196. 0914.Z3.378,清宣统元年广东开平寄给邓相业函,内页 23.5 cm×50.5 cm,信封 13.4 cm×6.7 cm,1套2件,清宣统元年

197. 0915.Z3.379,民国邓相业致邓贻栋函（十二月廿一日），内页 26.1 cm×9.4 cm,信封 4.5 cm×6.7 cm,1套2件,民国

198. 0916.Z3.380,民国祥荣致邓相业函（二月廿六日,二月廿七日），内页 24.4 cm×14.8 cm,信封 15.0 cm×6.4 cm,1套3件,民国

199. 0917.Z3.381,民国邓廼炕致香港上环德辅道新广合邓柱臣函（六月十八日），内页

27.2 cm×18.0 cm,信封 15.8 cm×7.9 cm,1 套 2 件,民国

200. 0918.Z3.382,1919 年 1 月 13 日广东开平永安里邓彬业致美国匪匪埠怡盛号邓相业函,内页 24.0 cm×46.2 cm,信封 13.0 cm×6.7 cm,1 套 2 件,1919 年

201. 0919.Z3.383,1900 年 1 月 24 日邓有壬致邓相业函,内页 24.1 cm×10.2 cm,信封 12.8 cm×6.2 cm,1 套 2 件,1900 年

202. 0920.Z3.384,1935 年 5 月 12 日邓辅隆致开平赤坎东埠广顺隆邓柱臣函,内页 28.5 cm×20.1 cm,信封 14.0 cm×6.5 cm,1 套 2 件,1935 年

203. 0921.Z3.385,民国开平县永美学校全体员生致邓柱臣函,内页 23.4 cm×12.9 cm,信封 14.5 cm×7.5 cm,1 套 2 件,民国

204. 0922.Z3.386,1950 年 6 月 3 日蕙兰致邓汝梅函,内页 17.8 cm×21.2 cm,信封 9.9 cm×4.8 cm,1 套 2 件,1950 年

205. 0923.Z3.387,1949 年 11 月 26 日广州丽萍致开平赤坎东埠安居鞋厂邓汝梅函,内页 18.3 cm×20.9 cm,信封 9.5 cm×15.7 cm,1 套 2 件,1949 年

206. 0924.Z3.388,1950 年 1 月 27 日广州丽萍致开平赤坎下埠安居鞋厂邓汝梅函,内页 20.9 cm×18.3 cm,信封 9.6 cm×15.9 cm,1 套 2 件,1950 年

207. 0925.Z3.389,1950 年 1 月 4 日广州丽萍致开平赤坎下埠广顺隆邓汝梅函,内页 20.9 cm×18.3 cm,信封 9.7 cm×16.0 cm,1 套 2 件,1950 年

208. 0926.Z3.390,1950 年 7 月 28 日广州余碧华致开平赤坎东埠广顺隆邓汝梅函,内页 26.9 cm×15.2 cm,信封 15.3 cm×7.9 cm,1 套 2 件,1950 年

209. 0927.Z3.391,1949 年 12 月 3 日广州丽萍致开平赤坎东埠安居鞋厂邓汝梅函,内页 18.1 cm×20.8 cm,信封 9.5 cm×15.8 cm,1 套 2 件,1949 年

210. 0928.Z3.392,1950 年 3 月广州丽萍致开平赤坎下埠广顺隆致邓汝梅函,内页 18.3 cm×20.9 cm,信封 9.8 cm×15.9 cm,1 套 3 件,1950 年

211. 0929.Z3.393,1949 年 9 月 10 日广州东山署前路张萍致恩平县县政府田粮科邓汝梅函,内页 18.0 cm×21.3 cm,信封 9.2 cm×14.6 cm,1 套 2 件,1949 年

212. 0930.Z3.394,1947 年 10 月 18 日美国匪匪埠□珍致开平赤坎下埠广顺隆邓汝梅函,内页 19.8 cm×12.6 cm,信封 9.8 cm×19.0 cm,1 套 3 件,1947 年

213. 0931.Z3.395,1948 年 4 月 29 日美国匪匪埠□珍致开平赤坎下埠广顺隆余休和转邓汝梅函,21.5 cm×30.3 cm,1948 年

214. 0932.Z3.396,1949 年 5 月 8 日广州文德□婷致开平赤坎下埠安居鞋厂邓汝梅函,内页 17.8 cm×21.2 cm,信封 9.4 cm×14.2 cm,1 套 2 件,1949 年

215. 0933.Z3.397,民国美国匪匪埠□年致开平赤坎东埠广顺隆邓汝梅函(十月四日),内页 27.7 cm×21.6 cm,信封 9.2 cm×15.6 cm,1 套 2 件,民国

216. 0934.Z3.398,1950 年 2 月 15 日邓汝梅致□年函,17.9 cm×21.1 cm,1950 年

217. 0935.Z3.399,1949 年 10 月 8 日丽萍致邓汝梅函,18.1 cm×20.6 cm,1949 年

218. 0936.Z3.400,1949 年 10 月 12 日丽萍致邓汝梅函,18.6 cm×21.0 cm,1949 年

219. 0937.Z3.401,1950 年 2 月 26 日丽萍致邓汝梅函,17.8 cm×21.2 cm,1950 年

220. 0938.Z3.402,民国美国匪匪埠□珍致邓汝梅函,18.3 cm×26.2 cm,民国

221. 0939.Z3.403,1949 年 9 月 24 日丽萍致邓汝梅函,18.2 cm×20.8 cm,1 套 2 页,1949 年

222. 0940.Z3.404,1927 年 11 月 9 日邓䢀炕致邓柱臣函,21.7 cm×13.4 cm,1 套 2 页,1927 年

223. 0941.Z3.405,1949年9月1日张萍致邓汝梅函,17.9 cm×21.1 cm,1949年
224. 0942.Z3.406,1949年9月27日张萍致振强函,15.7 cm×17.2 cm,1套2页,1949年
225. 0943.Z3.407,1950年7月31日邓□华致邓汝梅函,26.6 cm×15.6 cm,1950年
226. 0944.Z3.408,民国丽萍致邓汝梅函,20.7 cm×17.2 cm,1套3页,民国
227. 0945.Z3.409,1949年11月2日丽萍致邓汝梅函,18.3 cm×20.9 cm,1949年
228. 0946.Z3.410,1950年2月2日丽萍致邓汝梅函,20.9 cm×18.3 cm,1950年
229. 0947.Z3.411,民国□珍致邓汝梅函(五月十一日),17.9 cm×21.0 cm,民国
230. 0948.Z3.412,1950年2月1日丽萍致邓汝梅函,17.8 cm×21.2 cm,1套2件,1950年
231. 0949.Z3.413,1931年12月20日邓华彬致邓相业函,26.0 cm×13.0 cm,1931年
232. 0950.Z3.414,民国丽萍致邓汝梅函,17.7 cm×20.5 cm,1套2页,民国
233. 0951.Z3.415,1949年12月28日丽萍致邓汝梅函,20.9 cm×18.3 cm,1949年
234. 0952.Z3.416,1950年1月20日丽萍致邓汝梅函,20.9 cm×18.3 cm,1套2页,1950年
235. 0953.Z3.417,1950年2月4日丽萍致邓汝梅函,17.9 cm×21.2 cm,1950年
236. 0954.Z3.418,1950年7月31日余碧华致邓汝梅函,26.5 cm×15.6 cm,1套2页,1950年
237. 0955.Z3.419,1949年12月16日丽萍致邓汝梅函,18.3 cm×20.8 cm,1949年
238. 0956.Z3.420,1949年9月19日丽萍致邓汝梅函,18.3 cm×20.8 cm,1949年
239. 0957.Z3.421,1949年9月21日丽萍致邓汝梅函,18.3 cm×20.9 cm,1949年
240. 0958.Z3.422,1888年6月10日钟木致邓相业函,23.4 cm×11.9 cm,1888年
241. 0959.Z3.423,1931年10月28日邓有年致邓相业函,32.5 cm×21.4 cm,1931年
242. 0960.Z3.424,1948年12月6日邓有年致邓汝梅函,27.7 cm×21.1 cm,1948年
243. 0961.Z3.425,1942年5月2日关□□致□□□函,29.9 cm×18.2 cm,1942年
244. 0962.Z3.426,民国崇梧致邓相业函(九月初二日),31.3 cm×21.3 cm,1套2页,民国
245. 0963.Z3.427,民国□过致广东开平广顺隆邓相业函(十二月二十一日),20.3 cm×9.9 cm,民国
246. 0965.Z3.429,民国邓精业致邓相业函(九月初三日),23.8 cm×10.8 cm,民国
247. 0967.Z3.431,1933年9月25日广州市惠爱面厂谭崇睿致邓柱臣辞职函,25.6 cm×17.2 cm,1933年
248. 0968.Z3.432,1917年广东开平赤坎邓氏孟隆业锡等为创建祠堂事致邓图业等人函,21.5 cm×43 cm,1917年
249. 0970.Z3.434,民国邓相业致邓彬业函(十一月廿九日),22.5 cm×44.9 cm,民国
250. 0972.Z3.436,民国邓休和致邓相业函(九月初三),24.5 cm×14.2 cm,民国
251. 0973.Z3.437,民国邓有憼致邓相业函(十月十三日),23.7 cm×14.4 cm,民国
252. 0974.Z3.438,民国邓有壬致邓相业函(八月廿三日),23.9 cm×11.6 cm,民国
253. 0975.Z3.439,1917年1月16日邓相业致邓遇隆邓颂唐函,23.8 cm×49.0 cm,1917年
254. 0976.Z3.440,民国邓载业致旧金山匪匪埠怡盛号邓相业函,内页22.6 cm×24.2 cm,信封8.9 cm×14.5 cm,1套2件,民国
255. 0977.Z3.441,民国邓有壬致邓柱臣函(三月十七日),内页25.9 cm×14.8 cm,信封14.0 cm×6.8 cm,1套2件,民国
256. 0978.Z3.442,民国邓辅隆致邓相业函(八月廿一日),25.3 cm×39.4 cm,民国
257. 0979.Z3.443,1931年12月21日邓颂□致其父亲函,33.6 cm×21.3 cm,1931年

258. 0980.Z3.444,1914年9月9日邓相业致邓彬业等函,24.0 cm×50.4 cm,1套3页,1914年
259. 0981.Z3.445,民国砚田致邓柱臣函(四月十八日),内页23.9 cm×27.0 cm,信封13.2 cm×6.2 cm,1套2件,民国
260. 0982.Z3.446,民国(邓)业廷致邓相业邓环业等人函(十一月十三日),内页25.6 cm×31.7 cm,信封9.2 cm×6.6 cm,1套2件,民国
261. 0983.Z3.447,民国邓载业致邓相业函,14.7 cm×7.4 cm、13.2 cm×6.7 cm、12.5 cm×6.2 cm,1套3件,民国
262. 0984.Z3.448,民国邓相业所寄之函封,(14.0 cm—14.5 cm)×(6.8 cm—7.5 cm),1套3件,民国
263. 0985.Z3.449,1949年12月22日丽萍致广东开平下埠安居鞋厂邓汝梅函,内页20.9 cm×18.3 cm,信封12.6 cm×15.4 cm,1套2件,1949年
264. 0986.Z3.450,民国寄给广东开平赤坎东埠安居鞋厂邓汝梅的函封,9.5 cm×15.9 cm、9.2 cm×14.6 cm,1套2件,民国
265. 0987.Z3.451,民国寄给广东开平赤坎下埠广顺隆邓汝梅的函封,(9.2 cm—9.6 cm)×(16.0 cm—16.3 cm),1套5件,民国
266. 0988.Z3.452,民国寄给广东开平赤坎东埠广顺隆邓相业的函封,(8.9 cm—16.2 cm)×(6.5 cm—21.7 cm),1套12件,民国
267. 0989.Z3.453,民国寄给美国旧金山匪匪埠怡盛号邓相业的函封,(9.0 cm—14.8 cm)×(6.5 cm—16.6 cm),1套9件,民国
268. 0990.Z3.454,民国寄给广州市河南鳌洲外街怡隆文记五金铺邓相业的函封,15.3 cm×7.5 cm、9.3 cm×16.4 cm,1套2件,民国
269. 0991.Z3.455,民国寄给广东开平永安里邓相业的函封,14.8 cm×7.2 cm、15.4 cm×7.2 cm,1套2件,民国
270. 0992.Z3.456,民国寄给美国旧金山匪匪埠广和昌邓相业的函封,8.6 cm×14.6 cm、11.8 cm×5.6 cm,1套2件,民国
271. 0993.Z3.457,民国寄给邓相业的函封,(9.0 cm—16.6 cm)×(5.8 cm—16.3 cm),1套11件,民国
272. 0994.Z3.458,民国寄给美国旧金山匪匪埠广和昌邓柱臣的函封,(9.0 cm—14.0 cm)×(5.9 cm—16.6 cm),1套8件,民国
273. 0995.Z3.459,民国寄给广东开平永安里邓柱臣的函封,(14.6 cm—15.4 cm)×(6.9 cm—7.1 cm),1套3件,民国
274. 0996.Z3.460,民国寄给广东开平赤坎下埠广顺隆邓柱臣的函封,14.9 cm×7.3 cm、16.0 cm×7.5 cm,1套2件,民国
275. 0997.Z3.461,民国寄给邓柱臣的函封,(12.9 cm—16.7 cm)×(6.2 cm—9.4 cm),1套4件,民国
276. 0998.Z3.462,民国由开平赤墈镇商务分会寄给万生隆石铺邓绍隆的函封,17.6 cm×8.8 cm,民国
277. 0999.Z3.463,民国获海求是学校寄给邓树隆邓相业等九人函,16.4 cm×7.7 cm,民国
278. 1000.Z3.464,民国由香港上环广恒银号寄给邓浩业函封,14.1 cm×6.7 cm,民国
279. 1001.Z3.465,民国和甫寄给邓颂唐函封,18.1 cm×9.1 cm,民国

280. 1002.Z3.466,民国金城银行广州分行寄给邓相业邓颂唐函封,18.9 cm×9.4 cm,民国
281. 1003.Z3.467,民国广东开平县联防委员会寄给邓楚庐函封,16.4 cm×8.0 cm,民国
282. 1004.Z3.468,民国美国金山斐匿新和昌、新泰和的空白函封,9.2 cm×16.5 cm,1套2页,民国
283. 1005.Z3.469,民国寄给美国匿匿埠邓英安函封,10.3 cm×16.6 cm,民国
284. 1006.Z3.470,民国美国匿匿怡盛号邓相业寄给中国广东 chunglan sunhing 函封,9.3 cm×16.6 cm,民国
285. 1007.Z3.471,1918年4月民国寄给美国匿匿埠邓相业函封,11.4 cm×14.2 cm,1918年
286. 1034.Z3.498,1919年上海兴华报社李逢谦致北京每周评论报社陈独秀函,内页26.2 cm×16.9 cm,信封18.2 cm×7.9 cm,1套3件,1919年
287. 1054.Z3.518,1912年香山县长兼警察长余同信派充周翘安为黄梁都(第八区)警察区长之委任函,25.7 cm×25.7 cm,1912年
288. 1071.Z3.535,民国金山正埠至德堂公推周翘安为中华会馆教员的推荐信,23.9 cm×39.5 cm,民国
289. 1072.Z3.536,1936年香港大新有限公司召集第廿四届股东大会邀请函,24.3 cm×13.5 cm,1936年
290. 1074.Z3.538,民国周灼瑶周灼兰周灼汉致其父母函,27.9 cm×21.4 cm,1套2页,民国
291. 1092.Z3.556,清光绪三十年周信鹏的神涌三堡关帝庙领帛金簿,19.4 cm×13.0 cm,清光绪三十年
292. 1096.Z3.560,民国周翘安赴美护照的信封,23.6 cm×10.0 cm,民国
293. 1097.Z3.561,民国周翘安赴美口供纸的信封(附写部分履历),16.6 cm×9.3 cm,民国
294. 1111.Z3.565,民国寄交美国周凤箫函封,9.3 cm×16.6 cm,民国
295. 1112.Z3.566,民国寄交广东中山县东镇神涌乡周梯云函封,9.0 cm×14.8 cm,民国
296. 1114.Z3.568,民国文铎家信(六月一日),30.0 cm×19.3 cm,民国
297. 1117.Z3.571,民国邓有懋致邓浩业函(八月廿五日),25.2 cm×19.7 cm,民国
298. 1120.Z3.574,清光绪戊戌年邓荷隆致邓相业函(七月十一日),25.3 cm×11.5 cm,清光绪戊戌年
299. 1121.Z3.575,民国邓卓峰致邓柱臣邓环业函(六月廿九日),24.1 cm×29.0 cm,民国
300. 1122.Z3.576,民国余炜章致邓相业函(六月十七日),24.1 cm×19.9 cm,民国
301. 1123.Z3.577,民国邓乙藜致邓相业函(十一月廿七日),24.1 cm×24.4 cm,民国
302. 1124.Z3.578,民国邓忠妻余氏金杏致黄子琼函(十二月初三),24.2 cm×19.2 cm,民国
303. 1125.Z3.579,民国邓有年致邓汝梅函(五月十二日),28.1 cm×21.6 cm,民国
304. 1126.Z3.580,民国邓蕃隆致其祖父函(十二月十号),26.6 cm×18.3 cm,民国
305. 1128.Z3.582,1915年邓相业致其三兄(邓彬业)函(三月十一日),24.2 cm×38.9 cm,1915年
306. 1129.Z3.583,1916年邓彬业致邓相业函(五月初七日),21.8 cm×50.3 cm、22.0 cm×44.1 cm,1套2页,1916年
307. 1130.Z3.584,民国邓辉业致邓相业函(三月初六),25.4 cm×26.3 cm,民国
308. 1131.Z3.585,民国关□昭致邓相业函(三月十三日),23.7 cm×15.7 cm,民国
309. 1133.Z3.587,民国邓筵澄致其祖父之函(一月十四日),25.2 cm×32.5 cm,民国
310. 1134.Z3.588,民国邓相业致三兄(邓彬业)函(一月初五),24.4 cm×37.1 cm,民国

311. 1135.Z3.589,民国邓辅隆(贻参)致邓相业函(九月初六),24.5 cm×27.0 cm,民国
312. 1136.Z3.590,民国邓相业致其二兄函(四月廿三日),26.0 cm×33.7 cm,民国
313. 1137.Z3.591,民国崇赞致邓相业等人函(九月初九),25.7 cm×52.0 cm,民国
314. 1138.Z3.592,1929年12月4日邓肇建邓肇启致邓相业函,25.3 cm×20.5 cm,1929年
315. 1139.Z3.593,清光绪二十六年邓彬业致邓相业函(六月初二),21.2 cm×43.4 cm,1套2页,清光绪二十六年
316. 1141.Z3.595,民国邓颂□致其父亲函,33.6 cm×21.2 cm,民国
317. 1142.Z3.596,1925年4月1日民国邓肇启致邓相业函,22.7 cm×14.0 cm,1套5页,1925年
318. 1143.Z3.597,民国某人致邓精业函,25.5 cm×27.6 cm,民国
319. 1144.Z3.356,民国礼宾致邓相业函(十二月廿七日),内页24.3 cm×12.5 cm,信封12.9 cm×6.9 cm,民国
320. 1145.Z3.598,清光绪二十七年司徒珠文致邓相业函(五月廿八日),24.4 cm×20.3 cm,清光绪二十七年
321. 1146.Z3.599,1931年6月2日民国邓宪德致邓相业函,25.5 cm×10.6 cm,1931年
322. 1147.Z3.600,民国邓钿隆致邓相业等人函(十月廿九日),24.2 cm×15.0 cm,民国
323. 1148.Z3.601,民国邓世安致邓柱臣函(四月初四),24.9 cm×12.3 cm,民国,1套2件
324. 1149.Z3.602,清光绪二十九年邓彬业致邓相业函,22.1 cm×16.5 cm,清光绪二十九年
325. 1150.Z3.603,民国邓春炯致邓相业函(七月廿八日),27.8 cm×11.8 cm,民国
326. 1505.Z3.604,民国参子(邓贻参)致邓相业家书,24.5 cm×45.7 cm,民国
327. 1506.Z3.605,清末中书科合和会馆董事邓廷栋就办学事宜致小山学使函,24.3 cm×18.6 cm,清末
328. 1507.Z3.606,民国驹(神驹)就入股开办华人餐馆事宜致邓桂臣函,27.6 cm×21.4 cm,民国
329. 1508.Z3.607,民国司徒时俊就在美华人餐馆经营状况等事致邓相业函,25.3 cm×16.5 cm,1套2页,民国
330. 1509.Z3.608,民国参子(邓贻参)就店铺股金事宜致邓相业函,24.6 cm×15.3 cm,民国
331. 1510.Z3.609,民国逛澄致祖父家书,26.2 cm×16.1 cm,民国
332. 1511.Z3.610,民国锦润就护龙永美学校教师薪资致则唐大人函(十二月初十),25.4 cm×24.7 cm,民国
333. 1512.Z3.611,民国邓钿隆致邓相业的函,24.2 cm×19 cm,民国
334. 1513.Z3.612,民国小媳徐氏就阿歌骗取财物一事致浩业老爷大人函(二十八日),25.4 cm×36.7 cm,民国
335. 1514.Z3.613,民国邓彬业致邓相业家书,21.8 cm×47.5 cm,民国
336. 1515.Z3.614,民国邓相业致二胞兄家书(8月23日),15.9 cm×29.9 cm,民国
337. 1516.Z3.615,清末邓彬业致相业五胞弟家书(10月17日),24.2 cm×44 cm,清末
338. 1517.Z3.616,民国侄载业(邓载业)就门楼闸一事致邓相业函,25.4 cm×51 cm,民国
339. 1518.Z3.617,清末邓彬业就祖母之山一事致邓楷隆函,21.8 cm×39 cm,清末
340. 1519.Z3.618,民国邓贻栋就河海夹款私逃等事致邓相业函,21.7 cm×27.8 cm,1套2页,民国
341. 1520.Z3.619,民国邓浩业致邓相业的家书(九月初三),21.5 cm×50 cm,民国
342. 1521.Z3.620,民国谭泽舜就宏泰存款一事致邓柱臣函,24.2 cm×32.2 cm,民国

343. 1522.Z3.621,1918年邓彬业致邓相业家书,21.8 cm×50 cm,1918年
344. 1523.Z3.622,民国邓柱臣致峰山领事函的首稿(二月二十一号),26.2 cm×14.4 cm,民国
345. 1527.Z3.626,民国马氏就日本人扰乱一事致其夫伯父函,26 cm×6 cm,1套2页,民国
346. 1528.Z3.627,民国名男致加拿大某领事函的拟稿(十一月十二日),25.6 cm×4.1 cm,1套3页,民国
347. 1530.Z3.629,民国邓传澄致邓相业函(十月二十一日),24.1 cm×33 cm,民国
348. 1531.Z3.630,民国关于请律师一事的家书(四月初四日),25.6 cm×24.9 cm,民国
349. 1534.Z3.633,民国波士顿广祥荣关乐之致心灵先生函(十二月),24 cm×47.9 cm,民国
350. 1537.Z3.636,民国李瑞祥就借款一事致邓相业函,23.5 cm×30 cm,民国
351. 1539.Z3.638,民国龚开伦致邓相业的家书(二月初三日),25.7 cm×15 cm,民国
352. 1540.Z3.639,民国司徒佛致邓柱臣的家书(五月三日),30.6 cm×21.5 cm,民国
353. 1541.Z3.640,民国邓芝庭就修筑公路一案致邓柱臣函(九月四日),30.4 cm×21.9 cm,1套3页,民国
354. 1543.Z3.642,民国和甫致邓颂唐的感谢信函,29 cm×18 cm,民国
355. 1544.Z3.643,民国邓湛业就议员被打一事致邓相业函,24.2 cm×12.1 cm,民国
356. 1545.Z3.644,民国邓业廷就买铺本金返还一事致邓相业函(四月初三日),25.2 cm×17.1 cm,民国
357. 2034.Z3.869,民国二天堂信封,19.8 cm×9.7 cm,民国
358. 2035.Z3.870,民国二天堂信封,18.9 cm×9 cm,民国
359. 2055.Z3.889,1935年爱群人寿保险有限公司致由迪先生函,27 cm×35.8 cm,1935年
360. 2056.Z3.890,民国广州爱群大酒店信封,19.5 cm×9.2 cm,民国
361. 2086.Z3.914,民国爱群人寿保险有限公司贺卡,卡15.7 cm×9.3 cm,信封18.1 cm×19.3 cm,1套2件,民国
362. 2101.Z3.928,民国广州新华大酒店信封,17 cm×9.3 cm,民国
363. 2119.Z3.932,1929年先施人寿保险有限公司催交保费函,31.3 cm×25.5 cm,1929年
364. 2295.Z3.1002,民国上海雷天一六神水药行制赠信封,16.5 cm×9 cm,民国
365. 2327.Z3.1031,民国新广州大旅店信封,18.7 cm×9.4 cm,民国
366. 2440.Z3.1069,民国香港中国康年人寿燕梳有限公司给业主廖焕先的信封,16 cm×7.4 cm,民国
367. 2495.Z3.1077,民国中央储蓄会给储户何伯苗的信封,21 cm×10 cm,民国
368. 2531.Z3.1094,民国林天予致叶勖成函,内页31.3 cm×21.8 cm,信封22.2 cm×10.2 cm,1套4件,民国
369. 2660.Z3.1156,民国广州广利工业原料商店施霖致友人信,31.5 cm×15.8 cm,1套2件,民国
370. 2702.Z3.1193,民国沙坪宝信商店服装包装纸,38.8 cm×36 cm,民国
371. 2728.Z3.1216,1931年共和织造厂致广运大股东函,30.1 cm×16.5 cm,1931年
372. 2753.Z3.1229,1909年陈威涛致《中兴报》读者函,23.4 cm×48.8 cm,1套3件,1909年
373. 2755.Z3.1231,民国张好劳致商报大笔函,23.5 cm×39.3 cm,民国
374. 2771.Z3.1247,1921年外交部特派广东交涉员署致中华民国驻温哥华领事公函,26.2 cm×82.5 cm,1921年
375. 2786.Z3.1262,1928年希普致维耀函,23.8 cm×28.1 cm、14 cm×6.8 cm,1套2件,1928年

376. 2787.Z3.1263,1919年爱学浩学写给刘维耀德关于理论田地的信,24.2 cm×6.8 cm、15 cm×9 cm,1套2件,1919年
377. 2788.Z3.1264,1928年优学写给刘华材先生关于理论田地的函,24.4 cm×69 cm、17.5 cm×8.5 cm,1套2件,1928年
378. 2789.Z3.1265,民国刘维根致刘维耀函,20.6 cm×10.6 cm、8.2 cm×16.5 cm,1套2件,民国
379. 2790.Z3.1266,民国刘华材致刘维耀关于学业问题的函,20.8 cm×13.1 cm、20.8 cm×13.1 cm、9.5 cm×15.5 cm,1套3件,民国
380. 2791.Z3.1267,民国希普致刘维耀报丧信,24.9 cm×23 cm、8 cm×14.3 cm,1套2件,民国
381. 2792.Z3.1268,1933年伍氏致丈夫刘维耀关于娶儿媳函,24.6 cm×51 cm、8.9 cm×15 cm,1套2件,1933年
382. 2793.Z3.1269,民国刘华材就婚姻学业等事致父亲刘维耀函,23.3 cm×13.8 cm、23.3 cm×13.8 cm、23.3 cm×13.8 cm、23.3 cm×13.8 cm、8.5 cm×14.7 cm,1套5件,民国
383. 2794.Z3.1270,1934年刘维耀致妻伍氏函,23.8 cm×50.3 cm、8.8 cm×14.8 cm,1套2件,1934年
384. 2795.Z3.1271,1919年刘爱学致刘辅公刘维耀等人函,23.4 cm×79.4 cm、14.2 cm×7 cm,1套2件,1919年
385. 2796.Z3.1272,1933年刘华材致父刘维耀函,28.2 cm×16.5 cm、28.2 cm×16.5 cm、8.9 cm×15 cm,1套3件,1933年
386. 2797.Z3.1273,1935年伍氏致夫刘维耀函,53.2 cm×25 cm,1935年
387. 2798.Z3.1274,1935年刘维耀致妻伍氏函,23.6 cm×48.2 cm、8.9 cm×15 cm,1套2件,1935年
388. 2799.Z3.1275,1935年刘希善致刘维耀函,25.2 cm×20.5 cm、9 cm×15 cm,1套2件,1935年
389. 2800.Z3.1276,1931年刘华才致刘维耀函,25.8 cm×23.9 cm、8.8 cm×15.1 cm,1套2件,1931年
390. 2801.Z3.1277,1935年刘华球致刘维耀函,25.1 cm×31 cm,1935年
391. 2802.Z3.1278,民国刘杏笑致刘畅函(4月29日),21.1 cm×7.8 cm、13.1 cm×6.7 cm,1套2件,民国
392. 2803.Z3.1279,民国刘维根致刘维耀函(8月27日),21.2 cm×9.2 cm、8.2 cm×16.4 cm,1套2件,民国
393. 2804.Z3.1280,1921年刘玺学致刘维耀函,26 cm×16.2 cm、9 cm×15.1 cm,1套2件,1921年
394. 2805.Z3.1281,1933年伍氏致夫刘维耀函,51 cm×25 cm、8.9 cm×15 cm,1套2件,1933年
395. 2806.Z3.1282,民国刘维耀致妻伍氏函(七月七日),23.5 cm×28 cm、8.9 cm×15.3 cm,1套2件,民国
396. 2807.Z3.1283,1936年刘华材致父刘维耀函,24.9 cm×38.5 cm、9 cm×15 cm,1套2件,1936年
397. 2808.Z3.1284,1933年刘华球致父刘维耀函,25.1 cm×17 cm、9 cm×15.2 cm,1套2件,1933年
398. 2810.Z3.1286,1932年伍氏致夫刘维耀函,25.2 cm×11.2 cm、8.9 cm×15.5 cm,1套2

件,1932年

399. 2811.Z3.1287,民国刘华材致刘维耀函(12月25日),25.5 cm×28.5 cm,民国

400. 2812.Z3.1288,1933年11月6日刘华材因学业及婚事致父刘维耀函,30.7 cm×19.4 cm、30.7 cm×19.4 cm、8.7 cm×14.6 cm,1套3件,1933年

401. 2813.Z3.1289,1933年12月24日刘华材因学业及婚事致父刘维耀函(内涉知用中学教学情况),21.5 cm×12.7 cm、21.5 cm×12.7 cm、21.5 cm×12.7 cm、9.4 cm×14.5 cm,1套4件,1933年

402. 2814.Z3.1290,1933年伍氏因子婚配事致夫刘维耀函,24.3 cm×49.5 cm、24.3 cm×22.5 cm、9 cm×15 cm,1套3件,1933年

403. 2815.Z3.1291,民国伍氏致夫刘维耀函(11月19日),25.5 cm×39.4 cm,民国

404. 2816.Z3.1292,1938年刘畅致刘维耀函,28.3 cm×18.3 cm、18 cm×9 cm,1套2件,1938年

405. 2817.Z3.1293,民国刘华球就交学杂费一事致父刘维耀函,27.2 cm×19.3 cm、27.2 cm×19.3 cm、27.2 cm×19.3 cm、9.9 cm×15 cm,1套4件,民国

406. 2818.Z3.1294,1936年刘华材就升大学一事致父刘维耀函,29.5 cm×17.6 cm、29.5 cm×17.6 cm、29.5 cm×17.6 cm,1套3页,1936年

407. 2819.Z3.1295,1936年刘华材就升大学一事致叔刘维根函,29.5 cm×17.6 cm,1936年

408. 2820.Z3.1296,民国刘尧学致刘优学函,24 cm×49.5 cm,民国

409. 2821.Z3.1297,1928年刘优学致儿刘维根函,24.4 cm×36.8 cm,1928年

410. 2822.Z3.1298,1931年9月22日刘华材刘华桥致刘维耀函,26.5 cm×35.5 cm、8.9 cm×15 cm,1套2件,1931年

411. 2823.Z3.1299,1934年刘维耀致刘希达刘华球函(9月4日),23.5 cm×18.5 cm、8.7 cm×15 cm,1套2件,1934年

412. 2824.Z3.1300,1935年刘华球致父刘维耀函,24.8 cm×21.4 cm,1935年

413. 2825.Z3.1301,1934年刘维耀致妻伍氏函,23.5 cm×32.7 cm、8.9 cm×15.3 cm,1套2件,1934年

414. 2826.Z3.1302,1918年刘锐祥刘鉴祥致父刘优学函,25 cm×17.7 cm,1918年

415. 2827.Z3.1303,1909年刘维根致子刘华添函,24 cm×30 cm,1909年

416. 2828.Z3.1304,民国刘华材致母伍氏函,25.5 cm×17.6 cm、16 cm×8.3 cm,1套2件,民国

417. 2829.Z3.1305,1933年刘华材致父刘维耀函,25 cm×36 cm、14 cm×6.8 cm,1套2件,1933年

418. 2830.Z3.1306,1938年刘畅致刘维耀函,25.9 cm×11.9 cm、25.9 cm×11.9 cm、15 cm×7.5 cm,1套3件,1938年

419. 2831.Z3.1307,1919年刘爱学致刘维耀函,23.8 cm×20.3 cm,1919年

420. 2832.Z3.1308,民国刘维根致家兄函,24 cm×18.7 cm,民国

421. 2833.Z3.1309,1932年刘希溥致刘维耀函,32.8 cm×21.1 cm、13.5 cm×6.4 cm,1套2件,1932年

422. 2834.Z3.1310,1932年广州工务局致舒赞函,30.3 cm×41.2 cm、16.6 cm×8.7 cm,1套2件,1932年

423. 2835.Z3.1311,1936年刘华材致父刘维耀函,29.9 cm×21.5 cm、29.9 cm×21.5 cm、29.9 cm×21.5cm、29.9 cm×21.5cm、29.9 cm×21.5cm、29.9 cm×21.5cm、8.4 cm×16.5 cm,1

套 7 件,1936 年

424. 2836.Z3.1312,民国刘华材致父刘维耀函,29.7 cm×17.9 cm、29.7 cm×17.9 cm、29.7 cm×17.9 cm、9.8 cm×15.2 cm,1 套 4 件,民国
425. 2837.Z3.1313,民国刘华材致父刘维耀函,29.5 cm×17.8 cm、29.5 cm×17.8 cm,1 套 2 件,民国
426. 2838.Z3.1314,1921 年刘爱学致刘维耀函,23.6 cm×21 cm,1921 年
427. 2839.Z3.1315,1928 年刘尧学致刘优学函,24 cm×18.1 cm,1928 年
428. 2840.Z3.1316,民国伍彩琼致刘维耀家书(二月十五日),25.5 cm×16.9 cm,民国
429. 2841.Z3.1317,1933 年刘华材就台师毕业后发展问题致父函,27.4 cm×16.5 cm、27.4 cm×16.5 cm,1 套 2 件,1933 年
430. 2842.Z3.1318,民国刘希普致叔父大人函(九月十九日),25.4 cm×30.8 cm、13.8 cm×6.5 cm,1 套 2 件,民国
431. 2843.Z3.1319,1904 年刘维栋刘祯祥致父刘大学家书,25.5 cm×49 cm、8.8 cm×14 cm,1 套 2 件,1904 年
432. 2844.Z3.1320,1920 年刘尧学致刘爱学函,24.5 cm×26.4 cm,1920 年
433. 2845.Z3.1321,民国刘尧学致刘优学函(十一月廿三日),24.3 cm×19 cm,民国
434. 2846.Z3.1322,1920 年刘爱学致刘维耀函,24 cm×17.3 cm、10.5 cm×7 cm,1 套 2 件,1920 年
435. 2849.Z3.1325,1916 年刘大学致刘堪学函,23.9 cm×15.8 cm、13 cm×6 cm,1 套 2 件,1916 年
436. 2850.Z3.1326,1916 年刘大学致子刘维耀函,24 cm×31.5 cm、13 cm×6.2 cm,1 套 2 件,1916 年
437. 2851.Z3.1327,1931 年刘维耀致子刘华桥刘华材函,25.8 cm×17.4 cm、15.5 cm×7 cm,1 套 2 件,1931 年
438. 2852.Z3.1328,民国刘维耀致子刘华球(刘华桥)函(七月廿九日),25.6 cm×15 cm、15.5 cm×7.5 cm,1 套 2 件,民国
439. 2853.Z3.1329,1919 年刘尧学致刘维耀函,24.2 cm×22 cm、8 cm×13.7 cm,1 套 2 件,1919 年
440. 2854.Z3.1330,1918 年刘优学致刘维耀函,24 cm×28 cm、8.8 cm×14.4 cm,1 套 2 件,1918 年
441. 2855.Z3.1331,1918 年刘优学致刘维耀刘维根函,24 cm×25 cm、9 cm×14.4 cm,1 套 2 件,1918 年
442. 2856.Z3.1332,1919 年刘优学致刘维耀函,23.8 cm×41.5 cm、8.8 cm×14.4 cm,1 套 2 件,1919 年
443. 2857.Z3.1333,1919 年玺学致刘维耀函,24 cm×25.5 cm、8.8 cm×13.6 cm,1 套 2 件,1919 年
444. 2858.Z3.1334,1921 年刘维铭致刘祯祥函,27.5 cm×18 cm、8.9 cm×15.2 cm,1 套 2 件,1921 年
445. 2859.Z3.1335,1910 年刘希璁就账单一事致刘大学函,26 cm×10 cm、26 cm×14.8 cm、13.8 cm×6.7 cm,1 套 3 件,1910 年
446. 2860.Z3.1336,民国刘华材致父刘维耀函,23.4 cm×20.3 cm、12.8 cm×6 cm,1 套 2 件,民国

447. 2861.Z3.1337,1936年刘维耀致刘希达刘华球函,23.7 cm×15.1 cm、13.5 cm×6.5 cm,1套2件,1936年
448. 2862.Z3.1338,1915年刘大学致孙刘华添函,24.4 cm×21.2 cm、12.7 cm×6 cm,1套2件,1915年
449. 2863.Z3.1339,民国刘维耀致刘希达刘华球函,23.5 cm×25.4 cm、14 cm×6.5 cm,1套2件,民国
450. 2864.Z3.1340,民国刘维耀致刘华材刘华桥函,25.5 cm×21.4 cm、13.8 cm×6.4 cm,1套2件,民国
451. 2865.Z3.1341,民国刘维耀致刘希达刘华桥函,23.6 cm×22.5 cm、13.7 cm×6.5 cm,1套2件,民国
452. 2866.Z3.1342,民国刘维耀致妻伍彩琼函,25.5 cm×36.5 cm、14 cm×6.5 cm,1套2件,民国
453. 2867.Z3.1343,1916年刘大学致子刘维耀函,24 cm×27 cm、13 cm×6 cm,1套2件,1916年
454. 2868.Z3.1344,1928年刘优学致刘维耀函,24.2 cm×27.5 cm、9 cm×14.8 cm,1套2件,1928年
455. 2869.Z3.1345,1909年刘维栋致父母函,24.3 cm×49.5 cm、24.2 cm×18.4 cm、24 cm×11.2 cm,1套3件,1909年
456. 2870.Z3.1346,民国刘优学致刘维根刘维耀函,23.8 cm×39.4 cm、8.8 cm×14.2 cm,1套2件,民国
457. 2871.Z3.1347,1932年刘维耀致刘华桥刘华材函,25.5 cm×23.5 cm、14 cm×8 cm,1套2件,1932年
458. 2872.Z3.1348,1905年刘优学致兄刘大学函,24.4 cm×26.7 cm、8.7 cm×13.6 cm,1套2件,1905年
459. 2873.Z3.1349,民国刘优学致胞兄收支函,24.3 cm×11.9 cm、26 cm×13.1 cm,1套2件,民国
460. 2874.Z3.1350,民国刘华球致父刘维耀函,25 cm×32.5 cm,民国
461. 2875.Z3.1351,民国刘维铭致刘维耀函,29.4 cm×24 cm,民国
462. 2876.Z3.1352,民国刘畅致刘祯祥函,21.8 cm×14.2 cm、21.8 cm×14.2 cm、9.3 cm×16.5 cm,1套3件,民国
463. 2877.Z3.1353,1928年刘优学致刘维耀函,24 cm×17.8 cm、9 cm×14.5 cm,1套2件,1928年
464. 2878.Z3.1354,民国刘大学致刘优学函,25.3 cm×13.7 cm,民国
465. 2879.Z3.1355,1919年刘优学致刘维耀函,23 cm×38 cm、9 cm×14.5 cm,1套2件,1919年
466. 2880.Z3.1356,1918年刘优学致刘维耀函,(9—24.1 cm)×(14.6—23.6 cm),1套3件,1918年
467. 2881.Z3.1357,1917年刘优学致刘维耀函,(9—24.1 cm)×(14.4—30.6 cm),1套2件,1917年
468. 2882.Z3.1358,民国刘优学致刘维耀函(十月十七日),(8.8—23.8 cm)×(14.3—20.7 cm),1套2件,民国
469. 2883.Z3.1359,1918年刘优学致刘维耀函,(9—24.1 cm)×(14.5—33.6 cm),1套2件,1918年
470. 2884.Z3.1360,1918年刘优学致刘维耀刘维根函,(9—24.1 cm)×(14.4—21 cm),1套2

件,1918年

471. 2885.Z3.1361,1920年刘优学致刘维耀函,23.8 cm×26.8 cm、8.8 cm×14.3 cm,1套2件,1920年

472. 2886.Z3.1362,1933年伍彩琼致夫刘维耀函,24.4 cm×88 cm、9 cm×15.2 cm,1套2件,1933年

473. 2887.Z3.1363,1933年刘维耀致子刘华材函,内页25.3 cm×20.2 cm,信封8.8 cm×15.1 cm,1套3件,1933年

474. 2889.Z3.1365,1918年刘大学致刘维耀函,25 cm×18.7 cm、8 cm×13.5 cm,1套2件,1918年

475. 2890.Z3.1366,民国刘优学致刘维耀刘维根函(七月十八日),24.4 cm×36.3 cm、9 cm×14.3 cm,1套2件,民国

476. 2891.Z3.1367,1919年刘玺学致刘维耀函,26.1 cm×20.1 cm、8.7 cm×13.6 cm,1套2件,1919年

477. 2892.Z3.1368,1918年刘大学致刘维耀函,25 cm×25.6 cm、8 cm×13.5 cm,1套2件,1918年

478. 2893.Z3.1369,1918年刘优学致刘维耀刘维根函,24 cm×36.8 cm、9 cm×14.5 cm,1套2件,1918年

479. 2894.Z3.1370,民国刘尧学致刘辅公刘维耀函(二月二十二日),24.2 cm×42.3 cm、8 cm×13.6 cm,1套2件,民国

480. 2895.Z3.1371,1918年刘大学致刘维耀函,25 cm×19 cm、8 cm×13.5 cm,1套2件,1918年

481. 2896.Z3.1372,1919年刘优学致刘维耀函,24 cm×37.3 cm、9 cm×14.5 cm,1套2件,1919年

482. 2897.Z3.1373,1921年伍仕学致妹夫刘维耀函,24.3 cm×15.7 cm、9.3 cm×16.5 cm,1套2件,1921年

483. 2898.Z3.1374,民国刘唐公致侄刘优学函(七月七日),24 cm×37 cm,民国

484. 2899.Z3.1375,1920年刘优学致刘维耀函,24 cm×20.6 cm、9 cm×14.4 cm,1套2件,1920年

485. 2900.Z3.1376,民国刘大学致刘维耀函(四月二十六日),24 cm×16.5 cm、8 cm×13.5 cm,1套2件,民国

486. 2901.Z3.1377,1919年刘优学致刘维耀函,24.4 cm×23.6 cm、9 cm×14.4 cm,1套2件,1919年

487. 2902.Z3.1378,民国刘维根致刘维耀函,23.5 cm×36.4 cm、9.2 cm×16.2 cm,1套2件,民国

488. 2903.Z3.1379,民国伍仕学致妹夫刘维耀函,20.7 cm×36.4 cm、9.3 cm×16.2 cm,1套2件,民国

489. 2904.Z3.1380,民国刘琼学致侄刘维耀函,24.1 cm×21.5 cm、8.9 cm×15.1 cm,1套2件,民国

490. 2905.Z3.1381,1920年刘尧学致刘优学函,24 cm×23.5 cm,1920年

491. 2906.Z3.1382,1920年刘优学致刘维耀函,23.7 cm×14.1 cm、8.8 cm×14.3 cm,1套2件,1920年

492. 2907.Z3.1383,1918年刘大学致刘维耀函,24.7 cm×35.6 cm、8 cm×13.3 cm,1套2

件,1918年

493. 2908.Z3.1384,1920年刘尧学致刘维耀函,24 cm×21.7 cm、8 cm×13.7 cm,1套2件, 1920年

494. 2909.Z3.1385,1921年岑松枢致刘维耀函,23.8 cm×26.9 cm、9 cm×15.3 cm,1套2件,1921年

495. 2910.Z3.1386,民国刘维根致兄刘维耀函(九月八日),23.5 cm×16 cm、19.5 cm×16.5 cm,1套2件,民国

496. 2911.Z3.1387,1919年伍瑕文致女婿刘维耀函,24.1 cm×22.3 cm、9 cm×14.4 cm,1套2件,1919年

497. 2912.Z3.1388,1918年刘大学致子刘维耀函,24.8 cm×26.4 cm、9 cm×14.3 cm,1套2件,1918年

498. 2913.Z3.1389,1917年刘大学致子刘维耀函,23.8 cm×13.9 cm、8 cm×13.7 cm,1套2件,1917年

499. 2914.Z3.1390,1917年刘大学致子刘维耀函,24 cm×15 cm、6 cm×13.5 cm,1套2件,1917年

500. 2915.Z3.1391,1918年刘大学致子刘维耀函,24 cm×28.3 cm、8 cm×13.5 cm,1套2件,1918年

501. 2916.Z3.1392,1918年刘大学致子刘维耀函,25.1 cm×18.5 cm、8 cm×13.5 cm,1套2件,1918年

502. 2917.Z3.1393,1917年刘大学致子刘维耀函,24 cm×20.2 cm、8 cm×13.6 cm,1套2件,1917年

503. 2918.Z3.1394,1919年刘尧学致侄子刘维耀函,24 cm×40.7 cm、9 cm×14.6 cm,1套2件,1919年

504. 2919.Z3.1395,民国刘维耀致刘希达刘华球函(九月二十五日),23.5 cm×16.5 cm、13.5 cm×6.6 cm,1套2件,民国

505. 2921.Z3.1396,民国刘优学致兄函(十一月十一日),24 cm×25.9 cm,民国

506. 2922.Z3.1397,1909年李云樑致刘大学函,24 cm×26.5 cm,1909年

507. 2923.Z3.1398,1920年刘爱学致刘维耀函,23.6 cm×48.2 cm、9 cm×15 cm,1套2件,1920年

508. 2924.Z3.1399,民国刘优学致兄刘大学函(四月),24.5 cm×12.7 cm、9 cm×14.6 cm,1套2件,民国

509. 2925.Z3.1400,民国刘华球致父刘维耀函(十一月六日),25 cm×38.8 cm、9 cm×15 cm,1套2件,民国

510. 2926.Z3.1401,1918年钦强致刘祯祥函,25.5 cm×19.8 cm、25.5 cm×19.8 cm、9.6 cm×16.8 cm,1套3件,1918年

511. 2927.Z3.1402,1918年刘优学致侄刘维耀函,24.3 cm×23.5 cm、9 cm×14.5 cm,1套2件,1918年

512. 2928.Z3.1403,1918年刘优学致侄刘维耀函,24 cm×33 cm、9 cm×14.5 cm,1套2件,1918年

513. 2929.Z3.1404,1918年刘优学致刘维耀刘维根函,24 cm×32.8 cm、9 cm×14.4 cm,1套2

件,1918年

514. 2930.Z3.1405,民国伍彩琼致丈夫刘维耀函(一月十五日),25.5 cm×32.5 cm、9 cm×15.1 cm,1套2件,民国

515. 2931.Z3.1406,1919年伍瑕文致女婿刘维耀函,20.3 cm×12.1 cm、9 cm×14.1 cm,1套2件,1919年

516. 2932.Z3.1407,1918年刘华钦致祖父刘大学函,24 cm×25.5 cm、12.7 cm×6.2 cm,1套2件,1918年

517. 2933.Z3.1408,1921年刘华材致刘维耀函,27.5 cm×16.8 cm、27.5 cm×16.8 cm、8.8 cm×15.2 cm,1套3件,1921年

518. 2934.Z3.1409,1916年刘大学致刘维耀函,24 cm×31.5 cm、9 cm×14.5 cm,1套2件,1916年

519. 2935.Z3.1410,民国刘维耀致妻儿函(九月二十五日),23.5 cm×21.5 cm、14 cm×6.4 cm,1套2件,民国

520. 2936.Z3.1411,1915年刘大学致刘维耀函,24 cm×27.3 cm、14 cm×6.7 cm,1套2件,1915年

521. 2937.Z3.1412,1917年刘大学致刘维耀刘华添函,24 cm×24.6 cm、13.5 cm×7 cm,1套2件,1917年

522. 2938.Z3.1413,民国刘优学致其胞兄函(六月十五日),24.5 cm×22.1 cm,民国

523. 2941.Z3.1416,1935年刘维耀致其妻儿函,23.5 cm×48.6 cm、14 cm×6.3 cm,1套2件,1935年

524. 2942.Z3.1417,1936年刘华材刘华球就升学之事致父刘维耀函,内页29.5 cm×17.6 cm,信封9.7 cm×15.3 cm,1套5件,1936年

525. 2943.Z3.1418,民国刘维耀致妻儿函(三月初四),23.6 cm×43.1 cm、14 cm×6.5 cm,1套2件,民国

526. 2944.Z3.1419,1934年伍彩琼致其夫刘维耀函,25 cm×39.2 cm、8.5 cm×15 cm,1套2件,1934年

527. 2945.Z3.1420,1918年刘大学致刘维根函,25.2 cm×19.2 cm,1918年

528. 2946.Z3.1421,1909年刘希瑸致刘大学函,24 cm×19.8 cm、15.2 cm×9.7 cm,1套2件,1909年

529. 2947.Z3.1422,1933年刘华材致其父刘维耀的函,内页31 cm×19.6 cm,信封8.8 cm×13.8 cm,1套3件,1933年

530. 2948.Z3.1423,民国刘华材致父刘维耀函(九月十八日),7.9 cm×12.3 cm、22.8 cm×15.8 cm,1套2件,民国

531. 2949.Z3.1424,1931年刘维耀致子刘华材刘华球函,15.1 cm×8.8 cm、25.6 cm×17.3 cm,1套2件,1931年

532. 2950.Z3.1425,1917年刘大学致儿孙函,13.5 cm×6.7 cm、23.8 cm×19.7 cm,1套2件,1917年

533. 2951.Z3.1426,1931年刘维耀致子刘华材刘华侨函,25.6 cm×17.4 cm、15.0 cm×7.0 cm,1套2件,1931年

534. 2952.Z3.1427,民国刘爱学致刘维耀函,24.3 cm×11 cm、14 cm×6.6 cm,1套2件,民国

535. 2953.Z3.1428,民国刘维根致刘大学刘尧学函(一月九日),24.2 cm×19.5 cm、12.7 cm×6.2 cm,1套2件,民国
536. 2954.Z3.1429,民国刘爱学致刘维耀函(十二月十八日),24.0 cm×24.5 cm、15.0 cm×7.0 cm,1套2件,民国
537. 2955.Z3.1430,民国刘爱学致刘维耀函(十一月十九日),24.3 cm×13.0 cm、15.0 cm×7.0 cm,1套2件,民国
538. 2956.Z3.1431,民国刘华材致父刘维耀函(二月二十一日),24.0 cm×24.5 cm,民国
539. 2957.Z3.1432,民国刘维耀致子刘华材函,24.2 cm×24.2 cm、12.8 cm×6.0 cm,1套2件,民国
540. 2958.Z3.1433,民国刘维耀致子刘华材刘华桥函,23.5 cm×25.0 cm、15.5 cm×7.0 cm,1套2件,民国
541. 2959.Z3.1434,民国刘维耀致其妻伍彩琼的函(八月十六日),25.6 cm×32.0 cm、13.2 cm×6.0 cm,1套2件,民国
542. 2960.Z3.1435,民国刘希普致刘维耀函(十一月二十三日),25.4 cm×16.2 cm、25.4 cm×16.2 cm、14 cm×7.4 cm,1套3件,民国
543. 2961.Z3.1436,民国刘尧学致刘维耀等人函(八月二日),24.0 cm×37.5 cm、14.0 cm×6.5 cm,1套2件,民国
544. 2962.Z3.1437,1921年刘爱学因买武器自保一事致刘维耀函,24.0 cm×23.8 cm、15.0 cm×7.0 cm,1套2件,1921年
545. 2963.Z3.1438,1919年刘爱学致刘维耀函,24.0 cm×28.5 cm、14.6 cm×7.0 cm,1套2件,1919年
546. 2964.Z3.1439,1919年刘爱学致刘维耀函,24.0 cm×33.0 cm、14.0 cm×6.6 cm,1套2件,1919年
547. 2965.Z3.1440,1919年刘爱学致刘维耀函,24.0 cm×30.3 cm、14.8 cm×7.1 cm,1套2件,1919年
548. 2966.Z3.1441,1921年伍彩琼刘华彩致刘维耀函,23.7 cm×40.0 cm、23.8 cm×12.0 cm、14.7 cm×7.0 cm,1套3件,1921年
549. 2967.Z3.1442,1920年刘爱学致刘维耀函,24.2 cm×39.5 cm、13.8 cm×6.6 cm,1套2件,1920年
550. 2968.Z3.1443,1920年刘优学致刘维耀函,24.0 cm×22.7 cm、13.0 cm×6.0 cm,1套2件,1920年
551. 2969.Z3.1444,民国刘维耀致子刘华材刘华桥函(十月二十日),23.5 cm×29.0 cm、13.8 cm×6.5 cm,1套2件,民国
552. 2970.Z3.1445,民国刘维耀致子刘华材刘华桥函,45.8 cm×17.0 cm、12.5 cm×6.0 cm,1套2件,民国
553. 2971.Z3.1446,民国刘维耀致妻儿函,25.7 cm×14.9 cm、12.2 cm×6.0 cm,1套2件,民国
554. 2972.Z3.1447,民国刘华材刘华添致祖父刘大学函,24.2 cm×25.0 cm、12.8 cm×6.0 cm,1套2件,民国
555. 2973.Z3.1448,1918年刘维根致叔父刘爱学函,24.0 cm×15.0 cm,1918年
556. 2974.Z3.1449,民国刘维根致叔父刘爱学函,24.2 cm×22.9 cm,民国

557. 2975.Z3.1450,民国刘爱学致叔父刘辅公函,24.2 cm×24.6 cm、13.9 cm×6.5 cm,1套2件,民国
558. 2976.Z3.1451,1921年刘爱学因村事致刘维耀函,24.0 cm×78 cm、15.1 cm×7.0 cm,1套2件,1921年
559. 2977.Z3.1452,1921年刘爱学致刘维耀函,24.0 cm×28.7 cm、14.9 cm×7.2 cm,1套2件,1921年
560. 2978.Z3.1453,1919年刘爱学等人致刘维耀等人函,23.8 cm×38.7 cm、23.8 cm×25.8 cm、14.7 cm×7.0 cm,1套3件,1919年
561. 2979.Z3.1454,1921年刘爱学致刘维耀函,23.8 cm×33.5 cm、14.1 cm×6.6 cm,1套2件,1921年
562. 2980.Z3.1455,民国刘优学致刘维耀函(一月十五日),24.2 cm×32.3 cm、12.8 cm×6.2 cm,1套2件,民国
563. 2981.Z3.1456,1921年刘华材致刘维耀函,24.0 cm×14.0 cm、13.8 cm×6.5 cm,1套2件,1921年
564. 2982.Z3.1457,民国刘维耀致妻儿函(八月二十四日),23.6 cm×48.3 cm、13.5 cm×6.5 cm,1套2件,民国
565. 2983.Z3.1458,1935年刘维耀致妻儿函,23.5 cm×49.5 cm、14.0 cm×6.6 cm,1套2件,1935年
566. 2984.Z3.1459,民国刘华材致刘维耀函(十月十五日),23.5 cm×22.1 cm、14.4 cm×6.8 cm,1套2件,民国
567. 2985.Z3.1460,1919年刘皓学致刘维耀函,内页23.7 cm×17.5 cm、信封14.2 cm×6.5 cm,1套3件,1919年
568. 2986.Z3.1461,1920年刘优学致刘维耀函,23.7 cm×36.5 cm、12.7 cm×6.2 cm,1套2件,1920年
569. 2987.Z3.1462,1934年伍高文致刘维耀函,25.1 cm×35.2 cm、13.2 cm×6.5 cm,1套2件,1934年
570. 2988.Z3.1463,民国刘优学致刘维根函(十月十七日),23.7 cm×26.6 cm、13.1 cm×6 cm,1套2件,民国
571. 2989.Z3.1464,民国伍彩琼致刘维耀函(九月二十一日),24.4 cm×46.7 cm、13.9 cm×6.5 cm,1套2件,民国
572. 2990.Z3.1465,1919年刘维耀婶致刘维耀函,24.3 cm×15.5 cm、13 cm×6.1 cm,1套2件,1919年
573. 2991.Z3.1466,民国刘维耀致妻儿函(九月十日),23.3 cm×20.9 cm、14 cm×6.6 cm,1套2件,民国
574. 2992.Z3.1467,民国刘维耀致子刘华桥函(十二月一日),23.5 cm×14.3 cm、13 cm×5.9 cm,1套2件,民国
575. 2993.Z3.1468,民国伍彩琼致丈夫刘维耀函(四月十日),25.6 cm×53.5 cm、13.6 cm×6.5 cm,1套2件,民国
576. 2994.Z3.1469,1931年刘希溥致叔父刘维耀函,内页23.8 cm×21.1 cm、信封13.7 cm×6.6 cm,1套5件,1931年

577. 2995.Z3.1470,1917年刘优学致刘维耀函,23.8 cm×15.2 cm、13.5 cm×14.4 cm,1套2件,1917年

578. 2996.Z3.1471,民国刘维根致刘维耀函(二月二十三日),24.2 cm×50.2 cm、12.8 cm×6.1 cm,1套2件,民国

579. 2997.Z3.1472,1932年刘维耀致子刘华材刘华桥函,25.8 cm×16.4 cm、12.5 cm×6 cm,1套2件,1932年

580. 2998.Z3.1473,1920年刘爱学致刘维耀函,24.4 cm×30.5 cm、14 cm×6.7 cm,1套2件,1920年

581. 2999.Z3.1474,民国伍氏致子刘维耀函(九月三日),24.2 cm×28.5 cm、13.9 cm×6.8 cm,1套2件,民国

582. 3000.Z3.1475,1910年刘维栋致父刘大学函,24.2 cm×30.7 cm、13.5 cm×6.9 cm,1套2件,1910年

583. 3001.Z3.1476,民国刘孔璋致叔刘维耀函(七月十二日),24.0 cm×12.9 cm、12.9 cm×5.9 cm,1套2件,民国

584. 3002.Z3.1477,民国刘华材致父刘维耀函(七月初三日),23.6 cm×16 cm、13 cm×6 cm,1套2件,民国

585. 3003.Z3.1478,1917年刘大学致子刘维耀函,24.0 cm×25.1 cm、13.5 cm×7.0 cm,1套2件,1917年

586. 3004.Z3.1479,民国刘维耀致妻伍彩琼函(一月二十五日),23.5 cm×24.2 cm、12.9 cm×6.0 cm,1套2件,民国

587. 3005.Z3.1480,民国刘维耀婶廖氏致刘维耀函(九月三日),24.2 cm×27.5 cm、13.0 cm×6.0 cm,1套2件,民国

588. 3006.Z3.1481,民国刘维耀致妻伍彩琼函(十一月十六日),26.7 cm×30.8 cm、14.1 cm×6.6 cm,1套2件,民国

589. 3007.Z3.1482,民国刘维耀致刘华球刘希达函(六月初三日),内页23.6 cm×16.4 cm,信封12.7 cm×6.0 cm,1套3件,民国

590. 3008.Z3.1483,1921年刘孔美致刘维耀函,24.0 cm×17.1 cm、13.6 cm×6.6 cm,1套2件,1921年

591. 3009.Z3.1484,民国刘尧学致刘维耀函(四月二十五日),24.2 cm×30.3 cm、13.8 cm×6.6 cm,1套2件,民国

592. 3010.Z3.1485,1921年刘爱学致刘维耀的函,25.5 cm×13.0 cm、14.0 cm×6.6 cm,1套2件,1921年

593. 3011.Z3.1486,1920年刘华材致父刘维耀函,23.5 cm×7.8 cm、13.0 cm×6.0 cm,1套2件,1920年

594. 3012.Z3.1487,民国刘华材致父刘维耀函(一月二十三日),23.4 cm×10.5 cm、12.9 cm×6.0 cm,1套2件,民国

595. 3013.Z3.1488,1921年刘华材致父刘维耀函,24.0 cm×14.3 cm、13.9 cm×6.6 cm,1套2件,1921年

596. 3014.Z3.1489,民国刘维耀致妻伍彩琼函(十月二十三日),23.7 cm×19.6 cm、13.0 cm×5.9 cm,1套2件,民国

597. 3015.Z3.1490,1936年刘维耀致妻儿函,23.5 cm×17.7 cm、14.0 cm×6.5 cm,1套2件,1936年

598. 3016.Z3.1491,民国刘维耀致妻函(五月),25.5 cm×21.0 cm、14.0 cm×6.5 cm,1套2件,民国

599. 3017.Z3.1492,民国刘维耀致妻儿侄儿函(四月十一月),23.5 cm×18.7 cm、13.7 cm×6.5 cm,1套2件,民国

600. 3018.Z3.1493,民国刘维耀致妻儿函(十一月二十一日),25.6 cm×23.0 cm、25.6 cm×8 cm、13.6 cm×6.4 cm,1套3件,民国

601. 3019.Z3.1494,民国刘维耀致妻儿函(九月二十三日),25.7 cm×27.9 cm、12.4 cm×6.0 cm,1套2件,民国

602. 3020.Z3.1495,民国刘维耀致子刘华材刘华侨函(九月二十一日),20.3 cm×12.5 cm、12.8 cm×6.0 cm,1套2件,民国

603. 3021.Z3.1496,民国刘维耀致妻儿函(十月二日),24.0 cm×17.1 cm、13.5 cm×5.9 cm,1套2件,民国

604. 3022.Z3.1497,1919年刘优学致刘维耀函,23.9 cm×27.0 cm、13.3 cm×6.0 cm,1套2件,1919年

605. 3023.Z3.1498,1916年刘大学致子刘维耀函,24.0 cm×30.3 cm、24.0 cm×7.3 cm、13.5 cm×6.5 cm,1套3件,1916年

606. 3024.Z3.1499,1921年刘爱学致刘维耀函,23.8 cm×21.7 cm、14.5 cm×7.1 cm,1套2件,1921年

607. 3025.Z3.1500,民国刘维耀致子刘华材刘华侨函(十二月二十九日),25.7 cm×14.9 cm、15.0 cm×7.0 cm,1套2件,民国

608. 3026.Z3.1501,1917年刘大学致子孙函,24.0 cm×15.3 cm、13.0 cm×6.0 cm,1套2件,1917年

609. 3027.Z3.1502,1916年刘大学致子刘维耀函,24.0 cm×33.3 cm、14.0 cm×6.7 cm,1套2件,1916年

610. 3028.Z3.1503,1915年刘大学致子刘维耀函,24 cm×27.3 cm、14.5 cm×6.8 cm,1套2件,1915年

611. 3029.Z3.1504,1915年刘大学致子刘维耀函,24.0 cm×19.0 cm,1915年

612. 3030.Z3.1505,1936年伍彩琼致刘维耀函,25.7 cm×53.5 cm、13.5 cm×6.4 cm,1套2件,1936年

613. 3031.Z3.1506,1936年刘维耀致妻儿函,23.6 cm×48.7 cm、13.3 cm×6.5 cm,1套2件,1936年

614. 3032.Z3.1507,1932年刘维耀致子华材华侨函,25.5 cm×15.3 cm、14.2 cm×6.6 cm,1套2件,1932年

615. 3033.Z3.1508,民国刘维耀致儿华球、华桥、侄希达函(三月四日),23.6 cm×16.8 cm、14 cm×6.5 cm,1套2件,民国

616. 3034.Z3.1509,民国刘维耀致妻吴彩琼、儿华球、侄希达函(五月十八日),23.6 cm×32.9 cm、13.8 cm×6.5 cm,1套2件,民国

617. 3036.Z3.1511,民国刘华材、华添致刘维耀函,23.9 cm×25.2 cm、22.7 cm×6.1 cm,1套2件,

民国

618. 3037.Z3.1512,民国刘华材、刘华添致刘维耀函（十一月十二日）,24 cm×37.5 cm、12.9 cm×6.3 cm,1套2件,民国

619. 3038.Z3.1513,民国刘爱学致刘辅公刘维耀函（十月十二日）,23.8 cm×49.4 cm、13.6 cm×6.6 cm,1套2件,民国

620. 3039.Z3.1514,1918年刘尧学刘舜学致刘维耀函,24.3 cm×31.4 cm、14.1 cm×6.6 cm,1套2件,1918年

621. 3040.Z3.1515,1918年刘爱学致刘大学函,24.1 cm×36.7 cm、13.9 cm×7.1 cm,1套2件,1918年

622. 3041.Z3.1516,民国刘维耀致刘华球刘希达函（十月二十一日）,23.4 cm×9.3 cm、13.2 cm×6.6 cm,1套2件,民国

623. 3042.Z3.1517,1915年刘大学致刘维耀函,24 cm×25.4 cm、13 cm×6.7 cm,1套2件,1915年

624. 3043.Z3.1518,1915年刘大学致刘维耀函,24 cm×31.9 cm、14 cm×6.9 cm,1套2件,1915年

625. 3044.Z3.1519,1933年刘维耀致伍彩琼函,25.5 cm×42 cm、12.2 cm×5.9 cm,1套2件,1933年

626. 3045.Z3.1520,1915年刘大学刘尧学等致刘爱学刘维耀等人函,23.9 cm×17.7 cm、13.2 cm×6 cm,1套2件,1915年

627. 3046.Z3.1521,民国刘维耀致伍彩琼函（二月二十六日）,25.7 cm×31.8 cm、12.7 cm×5.9 cm,1套2件,民国

628. 3047.Z3.1522,民国伍彩琼致刘维耀函,25.6 cm×11.6 cm,民国

629. 3048.Z3.1523,1934年伍彩琼致刘维耀函,25.4 cm×47 cm,1934年

630. 3049.Z3.1524,1921年刘华材致刘维耀函,26.3 cm×42.2 cm,1921年

631. 3050.Z3.1525,1936年刘皓学致刘维耀函,26.5 cm×19.5 cm,1套3件,1936年

632. 3051.Z3.1526,1935年刘华材就知用中学办学情况致刘维耀函,24.3 cm×13.9 cm,1套2件,1935年

633. 3053.Z3.1528,民国伍彩琼致刘维耀函（三月初二日）,25.2 cm×51.8 cm,民国

634. 3054.Z3.1529,民国刘华材致刘维耀函（六月二十六日）,25.5 cm×15.5 cm,民国

635. 3055.Z3.1530,民国刘希普致叔父大人函（十二月十七日）,25.4 cm×16.3 cm,1套2件,民国

636. 3056.Z3.1531,1919年8月9日刘爱学致刘维耀函,24.2 cm×50.5 cm,1919年

637. 3057.Z3.1532,民国刘希普致叔父大人函,25.5 cm×16.3 cm,民国

638. 3058.Z3.1533,1935年1月14日伍彩琼致刘维耀函,25.3 cm×44 cm,1935年

639. 3059.Z3.1534,1904年刘维栋致父函,24 cm×29.5 cm,1904年

640. 3060.Z3.1535,1919年7月12日刘爱学致刘维耀函,24.3 cm×43.7 cm,1919年

641. 3061.Z3.1536,1919年8月10日刘爱学致刘维耀函,24.2 cm×50.5 cm,1919年

642. 3062.Z3.1537,1909年刘维栋致刘华添函,24.2 cm×30.4 cm,1909年

643. 3063.Z3.1538,民国伍彩琼致刘维耀函（八月初三日）,25 cm×16.3 cm,民国

644. 3064.Z3.1539,1934年余氏致刘维耀函,20.7 cm×27.2 cm,1934年

645. 3065.Z3.1540,民国伍彩琼致刘维耀函（六月初八日）,25.4 cm×19.5 cm,民国

646. 3066.Z3.1541,1936年刘华材致父刘维耀劝其继续资助开学函(6月21日),26.1 cm×16 cm,1套7件,1936年
647. 3067.Z3.1542,1936年刘华球致父刘维耀函(6月1日),29.4 cm×18 cm,1936年
648. 3068.Z3.1543,民国刘华材致其父刘维耀函(六月初六日),25.5 cm×18.9 cm,民国
649. 3069.Z3.1544,民国刘华材致父刘维耀函(十月九日),23.3 cm×13.7 cm,1套4件,民国
650. 3070.Z3.1545,1936年4月20日伍彩琼致刘维耀函,25.3 cm×49.2 cm,1936年
651. 3071.Z3.1546,1934年伍高文致刘维耀函(1月20日),24.5 cm×30.4 cm,1934年
652. 3072.Z3.1547,1935年刘华球致父刘维耀函(3月19日),26.0 cm×26.3 cm,1935年
653. 3073.Z3.1548,1919年2月7日刘华材致父刘维耀函,24.9 cm×49.2 cm,1919年
654. 3074.Z3.1549,民国伍彩琼致刘维耀函,27.8 cm×27.0 cm,民国
655. 3075.Z3.1550,1935年刘华球致父刘维耀函,24.4 cm×15.2 cm、24.4 cm×15.2 cm,1套2件,1935年
656. 3076.Z3.1551,1920年刘炎祥致刘维耀函,24.1 cm×39.3 cm,1920年
657. 3077.Z3.1552,民国刘华才致父刘维耀函(一月八日),25.6 cm×16.8 cm,民国
658. 3078.Z3.1553,民国刘维耀母亲伍氏致刘维耀函(八月十六日),24.0 cm×16.0 cm,民国
659. 3079.Z3.1554,民国刘爱学致刘维耀函(三月十六日),24.0 cm×42.0 cm、24.0 cm×9.0 cm,1套2件,民国
660. 3080.Z3.1555,1932年刘希溥致叔父函,32.5 cm×21.2 cm,1932年
661. 3081.Z3.1556,1934年刘华材致父刘维耀函,17.0 cm×18.0 cm,1934年
662. 3082.Z3.1557,民国刘爱学致刘维耀函(二月二十九日),23.6 cm×69.4 cm,民国
663. 3083.Z3.1558,1935年刘维耀妻儿致刘维耀函,25.7 cm×52.5 cm,1935年
664. 3084.Z3.1559,1934年刘维耀妻伍彩琼致刘维耀函,25.2 cm×52.7 cm,1934年
665. 3085.Z3.1560,1911年启烘致刘爱学函,23.4 cm×22.0 cm,1911年
666. 3086.Z3.1561,1934年刘维耀妻伍彩琼致刘维耀函,25.0 cm×52.3 cm,1934年
667. 3087.Z3.1562,1919年刘爱学致刘维耀函,24.3 cm×40.0 cm、13.9 cm×6.5 cm,1套2件,1919年
668. 3088.Z3.1563,民国刘希普致叔父函(二月十日),26.4 cm×36.0 cm,民国
669. 3089.Z3.1564,民国刘爱学致刘维耀函(四月九日),23.8 cm×41 cm,民国
670. 3090.Z3.1565,民国刘日学等人致兄弟函(五月十五日),24.0 cm×13.9 cm,民国
671. 3091.Z3.1566,民国刘鉴学等人致刘维耀等人函(九月十六日),23.4 cm×26.5 cm,民国
672. 3092.Z3.1567,1919年刘爱学致刘维耀函,24.0 cm×37.5 cm,1919年
673. 3093.Z3.1568,1931年刘华材致父刘维耀函,25.5 cm×20.4 cm,1931年
674. 3094.Z3.1569,民国刘维耀妻伍彩琼致刘维耀函(十二月二十三日),25.4 cm×14.5 cm,民国
675. 3095.Z3.1570,1936年刘华球致父刘维耀函,24.9 cm×26.0 cm,1936年
676. 3096.Z3.1571,1921年刘维耀妻伍彩琼致刘维耀函,24.2 cm×49.5 cm,1921年
677. 3097.Z3.1572,1919年刘爱学致刘维耀函,24.3 cm×50.2 cm,1919年
678. 3098.Z3.1573,1919年刘爱学刘孔璋致刘维耀、孔美函,24 cm×33.6 cm,1919年
679. 3099.Z3.1574,1919年刘爱学手书家书,24.3 cm×26 cm,1919年
680. 3100.Z3.1575,民国刘炎祥致刘维耀函(十月十五日),23.5 cm×10.5 cm,民国
681. 3101.Z3.1576,1920年刘玺学致刘维耀函,25.9 cm×16 cm,1920年

682. 3102.Z3.1577,民国伍彩琼致刘维耀函(十二月二十七日),25.7 cm×51.8 cm,民国
683. 3103.Z3.1578,1919年刘爱学致刘维耀函,24 cm×50.3 cm,1919年
684. 3104.Z3.1579,民国刘希普致叔父大人函(七月十五日),25.3 cm×35 cm,民国
685. 3105.Z3.1580,民国刘华材致母伍彩琼函(十一月十八日),25.3 cm×17.9 cm,民国
686. 3106.Z3.1581,民国伍彩琼致儿子函,24 cm×51.1 cm,民国
687. 3107.Z3.1582,民国刘皓学致刘维耀函(十二月十五日),24.2 cm×46 cm,民国
688. 3108.Z3.1583,1933年刘华材就拒婚一事致刘维耀函,31.4 cm×41.6 cm,1933年
689. 3109.Z3.1584,1934年刘华材致父刘维耀函,21.4 cm×12.6 cm,1套2件,1934年
690. 3110.Z3.1585,民国刘华材致父刘维耀函(三月廿一日),30.5 cm×19.7 cm,1套3件,民国
691. 3111.Z3.1586,民国伍彩琼致刘维耀函(十一月廿四日),24.5 cm×73.5 cm,民国
692. 3112.Z3.1587,1931年黄炀衍致刘维耀函,25.8 cm×16.5 cm,1931年
693. 3174.Z3.1624,1938年8月3日孔慰致刘维耀函,32.2 cm×20.2 cm,1套2页,1938年
694. 3175.Z3.1625,1938年刘畅先就敌械轰炸本市等事致刘维耀函(7月14日),32.4 cm×20.2 cm,1938年
695. 3180.Z3.1626,民国履生祥栈致刘大学函(3月11日),15.6 cm×7 cm,1套2页,民国
696. 3212.Z3.1637,民国美国华盛顿第二国民银行信封,14 cm×8 cm,民国
697. 3214.Z3.1639,民国金山旅馆致梅宗超函,21.8 cm×13.8 cm、9.3 cm×6.7 cm、6 cm×10.5 cm,1套3件,民国
698. 3217.Z3.1640,1916年兆慰致梅裏甅函,26.2 cm×19.7 cm、13.8 cm×6.6 cm,1套2件,1916年
699. 3220.Z3.1642,民国"BANK OF COMMERCE AND SAVINGS"信封,13.1 cm×8 cm,民国
700. 3221.Z3.1643,民国"HAMILTON NAT IONAL BANK OF WASHINGTON"信封,14 cm×8 cm,民国
701. 3223.Z3.1645,民国从华盛顿寄给梅宗超的函封,8.3 cm×16.5 cm,民国
702. 3225.Z3.1647,民国□翼致梅爵生函(十二月二十八日),内页2页,每页19.7 cm×25 cm,信封13.9 cm×7 cm,1套3件,民国
703. 3226.Z3.1648,民国煦稚致梅友褒函,18.7 cm×30.4 cm,民国
704. 3227.Z3.1649,1956年宗益与母亲致梅友褒、盈莹函,27.7 cm×21 cm,1956年
705. 3230.Z3.1651,1950年代万冬致家翁函,28 cm×39 cm,1950年
706. 3243.Z3.1659,1910年梅甅禧致家人函,22.1 cm×10.8 cm,1910年
707. 3247.Z3.1663,民国美国信托公司的运通旅行支票封面,8.3 cm×15.1 cm,民国
708. 3248.Z3.1664,民国美国信托公司的运通旅行支票封面,8.3 cm×15.1 cm,民国
709. 3253.Z3.1668,民国美国商业证券储蓄银行信封,14.3 cm×7.9 cm,民国
710. 3275.Z3.1680,1949年丽源银号致梅宗超函,信纸27.9 cm×20.8 cm,信封14.9 cm×7 cm,1套2件,1949年
711. 3290.Z3.1687,民国林湛启致梅兆慰函,信纸30.2 cm×20.7 cm,信封30.2 cm×20.7 cm,1套2件,民国
712. 3291.Z3.1688,民国梅宗馥致父函(六月初三日),信纸21.6 cm×13.4 cm,信封21.6 cm×13.4 cm,1套2件,民国
713. 3292.Z3.1689,民国梅宗馥致父函(十一月初十日),26.5 cm×21.2 cm,民国

714. 3294.Z3.1691,民国梅宗馥致父函(十月廿九日),26.5 cm×21.2 cm,民国
715. 3295.Z3.1692,民国梅宗馥谈及粤路公债票收息等事致父函(四月廿七日),21.7 cm×13.6 cm,民国
716. 3296.Z3.1693,民国梅宗馥致父函(五月十二日),21.8 cm×13.7 cm,民国
717. 3297.Z3.1694,民国梅宗馥谈及广东政府改组一事致父函,信纸21.7 cm×13.5 cm,信封14 cm×6.5 cm,1套5件,民国
718. 3298.Z3.1695,民国梅宗馥致父函(七月二日),信纸21.6 cm×13.6 cm,信封14.3 cm×6.8 cm,1套2件,民国
719. 3299.Z3.1696,民国梅宗馥谈及西南政府变动等事致父函(六月十七日),信纸21.6 cm×13.7 cm,信封14 cm×6.8 cm,1套4件,民国
720. 3300.Z3.1697,1935年梅宗馥谈及政府改革货币制度对物价的影响致父函,21.6 cm×13.6 cm,1935年
721. 3301.Z3.1698,1935年梅宗馥致父函,21.6 cm×13.5 cm,1935年
722. 3302.Z3.1699,1935年梅宗馥致父函,21.6 cm×13.6 cm,1935年
723. 3303.Z3.1700,1935年梅宗馥致父函,21.6 cm×13.6 cm,1套2件,1935年
724. 3304.Z3.1701,民国梅宗馥致父函(七月初九日),21.6 cm×13.4 cm,民国
725. 3305.Z3.1702,民国梅宗馥致父函(八月廿一日),21.6 cm×13.6 cm,1套2件,民国
726. 3306.Z3.1703,1935年梅宗馥致父函,21.6 cm×13.6 cm,1935年
727. 3307.Z3.1704,民国梅宗馥致父函,21.7 cm×13.5 cm,民国
728. 3308.Z3.1705,1936年梅宗馥致父函,22.2 cm×13.9 cm,1套2件,1936年
729. 3309.Z3.1706,1936年梅宗馥就惠儿读夏令馆等事致父函,22.3 cm×13.9 cm,1套5件,1936年
730. 3310.Z3.1707,1935年梅宗馥致父函,22.2 cm×26.5 cm,1935年
731. 3311.Z3.1708,1935年梅宗馥致父函,22.3 cm×26.3 cm,1套4件,1935年
732. 3312.Z3.1709,1936年6月27日梅宗馥讨论"两广事变"的家书,21.7 cm×26.8 cm,1套3件,1936年
733. 3313.Z3.1710,1936年8月5日梅宗馥提及"两广事变"的家书,21.6 cm×26 cm,1套6件,1936年
734. 3314.Z3.1711,1934年梅宗馥讨论十九路军两粤军士解职回籍一事的家书(五月初二),22.2 cm×13.2 cm,1套3件,1934年
735. 3315.Z3.1712,1934年梅宗馥致父函,22.2 cm×13.8 cm,1934年
736. 3316.Z3.1713,1934年梅宗馥谈及缅甸仰光出产大米、水果等价格的家书,22.3 cm×13.8 cm,1套5件,1934年
737. 3317.Z3.1714,1934年梅宗馥致父函,22.2 cm×13.9 cm,1套5件,1934年
738. 3318.Z3.1715,1934年梅宗馥致父函,22.3 cm×13.9 cm,1套3件,1934年
739. 3319.Z3.1716,1934年梅宗馥致父函,22.3 cm×13.8 cm,1套2件,1934年
740. 3320.Z3.1717,1934年梅宗馥致父函,22.3 cm×13.8 cm,1934年
741. 3321.Z3.1718,1934年梅宗馥就省铺诉讼一事致父函,22.3 cm×13.8 cm,1套2件,1934年
742. 3322.Z3.1719,1934年梅宗馥就省铺诉讼一事致父函,22.3 cm×13.9 cm,1套3件,1934年
743. 3323.Z3.1720,1934年梅宗馥致父函,22.3 cm×13.9 cm,1套2件,1934年

744. 3324.Z3.1721,1934年梅宗馥致父函,22.3 cm×13.9 cm,1934年
745. 3325.Z3.1722,民国梅宗馥致父函(一月十六日),22.3 cm×13.9 cm,1套3件,民国
746. 3326.Z3.1723,民国梅宗馥致父函(十二月初四日),22.3 cm×13.9 cm,民国
747. 3327.Z3.1724,1933年梅宗馥致父函,22.3 cm×13.9 cm,1933年
748. 3328.Z3.1725,民国梅宗馥致父函(十一月十九日),22.3 cm×13.9 cm,1套2件,民国
749. 3329.Z3.1726,民国梅宗馥就省铺诉讼一事致父函(十一月廿五日),22.3 cm×13.9 cm,1套2件,民国
750. 3330.Z3.1727,1933年梅宗馥谈及十九路军的家书,22.3 cm×13.9 cm,1套4件,1933年
751. 3331.Z3.1728,民国梅宗馥致父函(十月二十六日),23.3 cm×13.9 cm,1套2件,民国
752. 3332.Z3.1729,1933年梅宗馥致父函,22.2 cm×13.9 cm,1套2件,1933年
753. 3333.Z3.1730,民国梅宗馥致父函(九月二十八日),22.2 cm×13.9 cm,1套2件,民国
754. 3334.Z3.1731,民国梅宗馥致父函(八月廿一日),22.2 cm×13.9 cm,1套3件,民国
755. 3335.Z3.1732,民国梅宗馥就省铺诉讼一事致父函(八月十五日),22.2 cm×13.9 cm,民国
756. 3336.Z3.1733,民国梅宗馥致父函(一月廿四日),22.3 cm×14 cm,民国
757. 3337.Z3.1734,民国梅宗馥致父函(八月廿二日),22.3 cm×13.9 cm,民国
758. 3338.Z3.1735,民国梅宗馥致父函(七月初十日),22.4 cm×13.9 cm,1套2件,民国
759. 3339.Z3.1736,民国梅宗馥致父函(七月初四日),22.4 cm×13.9 cm,1套2件,民国
760. 3340.Z3.1737,1933年梅宗馥谈及十九路军在福建的家书,,22.5 cm×13.9 cm,1套7件,1933年
761. 3341.Z3.1738,民国梅宗馥致父函(八月初二日),22.3 cm×13.7 cm,1套5件,民国
762. 3342.Z3.1739,1933年梅宗馥致父函,22.1 cm×23.1 cm,1933年
763. 3343.Z3.1740,1933年曹缵致荟翁函,22.1 cm×27.3 cm,1933年
764. 3344.Z3.1741,民国梅宗馥致父函(二月二十日),22.2 cm×28 cm,1套2件,民国
765. 3345.Z3.1742,1936年梅宗馥致父函,22.3 cm×26.2 cm,1936年
766. 3346.Z3.1743,1936年梅宗馥提及国民大会选举代表之事致父函,21.6 cm×26.6 cm,1套4件,1936年
767. 3347.Z3.1744,1936年梅宗馥提及国民大会选举代表之事致父函,21.6 cm×26.6 cm,1套3件,1936年
768. 3348.Z3.1745,1936年梅宗馥致父函,22.4 cm×26.6 cm,1套4件,1936年
769. 3349.Z3.1746,民国梅宗馥致父函(六月十九日),22.4 cm×13.9 cm,1套3件,民国
770. 3350.Z3.1747,民国梅宗馥致父函(四月六日),22.5 cm×14 cm,1套2件,民国
771. 3351.Z3.1748,1936年梅宗馥致父函,22.2 cm×14 cm,1套3件,1936年
772. 3352.Z3.1749,民国梅宗馥致父函(十二月一日),22.4 cm×14.1 cm,1套3件,民国
773. 3353.Z3.1750,1936年梅宗馥致父函,22.4 cm×14 cm,1套4件,1936年
774. 3354.Z3.1751,1936年梅宗馥致父函,22.3 cm×14 cm,1套2件,1936年
775. 3355.Z3.1752,1936年梅宗馥致父函,22.4 cm×14 cm,1套4件,1936年
776. 3356.Z3.1753,1936年梅宗馥提及国民大会选举代表之事致父函,22.3 cm×14 cm,1套6件,1936年
777. 3357.Z3.1754,1936年梅宗馥致父函,21.8 cm×13.6 cm,1套2件,1936年
778. 3358.Z3.1755,1936年梅宗馥致父函,22.3 cm×14 cm,1套2件,1936年

779. 3359.Z3.1756,1936年梅宗馥致父函,21.8 cm×13.6 cm,1936年
780. 3360.Z3.1757,1936年梅宗馥致父函,21.8 cm×13.4 cm,1套2件,1936年
781. 3361.Z3.1758,1936年梅宗馥致父函,22.3 cm×14 cm,1套4件,1936年
782. 3362.Z3.1759,1936年梅宗馥因买公债之事致父函,22.3 cm×13.8 cm,1套2件,1936年
783. 3363.Z3.1760,1934年梅宗馥致父函,21.6 cm×13.6 cm,1套2件,1934年
784. 3364.Z3.1761,1935年梅宗馥致父函,21.7 cm×13.6 cm,1套5件,1935年
785. 3365.Z3.1762,1935年梅宗馥致父函,21.7 cm×13.6 cm,1套2件,1935年
786. 3366.Z3.1763,1935年梅宗馥致父函,21.7 cm×13.7 cm,1套5件,1935年
787. 3367.Z3.1764,1935年梅宗馥致父函,21.7 cm×13.5 cm,1套5件,1935年
788. 3368.Z3.1765,民国梅宗馥致父函(四月初六日),21.6 cm×13.6 cm,民国
789. 3369.Z3.1766,1935年梅宗馥致父函,21.3 cm×13.7 cm,1935年
790. 3370.Z3.1767,1935年梅宗馥致父函,24.5 cm×18.7 cm,1935年
791. 3371.Z3.1768,民国梅宗馥致父函(十一月六日),21.7 cm×13.5 cm,1套3件,民国
792. 3372.Z3.1769,民国梅宗馥致父函(十月二十九日),22.3 cm×13.8 cm,民国
793. 3373.Z3.1770,1934年梅宗馥致父函,22.3 cm×13.8 cm,1套4件,1934年
794. 3374.Z3.1771,1934年梅宗馥致父函,22.3 cm×13.8 cm,1套2件,1934年
795. 3375.Z3.1772,1934年梅宗馥致父函,22.3 cm×13.8 cm,1套2件,1934年
796. 3376.Z3.1773,民国梅宗馥致父函(九月二十四日),22.3 cm×13.8 cm,1套2件,民国
797. 3377.Z3.1774,民国梅宗馥致父函(八月十九日),22.4 cm×13.9 cm,民国
798. 3378.Z3.1775,1934年梅宗馥致父函,22.3 cm×13.8 cm,1套2件,1934年
799. 3379.Z3.1776,1934年梅宗馥致父函,22.3 cm×13.7 cm,1套4件,1934年
800. 3380.Z3.1777,民国梅宗馥致父函(六月二十八日),22.3 cm×13.8 cm,1套4件,民国
801. 3381.Z3.1778,民国梅宗馥致父函(七月七日),22.3 cm×13.8 cm,1套2件,民国
802. 3382.Z3.1779,民国梅宗馥致父函(十一月二十日),21.5 cm×13.5 cm,1套2件,民国
803. 3383.Z3.1780,民国梅宗馥致父函(六月二十一日),22.4 cm×13.8 cm,1套2件,民国
804. 3384.Z3.1781,民国梅宗馥致父函(六月七日),22.4 cm×13.9 cm,民国
805. 3385.Z3.1782,民国梅宗馥致父函(六月二十一日),22.4 cm×13.9 cm,民国
806. 3386.Z3.1783,1936年梅宗馥致梅宗超函,信纸24.6 cm×18.6 cm,信封16.7 cm×7.4 cm,1套4件,1936年
807. 3387.Z3.1784,民国梅宗馥致父函(二月十七日),26 cm×21.4 cm,民国
808. 3388.Z3.1785,民国梅昌雄等人致梅兆棠函(四月一日),23.3 cm×16 cm,12.7 cm×6.5 cm,1套2件,民国
809. 3389.Z3.1786,1958年礼本致梅兆棠函,27.5 cm×21 cm,1958年
810. 3390.Z3.1787,1951年宗渡致侄女盈爱函,27.2 cm×21.2 cm,1951年
811. 3391.Z3.1788,民国碧芳致父母函(四月四日),27.8 cm×21 cm,16.9 cm×7.2 cm,1套2件,民国
812. 3421.Z3.1789,1916年周容启致亲周文照函,24.3 cm×48 cm,14 cm×6.7 cm,1套2件,1916年
813. 3422.Z3.1790,民国周文秋致胞弟周文照函(二月十一日),24.1 cm×36.8 cm,15 cm×7.2 cm,1套2件,民国

814. 3423.Z3.1791,民国启华致兄周文照函(七月二十日),24.4 cm×18 cm,13.2 cm×6 cm,1套2件,民国

815. 3424.Z3.1792,民国骆氏致丈夫周文照函(八月廿四日),22.2 cm×25.7 cm,12.9 cm×6.1 cm,1套2件,民国

816. 3425.Z3.1793,1909年骆氏致丈夫周文照函,25.3 cm×31.3 cm,14 cm×7.5 cm,1套2件,1909年

817. 3426.Z3.1794,1910年骆氏致丈夫周文照函,25.8 cm×27 cm,14 cm×5.9 cm,1套2件,1910年

818. 3427.Z3.1795,民国骆华卿致姐夫周文照函(一月),25 cm×21.8 cm,8.9 cm×15.1 cm,1套2件,民国

819. 3428.Z3.1796,民国周兆洪致侄子周文照函(六月),25.8 cm×24.5 cm,15 cm×17 cm,1套2件,民国

820. 3429.Z3.1797,民国周兆洪致侄子周文照函,25 cm×22.2 cm,8.7 cm×15.4 cm,1套2件,民国

821. 3430.Z3.1798,民国周兆洪致侄子周文照函(七月二十四日),24.7 cm×49.8 cm,13.9 cm×7 cm,1套2件,民国

822. 3431.Z3.1799,民国周兆洪致侄子周文桂、周文照函,24.4 cm×23.9 cm,16 cm×6.5 cm,1套2件,民国

823. 3432.Z3.1800,民国周文桂致兄周文照函(七月十九日),24 cm×23.5 cm,13.9 cm×6.9 cm,1套2件,民国

824. 3433.Z3.1801,民国广安洪记致周文照函(十月二十三日),24.7 cm×10.8 cm,13.5 cm×6.6 cm,1套2件,民国

825. 3434.Z3.1802,民国周璧艳致叔父周文照函(三月三十日),24 cm×30 cm,13.3 cm×6.7 cm,1套2件,民国

826. 3435.Z3.1803,民国张常光致周文照函(十一月),24 cm×32.2 cm,8 cm×13.8 cm,1套2件,民国

827. 3436.Z3.1804,民国杰淑致衮章贡函(四月廿八日),24.6 cm×16 cm,民国

828. 3437.Z3.1805,民国周榕□致叔父周文照函(八月中旬),24.5 cm×21.7 cm,13.7 cm×6.7 cm,1套2件,民国

829. 3438.Z3.1806,民国周北致叔父周文照函(十月二十一日),24 cm×14.5 cm,13.9 cm×6.7 cm,1套2件,民国

830. 3475.Z3.1813,1914年黄孙永致黄松坤函,25.7 cm×7.8 cm,13 cm×6.2 cm,1套2件,1914年

831. 3476.Z3.1814,1913年黄孙永致黄松坤函,26.1 cm×10.8 cm,12.7 cm×6.1 cm,1套2件,1913年

832. 3477.Z3.1815,1915年黄孙永致黄松坤函,25 cm×11 cm,13.8 cm×6.7 cm,1套2件,1915年

833. 3478.Z3.1816,1919年黄孙永致黄松坤函,25.5 cm×10.9 cm,12.5 cm×6 cm,1套2件,1919年

834. 3479.Z3.1817,1915年黄孙永谈及广州水灾致黄松坤函,25.4 cm×11 cm,13 cm×6.2 cm,1

套2件,1915年

835. 3480.Z3.1818,1914年黄孙永致黄松坤函,25.8 cm×8.5 cm,12.8 cm×6 cm,1套2件,1914年

836. 3481.Z3.1819,1917年黄孙永致黄松坤函,25.7 cm×10.8 cm,14.3 cm×6.1 cm,1套2件,1917年

837. 3482.Z3.1820,1919年黄孙永就加拿大排华等事致黄礼乾函,25.5 cm×16 cm,12.9 cm×6 cm,1套2件,1919年

838. 3483.Z3.1821,1913年黄孙永致黄松坤函,26.4 cm×8.9 cm,13 cm×6.2 cm,1套2件,1913年

839. 3484.Z3.1822,1906年黄礼景黄礼焯等人就松坤读书一事致黄松坤函,25.5 cm×18 cm,1906年

840. 3485.Z3.1823,1925年黄孙永致黄登学函,25.5 cm×25.5 cm,13.8 cm×6.5 cm,1套2件,1925年

841. 3486.Z3.1824,1921年黄礼庭就黄贤心逝世一事致黄松坤黄松茂函,24.5 cm×38.5 cm,1921年

842. 3487.Z3.1825,1915年黄贤心致儿子黄松坤函,24 cm×14.2 cm,13 cm×6.1 cm,1套2件,1915年

843. 3488.Z3.1826,1915年黄贤心致儿子黄松坤函,24 cm×11.4 cm,13 cm×6.1 cm,1套2件,1915年

844. 3489.Z3.1827,1915年黄贤心致儿子黄松坤函,24.2 cm×11.9 cm,13 cm×6.1 cm,1套2件,1915年

845. 3490.Z3.1828,1919年黄贤心致儿子黄松坤函,24 cm×28 cm,12.6 cm×6 cm,1套2件,1919年

846. 3491.Z3.1829,民国黄贤心致儿子黄松茂函(十月四日),23.9 cm×16.6 cm,12.7 cm×6 cm,1套2件,民国

847. 3492.Z3.1830,1916年黄礼焯致黄松茂函,22.5 cm×17.9 cm,14 cm×6.6 cm,1套2件,1916年

848. 3493.Z3.1831,1919年黄礼焯等人致弟黄礼乾函,23.8 cm×35 cm,14 cm×6.5 cm,1套2件,1919年

849. 3494.Z3.1832,1920年黄礼焯等人致弟黄礼乾函,24 cm×39.5 cm,14 cm×6.5 cm,1套2件,1920年

850. 3495.Z3.1833,1921年黄礼焯等人致黄礼乾、黄松茂函,23.8 cm×41 cm,13.9 cm×6.5 cm,1套2件,1921年

851. 3496.Z3.1834,民国黄礼邦致黄寿余函(八月十二日),27 cm×20.3 cm,民国

852. 3497.Z3.1835,民国陈耀勋、骆耀祯致黄寿余函(十一月二十日),21.6 cm×13.6 cm,民国

853. 3498.Z3.1836,民国余淑玲致姐余佩兰函,39 cm×24 cm,18 cm×7.9 cm,1套2件,民国

854. 3499.Z3.1837,1920年邝廷光致黄礼乾函,24 cm×17 cm,1920年

855. 3500.Z3.1838,1920年荣尧致黄寿瑜函,24.2 cm×14.6 cm,1920年

856. 3501.Z3.1839,民国润庭致黄寿、余玉亭函(八月五日),26.4 cm×53.3 cm,民国

857. 3502.Z3.1840,1921年黄礼庭等人致黄松坤等人函,24 cm×29.9 cm,1921年

858. 3503.Z3.1841,民国黄礼庭致黄松坤的函,24 cm×26.5 cm,14.5 cm×7 cm,1套2件,民国
859. 3504.Z3.1842,1915年黄松炯致黄松坤函,24 cm×11.8 cm,13 cm×6 cm,1套2件,1915年
860. 3505.Z3.1843,1917年黄松炯、黄松远、黄松源致黄松坤函,24.8 cm×36 cm,13.5 cm×6.6 cm,1套2件,1917年
861. 3506.Z3.1844,民国黄松炯、黄松远、黄松源致黄松坤函(六月十日),24 cm×14.5 cm,13.5 cm×6.7 cm,1套2件,民国
862. 3507.Z3.1845,1918年4月29日黄松炯(礼焯)致黄松坤函,24 cm×35.6 cm,14 cm×7 cm,1套2件,1918年
863. 3508.Z3.1846,1918年黄礼焯、黄礼彭、黄礼景就加拿大政府设开书信官等事致黄礼乾函,23.5 cm×27.6 cm,1918年
864. 3509.Z3.1847,1916年11月1日黄松炯(礼焯)致黄松坤函,22.5 cm×17.9 cm,14 cm×6.5 cm,1套2件,1916年
865. 3510.Z3.1848,1913年11月5日黄孙永致黄松坤函,25 cm×10.8 cm,14 cm×6.7 cm,1套2件,1913年
866. 3511.Z3.1849,1921年黄子兆、黄礼庭致黄松坤、黄松茂函,24.4 cm×22 cm,1921年
867. 3512.Z3.1850,1917年黄礼庭提及金银对换一事致黄松坤函,24.9 cm×33 cm,13.6 cm×6.5 cm,1套2件,1917年
868. 3528.Z3.1853,1911年黄荣祥致兄黄耀祥函,23.5 cm×11.5 cm,14.5 cm×7.2 cm,1套2件,1911年
869. 3529.Z3.1854,1911年黄发祥致兄黄耀祥函,25.9 cm×14.9 cm,14.8 cm×7.2 cm,1套2件,1911年
870. 3530.Z3.1855,1911年黄发祥致兄黄耀祥函,25.7 cm×13 cm,13.8 cm×6.8 cm,1套2件,1911年
871. 3531.Z3.1856,1911年黄发祥致兄黄耀祥函,23 cm×14.4 cm,13.5 cm×6.8 cm,1套2件,1911年
872. 3532.Z3.1857,1911年5月27日黄发祥致兄黄耀祥函,25 cm×17 cm,14 cm×6.7 cm,1套2件,1911年
873. 3533.Z3.1858,1911年黄发祥致兄黄耀祥函,23.3 cm×13.4 cm,14.5 cm×7.3 cm,1套2件,1911年
874. 3534.Z3.1859,1911年9月4日黄发祥致兄黄耀祥函,23.5 cm×15.9 cm,14.5 cm×7.2 cm,1套2件,1911年
875. 3535.Z3.1860,1911年5月1日黄发祥致兄黄耀祥函,25.5 cm×11.8 cm,14 cm×6.7 cm,1套2件,1911年
876. 3536.Z3.1861,1912年黄荣祥致兄黄耀祥函,25.5 cm×15.5 cm,14 cm×6.9 cm,1套2件,1912年
877. 3537.Z3.1862,1911年黄发祥致兄黄耀祥函,25.8 cm×10.9 cm,1911年
878. 3539.Z3.1863,1911年9月13日黄发祥提及广州辛亥革命开炮一事致黄耀祥函,23.4 cm×23 cm,13.5 cm×6.8 cm,1套2件,1911年
879. 3540.Z3.1864,1913年黄发祥致黄耀祥函,24 cm×21 cm,14.6 cm×7.2 cm,1套2件,1913年

880. 3541.Z3.1865,1911年黄发祥因向新旧政府催讨购炮款一事致黄耀祥函(十月二十一日),24.2 cm×37 cm,14.5 cm×7.2 cm,1套2件,1911年

881. 3542.Z3.1866,1912年黄发祥致黄耀祥函,23.7 cm×16 cm,14 cm×6.7 cm,1套2件,1912年

882. 3543.Z3.1867,1912年黄发祥致黄耀祥函,23.8 cm×12 cm,13.7 cm×6.8 cm,1套2件,1912年

883. 3544.Z3.1868,1912年黄发祥致黄耀祥函,23.7 cm×13 cm,14.1 cm×7.1 cm,1套2件,1912年

884. 3545.Z3.1869,民国黄发祥致黄耀祥函(七月十五日),26 cm×20 cm,14.6 cm×7.2 cm,1套2件,民国

885. 3546.Z3.1870,1912年黄发祥致黄耀祥函,23.7 cm×13.8 cm,13.5 cm×6.6 cm,1套2件,1912年

886. 3547.Z3.1871,1912年黄荣祥致黄耀祥函,25.5 cm×11 cm,13 cm×6 cm,1套2件,1912年

887. 3548.Z3.1872,民国黄荣祥致黄耀祥函(十二月二十六日),25.5 cm×11 cm,14 cm×6.8 cm,1套2件,民国

888. 3549.Z3.1873,民国黄发祥致黄耀祥函(七月二十一日),23.4 cm×19.5 cm,13.8 cm×7 cm,1套2件,民国

889. 3550.Z3.1874,民国黄发祥致黄耀祥函(十月十八日),24.4 cm×23 cm,13.5 cm×7 cm,1套2件,民国

890. 3551.Z3.1875,民国黄发祥致黄耀祥函(十月二十七日),24.4 cm×17.1 cm,14 cm×6.8 cm,1套2件,民国

891. 3552.Z3.1876,民国黄发祥致黄耀祥函(五月一日),25 cm×15 cm,13.9 cm×6.8 cm,1套2件,民国

892. 3553.Z3.1877,民国黄发祥致黄耀祥函(七月九日),26 cm×15.1 cm,14.5 cm×7.2 cm,1套2件,民国

893. 3554.Z3.1878,民国黄发祥致黄耀祥函(二月七日),25 cm×26 cm,13.5 cm×6.7 cm,1套2件,民国

894. 3555.Z3.1879,民国黄发祥致黄耀祥函(五月十三日),25.7 cm×13.3 cm,17 cm×6.7 cm,1套2件,民国

895. 3556.Z3.1880,民国黄发祥致黄耀祥函(十一月三十日),24.3 cm×16.5 cm,13.7 cm×6.5 cm,1套2件,民国

896. 3557.Z3.1881,民国黄发祥致黄耀祥函(十一月十日),24 cm×41.2 cm,14 cm×6.7 cm,1套2件,民国

897. 3558.Z3.1882,民国黄发祥提及买卖枪炮一事致黄耀祥函(十一月十七日),24.3 cm×43.5 cm,14.5 cm×7.3 cm,1套2件,民国

898. 3559.Z3.1883,1911年黄发祥提及新旧政权交替生意冷淡一事致黄耀祥函,23.3 cm×27.9 cm,14 cm×6.9 cm,1套2件,1911年

899. 3560.Z3.1884,民国黄发祥致黄耀祥函(二月八日),25.5 cm×35.7 cm,13.9 cm×6.8 cm,1套2件,民国

900. 3561.Z3.1885,民国黄发祥致黄耀祥函(十一月三日),24.4 cm×24 cm,14 cm×6.8 cm,1套2

件,民国

901. 3562.Z3.1886,民国黄发祥致黄耀祥函(九月九日),23.5 cm×12.1 cm,13.6 cm×6.8 cm,1套2件,民国

902. 3563.Z3.1887,民国黄发祥致黄耀祥函(六月二日),25 cm×15.5 cm,14 cm×6.6 cm,1套2件,民国

903. 3564.Z3.1888,1911年黄发祥致黄耀祥函,26 cm×25.6 cm,13.7 cm×6.6 cm,1套2件,1911年

904. 3565.Z3.1889,民国黄发祥致黄耀祥函(十一月二十四日),24 cm×35.5 cm,13.5 cm×6.5 cm,1套2件,民国

905. 3566.Z3.1890,民国黄发祥致黄耀祥函(五月一日),24 cm×13.5 cm,12.6 cm×6.3 cm,1套2件,民国

906. 3567.Z3.1891,民国黄发祥致黄耀祥函(七月二日),26 cm×11.1 cm,13.5 cm×6.7 cm,1套2件,民国

907. 3568.Z3.1892,民国黄发祥致黄耀祥函(九月二十七日),23.5 cm×20 cm,15 cm×7.5 cm,1套2件,民国

908. 3569.Z3.1893,1912年黄发祥致黄耀祥函,24.5 cm×12.5 cm,13.6 cm×6.8 cm,1套2件,1912年

909. 3570.Z3.1894,1914年黄发祥致黄耀祥函,23.7 cm×14.8 cm,13.8 cm×6.9 cm,1套2件,1914年

910. 3571.Z3.1895,1912年黄发祥致黄耀祥函,24.3 cm×23.2 cm,14 cm×6.7 cm,1套2件,1912年

911. 3572.Z3.1896,1913年黄发祥致黄耀祥函,26 cm×14.2 cm,14.5 cm×7.1 cm,1套2件,1913年

912. 3573.Z3.1897,1912年黄发祥致黄耀祥函,24.2 cm×19.6 cm,13.5 cm×6.2 cm,1套2件,1912年

913. 3574.Z3.1898,民国黄发祥致黄耀祥函(二月五日),24 cm×24 cm,14 cm×7 cm,1套2件,民国

914. 3575.Z3.1899,1913年黄发祥致黄耀祥函,24 cm×48.5 cm,14 cm×6.9 cm,1套2件,1913年

915. 3576.Z3.1900,1913年黄发祥致黄耀祥函,23.8 cm×50 cm,13.7 cm×6.5 cm,1套2件,1913年

916. 3577.Z3.1901,1912年黄发祥致黄耀祥函,24 cm×27.8 cm,13.7 cm×6.9 cm,1套2件,1912年

917. 3578.Z3.1902,1912年黄发祥致黄耀祥函,23.7 cm×14.7 cm,14 cm×7.1 cm,1套2件,1912年

918. 3579.Z3.1903,1914年黄发祥致黄耀祥函,23.7 cm×10.2 cm,12.7 cm×6.1 cm,1套2件,1914年

919. 3580.Z3.1904,1912年黄发祥致黄耀祥函,23.7 cm×23.4 cm,14.4 cm×7 cm,1套2件,1912年

920. 3581.Z3.1905,民国黄发祥致黄耀祥函(四月二十日),24 cm×24.3 cm,13.6 cm×6.7 cm,1套2件,民国

921. 3582.Z3.1906,1912年黄发祥致黄耀祥函,24.3 cm×14.4 cm,14 cm×6.6 cm,1套2

件,1912年

922. 3583.Z3.1907,1912年黄发祥提及货物被北洋军政府拦截一事致黄耀祥函,24.2 cm×31 cm,13.7 cm×6.8 cm,1套2件,1912年

923. 3584.Z3.1908,1912年黄发祥致黄耀祥函,24.4 cm×18.5 cm,12.8 cm×6.1 cm,1套2件,1912年

924. 3585.Z3.1909,1912年黄发祥致黄耀祥函,24.5 cm×23.2 cm,3.4 cm×6.7 cm,1套2件,1912年

925. 3586.Z3.1910,1912年黄发祥致黄耀祥函,24.4 cm×11.7 cm,12.7 cm×6.8 cm,1套2件,1912年

926. 3587.Z3.1911,1912年黄发祥致黄耀祥函,24.4 cm×14.2 cm,12.8 cm×6.2 cm,1套2件,1912年

927. 3588.Z3.1912,1912年黄发祥致黄耀祥函,24.2 cm×16.8 cm,12.7 cm×5.9 cm,1套2件,1912年

928. 3589.Z3.1913,民国黄发祥致黄耀祥函(六月十日),25.8 cm×11.1 cm,13.8 cm×6.6 cm,1套2件,民国

929. 3590.Z3.1914,1912年黄发祥致黄耀祥函,24.4 cm×14.9 cm,12.6 cm×6.6 cm,1套2件,1912年

930. 3591.Z3.1915,1912年黄发祥致黄耀祥函,24 cm×15 cm,14.9 cm×7.3 cm,1套2件,1912年

931. 3592.Z3.1916,民国黄发祥致黄耀祥函(二月二十一日),25.9 cm×24.3 cm,14 cm×6.7 cm,1套2件,民国

932. 3593.Z3.1917,民国黄荣祥致黄耀祥函(十月十三日),23.8 cm×14.8 cm,14 cm×6.7 cm,1套2件,民国

933. 3594.Z3.1918,民国黄荣祥致黄耀祥函(十二月十日),25.4 cm×14 cm,15 cm×6.7 cm,1套2件,民国

934. 3595.Z3.1919,1914年锦传致黄耀祥函,25.8 cm×18.1 cm,12.5 cm×6.1 cm,1套2件,1914年

935. 3596.Z3.1920,民国黄发祥致黄耀祥函(六月十七日),24 cm×37 cm,12 cm×6 cm,1套2件,民国

936. 3597.Z3.1921,民国黄发祥致兄黄耀祥函(三月廿七日),23.6 cm×20.8 cm,15 cm×7.3 cm,1套2件,民国

937. 3598.Z3.1922,1913年黄发祥致兄黄耀祥函,24 cm×26.2 cm,13.5 cm×7 cm,1套2件,1913年

938. 3599.Z3.1923,1913年黄发祥致兄黄耀祥函,25.5 cm×13 cm,14.6 cm×7.2 cm,1套2件,1913年

939. 3600.Z3.1924,1913年黄发祥致兄黄耀祥函,24 cm×12.5 cm,13.5 cm×6.1 cm,1套2件,1913年

940. 3601.Z3.1925,1914年黄发祥致兄黄耀祥函,23.8 cm×18.5 cm,13.7 cm×6.9 cm,1套2件,1914年

941. 3602.Z3.1926,1914年黄发祥致兄黄耀祥函,23.5 cm×20.9 cm,15.2 cm×7.3 cm,1套2件,1914年

942. 3603.Z3.1927,1913年黄发祥致兄黄耀祥函,23.9 cm×12.5 cm,13.8 cm×6.6 cm,1套2件,1913年

943. 3604.Z3.1928,1913年黄发祥致兄黄耀祥函,24.1 cm×11 cm,14.5 cm×7.2 cm,1套2件,1913年

944. 3605.Z3.1929,1913年黄发祥致兄黄耀祥函,24 cm×14.7 cm,24 cm×10 cm,14 cm×6.9 cm,1套3件,1913年

945. 3606.Z3.1930,1912年黄发祥致兄黄耀祥函,24.3 cm×15.2 cm,14 cm×6.6 cm,1套2件,1912年

946. 3607.Z3.1931,1912年黄发祥致兄黄耀祥函,24.4 cm×12.4 cm,13.7 cm×6.5 cm,1套2件,1912年

947. 3608.Z3.1932,1912年黄荣祥就财政司催印验新旧契一事致黄耀祥函,23.7 cm×14 cm,14.5 cm×6.2 cm,1套2件,1912年

948. 3609.Z3.1933,1914年黄发祥提及一战德国来攻香港的流言等致黄耀祥函,23.8 cm×27 cm,13.8 cm×6.8 cm,1套2件,1914年

949. 3610.Z3.1934,1912年黄发祥致兄黄耀祥函,24.2 cm×22 cm,13.5 cm×6.6 cm,1套2件,1912年

950. 3611.Z3.1935,1913年黄发祥致兄黄耀祥函,23.8 cm×13.3 cm,1913年

951. 3612.Z3.1936,1914年黄发祥致兄黄耀祥函,23.5 cm×11.7 cm,14.7 cm×7.4 cm,1套2件,1914年

952. 3613.Z3.1937,1913年黄发祥提及龙济光任粤省都督致黄耀祥函,24 cm×48.5 cm,14 cm×6.8 cm,1套2件,1913年

953. 3614.Z3.1938,1913年黄发祥致兄黄耀祥函,24 cm×37.7 cm,13.5 cm×6.6 cm,1套2件,1913年

954. 3615.Z3.1939,1913年黄发祥致兄黄耀祥函,25.3 cm×51 cm,14.5 cm×7.3 cm,1套2件,1913年

955. 3616.Z3.1940,1913年黄发祥致兄黄耀祥函,24 cm×34.8 cm,13.5 cm×6.6 cm,1套2件,1913年

956. 3617.Z3.1941,1914年黄发祥致兄黄耀祥函,24.5 cm×38.6 cm,13.8 cm×6.7 cm,1套2件,1914年

957. 3642.Z3.1964,1913年劳国铭谈及吕宋三次革命致劳经筵函,24 cm×37 cm,13.9 cm×6.7 cm,1套2件,1913年

958. 3643.Z3.1965,1915年劳国铭致劳经筵函,23.8 cm×26.7 cm,13.8 cm×6.7 cm,1套2件,1915年

959. 3644.Z3.1966,1913年劳国铭致劳经筵函,23.8 cm×36.9 cm,13.5 cm×6.6 cm,1套2件,1913年

960. 3645.Z3.1967,民国劳国华致劳经筵函(八月十三日),24 cm×13.2 cm,民国

961. 3646.Z3.1968,1913年劳国铭致劳炳光函,23.9 cm×13.8 cm,14.5 cm×7.3 cm,1套2件,1913年

962. 3647.Z3.1969,1910年10月12日劳经学致劳经筵函,21.8 cm×40.5 cm,13.8 cm×6.6 cm,1套2件,1910年

963. 3648.Z3.1970,民国劳维达致劳经学函(六月廿九日),24.2 cm×25 cm,民国
964. 3649.Z3.1971,1915年谢祝三致劳敬贤函,23.8 cm×25.5 cm,14 cm×6.8 cm,1套2件,1915年
965. 3650.Z3.1972,民国劳国铭致劳炳光函(十一月二十八日),23.9 cm×10.8 cm,民国
966. 3658.Z3.1978,1914年劳国华致劳经筵函,25.3 cm×13 cm,1914年
967. 3659.Z3.1979,1914年劳国华致炳光函,25.5 cm×13.1 cm,1914年
968. 3660.Z3.1980,民国劳国华致劳经筵函(四月十九日),24 cm×12.5 cm,民国
969. 3661.Z3.1981,民国劳国华致劳经筵函(十月九日),24.3 cm×31 cm,14.3 cm×7.1 cm,1套2件,民国
970. 3662.Z3.1982,民国劳国华致劳经筵函(七月廿八日),24.3 cm×39.5 cm,民国
971. 3663.Z3.1983,1911年劳国铭致劳经筵函,23.1 cm×25.8 cm,1911年
972. 3664.Z3.1984,1912年劳国铭致劳经筵函,24 cm×30.3 cm,1912年
973. 3665.Z3.1985,1914年劳国铭致劳经筵函,23.7 cm×29.9 cm,1914年
974. 3666.Z3.1986,1914年劳国铭致劳经筵函,23.9 cm×30 cm,1914年
975. 3667.Z3.1987,1915年劳国铭致劳经筵函,23.8 cm×76 cm,1915年
976. 3668.Z3.1988,1916年劳国铭致劳经筵函,23.8 cm×18.4 cm,1916年
977. 3669.Z3.1989,民国劳国铭致劳经筵函(七月六日),23.6 cm×24 cm,民国
978. 3670.Z3.1990,民国劳继达致劳经贤函(十月四日),24 cm×26.5 cm,14 cm×6.7 cm,1套2件,民国
979. 3671.Z3.1991,民国树晃致国昌函(一月二十三日),27.5 cm×20.5 cm,民国
980. 3672.Z3.1992,1911年劳国铭致劳经筵函,23.2 cm×18.1 cm,14.5 cm×7.2 cm,1套2件,1911年
981. 3673.Z3.1993,民国劳国华致劳国铭函(十月廿四日),24 cm×28.6 cm,民国
982. 3674.Z3.1994,民国劳国华致劳经筵函,25 cm×10.7 cm,15.2 cm×7.3 cm,1套2件,民国
983. 3675.Z3.1995,1912年劳国铭致劳经筵函,23.8 cm×27.3 cm,14.5 cm×7.2 cm,1套2件,1912年
984. 3676.Z3.1996,1909年劳国彬致劳经筵函,24 cm×9.5 cm,1909年
985. 3677.Z3.1997,1913年劳国铭致劳经筵函封,14.2 cm×7.2 cm,1913年
986. 3678.Z3.1998,1913年劳国铭致劳炳光函封,14.5 cm×7.4 cm,1913年
987. 3679.Z3.1999,1914年劳国铭致劳经筵函封,14.2 cm×7.3 cm,1914年
988. 3680.Z3.2000,民国劳国铭致劳经筵函封(八月二十八日),14.2 cm×7 cm,民国
989. 3681.Z3.2001,民国劳国铭致劳经筵函封,14.5 cm×7.7 cm,民国
990. 3682.Z3.2002,民国维达致劳经学函封,15.9 cm×8 cm,民国
991. 3683.Z3.2003,民国维达致劳经筵函封,12.6 cm×6.1 cm,民国
992. 3745.Z3.2033,民国维伦就省当按押行缴预钩等事致马达成函,25 cm×28.5 cm,16 cm×7.6 cm,1套2件,民国
993. 3763.Z3.2041,1941年环球保险有限公司致华字日报的保险公函,20.4 cm×23 cm,1941年
994. 3764.Z3.2042,1935年英商四海保险公司的公函,21.2 cm×27.5 cm,1935年
995. 3792.Z3.2056,1936年陈翰毓致伯询函,28 cm×17.3 cm,1936年
996. 3794.Z3.2058,民国谢为何致曹植环函,31 cm×17 cm,18.5 cm×9.5 cm,1套2件,民国

997. 3795.Z3.2059,民国谢为何致曹植环函,31.1 cm×17 cm,19 cm×9.9 cm,1套2件,民国
998. 3796.Z3.2060,民国周少行致曹植环函(十二月十四日),25.2 cm×19.5 cm,17.7 cm×9.1 cm,1套2件,民国
999. 3797.Z3.2061,民国吴少泉致曹植环函(二月廿七日),29.5 cm×15.7 cm,19 cm×9.2 cm,1套2件,民国
1000. 3798.Z3.2062,民国颜继昌致曹树球函,25.3 cm×25.5 cm,18 cm×9.3 cm,1套2件,民国
1001. 3799.Z3.2063,1935年陆炳楠律师事务所致曹树球函,信纸28.3 cm×16.1 cm,信封18.8 cm×9.5 cm,1套3件,1935年
1002. 3800.Z3.2064,1937年曹灿佳致曹树球函,17.6 cm×22.9 cm,8.9 cm×14.7 cm,1套2件,1937年
1003. 3801.Z3.2065,民国广州哥伦布餐室致曹树球函封,18.6 cm×10 cm,民国
1004. 3802.Z3.2066,民国苏致曹球函封,7.8 cm×9.2 cm,民国
1005. 3803.Z3.2067,1932年礼才致曹树球函封,9.1 cm×15.5 cm,1932年
1006. 3804.Z3.2068,民国依致进和大宝号函封,10 cm×17 cm,民国
1007. 3805.Z3.2069,1932年从菲律宾寄到广州的函封,9 cm×14.5 cm,1932年
1008. 3806.Z3.2070,民国广州市立银行发出的函封,10 cm×17.4 cm,民国
1009. 3880.Z3.2095,民国邓文炳致邓相业函(附邓文炳名片),信纸33 cm×21.6 cm,名片10.7 cm×6.5 cm,1套3件,民国
1010. 3881.Z3.2096,1922年大东亚公司就开张营业一事致邓柱臣函,25.6 cm×18.4 cm,1922年
1011. 3924.Z3.2133,民国刘良致刘心爱函,25 cm×20 cm,17.3 cm×9.5 cm,1套2件,民国
1012. 3933.Z3.2140,民国台城永光公司信纸,26.5 cm×18.5 cm,民国
1013. 3956.Z3.2154,1938年中国华安合群保寿公司江门分局致李祐旭函,25.8 cm×14.9 cm,1938年
1014. 3959.Z3.2155,1933年香港香安保险有限公司粤局致业主潘遂庆堂的函封,19.7 cm×9.4 cm,1933年
1015. 4002.Z3.2180,民国关任之就法院院长接任等事致司徒小坡函,28.8 cm×33.5 cm,15.5 cm×7.5 cm,1套2件,民国
1016. 4014.Z3.2190,1932年开平驼□四乡乡公所致关崇章函,25.2 cm×22 cm,1932年
1017. 4023.Z3.2197,民国禧致滉函(9月15日),21.7 cm×31.5 cm,民国
1018. 4034.Z3.2199,民国关任之致关勋锦函,25 cm×9.7 cm,民国
1019. 4035.Z3.2200,民国关任之致关勋锦函(五月卅一日),25.3 cm×26.8 cm,民国
1020. 4047.Z3.2210,民国关任之致关崇璋等人函(九月三十日),28.3 cm×36 cm,民国
1021. 4053.Z3.2215,1932年关任之致关勋锦函(附谢关氏案状稿)(9月26日),25.8 cm×65.3 cm,1932年
1022. 4057.Z3.2219,民国朝锡致荣章函,26.5 cm×28.8 cm,17.1 cm×7.1 cm,1套2件,民国
1023. 4058.Z3.2220,民国朝锡致勋□函,26.4 cm×12.8 cm,民国
1024. 4109.Z3.2235,民国广州市财政局发给业主潘遂庆堂的不动产契据函封,35.5 cm×20 cm,民国
1025. 4126.Z3.2252,民国广东省会警察局就调查铺屋产价及租金一事致业主的公函,26 cm×18 cm,民国
1026. 4129.Z3.2255,民国呈给广州市政府工务局局长的函,29.8 cm×18.7 cm,15.8 cm×

7.2 cm,1套2件,民国

1027. 4134.Z3.2260,民国潘辑荣呈广州市财政局局长函草稿,30.9 cm×42.6 cm,民国
1028. 4138.Z3.2264,民国□荣致胞兄欲荣函,23.5 cm×42 cm,民国
1029. 4140.Z3.2265,1935年律师商廷燥致孔鸾卿函,25.5 cm×10.6 cm,1935年
1030. 4144.Z3.2269,1932年广州市政府土地局致潘辑庆函,30.7 cm×21.5 cm,1932年
1031. 4145.Z3.2270,民国广州市十三行广集祥银号致潘仁德堂潘辑荣业主函,27.2 cm×21.6 cm,民国
1032. 4146.Z3.2271,1933年广州市自来水管理委员会致张宅函,30.1 cm×19.1 cm,1933年
1033. 4147.Z3.2272,1935年广州市自来水管理处致潘遂庆堂函,33 cm×21 cm,1935年
1034. 4157.Z3.2280,1934年律师卫梓柏杜沛端就收回租铺按金一事致潘辑荣函,信纸30.7 cm×21.4 cm,信封21.6 cm×10.5 cm,1套3件,1934年
1035. 4168.Z3.2286,民国广州市政府土地局发给遂庆堂的不动产契据函封封面,36.5 cm×16.5 cm,民国
1036. 4170.Z3.2288,1930年明照致伯父大人函,25.9 cm×17.2 cm,1930年
1037. 4191.Z3.2297,民国潘欲荣致潘辑荣函(十月二十一日),25.4 cm×16 cm,13.5 cm×6.8 cm,1套2件,民国
1038. 4195.Z3.2301,1932年先施保险公司就续保一事致潘欲和堂函,26 cm×14 cm,1932年
1039. 4210.Z3.2306,民国就承领畸□地事呈广州市工务局长函草稿,23.7 cm×21 cm,民国
1040. 4233.Z3.2320,1923年墨西哥政府关于陈吕先申请签发护照的信任报告,28 cm×21.7 cm,1923年
1041. 4272.Z3.2326,1935年广东机器总工会整理委员会发给会员陈信的介绍信(11月20日),25.8 cm×8.5 cm,1935年
1042. 4414.Z3.2352,民国广州信安号包装纸,44.3 cm×59.5 cm,民国
1043. 4522.Z3.2405,1915年立法院议员蒙化县初选举资格调查会公函函封,24 cm×13.5 cm,1915年
1044. 4607.Z3.2475,1922年谢美泮致儿谢祖材函(5月),24.4 cm×33.7 cm,12.9 cm×5.8 cm,1套2件,1922年
1045. 4608.Z3.2476,1923年谢美泮致儿谢祖材函(11月),24 cm×32.9 cm,14.5 cm×6.6 cm,1套2件,1923年
1046. 4609.Z3.2477,1925年谢美泮致儿谢祖材函(2月),23.5 cm×21 cm,14 cm×6 cm,1套2件,1925年
1047. 4610.Z3.2478,1924年谢美泮致儿谢祖材函(8月),24.2 cm×34.7 cm,13.8 cm×6.7 cm,1套2件,1924年
1048. 4611.Z3.2479,1924年谢美泮致儿谢祖材函(11月),24.2 cm×18.7 cm,13.6 cm×6.7 cm,1套2件,1924年
1049. 4612.Z3.2480,1927年谢美泮致妻关氏函(1月19日),23.5 cm×36.8 cm,12.8 cm×5.9 cm,1套2件,1927年
1050. 4613.Z3.2481,1925年谢美汉致妻关氏函(10月),24.3 cm×36.1 cm,13.9 cm×6.5 cm,1套2件,1925年
1051. 4614.Z3.2482,1924年谢美汉致妻关氏函(11月),24.1 cm×30.6 cm,1924年

1052. 4615.Z3.2483,1926年谢美汉致妻关氏函(9月),25.5 cm×50 cm,14 cm×6.5 cm,1套2件,1926年

1053. 4616.Z3.2484,1921年谢美泮致子谢祖材函(7月),24.1 cm×44.6 cm,1921年

1054. 4617.Z3.2485,1925年谢美汉谈及省港罢工风潮致儿函,23.8 cm×7.4 cm,13.9 cm×6.5 cm,1套2件,1925年

1055. 4618.Z3.2486,1928年谢美泮(谢美汉)致儿谢祖才函,24.1 cm×17.2 cm,14.5 cm×7.1 cm,1套2件,1928年

1056. 4619.Z3.2487,1926年谢美汉致儿谢祖材、祖威、祖治函,24.1 cm×21.7 cm,13.8 cm×6.6 cm,1套2件,1926年

1057. 4620.Z3.2488,1902年谢美汉致儿谢祖材、祖威、祖治函,23.5 cm×25.5 cm,14.8 cm×7 cm,1套2件,1902年

1058. 4621.Z3.2489,1926年谢美泮致儿谢祖材、祖威、祖治函,25.5 cm×24.5 cm,12.4 cm×6.1 cm,1套2件,1926年

1059. 4622.Z3.2490,1926年谢美汉致儿谢祖材、祖威、祖治函,25.5 cm×32.5 cm,15.7 cm×6.5 cm,1套2件,1926年

1060. 4623.Z3.2491,1927年谢美泮致儿谢祖材、祖威、祖治函,23.8 cm×49 cm,23.5 cm×9.8 cm,14 cm×6.7 cm,1套3件,1927年

1061. 4624.Z3.2492,1927年谢美泮致妻关氏函,23.8 cm×49.3 cm,15 cm×7.1 cm,1套2件,1927年

1062. 4625.Z3.2493,1926年谢美泮致姨甥锡宏责函,25.6 cm×8.7 cm,1926年

1063. 4626.Z3.2494,1921年谢美泮致儿祖材、祖威、祖治函,24 cm×48.3 cm,14 cm×6.6 cm,1套2件,1921年

1064. 4627.Z3.2495,1926年谢美泮致儿祖材、祖威、祖治函,24.9 cm×20.8 cm,14 cm×6.5 cm,1套2件,1926年

1065. 4628.Z3.2496,1926年谢美泮致儿祖材、祖威、祖治函,25.5 cm×37.5 cm,14 cm×6.6 cm,1套2件,1926年

1066. 4629.Z3.2497,1926年谢美汉就美国大举查册等事致儿函,24.1 cm×25 cm,13.8 cm×6.6 cm,1套2件,1926年

1067. 4630.Z3.2498,1927年谢美汉致儿祖材、祖威、祖治函,23.3 cm×49 cm,14 cm×6.8 cm,1套2件,1927年

1068. 4631.Z3.2499,1928年谢美泮致儿谢祖材、祖威、祖治函,23.5 cm×40.5 cm,15 cm×7 cm,1套2件,1928年

1069. 4632.Z3.2500,1927年谢美泮致儿祖材、祖威、祖治函,25.9 cm×52.8 cm,1927年

1070. 4633.Z3.2501,1927年谢美泮致儿祖材、祖威、祖治函,29.3 cm×42.5 cm,14 cm×6.5 cm,1套2件,1927年

1071. 4634.Z3.2502,1927年谢美泮致儿祖材、祖威、祖治函,23.7 cm×43.8 cm,14.1 cm×6.6 cm,1套2件,1927年

1072. 4635.Z3.2503,1927年谢美泮致儿祖材、祖威、祖治函,25.8 cm×50.4 cm,7.8 cm×25.6 cm,14 cm×6.6 cm,1套3件,1927年

1073. 4636.Z3.2504,1926年谢美泮致妻关氏函,25.5 cm×43.5 cm,13.7 cm×6.7 cm,1套2

件,1926 年

1074. 4637.Z3.2505,1926 年谢美汉致妻关氏函(10 月),25.7 cm×45.1 cm,14 cm×6.8 cm,1 套 2 件,1926 年

1075. 4638.Z3.2506,1921 年谢美汉致妻关氏函(10 月),24 cm×30.7 cm,13.5 cm×6.8 cm,1 套 2 件,1921 年

1076. 4639.Z3.2507,1925 年谢美泮致子谢祖材函(4 月 5 日),23.4 cm×20.4 cm,15 cm×7.1 cm,1 套 2 件,1925 年

1077. 4640.Z3.2508,1927 年谢美泮致子谢祖材函(12 月 22 日),23.8 cm×26.5 cm,14.1 cm×6.5 cm,1 套 2 件,1927 年

1078. 4641.Z3.2509,1926 年谢美泮致子谢祖材函(6 月 21 日),25.1 cm×21 cm,14.8 cm×7 cm,1 套 2 件,1926 年

1079. 4642.Z3.2510,1928 年谢美泮致子谢祖材函(1 月 9 日),23.7 cm×48.4 cm,13.4 cm×6.5 cm,1 套 2 件,1928 年

1080. 4643.Z3.2511,民国谢美泮致子谢祖材函(5 月 20 日),24 cm×26 cm,14 cm×6.5 cm,1 套 2 件,民国

1081. 4644.Z3.2512,1928 年谢美泮致子谢祖材函(3 月 8 日),23.8 cm×41.5 cm,14 cm×6.6 cm,1 套 2 件,1928 年

1082. 4645.Z3.2513,1928 年谢美泮致伯谢维柜函(3 月 8 日),23.8 cm×22.5 cm,14.8 cm×7 cm,1 套 2 件,1928 年

1083. 4646.Z3.2514,1927 年谢建利致双亲函(10 月 12 日),24 cm×33.8 cm,14.8 cm×7 cm,1 套 2 件,1927 年

1084. 4647.Z3.2515,1927 年谢美泮致谢维柜函(11 月 5 日),25.9 cm×25 cm,14.8 cm×7 cm,1 套 2 件,1927 年

1085. 4680.Z3.2530,1907 年澳大利亚阿德莱德市海关征收员致 Mr. Ah Shing 函,17 cm×21.5 cm,1907 年

1086. 4681.Z3.2531,1907 年澳大利亚阿德莱德市海关征收员致 Mr. Ah Shing 函,17 cm×21.5 cm,1907 年

1087. 4682.Z3.2532,1925 年太平洋贸易有限公司常务董事关于 Ah Shing 的证明信,17.4 cm×20.5 cm,1925 年

1088. 4684.Z3.2534,1920 年 HELMSLEY JONES 关于 Ah Shing 的证明信,17.4 cm×20.2 cm,1920 年

1089. 4685.Z3.2535,1925 年澳大利亚海关与货物税务署致 Ah Shing 函,17 cm×20.8 cm,1925 年

1090. 4687.Z3.2537,1920 年 L.G.Abborr 关于 Ah Shing 的证明信,20.9 cm×17.7 cm,1920 年

1091. 4694.Z3.2541,1924 年梅高翔致母亲函(3 月 13 日),23.6 cm×18.8 cm,1924 年

1092. 4695.Z3.2542,1924 年梅高翔致母亲函(6 月 7 日),23.7 cm×28.5 cm,1924 年

1093. 4696.Z3.2543,1915 年梅耀秸致子梅高翔函(12 月 19 日),23.5 cm×17.5 cm,14 cm×6.5 cm,1 套 2 件,1915 年

1094. 4697.Z3.2544,1924 年杏乃致梅高翔函(1 月 12 日),24.1 cm×23 cm,14.2 cm×7 cm,1 套 2 件,1924 年

1095. 4699.Z3.2545,1922年梅耀秸致子函(1月26日),23.8 cm×25.5 cm,14 cm×6.8 cm,1套2件,1922年

1096. 4700.Z3.2546,1916年梅耀秸致子函(4月21日),28 cm×14.5 cm,14 cm×6.5 cm,1套2件,1916年

1097. 4701.Z3.2547,1920年梅耀秸致子梅高祥函(5月6日),24.7 cm×9.1 cm,14 cm×6.8 cm,1套2件,1920年

1098. 4702.Z3.2548,民国梅襄迺致弟梅高翔函(2月4日),25.4 cm×9 cm,1套2件,民国

1099. 4703.Z3.2549,民国梅耀秸致子梅高翔函,25.2 cm×9 cm,14.4 cm×6.6 cm,1套2件,民国

1100. 4704.Z3.2550,1919年梅迺华致弟梅高翔函(1月4日),25 cm×13.4 cm,14 cm×6.4 cm,1套2件,1919年

1101. 4705.Z3.2551,1924年梅迺华致弟梅高翔函(2月5日),23.9 cm×31.5 cm,12.5 cm×5.9 cm,1套2件,1924年

1102. 4706.Z3.2552,1923年梅迺华致弟梅高翔函(12月5日),23.9 cm×11 cm,15 cm×7.2 cm,1套2件,1923年

1103. 4707.Z3.2553,1917年梅乃纪致母亲陈氏函(5月10日),23.5 cm×16.2 cm,13.9 cm×6.5 cm,1套2件,1917年

1104. 4708.Z3.2554,1927年梅乃纪致子函(5月10日),22.8 cm×23.8 cm,13.9 cm×6.5 cm,1套2件,1927年

1105. 4709.Z3.2555,1927年梅乃纪致母亲陈氏函(8月3日),23.8 cm×25 cm,14.3 cm×7.1 cm,1套2件,1927年

1106. 4710.Z3.2556,民国梅杏乃致梅高祥函(12月19日),24 cm×23.3 cm,14.8 cm×7.2 cm,1套2件,民国

1107. 4711.Z3.2557,民国梅杏乃致梅高祥函(12月23日),20 cm×12.8 cm,15 cm×7.2 cm,1套2件,民国

1108. 4712.Z3.2558,民国梅襄迺致梅高祥函(2月3日),22 cm×18.5 cm,14.1 cm×6.8 cm,1套2件,民国

1109. 4713.Z3.2559,民国关豪生致梅乃杞函,14 cm×13.8 cm,13.6 cm×6.5 cm,1套2件,民国

1110. 4715.Z3.2560,1941年陈国枢致陈锦堂函(3月25日),24.5 cm×49.5 cm,24.4 cm×44.5 cm,16 cm×7.4 cm,1套3件,1941年

1111. 4718.Z3.2562,1932年德星房致锦璋、锦桃函,32.6 cm×16 cm,1932年

1112. 4719.Z3.2563,1932年德星房致国枢函,32.5 cm×16 cm,1932年

1113. 4720.Z3.2564,1932年德星房致国枢函,32.5 cm×16 cm,1932年

1114. 4721.Z3.2565,民国祀苏致国良伯母函(十月十七日),27.9 cm×21.6 cm,民国

1115. 4722.Z3.2566,民国祀苏致锦桃函(八月廿二日),27.9 cm×21.6 cm,民国

1116. 4723.Z3.2567,民国致锦涛、锦璋函,24.2 cm×16.5 cm,1套2件,民国

1117. 4724.Z3.2568,1936年陈华阳致子全庄函,21 cm×28 cm,1936年

1118. 4725.Z3.2569,民国华略致祀苏函,27.5 cm×21.1 cm,民国

1119. 4726.Z3.2570,民国谢维国致华扬母亲函,21.5 cm×28 cm,1套2页,民国

1120. 4727.Z3.2571,1936年陈国枢致锦桃、锦章函(2月29日),27.8 cm×21.5 cm,1936年

1121. 4728.Z3.2572,1932年祀浪致国樑姆函,27.8 cm×17.4 cm,1932年

1122. 4729.Z3.2573,民国陈华扬致国良函(12月20日),21.3 cm×27.9 cm,民国
1123. 4730.Z3.2574,民国祀苏致华略伯母、国良伯母函(9月14日),23.8 cm×17.3 cm,1套7件,民国
1124. 4785.Z3.2581,1934年广州市万国行致余怀德堂函,30 cm×18.5 cm,20.3 cm×9.3 cm,1套2件,1934年
1125. 4912.Z3.2655,1917年胡适致许怡荪函封,15 cm×7.4 cm,1917年
1126. 4913.Z3.2656,1923年陈颐庭致胡适函封,14.5 cm×9.3 cm,1923年
1127. 5144.Z3.2766,1937年致朱祝裘函封,16.4 cm×9 cm,1937年
1128. 5259.Z3.2820,1926年林业明招股公函,19.7 cm×31 cm,1926年
1129. 5290.Z3.2851,1926年中国国民党驻三藩市总支部执行委员会致各党部常务委员函(6月14日),27.7 cm×21.5 cm,1926年
1130. 5292.Z3.2853,1926年中国国民党驻三藩市总支部执行委员会致各党部常务委员函(5月14日),27.7 cm×21.6 cm,1926年
1131. 5293.Z3.2854,1926年中国国民党驻三藩市总支部执行委员会致各级党部推行监察委员会函(9月24日),28 cm×21.5 cm,1926年
1132. 5294.Z3.2855,1926年中国国民党驻三藩市总支部执行委员会致各级党部委员函(8月11日),27.7 cm×21.5 cm,1926年
1133. 5295.Z3.2856,1926年中国国民党驻三藩市总支部临时代表大会筹备委员致分区分部常务委员函(10月8日),27.8 cm×21.6 cm,1926年
1134. 5296.Z3.2857,1926年中国国民党驻三藩市总支部执行监察委员会致各党部执行委员函(11月5日),20.2 cm×21.2 cm,1926年
1135. 5298.Z3.2859,1925年中国国民党驻三藩市总支部近日来往函电汇录(12月23日),19.8 cm×31.1 cm,1925年
1136. 5299.Z3.2860,1925年中国国民党总支部执行委员会致各级党部常务委员函(12月23日),20.5 cm×48.6 cm,1925年
1137. 5300.Z3.2861,民国三藩市总支部执行委员会转发汪精卫致临时浙江省执行委员会函(9月24日),21.4 cm×42.1 cm,民国
1138. 5302.Z3.2863,1926年黄启文等人转发谭赞的信,21.5 cm×60 cm,1926年
1139. 5303.Z3.2864,1926年中国国民党三藩市分部致各党部监察执行委员会全体同志函(12月1日),21.7 cm×43.3 cm,1926年
1140. 5304.Z3.2865,1929年中国国民党驻三藩市总支部执行委员会常务委员关于中山陵园的信(2月14日),27.8 cm×21.5 cm,1929年
1141. 5307.Z3.2867,1928年三藩市分部党务指委会致汤务重函(9月10日),22.2 cm×16 cm,1928年
1142. 5308.Z3.2868,民国侨美救粤义捐总局致汤务重函(10月6日),28 cm×21.8 cm,民国
1143. 5309.Z3.2869,1930年中国国民党三藩市分部执行委员会常务委员致汤务重函(3月26日),27.8 cm×21.7 cm,1930年
1144. 5310.Z3.2870,1930年侨美救粤义捐总局致汤务重函,27.9 cm×21.6 cm,10.5 cm×24 cm,1套2件,1930年
1145. 5311.Z3.2871,1929年中国国民党三藩市分部执行委员会致本分部同志函(2月15

日),21.4 cm×33.1 cm,1929年

1146. 5316.Z3.2876,1938年中国国民党美国三藩市分部执行委员会致本分部同志函(11月28日),21.5 cm×14.5 cm,1938年

1147. 5328.Z3.2887,民国蒋筠致汪道源信(十二月廿四日),27 cm×19.3 cm,8.9 cm×15 cm,1套2件,民国

1148. 5329.Z3.2888,民国蒋筠致汪道源信(十二月十日),27 cm×19.3 cm,民国

1149. 5330.Z3.2889,民国□清致汪道源函,26.8 cm×19.8 cm,民国

1150. 5403.Z3.2907,民国邓定远致景学函(11月3日),27 cm×20.8 cm,1套2件,民国

1151. 5428.Z3.2923,1912年中国同盟会鄂支部居正致孙中山函,信纸27.5 cm×16.6 cm,信封11.3 cm×23.3 cm,1套4件,1912年

1152. 5429.Z3.2924,1912年王廷桢致南京专使诸君议不宜迁都函,信纸23.2 cm×12.5 cm,信封20.1 cm×10 cm,1套4件,1912年

1153. 5430.Z3.2925,1912年北京政界同人致中华民国南京星使蔡元培、唐绍仪、汪兆铭议不宜迁都函,信纸22.7 cm×12.3 cm,信封19.3 cm×9.7 cm,1套5件,1912年

1154. 5431.Z3.2926,1912年黄花岗烈士遗孀陈王碧为夫请恤致孙中山函,24.5 cm×75.5 cm,12.5 cm×11.2 cm,1套2件,1912年

1155. 5432.Z3.2927,民国广东参谋部长覃天存请为庚戌正月起义死难者义捐建祠设墓致孙中山函(五月初一日),信纸26 cm×14.5 cm,信封23.7 cm×11.5 cm,1套3件,民国

1156. 5434.Z3.2928,1912年赵宗壇致邓柱臣函,21 cm×14.8 cm,9.1 cm×16.2 cm,1套2件,1912年

1157. 5438.Z3.2929,1908年清政府驻日本国大臣胡帷德任命王万年为神户领事翻译官的公函,20.9 cm×51.1 cm,1908年

1158. 5439.Z3.2930,1910年清政府驻日本国大臣任命王万年为长崎领事馆翻译官的公函,21.3 cm×63 cm,1910年

1159. 5451.Z3.2939,1906年中国运至神户各货数量价值比较列表,27.5 cm×14.8 cm,1906年

1160. 5452.Z3.2940,1906年神户同文学校申请办学经费的函,24.3 cm×101.9 cm,1906年

1161. 5456.Z3.2943,民国马聘三致绍贤函(八月二十四日),27.9 cm×34.8 cm,民国

1162. 5457.Z3.2944,1925年马聘三致绍贤函,25.5 cm×19 cm,1925年

1163. 5458.Z3.2945,1925年马席珍致绍贤函,25.7 cm×19.1 cm,1套2件,1925年

1164. 5459.Z3.2946,1927年马席珍致绍贤函(1月2日),25.5 cm×19 cm,1套2页,1927年

1165. 5460.Z3.2947,民国马聘三致绍贤函(8月23日),25.6 cm×19 cm,民国

1166. 5461.Z3.2948,民国陈源来致绍贤、青原、友琴函,27 cm×19.5 cm,民国

1167. 5462.Z3.2949,民国陈源来致绍贤、青原、友琴函,27.4 cm×18.9 cm,民国

1168. 5463.Z3.2950,民国陈源来致绍贤副领事函(八月十一日),25.2 cm×16.6 cm,1套2页,民国

1169. 5464.Z3.2951,民国陈源来致绍贤,25.3 cm×16.7 cm,民国

1170. 5465.Z3.2952,民国陈源来致绍贤函(八月二十五日),25.1 cm×16.8 cm,民国

1171. 5466.Z3.2953,民国陈源来致万年先生函,26.3 cm×17 cm,1封3件,民国

1172. 5467.Z3.2954,民国名正肃致王万年先生函,27.5 cm×19.4 cm,民国

1173. 5468.Z3.2955,民国陈源来致绍贤函,27.3 cm×19.4 cm,民国

1174. 5469.Z3.2956,民国陈源来致友人函,25.1 cm×16.6 cm,民国
1175. 5470.Z3.2957,民国马玉山就公司发展问题致养年先生函,26.7 cm×17 cm,民国
1176. 5471.Z3.2958,民国唐榴所书唁函,26.4 cm×16 cm,民国
1177. 5472.Z3.2959,民国张元节就驻长崎领事来京一事致绍贤函(五月二十八日),27.1 cm×19.7 cm,民国
1178. 5473.Z3.2960,民国华涧泉致友人函(二月七日),22.9 cm×13.1 cm,民国
1179. 5474.Z3.2961,民国吕氏致青原函(八月九日),25.6 cm×16 cm,1套2页,民国
1180. 5475.Z3.2962,1925年驻长崎领事部则济就核销旅费事致驻日本公使馆函,25.8 cm×18 cm,1套2件,1925年
1181. 5477.Z3.2963,民国上海总商会致江苏实业厅电文、致仁川中华总商会函抄件,26 cm×20.3 cm,民国
1182. 5478.Z3.2964,民国山东会馆就日本加征重税一事致驻日本领事郭函,27.4 cm×17.9 cm,1套4件,民国
1183. 5479.Z3.2965,1930年长崎市大正兴业信托株式会社给王万年的催告书,24.7 cm×33.4 cm,1930年
1184. 5486.Z3.2972,1930年长崎十八银行株式会社致王万年函,23.9 cm×16.1 cm,1930年
1185. 5494.Z3.2980,民国驻长崎领事馆致日本邮船会社函,27.4 cm×39.8 cm,1套2页,民国
1186. 5495.Z3.2981,民国驻长崎领事馆致日本邮船会社函,27.4 cm×39.8 cm,1套2页,民国
1187. 5498.Z3.2984,民国驻长崎领事馆致孙先生函,27.3 cm×20.9 cm,民国
1188. 5499.Z3.2985,民国驻长崎领事馆致长崎县知事渡边胜太郎函的草稿,27.4 cm×25.5 cm,民国
1189. 5500.Z3.2986,民国驻长崎领事馆关于选举一事致先刻会长函,27.5 cm×16.5 cm,民国
1190. 5501.Z3.2987,民国驻长崎领事馆关于选举一事的函,27.5 cm×16.5 cm,民国
1191. 5508.Z3.2994,民国中国留日商人致长崎绅士绅商函,24.5 cm×33.4 cm,民国
1192. 5512.Z3.2998,民国汪森宝致王绍贤函,22.7 cm×12.5 cm,民国
1193. 5513.Z3.2999,清末神户中华会馆麦瑞图、吴作镇、王敬济致钦使大人函,23 cm×15.6 cm,1套4件,清末
1194. 5514.Z3.3000,民国郭则济致王绍贤函(二月六日),28.3 cm×22 cm,1套2页,民国
1195. 5515.Z3.3001,民国郭则济致王绍贤函(八月廿八日),27.6 cm×21.5 cm,民国
1196. 5516.Z3.3002,1943年王凤妊致友人函,24.8 cm×20.6 cm,1943年
1197. 5517.Z3.3003,民国郭则济致王绍贤函,27.5 cm×19.7 cm,民国
1198. 5518.Z3.3004,民国清水静太市致王万年函,信纸21.5 cm×15.5 cm,信封18.8 cm×8.9 cm,1套4件,民国
1199. 5519.Z3.3005,民国陈某致王万年函,13.9 cm×9.1 cm,民国
1200. 5522.Z3.3008,民国扑垒同门就寻书一事致周子怡函,24.5 cm×16.5 cm,民国
1201. 5536.Z3.3019,民国驻日本公使馆关于取缔王运锦等伪长崎支部恣意煽乱一事的公函,27.9 cm×60.8 cm,民国
1202. 5537.Z3.3020,1924年驻长崎领事馆呈外交总长公函,28 cm×39.8 cm,1套3页,1924年
1203. 5539.Z3.3022,1926年日本友人致王万年信,14.2 cm×9 cm,16.3 cm×11.4 cm,1套2件,1926年

1204. 5542.Z3.3023,民国球妹致王凤妤函,9.8 cm×22.5 cm,1套2页,民国

1205. 5543.Z3.3024,民国球妹致王凤妤函,9.8 cm×10.5 cm,民国

1206. 5547.Z3.3027,1924年驻日本公使馆致长崎领事馆关于税案的公函(8月6日),27.9 cm×54.5 cm,1924年

1207. 5548.Z3.3028,1930年驻日本公使馆关于引渡王运锦致长崎领事馆的公函,27.4 cm×60.8 cm,1930年

1208. 5552.Z3.3032,1930年国民政府文官处关于押解王运锦回国案函抄件,26.8 cm×31.6 cm,1930年

1209. 5553.Z3.3033,1930年行政院密令、中国国民党驻长崎直属支部执行委员会常务委员黄海楼呈文抄件,26.5 cm×31.8 cm,1套3页,1930年

1210. 5555.Z3.3035,清末某商人致日本某银行的信稿,15 cm×18.4 cm,清末

1211. 5559.Z3.3039,清末中国某商人致日本友人函,17.1 cm×42.7 cm,清末

1212. 5564.Z3.3043,民国为加饷之事致古应芬函,25.6 cm×31.5 cm,民国

1213. 5587.Z3.3061,民国中央直辖滇军第二军司令部致杨维骞等人函,19.8 cm×10.2 cm,民国

1214. 5610.Z3.3076,1952年彭泽民致彭炳棠函(7月31日),27 cm×19.2 cm,19 cm×9.5 cm,1套2件,1952年

1215. 5611.Z3.3077,1955年彭泽民致彭炳棠函(12月16日),26.5 cm×17.8 cm,21 cm×11.5 cm,1套2件,1955年

1216. 5612.Z3.3078,1955年彭泽民致彭炳棠函(4月5日),30.6 cm×22.3 cm,19 cm×9.2 cm,1套2件,1955年

1217. 5613.Z3.3079,1953年彭泽民致彭炳棠函(3月10日),信纸2页,每页29.7 cm×20.5 cm,信封18.3 cm×9.2 cm,1套3件,1953年

1218. 5673.Z3.3084,民国永翔军舰信封,21.2 cm×10 cm,民国

1219. 5697.Z3.3091,1951年傅亚夫致世伦函,27.8 cm×20.7 cm,23 cm×11.9 cm,1套2件,1951年

1220. 5698.Z3.3092,民国王超凡致同斌函,30.6 cm×20.9 cm,民国

1221. 5699.Z3.3093,民国朱致一致复良函,29.9 cm×21.3 cm,民国

1222. 5700.Z3.3094,民国戴仲玉致公亮函,31.8 cm×22.5 cm,民国

1223. 5701.Z3.3095,民国田一鸣致显翁函,28 cm×20.5 cm,民国

1224. 5702.Z3.3096,民国艾瑷致士鹏函,29.3 cm×21.2 cm,民国

1225. 5761.Z3.3141,民国志强致灿弟函,35.3 cm×21.2 cm,民国

1226. 5858.Z3.3173,民国永信和酒庄商标,11.6 cm×8.6 cm,民国

1227. 5861.Z3.3176,民国信益老酒庄商标,28.5 cm×10.7 cm,民国

1228. 5862.Z3.3177,民国信益酒庄双蒸酒商标,小5.7 cm×8.4 cm,大9.1 cm×9.1 cm,民国

1229. 5863.Z3.3178,民国信益老酒庄商标,11.9 cm×9.8 cm,民国

1230. 5864.Z3.3179,民国信益老酒庄商标,9.8 cm×7.3 cm,民国

1231. 5865.Z3.3180,民国广州信益酒庄商标,10.2 cm×6.5 cm,民国

1232. 5878.Z3.3193,民国信昌老酒庄商标,11.6 cm×15.3 cm,民国

1233. 5954.Z3.3268,民国友信织造公司后稷牌商标,8.2 cm×12.4 cm,民国

1234. 5955.Z3.3269,民国友信织造公司孟子牌商标,8.2 cm×14 cm,民国

1235. 6098.Z3.3411,民国上海信诚公司唯一牙膏包装盒,10.2 cm×16.1 cm,民国
1236. 6250.Z3.3552,民国梁寒操致可亭先生函,27 cm×21 cm,民国
1237. 6251.Z3.3553,民国梁寒操致子波函,27.3 cm×21 cm,民国
1238. 6262.Z3.3554,1912年陈炯明致孙中山函,信纸24.9 cm×12.9 cm,信封24 cm×11.5 cm,1套3件,1912年
1239. 6263.Z3.3555,民国粤海关监督公署致戴恩赛函封,21.4 cm×10.8 cm,民国
1240. 6334.Z3.3562,民国黎元洪致孙中山函,信纸22.9 cm×12.2 cm,信封25 cm×11.7 cm,1套3件,民国
1241. 6336.Z3.3563,1965年李石曾致李子宽函,内页30.3 cm×20.8 cm,22.3 cm×10.3 cm,1套2件,1965年
1242. 6355.Z3.3578,民国公信烟草公司哈哈笑香烟包装纸,7 cm×14.8 cm,民国
1243. 6369.Z3.3592,民国公信烟公司银河牌香烟包装纸,7 cm×14.9 cm,民国
1244. 6430.Z3.3653,民国公信烟草公司歌舞牌香烟包装纸,7.3 cm×11.3 cm,民国
1245. 6464.Z3.3677,民国刘维炽致大刚报社温子瑞函,2.9 cm×20.8 cm,1套3页,民国
1246. 6476.Z3.3678,1933年袁守谦致刘詠尧函,信纸34.6 cm×23.4 cm,信封25.7 cm×13.3 cm,1套3件,1933年
1247. 6478.Z3.3680,民国黄杰致定凡函,29.5 cm×21.8 cm,民国
1248. 6479.Z3.3681,1968年刘峙致魏国戎信,信纸26.8 cm×19.2 cm,信封21 cm×11.5 cm,1套3件,1968年
1249. 6480.Z3.3682,民国梁寒操致定凡函(五月廿二日),27.2 cm×21.1 cm,民国
1250. 6997.Z3.3739,民国贴有孙中山像邮票的信封,9 cm×15.3 cm,民国
1251. 6998.Z3.3740,民国贴有孙中山像邮票的信封,10.3 cm×15.2 cm,民国
1252. 7072.Z3.646,清光绪三十三年关于学党风潮一事的函,24 cm×11.5 cm,清光绪三十三年
1253. 7073.Z3.647,民国邓彬业谈及邓孝业就学等事函(九月十九日),21.8 cm×24.7 cm,民国
1254. 7075.Z3.649,民国美国亚利桑那省全体华侨就营救被拘华工一事致中华会馆函(三月初五),25 cm×53.7 cm,民国
1255. 7076.Z3.650,民国某人致五叔祖父大人函,24.5 cm×16.2 cm,民国
1256. 7077.Z3.651,民国某人致五叔祖父大人函(十月十九日),24.5 cm×16.3 cm,1套2页,民国
1257. 7078.Z3.652,民国梁元彬就调查田亩一事致邓相业函(二月九日),29.4 cm×19.9 cm,民国
1258. 7079.Z3.653,民国邓世霖致邓相业函(十二月二十五日),24.3 cm×19.6 cm,民国
1259. 7080.Z3.654,民国关崇耀谈及其罗省经历致邓相业函(三月初五),25.2 cm×18 cm,民国
1260. 7081.Z3.655,清末邓彬业致邓相业函(十二月初六日),21.5 cm×43.9 cm,清末
1261. 7082.Z3.656,民国邓颂唐就承建东建筑工程一事致其父函(六月二十九日),34.1 cm×21.3 cm,民国
1262. 7086.Z3.660,民国邓波远致邓柱臣函(二月七日),24.3 cm×51 cm,民国
1263. 7087.Z3.661,民国邓载业就迁墓地一事致邓相业函(十二月十七日),25.5 cm×53.2 cm,民国
1264. 7088.Z3.662,清邓炎业致邓荣隆、邓恩培函(十一月初三日),24.6 cm×26.2 cm,清代
1265. 7089.Z3.663,清末民初邓彬业致邓相业函(十月十八日),21.7 cm×44.3 cm,21.7 cm×24 cm,1套2页,清末民初

1266. 7091.Z3.665,民国某人致其父的报平安函(十一月十日),22.7 cm×14 cm,1套2页,民国
1267. 7093.Z3.667,民国利昌隆股东邓荣致美国总领事许宽的感谢信,24 cm×15.1 cm,民国
1268. 7094.Z3.668,民国致邓相业函,26.2 cm×11.6 cm,民国
1269. 7095.Z3.669,1909年邓晋卿就学堂兴办情形致邓柱臣函,23.6 cm×12.4 cm,1909年
1270. 7096.Z3.670,民国邓颂平致五叔父函(十月廿四日),25.7 cm×15.2 cm,民国
1271. 7101.Z3.675,民国某人就七乡国防捐款一事致邓柱臣函,25.8 cm×13.3 cm,民国
1272. 7102.Z3.676,民国开平邓氏某人致二、三胞兄函,26.1 cm×13.5 cm,民国
1273. 7103.Z3.677,民国调解家族争端的函,24.2 cm×12.6 cm,民国
1274. 7105.Z3.679,民国新广合致邓柱臣函(二月初一日),25.8 cm×11.3 cm,民国
1275. 7106.Z3.680,民国阿黻致邓相业函(十月初十日),24.6 cm×28.8 cm,民国
1276. 7107.Z3.681,1918年邓习隆致邓相业函,24.2 cm×38.7 cm,1918年
1277. 7111.Z3.685,民国邓有懋致邓相业函(三月初八日),24.8 cm×17.6 cm,民国
1278. 7112.Z3.686,1912年关崇耀致邓相业函,23.5 cm×27.3 cm,1912年
1279. 7113.Z3.687,民国邓卓峰就水偈公司相关事宜致邓柱臣函,24.1 cm×14.9 cm,民国
1280. 7114.Z3.688,1931年邓藩隆就对家纠纷一事致邓波远函,24.2 cm×25.4 cm,1931年
1281. 7115.Z3.689,民国邓贻栋就拓村争田一事致邓相业函,21.8 cm×27.8 cm,1套3页,民国
1282. 7116.Z3.690,民国则唐就贷员要求添款一事致尚武先生函(十二月十一日),25.9 cm×14.7 cm,民国
1283. 7117.Z3.691,1911年邓贻栋就北闸买地等事致邓相业函,21.7 cm×27.8 cm,1套3页,1911年
1284. 7118.Z3.692,民国邓藩隆就对家纠纷一事致邓波远函,24.2 cm×33.6 cm,民国
1285. 7119.Z3.693,1924年邓蔚业就交烟兔女一事致邓相业函,16.5 cm×26.3 cm,1924年
1286. 7120.Z3.694,民国邓世端代邓颂唐致邓柱臣函,25.8 cm×13.3 cm,民国
1287. 7121.Z3.695,民国邓藩隆就贴帖一事致邓波远函(十二月初十日),24.2 cm×49.5 cm,民国
1288. 7122.Z3.696,民国关某致邓相业函,23.3 cm×49.8 cm,民国
1289. 7123.Z3.697,1921年司徒驹就就医一事致邓柱臣函,19.7 cm×12.7 cm,1套2页,1921年
1290. 7126.Z3.700,民国马氏就五奶染疾一事致五老爹函(七月二十五日),25.7 cm×15 cm,1套2页,民国
1291. 7127.Z3.701,民国马氏致五老爹函(六月十一日),25.7 cm×15 cm,民国
1292. 7128.Z3.702,民国年某就求信一事致其梅弟的复函(八月六日),27.9 cm×21.6 cm,民国
1293. 7130.Z3.704,1932年赤企民办公路有限公司致邓相业的邀请函,24.8 cm×12.7 cm,1932年
1294. 7131.Z3.705,1918年邓柱臣致铁生先生函的拟稿,26.2 cm×14 cm,1918年
1295. 7132.Z3.706,民国关于催款一事的函,21.7 cm×27.8 cm,民国
1296. 7133.Z3.707,1903年邓彬业就店铺生意等事致邓相业函,25 cm×53 cm,1903年
1297. 7135.Z3.709,民国邓贻栋就埠口风潮及北闸田地等事致邓相业函(九月二十九日),21.7 cm×27.8 cm,1套3页,民国
1298. 7137.Z3.711,民国邓世端就银行罢工风潮等事致邓柱臣函(八月十九日),24.1 cm×21.6 cm,民国
1299. 7138.Z3.712,1915年邓习隆就合和主席之事致邓波远、邓相业函,24.3 cm×31.3 cm,

1915年

1300. 7140.Z3.714,民国邓贻栋就锦风叔返粤一事致五叔父函(元月三十一日),21.7 cm×27.7 cm,1套3页,民国

1301. 7141.Z3.715,民国健学就支付薪金一事致邓柱臣函(八月廿八日),16.6 cm×15.5 cm,民国

1302. 7142.Z3.716,民国关廷宸就瑞珩定婚等事致邓相业函(十一月初六日),23.8 cm×10.9 cm,1套2页,民国

1303. 7143.Z3.717,民国名世就婚期提前等事致五公大人函,25.4 cm×17.2 cm,1套2页,民国

1304. 7144.Z3.718,1924年邓贻栋就邓奏隆离婚财产分割等事致五叔父函,21.7 cm×28 cm,1套8页,1924年

1305. 7145.Z3.719,1915年邓相业就买地等事致其二胞兄函,24.2 cm×37.5 cm,1915年

1306. 7147.Z3.721,1919年邓卓峰就筹建新祠等事致邓柱臣函,23.9 cm×49.7 cm,1919年

1307. 7148.Z3.722,民国邓蕃隆就本姓争主席之事致邓相业函(二月八日),24.2 cm×51.1 cm,民国

1308. 7149.Z3.723,民国致业璋、业琛、灿业、精业等永安里劝捐函,24.2 cm×22.9 cm,民国

1309. 7151.Z3.725,1918年□神□致邓柱臣函,22.4 cm×13.9 cm,1套3页,1918年

1310. 7152.Z3.726,民国马氏致五老爹函(十二月十六日),26.1 cm×16.2 cm,1套2页,民国

1311. 7153.Z3.727,民国彭稚文致邓相业函,20.8 cm×12.8 cm,民国

1312. 7154.Z3.728,民国春炯致邓相业函,20.2 cm×12.5 cm,民国

1313. 7155.Z3.729,民国崇悟就腿伤就医等事致五舅父函(七月初三日),23.8 cm×41.2 cm,民国

1314. 7156.Z3.730,民国邓□隆致邓相业函(十二月十八日),24.1 cm×13.7 cm,民国

1315. 7157.Z3.731,民国邓文沛就办理两乡学堂一事致邓相业函(四月廿二日),24.4 cm×33.6 cm,民国

1316. 7158.Z3.732,民国某人就长沙全邑团催取户捐一事致邓柱臣函,23.8 cm×34.1 cm,民国

1317. 7159.Z3.733,1921年司徒神□致邓相业函,27.5 cm×21.1 cm,1921年

1318. 7160.Z3.734,民国邓颂唐致父函,21.8 cm×50.7 cm,民国

1319. 7161.Z3.735,1930年邓颂唐致父函,32.2 cm×21.3 cm,1930年

1320. 7162.Z3.736,1931年邓颂唐致父函,33.5 cm×21.3 cm,1套2页,1931年

1321. 7164.Z3.738,民国邓怡栋致五叔父函,21.6 cm×28 cm,1套2页,民国

1322. 7165.Z3.739,民国邓仲泽就出狱无工安栖一事致邓相业函(七月二十日),24.3 cm×43.5 cm,民国

1323. 7166.Z3.740,1930年□芊就返乡主持乡事一事致邓相业函,31.3 cm×20.9 cm,1930年

1324. 7167.Z3.741,1931年第七区区公所关于邀请乡长光临公所成立典礼的函,32.8 cm×21 cm,1931年

1325. 7168.Z3.742,民国邓业丁、邓健生等就筑路一事致邓相业函,34.8 cm×21.9 cm,1套2页,民国

1326. 7169.Z3.743,民国邓贻参致五叔父函(十一月二十日),25.5 cm×52 cm,民国

1327. 7171.Z3.745,民国邓贻忠就其父滥用耗费一事致父函(元月廿八日),23.6 cm×45.3 cm,民国

1328. 7172.Z3.746,民国邓悦就提携生意一事致五祖父函(九月十日),23.9 cm×26 cm,民国

1329. 7174.Z3.748,民国邓𬙊澄就四叔染病一事致祖父函,32.1 cm×21.2 cm,民国

1330. 7175.Z3.749,民国俾云群就聘请学校教员一事致五舅父函(一月二十七日),33 cm×21.6 cm,1套2页,民国

1331. 7176.Z3.750,民国邓顺芊就区委县参事选举一事致邓相业函,33.3 cm×20.7 cm,民国

1332. 7177.Z3.751,1931年相业之侄就口角交涉一事致邓相业函,31.2 cm×20.8 cm,1931年

1333. 7178.Z3.752,民国邓蕃隆致邓相业、邓图业等函(七月十九日),24.5 cm×45.9 cm,24.5 cm×27.9 cm,1套2件,民国

1334. 7179.Z3.753,1913年就保全二房大局以雪冤魂案致邓相隆、邓浩业函,25.5 cm×50.6 cm,25.5 cm×9 cm,1套2页,1913年

1335. 7180.Z3.754,民国朱广英、余陶蒂就竞选主席一事致邓波远、邓柱臣函,24.2 cm×50.3 cm,民国

1336. 7183.Z3.757,民国就游学生申请津贴一事致美国总领宪函的手稿,25.8 cm×14.3 cm,民国

1337. 7184.Z3.758,民国邓柱臣之侄孙谋致邓柱臣函,22.8 cm×12.4 cm,民国

1338. 7185.Z3.759,民国邓卓峰就筑围防潦一事致邓环业、邓湘业函(六月十七日),23.7 cm×28 cm,民国

1339. 7186.Z3.760,民国邓贻参就生意收盘回唐等事致五叔父函(九月十七日),24.5 cm×31 cm,民国

1340. 7187.Z3.761,民国邓戴隆就生意难做收盘回家等事致邓相业函,26 cm×31.5 cm,民国

1341. 7188.Z3.762,民国邓肇隆就财力有限无法汇银等事致五家叔函(七月廿六日),24.7 cm×30.5 cm,民国

1342. 7189.Z3.763,1917年邓世霖就亲戚赴美等事致邓相业函,24.2 cm×22.4 cm,1917年

1343. 7190.Z3.764,民国邓贻栋谴责长嫂不守妇职函,21.8 cm×27.8 cm,民国

1344. 7192.Z3.766,民国邓蕃隆致邓相业函(十二月廿二日),24.7 cm×12.9 cm,民国

1345. 7193.Z3.767,民国邓有壬就偿还西文教师学费一事致邓相业函(四月廿七日),25.4 cm×12 cm,民国

1346. 7194.Z3.768,1916年邓彬业就贼匪夜盗猖狂等事致邓相业函,24 cm×13.4 cm,1916年

1347. 7195.Z3.769,民国邓戴隆就邓图业治病一事致邓相业函(二月十八日),24.3 cm×33.6 cm,民国

1348. 7196.Z3.770,民国邓辅隆就还款等事致五叔父函(十一月初八日),24.8 cm×33 cm,民国

1349. 7197.Z3.771,民国邓甘泉致史云、翼贻函(三月初九日),25.7 cm×12.6 cm,民国

1350. 7198.Z3.772,民国邓颂唐就开办七乡之围以防盗匪一事致父函,24.2 cm×17.9 cm,1套3页,民国

1351. 7199.Z3.773,民国邓辅隆致五叔父函(九月十一日),24.6 cm×45.6 cm,民国

1352. 7200.Z3.774,民国邓相业致三胞兄函(八月十六日),24.1 cm×12.8 cm,民国

1353. 7201.Z3.775,1913年邓湛业致邓相业函,22.3 cm×12.5 cm,1913年

1354. 7202.Z3.776,民国邓卓峰关于印发全水偈公司章程等事的函(七月一日),24 cm×21.8 cm,民国

1355. 7203.Z3.777,民国邓仙石致振兄函(十二月七日),24.4 cm×24.4 cm,民国

1356. 7204.Z3.778,1912年关于组织新政府、实行阳历等事致邓柱臣函,26.3 cm×28.1 cm,1912年

1357. 7205.Z3.779,民国寄给广东开平赤坎广顺隆邓相业的函封,22.5 cm×15.4 cm,民国

1358. 7206.Z3.780,1925年福和致邓相业函,23.8 cm×10.2 cm,1925年
1359. 7207.Z3.781,民国年洽就田地交易一事致父函,24.1 cm×32.6 cm,民国
1360. 7349.Z3.3747,民国王九如致粤桂闽区敌伪产业清理处函稿,17.3 cm×12.2 cm,1套2页,民国
1361. 7355.Z3.3901,1935年广州市财政局局长刘秉纲呈文稿,31.1 cm×43.6 cm,1套2页,1935年
1362. 7360.Z3.3748,1950年杨素然致王棠函,27.3 cm×21.0 cm,1套4页,1950年
1363. 7387.Z3.3760,1940年华致黄爱群函,26.8 cm×32.8 cm,1940年
1364. 7388.Z3.3761,民国王颂明致母黄爱群函(七月六日),21.7 cm×28.0 cm,1套2页,民国
1365. 7393.Z3.3763,1947年邝光林致王棠函,28.1 cm×21.1 cm,1947年
1366. 7395.Z3.3764,民国铁生致霖函(十一月八日),31.0 cm×18.1 cm,1套3页,民国
1367. 7397.Z3.3766,民国广州市赞美饼干有限公司信封,21.1 cm×9.1 cm,民国
1368. 7459.Z3.3773,1944年国民政府文官处关于景星勋章一事致梁寒操公函,26.8 cm×38.1 cm,1944年
1369. 7460.Z3.3774,1944年国民党中央执行委员会秘书处致梁寒操公函,27.7 cm×19.9 cm,1944年
1370. 7466.Z3.3780,1927年国民政府中央执行委员会致梁寒操公函,30.4 cm×20.9 cm,1套2页,1927年
1371. 7474.Z3.3788,1943年国民党中央执行委员会任梁寒操为宣传部部长的公函,30.7 cm×20.6 cm,1套2页,1943年
1372. 7481.Z3.3795,1929年国民党任梁寒操等四人为第三次全国代表大会秘书的公函,32.2 cm×21.5 cm,1套3页,1929年
1373. 7484.Z3.3798,1945年民国政府军事委员会政治部聘梁寒操为业务指导委员会委员公函,27.2 cm×19.1 cm,1套2页,1945年
1374. 7490.Z3.3804,1939年国民政府军事委员会聘梁寒操为战地参谋训练班政治教官聘函,28.6 cm×40.4 cm,1939年
1375. 7491.Z3.3805,1940年中山文化教育馆聘梁寒操为副总干事的函,29.8 cm×21.4 cm,1940年
1376. 7492.Z3.3806,1942年中山文化教育馆聘梁寒操为审议会主席的函,28.1 cm×17.6 cm,1942年
1377. 7493.Z3.3807,1942年中华文化教育馆聘梁寒操为财务委员的函,28.1 cm×17.6 cm,1942年
1378. 7498.Z3.3812,1943年国民党中央执行委员会任梁寒操为中央宣传部部长的公函,27.3 cm×20.8 cm,1套2页,1943年
1379. 7501.Z3.3814,1969年蕙美致梁寒操函(11月24日),27.7 cm×20.9 cm,1969年
1380. 7503.Z3.3816,现代台湾粤剧研究社委员会主任查柳、理事长梁寒操致迟彦函稿,26.8 cm×19.3 cm,现代
1381. 7509.Z3.3818,民国黄忱欣致王绍贤(王万年)函(六月十一日),26.7 cm×16.1 cm,民国
1382. 7511.Z3.3820,1924年严直方致王万年(绍贤)函,27.9 cm×21.1 cm,1套2页,1924年
1383. 7512.Z3.3821,1924年梁麒廷致王万年(绍贤)函,28.7 cm×17.9 cm,1套6页,1924年
1384. 7513.Z3.3822,民国朱忕致王万年(绍贤)函(一月廿八日),32.7 cm×21.6 cm,1套2页,

民国

1385. 7514.Z3.3823,民国朱苐致王万年(绍贤)函(十一月十六日),27.7 cm×18.1 cm,1套2页,民国

1386. 7515.Z3.3824,民国钱承棨致王万年(绍贤)函(一月二日),26.3 cm×17.0 cm,1套2页,民国

1387. 7516.Z3.3825,民国嘉基致王万年(绍贤)函(六月廿九日),25.3 cm×16.9 cm,1套2页,民国

1388. 7517.Z3.3826,民国简心茹致王万年(绍贤)函(七月四日),27.6 cm×37.5 cm,民国

1389. 7518.Z3.3827,民国胡迈等九人致王万年函,29.1 cm×15.6 cm,民国

1390. 7519.Z3.3828,民国廉泉致王万年函(十月十九日),25.8 cm×17.1 cm,1套2页,民国

1391. 7520.Z3.3829,1928年万瑞东致王万年(绍贤)函,24.1 cm×32.7 cm,1928年

1392. 7521.Z3.3830,1928年万瑞东致王万年(绍贤)函,26.7 cm×19.3 cm,1928年

1393. 7522.Z3.3831,1925年陈伯藩致王万年函,27.3 cm×17.3 cm,1套3页,1925年

1394. 7523.Z3.3832,1925年马聘三致王万年(绍贤)函,26.8 cm×18.7 cm,1925年

1395. 7524.Z3.3833,1927年马聘三致王万年(绍贤)函,29.0 cm×18.3 cm,1927年

1396. 7525.Z3.3834,1927年郭蕃民、齐均致王万年函,24.4 cm×16.7 cm,1套2页,1927年

1397. 7526.Z3.3835,民国华国祥致王万年函,26.1 cm×17.2 cm,1套3件,民国

1398. 7527.Z3.3836,民国李端燊致王万年(绍贤)函(一月廿八日),24.3 cm×14.9 cm,1套3页,民国

1399. 7528.Z3.3837,民国李端燊致王万年(绍贤)函(二月四日),23.5 cm×16.4 cm,民国

1400. 7529.Z3.3838,民国李端燊致王万年(绍贤)函(二十日),23.5 cm×16.4 cm,1套2页,民国

1401. 7530.Z3.3839,1928年中山全集编辑委员会致王万年函,29.1 cm×21.1 cm,1928年

1402. 7531.Z3.3840,1930年5月13日日本长崎十八银行株式会社致王万年函,23.9 cm×16.2 cm,1930年

1403. 7532.Z3.3841,民国张振汉致王万年函(四月廿日),27.4 cm×19.6 cm,民国

1404. 7533.Z3.3842,民国驻日本公使张元致王绍贤函,内页27.3 cm×19.7 cm,信封20.9 cm×8.4 cm,1套2件,民国

1405. 7534.Z3.3843,1925年马玉山致王万年函,27.7 cm×20.2 cm,1套4页,1925年

1406. 7535.Z3.3844,1926年马玉山致王万年函,28.4 cm×20.9 cm,1套2页,1926年

1407. 7537.Z3.3846,1919年8月22日三江同人致锡之函,24.6 cm×33.8 cm,1919年

1408. 7541.Z3.3848,民国宋春韶致王万年(绍贤)函(廿三日),25.3 cm×17.9 cm,1套2页,民国

1409. 7544.Z3.3851,民国上海中华国货维持会致诗辉公函,28.0 cm×18.1 cm,民国

1410. 7545.Z3.3852,民国上海中华国货维持会致驻长崎领事郭则济函(九月二十八日),27.9 cm×18.2 cm,1套3页,民国

1411. 7551.Z3.3856,1919年陈世望等六人因时中学校改良事致冯领事函,23.5 cm×12.6 cm,1套2件,1919年

1412. 7559.Z3.3860,1933年驻长崎领事馆发给王万年之子王文超的抚恤公函,27.8 cm×61.6 cm,1933年

1413. 7561.Z3.3862,1932年桑史直给王万年之子王文超、王文源的慰问信,26.3 cm×17.3 cm,1套2页,1932年

1414. 7563.Z3.3864,1932年陈介致王万年太太的慰问信,26.4 cm×16.8 cm,1套2页,1932年
1415. 7564.Z3.3865,1932年张宝璋致王万年太太的慰问信,23.8 cm×16.2 cm,1套2页,1932年
1416. 7565.Z3.3866,民国陈期陈□致王万年(绍贤)函(十一月十日),24.5 cm×16.8 cm,1套2页,民国
1417. 7566.Z3.3867,1932年冯炜庭致王文超的慰问信,24.0 cm×17.0 cm,1932年
1418. 7567.Z3.3868,民国广东会所因改良时中学校致锡之领事函(附改良筹议),24.3 cm×16.3 cm,1套2页,民国
1419. 7574.Z3.3870,1946年吴敬恒致蒋东宇函,内页25.5 cm×15.3 cm,信封19.3 cm×9.5 cm,1套3件,1946年
1420. 7575.Z3.3871,民国吴敬恒致其外甥赛函(一月四日),26.1 cm×38.5 cm,民国
1421. 7579.Z3.3875,姜伯彰致梁寒操函,内页26.9 cm×21.0 cm,信封22.1 cm×10.2 cm,1套3件,民国
1422. 7581.Z3.3877,1933年7月27日中山大学邹鲁致王云五函,17.3 cm×26.7 cm,1套2件,1933年
1423. 7582.Z3.3878,1925年7月1日香港陆海通银号致桔业先生函,29.3 cm×21.2 cm,1925年
1424. 7585.Z3.3881,1925年4月1日伍文渊致林杰波函,内页26.3 cm×15.1 cm,信封19.8 cm×9.9 cm,1套2件,1925年
1425. 7586.Z3.3882,1925年4月23日粤禅广东陆校伍文渊致台山台城公司林杰波函,内页26.5 cm×15.5 cm,信封20.5 cm×11.5 cm,1套2件,1925年
1426. 7587.Z3.3883,1925年广东陆军学校伍文渊致台山台城公司林杰波函,内页27.6 cm×16.3 cm,信封18.2 cm×8.7 cm,1套2件,1925年
1427. 7588.Z3.3884,1925年广东陆军选科大学锦裳致林杰波函,27.5 cm×18.1 cm,1925年
1428. 7589.Z3.3885,1924年广东武事专门学校锦裳致林杰波函,27.5 cm×20.9 cm,1924年
1429. 7618.Z3.3892,1938年广州制纸有限公司为召开最后一次股东大会致谢良彦函,25.5 cm×17.8 cm,1938年
1430. 7627.Z3.3893,民国邹鲁草书致李石曾、易培基函(廿三日),26.5 cm×15.7 cm,民国
1431. 7628.Z3.3894,民国邹鲁草书致易培基函(廿三日),26.5 cm×15.7 cm,1套3页,民国
1432. 7629.Z3.3895,民国张继行书致易培基函(五月一日),内页21.4 cm×13.1 cm,信封15.8 cm×7.6 cm,1套4件,民国
1433. 7660.Z3.3899,1921年《筹建执信学校小引》传单,23.0 cm×60.6 cm,1921年
1434. 8041.Z3.3907,民国李扬敬致邓飞鹏函(四月二日),29.5 cm×20.8 cm,民国
1435. 8077.Z3.3914,1943年廖启榆致兄廖辉平函,25.3 cm×19.6 cm,1套2件,1943年
1436. 8078.Z3.3915,1930年甥应致舅父函,19.8 cm×25.2 cm,1930年
1437. 8079.Z3.3916,民国廖启榆致父函(十一月二十二日),24.6 cm×19.6 cm,1套2件,民国
1438. 8080.Z3.3917,1932年廖云景致父函,19.8 cm×25.1 cm,1套2件,1932年
1439. 8081.Z3.3918,民国廖启新致三姐四姐函(十一月四日),20 cm×15.1 cm,民国
1440. 8082.Z3.3919,1935年廖启新致廖云景函,20.2 cm×15.2 cm,1935年
1441. 8083.Z3.3920,民国廖氏家书残页(致廖启榆),25 cm×19.6 cm,民国
1442. 8084.Z3.3921,民国廖氏家书残页(侨汇二百镑),19.9 cm×25.1 cm,民国
1443. 8085.Z3.3922,民国廖云泉手书信函残页,25.2 cm×20.1 cm,民国

1444. 8127.Z3.3929,1931年广东省公路长途电话全图,79.1 cm×109.2 cm,1931年
1445. 8203.Z3.3941,民国白崇禧致古应芬电,27.3 cm×19.6 cm,民国
1446. 8204.Z3.3942,1927年7月16日蔡元培致古应芬函,29.5 cm×19.6 cm,18 cm×8.6 cm,1套2件,1927年
1447. 8205.Z3.3943,1922年4月27日岑学吕致古应芬函,25.5 cm×16.1 cm,20 cm×9 cm,1套2件,1922年
1448. 8206.Z3.3944,1927年6月15日陈国絷致古应芬函,25.3 cm×20.5 cm,1套2件,1927年
1449. 8207.Z3.3945,1924年4月15日陈济棠致古应芬函,27.4 cm×16.2 cm,23.1 cm×11.5 cm,1套4件,1924年
1450. 8208.Z3.3946,1930年11月9日陈建猷致古应芬函,27.5 cm×21 cm,27.5 cm×14 cm,18.0 cm×9.5 cm,1套6件,1930年
1451. 8209.Z3.3947,1923年陈杰等舰长联名致古应芬函,26.0 cm×17 cm,1套4件,1923年
1452. 8210.Z3.3948,1917年9月陈炯明致古应芬函,24.5 cm×12.9 cm,1套2件,1917年
1453. 8211.Z3.3949,1917年9月陈炯明致汪精卫、古应芬函,21.6 cm×29.5 cm,1917年
1454. 8212.Z3.3950,1918年1月陈炯明致古应芬函,25.5 cm×15.5 cm,1918年
1455. 8213.Z3.3951,民国陈炯明请众人来省电报两封,26.5 cm×19 cm,1套2件,民国
1456. 8214.Z3.3952,1920年11月9日粤军总司令部副官处致古应芬函,29.6 cm×19.3 cm,23.2 cm×10.9 cm,1套2件,1920年
1457. 8215.Z3.3953,1924年4月12日陈可钰致古应芬电,35 cm×24 cm,18 cm×9 cm,1套2件,1924年
1458. 8216.Z3.3954,1924年4月15日陈可钰致古应芬函,32.4 cm×21.3 cm,20.3 cm×10.2 cm,1套2件,1924年
1459. 8217.Z3.3955,1925年2月8日陈可钰致古应芬函,26 cm×20.3 cm,1套4件,1925年
1460. 8218.Z3.3956,1925年8月26日陈可钰致镇中二兄函,20 cm×27.8 cm,1925年
1461. 8219.Z3.3957,1925年8月26日陈可钰致古应芬函,20 cm×27.8 cm,1925年
1462. 8220.Z3.3958,1927年陈群致古应芬电,26.2 cm×18 cm,1套2件,1927年
1463. 8221.Z3.3959,1924年陈融致古应芬函,32 cm×20.7 cm,17.5 cm×9.3 cm,1套2件,1924年
1464. 8222.Z3.3960,1925年9月6日陈融致古应芬函,26 cm×16.9 cm,1925年
1465. 8223.Z3.3961,1928年陈融致古应芬函,33.5 cm×22.2 cm,20.5 cm×10.5 cm,1套2件,1928年
1466. 8224.Z3.3962,民国陈融致古应芬函,31.7 cm×21.8 cm,1套3件,民国
1467. 8225.Z3.3963,民国陈融致古应芬函,31.3 cm×21.3 cm,民国
1468. 8226.Z3.3964,1924年陈树人就任大本营内政部侨务局局长并启关防致大本营各部首长及相关单位公函,29.5 cm×39.5 cm,19.7 cm×10.2 cm,1套3件,1924年
1469. 8227.Z3.3965,1927年程天固致古应芬电,27.3 cm×16.6 cm,1927年
1470. 8228.Z3.3966,1928年2月25日程天固致古应芬函,21.6 cm×13.6 cm,1928年
1471. 8229.Z3.3967,1928年12月11日程天固致古应芬函,33.3 cm×20.9 cm,9.8 cm×15 cm,1套3件,1928年
1472. 8230.Z3.3968,1923年11月1日大本营致古应芬函,31.2 cm×21.7 cm,20.1 cm×

10.5 cm,1套2件,1923年

1473. 8231.Z3.3969,1924年1月8日大本营参谋处致古应芬函,31.5 cm×21.8 cm,26.0 cm×14.0 cm,1套3件,1924年

1474. 8232.Z3.3970,1923年大本营军政部运输处致古应芬的报告,31.4 cm×21.9 cm,23.4 cm×11.5 cm,1套2件,1923年

1475. 8233.Z3.3971,1920年12月17日戴季陶致胡汉民、廖仲恺、古应芬函,19.0 cm×21.6 cm,9.5 cm×15 cm,1套4件,1920年

1476. 8234.Z3.3972,1920年12月20日戴季陶致古应芬、邓铿函,20 cm×25 cm,10.7 cm×13 cm,1套2件,1920年

1477. 8235.Z3.3973,1921年1月21日戴季陶致胡汉民函,31.2 cm×27 cm,1921年

1478. 8236.Z3.3974,1924年5月10日戴季陶致古应芬函,26 cm×15.3 cm,1924年

1479. 8237.Z3.3975,1924年5月20日戴季陶致古应芬函,31 cm×21.5 cm,13 cm×23.4 cm,1套3件,1924年

1480. 8238.Z3.3976,1923年5月10日夏重民夫人邓蕙芳致古应芬函,28 cm×18.5 cm,1套3件,1923年

1481. 8239.Z3.3977,1919年8月28日邓铿致金章(浩亭)函(附1919年6月23日夏重民致金章函),23.2 cm×16.9 cm,24.9 cm×20 cm,22.2 cm×10.3 cm,1套3件,1919年

1482. 8240.Z3.3978,1926年9月26日邓惟贤致古应芬的报告,30.2 cm×21.4 cm,22.5 cm×11 cm,1套2件,1926年

1483. 8241.Z3.3979,1923年12月15日邓演达致古应芬函,32.6 cm×21.6 cm,20 cm×10 cm,1套9件,1923年

1484. 8242.Z3.3980,1923年12月30日邓演达致古应芬函,26.8 cm×17.3 cm,1套8件,1923年

1485. 8243.Z3.3981,1916年11月23日邓泽如致古应芬函,21.5 cm×27.7 cm,1916年

1486. 8244.Z3.3982,1923年10月25日邓泽如致古应芬函,31.4 cm×18.8 cm,28.7 cm×10.5 cm,22.5 cm×11 cm,1套3件,1923年

1487. 8245.Z3.3983,1923年10月27日邓泽如致古应芬函(附特派临时执行委员会后补委员名单),31.8 cm×18.5 cm,26.5 cm×15.8 cm,19.7 cm×9.9 cm,1套4件,1923年

1488. 8246.Z3.3984,1925年9月3日邓泽如致古应芬函,27.2 cm×19.4 cm,19.6 cm×10.1 cm,1套2件,1925年

1489. 8247.Z3.3985,民国杜之杕致古应芬函,28.5 cm×16.3 cm,20.2 cm×10.4 cm,1套2件,民国

1490. 8248.Z3.3986,1931年9月28日反日救国民众大会致古应芬、汪精卫、陈济棠、李宗仁、白崇禧等人电,29.3 cm×27.8 cm,21.0 cm×10.4 cm,1套3件,1931年

1491. 8249.Z3.3987,1925年9月29日冯轶裴致古应芬函,24.7 cm×16.2 cm,15 cm×9.5 cm,1套3件,1925年

1492. 8250.Z3.3988,1925年10月31日冯轶裴致古应芬函,32.5 cm×22 cm,32.5 cm×22 cm,22.5 cm×11.7 cm,1套3件,1923年

1493. 8251.Z3.3989,1925年11月5日冯轶裴致古应芬函(附许崇智致李基鸿条),32.2 cm×22 cm,20 cm×10.5 cm,1套4件,1923年

1494. 8252.Z3.3990,1925年11月5日冯轶裴致胡容之函,32.4 cm×22.3 cm,1925年

1495. 8253.Z3.3991,1925年9月24日冯轶裴致古应芬电,32.6 cm×30.3 cm,1925年

1496. 8254.Z3.3992,1925年9月23日冯轶裴致古应芬电,32.9 cm×30 cm,1套3件,1925年

1497. 8255.Z3.3993,1925年12月15日冯轶裴致古应芬函,31.1 cm×21.5 cm,1925年

1498. 8256.Z3.3994,1923年冯轶裴致古应芬函,34.1 cm×22.5 cm,20.5 cm×10.4 cm,1套3件,1923年

1499. 8257.Z3.3995,1925年冯轶裴给李基鸿(子宽)函,32.4 cm×22.2 cm,1925年

1500. 8258.Z3.3996,1923年冯祝万致孙中山等人电,29.5 cm×17.3 cm,1923年

1501. 8259.Z3.3997,1927年9月17日冯祝万致古应芬函,26.2 cm×17 cm,15.3 cm×9.3 cm,1套6件,1927年

1502. 8260.Z3.3998,1920年古应芬致陈炯明函,25.5 cm×15.6 cm,1套2件,1920年

1503. 8261.Z3.3999,1924年10月16日古应芬致孙中山电,27.1 cm×20.1 cm,26.5 cm×17.9 cm,1套2件,1924年

1504. 8262.Z3.4000,1924年10月16日古应芬致孙中山电文,25.6 cm×15.8 cm,1套2件,1924年

1505. 8263.Z3.4001,1925年4月古应芬致林云陔电,25.9 cm×17.8 cm,1925年

1506. 8265.Z3.4003,1925年7月3日古应芬致黄建勋电,31.2 cm×22 cm,1925年

1507. 8267.Z3.4005,1927年古应芬致林云陔译转李烈钧电,31.3 cm×22 cm,1927年

1508. 8268.Z3.4006,1927年7月5日古应芬致伍朝枢电(附胡汉民名片),32.2 cm×21.4 cm,9.6 cm×4.7 cm,1套2件,1927年

1509. 8269.Z3.4007,1927年8月25日古应芬致钱永铭电(附古应芬致国民政府电),25.8 cm×8.1 cm,25.6 cm×7.4 cm,26 cm×9.3 cm,1套3件,1927年

1510. 8271.Z3.4009,1927年7月23日国民政府致古应芬电,27.2 cm×19.6 cm,1927年

1511. 8272.Z3.4010,1923年2月3日何成濬致孙中山函,28.3 cm×18.8 cm,1套11件,1923年

1512. 8273.Z3.4011,1925年10月2日何成濬致古应芬函,26 cm×15.8 cm,19.8 cm×10.2 cm,1套3件,1925年

1513. 8274.Z3.4012,1925年10月1日何应钦致古应芬函,22.9 cm×25.9 cm,22.9 cm×25.9 cm,20.5 cm×10.3 cm,1套3件,1925年

1514. 8275.Z3.4013,1914年5月14日胡汉民致古应芬、李文范函,20.1 cm×25.1 cm,1套2件,1914年

1515. 8276.Z3.4014,1916年11月9日胡汉民致王宠惠、古应芬函,26 cm×16.7 cm,1套3件,1916年

1516. 8277.Z3.4015,1916年11月15日胡汉民致古应芬函,23.5 cm×13.1 cm,18.3 cm×8.7 cm,1套3件,1916年

1517. 8278.Z3.4016,1916年12月3日胡汉民致古应芬函,26 cm×16.7 cm,9.5 cm×14.8 cm,1套2件,1916年

1518. 8279.Z3.4017,1918年11月1日胡汉民致古应芬函,20.3 cm×25.1 cm,1918年

1519. 8280.Z3.4018,1919年5月17日胡汉民致古应芬函,18.3 cm×68 cm,1919年

1520. 8281.Z3.4019,1919年5月28日胡汉民致古应芬函,23.2 cm×13 cm,1套2件,1919年

1521. 8282.Z3.4020,1919年6月25日胡汉民致古应芬函,24.5 cm×45.5 cm,1919年

1522. 8283.Z3.4021,1919年8月15日胡汉民致古应芬函,26.1 cm×16.8 cm,1套2件,1919年

1523. 8284.Z3.4022,1919年9月30日胡汉民致古应芬函,26 cm×16.8 cm,1919年
1524. 8285.Z3.4023,1919年10月9日胡汉民致古应芬函,26 cm×16.8 cm,1套2件,1919年
1525. 8286.Z3.4024,1920年9月30日胡汉民致古应芬函,26 cm×16.7 cm,9 cm×14.8 cm,1套7件,1920年
1526. 8287.Z3.4025,1919年2月14日胡汉民致□□函,26 cm×16.8 cm,1套2件,1919年
1527. 8288.Z3.4026,1920年9月13日胡汉民致朱执信函,26 cm×16.8 cm,14.8 cm×9 cm,1套3件,1920年
1528. 8289.Z3.4027,1920年10月27日胡汉民致古应芬、廖仲恺、汪精卫函,23.1 cm×13.1 cm,1920年
1529. 8290.Z3.4028,1920年10月30日胡汉民致古应芬、廖仲恺、汪精卫函,23 cm×13.1 cm,9.1 cm×14.9 cm,1套3件,1920年
1530. 8291.Z3.4029,1916年11月15日胡汉民致王宠惠函,26 cm×16.7 cm,18. cm×8.8 cm,1套3件,1916年
1531. 8292.Z3.4030,1920年胡汉民致朱执信函,26 cm×16.7 cm,14.8 cm×9 cm,1套3件,1920年
1532. 8293.Z3.4031,1924年6月18日胡汉民致古应芬函,31.6 cm×21.8 cm,23.3 cm×11.9 cm,1套2件,1924年
1533. 8294.Z3.4032,1924年10月23日胡汉民致古应芬函,32 cm×21.5 cm,23 cm×10.5 cm,1套2件,1924年
1534. 8295.Z3.4033,1924年11月19日胡汉民致古应芬函,31.6 cm×21.3 cm,23.3 cm×11.8 cm,1套3件,1924年
1535. 8296.Z3.4034,1924年11月24日胡汉民致古应芬函,30.8 cm×21.5 cm,1924年
1536. 8297.Z3.4035,1924年12月23日胡汉民致古应芬函,31.7 cm×21.5 cm,1套2件,1924年
1537. 8298.Z3.4036,1925年9月1日胡汉民致古应芬函,20.6 cm×27.4 cm,25.3 cm×11.8 cm,1套2件,1925年
1538. 8299.Z3.4037,1925年9月2日胡汉民致古应芬函,32.3 cm×22.5 cm,17.8 cm×8.9 cm,1套2件,1925年
1539. 8300.Z3.4038,1925年9月3日胡汉民致古应芬函,32.3 cm×22.5 cm,20.1 cm×10.1 cm,1套2件,1925年
1540. 8301.Z3.4039,1925年9月5日胡汉民致古应芬函,31.8 cm×22 cm,23 cm×11 cm,1套2件,1925年
1541. 8302.Z3.4040,1927年8月19日胡汉民致古应芬电,25.7 cm×17.9 cm,1927年
1542. 8303.Z3.4041,民国胡汉民致古应芬电(1929年前后),27.3 cm×19.8 cm,1929年前后
1543. 8304.Z3.4042,1927年胡汉民致□□电文,31.3 cm×22 cm,1927年
1544. 8305.Z3.4043,民国胡汉民致□□函(十一日),23.1 cm×13.1 cm,23.1 cm×13 cm,1套3件,民国
1545. 8306.Z3.4044,1924年12月11日胡汉民致古应芬函,31.3 cm×21.5 cm,23.0 cm×11.7 cm,1套3件,1924年
1546. 8307.Z3.4045,1925年3月22日胡汉民致古应芬函,25.8 cm×16.9 cm,1套2件,1925年
1547. 8308.Z3.4046,民国胡汉民致古应芬函(三日),26 cm×16.8 cm,1套2件,民国
1548. 8309.Z3.4047,民国胡汉民致古应芬函(十一日),26 cm×16.8 cm,19.5 cm×8.3 cm,1套3

件,民国

1549. 8310.Z3.4048,民国胡汉民致古应芬函,26 cm×16.8 cm,1套2件,民国

1550. 8311.Z3.4049,民国胡汉民致古应芬函(十八日),19.9 cm×25.2 cm,9.5 cm×12.1 cm,1套3件,民国

1551. 8312.Z3.4050,民国胡汉民致古应芬问询行滇事宜函,26.0 cm×16.7 cm,民国

1552. 8313.Z3.4051,1923年11月29日胡谦致古应芬函,31 cm×21.7 cm,1套2件,1923年

1553. 8314.Z3.4052,民国胡青瑞转致古应芬电,27 cm×15.8 cm,1套2件,民国

1554. 8315.Z3.4053,1924年胡容之致冯轶斐电,32.9 cm×29 cm,1924年

1555. 8316.Z3.4054,1918年11月14日胡毅生致古应芬函(附黎仲实和何克夫致发起重修黄花岗诸公函),26.5 cm×16.9 cm,19.5 cm×9.1 cm,1套4件,1918年

1556. 8317.Z3.4055,民国陈达生致古应芬函(二十日),26.8 cm×18 cm,民国

1557. 8318.Z3.4056,1927年6月30日黄隆生致古应芬电,31 cm×28.1 cm,19.5 cm×10.2 cm,1套2件,1927年

1558. 8319.Z3.4057,1927年6月26日黄隆生致古应芬电,31.7 cm×28.9 cm,1927年

1559. 8320.Z3.4058,1927年8月23日黄隆生致古应芬函,33 cm×21.5 cm,1套2件,1927年

1560. 8321.Z3.4059,1924年1月6日黄明堂致孙中山、李烈钧、程潜电文,26 cm×15.7 cm,1924年

1561. 8322.Z3.4060,1917年11月24日纪川致古应芬函,25.8 cm×17.8 cm,1套3件,1917年

1562. 8323.Z3.4061,1924年9月12日蒋介石致古应芬函,32.1 cm×21.6 cm,1924年

1563. 8324.Z3.4062,1924年12月17日蒋介石致古应芬函,31 cm×21.7 cm,1套3件,1924年

1564. 8325.Z3.4063,1925年2月2日蒋介石致古应芬函,31.1 cm×21.5 cm,1套2件,1925年

1565. 8326.Z3.4064,1925年6月7日蒋介石致古应芬函,30 cm×19.8 cm,1套2件,1925年

1566. 8327.Z3.4065,1925年10月6日蒋介石致古应芬函,31.5 cm×21.1 cm,21.5 cm×10.3 cm,1套2件,1925年

1567. 8328.Z3.4066,1927年6月30日蒋介石致古应芬函,30 cm×22.8 cm,1927年

1568. 8329.Z3.4067,1927年蒋介石致古应芬及钱永铭函,31.4 cm×22.9 cm,1927年

1569. 8330.Z3.4068,1927年蒋介石致古应芬函,31.3 cm×23.2 cm,18 cm×8.9 cm,1套2件,1927年

1570. 8331.Z3.4069,1927年10月22日蒋作宾致古应芬函,31.1 cm×21.1 cm,20.4 cm×9.7 cm,1套3件,1927年

1571. 8332.Z3.4070,1919年5月6日金章致古应芬函(附1919年5月6日《民国新闻社》第146号通信),26.1 cm×16.7 cm,18.5 cm×8.7 cm,21.4 cm×10 cm,1套3件,1919年

1572. 8333.Z3.4071,1924年3月24日乐琴致古应芬函,23.8 cm×22.1 cm,1924年

1573. 8334.Z3.4072,民国乐琴致李仙根函,24 cm×17.5 cm,民国

1574. 8335.Z3.4073,1916年雷樾庸致古应芬关于李其烈士呈文,21.2 cm×26.2 cm,16.3 cm×8 cm,1套6件,1916年

1575. 8336.Z3.4074,1923年12月3日大本营秘书处致古应芬函,27 cm×50.5 cm,1923年

1576. 8337.Z3.4075,1923年1月26日李福林致古应芬函,23.6 cm×22.7 cm,1923年

1577. 8338.Z3.4076,1924年3月18日李海云致古应芬函,31.5 cm×21.4 cm,1套3件,1924年

1578. 8339.Z3.4077,1924年10月7日李海云致林森函,26.7 cm×16 cm,20 cm×10.1 cm,1套4

件,1924 年
1579. 8340.Z3.4078,民国李海云致胡汉民等人函(十月八日),26.5 cm×16 cm,1 套 2 件,民国
1580. 8341.Z3.4079,1923 年 7 月 23 日李济深致古应芬电,28.5 cm×39.5 cm,1923 年
1581. 8342.Z3.4080,1924 年 3 月 18 日李济深致古应芬函,31.5 cm×39.5 cm,1 套 2 件,1924 年
1582. 8343.Z3.4081,1925 年 6 月 9 日李济深致古应芬函,27.8 cm×18.3 cm,21.4 cm×9.2 cm,1 套 4 件,1925 年
1583. 8344.Z3.4082,1927 年 7 月 5 日李济深致古应芬函,31.8 cm×28.7 cm,1927 年
1584. 8345.Z3.4083,1924 年 6 月 24 日李济源致古应芬函,26.4 cm×17.3 cm,1 套 4 件,1924 年
1585. 8346.Z3.4084,1923 年 10 月 20 日李烈钧致古应芬函,31.1 cm×21.5 cm,23.3 cm×11.3 cm,1 套 2 件,1923 年
1586. 8347.Z3.4085,1924 年李烈钧致古应芬函,55.5 cm×39.2 cm,25.3 cm×11.4 cm,1 套 2 件,1924 年
1587. 8349.Z3.4087,1924 年 8 月 13 日李明扬致古应芬函,31.4 cm×20.2 cm,22.2 cm×11.6 cm,1 套 5 件,1924 年
1588. 8350.Z3.4088,1925 年 8 月 2 日李石曾致古应芬函(附中法大学常务代表齐致名片),26.4 cm×17.4 cm,19.1 cm×9.3 cm,8.7 cm×5.7 cm,1 套 5 件,1925 年
1589. 8351.Z3.4089,1920 年 10 月 28 日李文范致陈融信,25 cm×16 cm,1 套 2 件,1920 年
1590. 8352.Z3.4090,1921 年 2 月 18 日李文范致陈融、古应芬函,18.8 cm×30 cm,18.8 cm×15 cm,18.1 cm×15.8 cm,1 套 4 件,1921 年
1591. 8353.Z3.4091,1923 年 8 月 24 日李仙根致刘纪文电,20.5 cm×21.4 cm,1923 年
1592. 8354.Z3.4092,1925 年 2 月 4 日李仙根致古应芬函,25.9 cm×16 cm,22.5 cm×11.2 cm,1 套 3 件,1925 年
1593. 8355.Z3.4093,1925 年 2 月 10 日李仙根致古应芬函,25.8 cm×16 cm,17.5 cm×8.8 cm,1 套 6 件,1925 年
1594. 8356.Z3.4094,1925 年 2 月 22 日李仙根嘱密告古应芬电,26.2 cm×18.5 cm,15.3 cm×7.8 cm,1 套 2 件,1925 年
1595. 8357.Z3.4095,1925 年 2 月 24 日李仙根致刘纪文转古应芬电,26.1 cm×18.5 cm,1925 年
1596. 8358.Z3.4096,1923 年 12 月 13 日李一谔致古应芬函(附呈致省长快邮及抄白匪函),26.5 cm×15.8 cm,10.3 cm×19.3 cm,26.1 cm×38.2 cm,1 套 6 件,1923 年
1597. 8359.Z3.4097,1923 年 3 月 17 日梁鸿楷致古应芬电,29.3 cm×39.2 cm,19.7 cm×10 cm,1 套 2 件,1923 年
1598. 8360.Z3.4098,1923 年 12 月 18 日林业明致古应芬函,25.8 cm×16.8 cm,1923 年
1599. 8361.Z3.4099,1924 年 4 月 26 日林业明致古应芬函,26.7 cm×20 cm,1 套 4 件,1924 年
1600. 8362.Z3.4100,1925 年 8 月 15 日林业明致古应芬函,26.5 cm×20 cm,9.2 cm×15.1 cm,1 套 7 件,1925 年
1601. 8363.Z3.4101,1927 年 12 月 8 日林业明致古应芬电,17 cm×21.4 cm,1927 年
1602. 8364.Z3.4102,1927 年 12 月 12 日林业明致古应芬电,16.7 cm×21.3 cm,1927 年
1603. 8365.Z3.4103,1925 年 9 月 8 日林业明致古应芬电,32.7 cm×30 cm,1925 年
1604. 8366.Z3.4104,1920 年 10 月 30 日林森致古应芬函,26 cm×15.1 cm,15.7 cm×9.5 cm,1 套 5 件,1920 年

1605. 8367.Z3.4105,1925年1月30日林云陔致李仙根转古应芬电,26.5 cm×18.8 cm,16.1 cm×8.1 cm,1套2件,1925年

1606. 8368.Z3.4106,1927年6月14日林云陔致古应芬电,26.1 cm×18.6 cm,1927年

1607. 8369.Z3.4107,民国林云陔致古应芬电,26 cm×18.5 cm,1套2件,民国

1608. 8370.Z3.4108,民国林云陔致古应芬电,26 cm×18.5 cm,1套2件,民国

1609. 8371.Z3.4109,民国林云陔致古应芬电,26 cm×18.5 cm,1套2件,民国

1610. 8372.Z3.4110,1930年8月5日林直勉致古应芬函,29.9 cm×20.9 cm,19.1 cm×9.6 cm,1套3件,1930年

1611. 8373.Z3.4111,1923年12月20日刘栽甫致古应芬函,25.8 cm×14.5 cm,1923年

1612. 8374.Z3.4112,1923年12月23日刘栽甫致古应芬函,26.3 cm×19.6 cm,1923年

1613. 8375.Z3.4113,1920年7月10日陈炯明致古应芬函,30 cm×17.9 cm,1套2件,1920年

1614. 8376.Z3.4114,1928年8月18日罗怀致古应芬函,27.5 cm×18.3 cm,1套2件,1928年

1615. 8377.Z3.4115,1924年5月29日罗翼群致蒋介石函,23.3 cm×13.3 cm,1套12件,1924年

1616. 8378.Z3.4116,1928年6月25日马超俊致古应芬函,30.5 cm×20.6 cm,1套4件,1928年

1617. 8379.Z3.4117,1923年7月10日马叙伦致古应芬函,28.6 cm×18.5 cm,1套2件,1923年

1618. 8380.Z3.4118,1923年12月17日民智书局致古应芬函(附收条),20.9 cm×13 cm,20.9 cm×10.1 cm,1套2件,1923年

1619. 8381.Z3.4119,1921年4月25日卢乃潼致古应芬函,24.4 cm×12.2 cm,1921年

1620. 8382.Z3.4120,1927年8月15日钱永铭致古应芬电,25.6 cm×17.9 cm,1927年

1621. 8383.Z3.4121,1927年8月26日钱永铭致古应芬函,31.4 cm×20.9 cm,28.8 cm×41.1 cm,1套4件,1927年

1622. 8384.Z3.4122,1918年7月22日邵元冲致古应芬函,26.4 cm×16.9 cm,1套3件,1918年

1623. 8385.Z3.4123,1921年4月12日邵元冲致古应芬函,16.4 cm×25.9 cm,16.4 cm×25.9 cm,10.5 cm×23.5 cm,1套3件,1921年

1624. 8386.Z3.4124,1921年4月19日邵元冲致古应芬函,16.4 cm×26 cm,9.4 cm×16.4 cm,1套2件,1921年

1625. 8387.Z3.4125,1925年9月14日邵元冲、戴季陶致汪精卫、许崇智、蒋介石、林森、古应芬、邓泽如函抄件,29.4 cm×42.5 cm,1套3件,1925年

1626. 8388.Z3.4126,1925年9月8日斯米诺夫致古应芬函,30.7 cm×21.4 cm,25.3 cm×11.7 cm,1套2件,1925年

1627. 8389.Z3.4127,1923年9月3日孙科致古应芬函,20.4 cm×26.2 cm,1923年

1628. 8391.Z3.4128,1924年1月2日孙中山致古应芬邀请函,29.2 cm×21.6 cm,29.0 cm×17.3 cm,1套2件,1924年

1629. 8392.Z3.4129,1924年1月8日孙中山致许崇智令,31.5 cm×21.3 cm,1套2件,1924年

1630. 8394.Z3.4131,1917年9月孙中山吴景濂等人致犬养毅、头山满、涩泽荣一等同文函件抄本,26.0 cm×16.8 cm,21.4 cm×10.5 cm,1套22件,1917年

1631. 8395.Z3.4132,1925年谭延闿致古应芬函,31.3 cm×21.3 cm,19.5 cm×9.6 cm,1套3件,1925年

1632. 8396.Z3.4133,民国谭延闿致胡汉民、古应芬函,26.5 cm×17.2 cm,1套2件,民国

1633. 8397.Z3.4134,1919年2月21日汪精卫致陈融等转古应芬函,信封9.1 cm×15.1 cm,内

页 23.1 cm×13.1 cm,1套5件,1919年

1634. 8398.Z3.4135,1919年6月30日汪精卫致古应芬函,信封8.8 cm×14.5 cm,内页13.9 cm×32.5 cm,1套3件,1919年

1635. 8399.Z3.4136,1925年8月30日汪精卫致古应芬函,信封18.4 cm×9.2 cm,内页27 cm×17 cm,1套2件,1925年

1636. 8400.Z3.4137,1921年2月下旬汪精卫纪念朱执信文章原稿,20.3 cm×25.8 cm,1套8件,1921年

1637. 8401.Z3.4138,民国汪兆铨挽朱执信诗,22.2 cm×15.7 cm,民国

1638. 8402.Z3.4139,1923年1月23日汪精卫致古应芬函,信封19.6 cm×9.8 cm,内页20.5 cm×20.5 cm,1套2件,1923年

1639. 8403.Z3.4140,1923年12月19日汪精卫致古应芬函,25.8 cm×16.9 cm,1套2件,1923年

1640. 8404.Z3.4141,1914年6月2日朱执信致古应芬、李文范函,17.8 cm×135.8 cm,17.2 cm×58.8 cm,17.7 cm×45.9 cm,1套3件,1914年

1641. 8405.Z3.4142,1919年6月30日朱执信致古应芬函,23 cm×25.8 cm,1套5件,1919年

1642. 8406.Z3.4143,1914年7月24、25日朱执信致古应芬函,25 cm×19.1 cm,1套8件,1914年

1643. 8407.Z3.4144,1924年10月6日汪精卫致古应芬函,24.8 cm×52.9 cm,1924年

1644. 8408.Z3.4145,1924年10月31日汪精卫致孙中山函,25.2 cm×15.4 cm,1套2件,1924年

1645. 8409.Z3.4146,1924年11月19日汪精卫致胡汉民等电抄件,信封23 cm×11.8 cm,内页21.4 cm×32 cm,1套3件,1924年

1646. 8410.Z3.4147,1924年12月19日汪精卫致古应芬函,信封19.8 cm×10 cm,内页25.5 cm×16.2 cm,1套4件,1924年

1647. 8411.Z3.4148,1924年12月27汪精卫致古应芬函,信封9.2 cm×16.5 cm,内页20 cm×27.5 cm,1套2件,1924年

1648. 8412.Z3.4149,1925年8月31日汪精卫致古应芬函,32.5 cm×21.2 cm,1925年

1649. 8413.Z3.4150,1927年8月7日王宠惠致胡汉民、古应芬电,信封15.6 cm×8.2 cm,内页26 cm×18.5 cm,1套2件,1927年

1650. 8414.Z3.4151,1925年2月27日温彦斌致古应芬函,信封15.2 cm×9 cm,内页27.8 cm×16.3 cm,1套4件,1925年

1651. 8415.Z3.4152,1922年吴佩孚鱼电,25.8 cm×6.8 cm,1套6件,1922年

1652. 8416.Z3.4153,1928年7月23日吴稚晖致古应芬函,信封17.6 cm×11.8 cm,内页31.8 cm×23.6 cm,1套2件,1928年

1653. 8417.Z3.4154,1925年杨宗炯致冯轶斐电,32.5 cm×29 cm,1925年

1654. 8418.Z3.4155,1923年10月14日伍朝枢致古应芬函,信封23.2 cm×11.5 cm,30.8 cm×21.5 cm,1套2件,1923年

1655. 8419.Z3.4156,1925年9月29日伍朝枢致古应芬函,信封22.6 cm×11 cm,22 cm×31 cm,1套2件,1925年

1656. 8420.Z3.4157,1923年3月26日夏炳南致古应芬函,23.5 cm×49 cm,1923年

1657. 8421.Z3.4158,1927年熊英致古应芬函,26.5 cm×17 cm,1套9件,1927年

1658. 8422.Z3.4159,1919年3月30日许崇智致古应芬函,信封21 cm×10.2 cm,内页19 cm×29 cm,1套4件,1919年

1659. 8423.Z3.4160,1924年1月4日许崇智致古应芬函,26 cm×16.9 cm,1套2件,1924年

1660. 8424.Z3.4161,1924年8月13日许崇智致古应芬函,信封25 cm×10.5 cm,内页32 cm×21 cm,1套3件,1924年

1661. 8425.Z3.4162,1925年10月3日许崇智致古应芬函,外封27.8 cm×13 cm,内封21.7 cm×10.3 cm,函30.5 cm×27.8 cm,附件27.7 cm×40 cm,1套14件,1925年

1662. 8426.Z3.4163,1925年11月5日许崇智致李子宽,信封22.2 cm×10.3 cm,内页32.3 cm×22 cm,1套2件,1925年

1663. 8427.Z3.4164,民国许铁郎致古应芬函,24.8 cm×12.3 cm,1套8件,民国

1664. 8428.Z3.4165,1923年11月8日严博球致古应芬函,信封20.4 cm×10.6 cm,内页26.5 cm×17.5 cm,1套4件,1923年

1665. 8429.Z3.4166,1923年11月10日杨庶堪致孙中山函,信封23.4 cm×11.4 cm,内页31 cm×21.5 cm,1套4件,1923年

1666. 8430.Z3.4167,1927年9月3日杨宗炯等致古应芬电,21 cm×19.5 cm,1927年

1667. 8431.Z3.4168,1923杨希闵、许崇智、朱培德致大本营各部首长电,32 cm×22.2 cm,1套5件,1923年

1668. 8432.Z3.4169,1929年8月26日杨熙绩、周仲良等致古应芬电,27.2 cm×19.7 cm,1套2件,1929年

1669. 8433.Z3.4170,1923年10月26日杨星辉致古应芬函,信封16.3 cm×8 cm,内页28 cm×41.6 cm,名片10.3 cm×6.5 cm,1套3件,1923年

1670. 8434.Z3.4171,1923年11月11日姚亮致古应芬函,25.6 cm×15.4 cm,1套3件,1923年

1671. 8435.Z3.4172,民国泽田实致古应芬函,20 cm×25.4 cm,民国

1672. 8436.Z3.4173,1920年11月22日张爱标致古应芬函,页25.2 cm×15.4 cm,名片8.7 cm×4.7 cm,1套5件,1920年

1673. 8437.Z3.4174,1923年12月张开儒、李烈钧邀请古应芬函,31.2 cm×20.3 cm,1套3件,1923年

1674. 8438.Z3.4175,1923年1月31日何成濬致古应芬函(附张毅致何成濬函),31.3 cm×19.8 cm,1套2件,1923年

1675. 8439.Z3.4176,1928年10月17日张左丞致古应芬函,26.8 cm×8 cm,1套2件,1928年

1676. 8440.Z3.4177,1918年6月19日章炳麟致陈炯明函,26.8 cm×17.3 cm,1918年

1677. 8441.Z3.4178,1923年11月23日郑润琦致古应芬函,27 cm×19.8 cm,1套4件,1923年

1678. 8442.Z3.4179,1923年12月15日郑润琦致古应芬函,28.1 cm×18.2 cm,1套3件,1923年

1679. 8443.Z3.4180,1923年12月17日郑润琦致古应芬函,信封20.5 cm×10 cm,内页28 cm×18.2 cm,1套2件,1923年

1680. 8444.Z3.4181,1925年10月周恩来致汪精卫、陈公博、古应芬电,32.4 cm×29.2 cm,1925年

1681. 8445.Z3.4182,1923年10月30日周少棠致古应芬函,19.4 cm×21.2 cm,1923年

1682. 8446.Z3.4183,1914年4月26日朱执信致古应芬函,25.3 cm×20 cm,1914年

1683. 8447.Z3.4184,1914年4月30日朱执信致李文范、古应芬函,25.2 cm×20.3 cm,1套3件,1914年

1684. 8448.Z3.4185,1914年4月下旬朱执信致古应芬函,20.8 cm×26.8 cm,1914年

1685. 8449.Z3.4186,1914年4月朱执信致古应芬函,25.3 cm×20.1 cm,1套2件,1914年

1686. 8450.Z3.4187,1914年5月12日朱执信致古应芬函,20.8 cm×13.4 cm,1914年

1687. 8451.Z3.4188,1914年5月18日朱执信致古应芬信,20.8 cm×13.5 cm,1914年

1688. 8452.Z3.4189,1914年6月18日朱执信致古应芬、李文范函,25.3 cm×20.3 cm,1套3件,1914年

1689. 8453.Z3.4190,1914年6月24日朱执信致古应芬函,20.9 cm×27 cm,1914年

1690. 8454.Z3.4191,1914年7月5日朱执信致古应芬函,25.3 cm×20 cm,1套3件,1914年

1691. 8455.Z3.4192,1920年7月9日朱执信致古应芬函,信封9 cm×15 cm,内页15.9 cm×20.3 cm,1套2件,1920年

1692. 8456.Z3.4193,1914年7月10日朱执信致古应芬函,25.3 cm×20 cm,1套2件,1914年

1693. 8457.Z3.4194,1914年8月11日朱执信致古应芬函,24.8 cm×19 cm,1套4件,1914年

1694. 8458.Z3.4195,1914年8月朱执信致古应芬函,25.4 cm×20.3 cm,1914年

1695. 8459.Z3.4196,1914年朱执信致陈融函,25.3 cm×20.2 cm,1套2件,1914年

1696. 8460.Z3.4197,1914年朱执信致古应芬函,23.1 cm×13 cm,1套3件,1914年

1697. 8461.Z3.4198,1914年朱执信致古应芬函,20.9 cm×27.1 cm,1914年

1698. 8462.Z3.4199,1914年朱执信致古应芬函,7.8 cm×11.4 cm,1914年

1699. 8463.Z3.4200,1917年2月10日朱执信致古应芬函,26 cm×19.3 cm,1917年

1700. 8464.Z3.4201,1917年2月12日朱执信致古应芬函,信封9.3 cm×16.5 cm,内页15.1 cm×21.1 cm,1套3件,1917年

1701. 8465.Z3.4202,1917年12月5日朱执信致陈融函,信封12.4 cm×15.4 cm,内页26 cm×16.7 cm,1套2件,1917年

1702. 8466.Z3.4203,1917年朱执信关于书籍出版的短函,26 cm×16.8 cm,1917年

1703. 8467.Z3.4204,1917年朱执信致简琴石函,信封19.5 cm×9.7 cm,内页25.8 cm×20 cm,1套2件,1917年

1704. 8468.Z3.4205,1918年5月13日朱执信致古应芬函,信封14.6 cm×9 cm,内页22.6 cm×15 cm,1套2件,1918年

1705. 8469.Z3.4206,1918年11月15日朱执信致古应芬函,20 cm×12.3 cm,1套2件,1918年

1706. 8470.Z3.4207,1914年11月15日朱执信致古应芬函,26 cm×17 cm,1914年

1707. 8471.Z3.4208,1918年11月19日朱执信致古应芬函,信封8.2 cm×9 cm,内页37 cm×18.5 cm,1套3件,1918年

1708. 8472.Z3.4209,1919年5月14日朱执信致古应芬函,23.1 cm×13.1 cm,1套2件,1919年

1709. 8473.Z3.4210,1920年6月26日朱执信致古应芬函,27 cm×37.7 cm,1920年

1710. 8474.Z3.4211,1919年8月21日朱执信致古应芬函,信封9.8 cm×15.7 cm,内页23.2 cm×15.6 cm,1套3件,1919年

1711. 8475.Z3.4212,1919年9月9日朱执信致古应芬函并挽余建光诗一首,28.4 cm×42.3 cm,1919年

1712. 8477.Z3.4214,1919年朱执信致陈炯明函,信封26.1 cm×16.7 cm,内页9.4 cm×16.8 cm,1套3件,1919年

1713. 8478.Z3.4215,1919年朱执信致古应芬函,26 cm×16.5 cm,1套2件,1919年

1714. 8479.Z3.4216,1919年朱执信致古应芬函,23 cm×13.2 cm,1套2件,1919年

1715. 8480.Z3.4217,1919年10月7日朱执信致古应芬函,26.5 cm×16.8 cm,1套3件,1919年
1716. 8481.Z3.4218,1919年朱执信致古应芬函,26.1 cm×16.8 cm,1919年
1717. 8482.Z3.4219,1919年朱执信致古应芬函,17.8 cm×22.5 cm,1919年
1718. 8483.Z3.4220,1920年8月9日朱执信致古应芬函,25.3 cm×15.8 cm,1套2件,1920年
1719. 8484.Z3.4221,1920年朱执信致古应芬便条,25.2 cm×15.8 cm,1920年
1720. 8485.Z3.4222,民国朱执信致古应芬函,23.5 cm×13 cm,1套2件,民国
1721. 8486.Z3.4223,1919年朱执信致古应芬函,26.4 cm×16.9 cm,1套3件,1919年
1722. 8487.Z3.4224,1919年朱执信致古应芬函,函26 cm×16.6 cm,附件26.1 cm×16.7 cm,1套2件,1919年
1723. 8488.Z3.4225,1919年朱执信致古应芬函,信封22 cm×10.5 cm,内页22.5 cm×16.7 cm,1套2件,1919年
1724. 8489.Z3.4226,1919年朱执信致胡汉民函,17.9 cm×11.4 cm,1919年
1725. 8490.Z3.4227,1919年朱执信致陈融函,信封19.3 cm×7.9 cm,内页26.5 cm×16.8 cm,1套3件,1919年
1726. 8491.Z3.4228,民国朱执信手抄诗歌《短歌行》及杂诗五首,25.8 cm×14.5 cm,1套4件,民国
1727. 8492.Z3.4229,民国朱执信诗二首,23.7 cm×16.3 cm,1套2件,民国
1728. 8493.Z3.4230,民国朱执信赠山井格太郎诗,25.8 cm×14.3 cm,民国
1729. 8494.Z3.4231,民国朱执信七律诗一首,27.2 cm×16.1 cm,29.3 cm×11.8 cm,1套2件,民国
1730. 8495.Z3.4232,1920年11月15日朱秩如致古应芬函,信封21.3 cm×6.3 cm,内页18.0 cm×48.5 cm,1套2件,1920年
1731. 8496.Z3.4233,民国邹鲁致古应芬函,24.5 cm×13.6 cm,民国
1732. 8497.Z3.4234,1924年10月11日邹鲁致林森函,27.1 cm×20.2 cm,1924年
1733. 8501.Z3.4238,民国陈椿熙请荐信,13.3 cm×20 cm,民国
1734. 8502.Z3.4239,民国某人致陈融转光康电,27 cm×19 cm,民国
1735. 8505.Z3.4242,民国某人请林森代查某原文函,信封22.8 cm×11.4 cm,内页27.8 cm×14.6 cm,1套2件,民国
1736. 8507.Z3.4244,1929年3月14日国民党中执委秘书处致古应芬电,信封21.8 cm×10.3 cm,内页33 cm×21.9 cm,1套2件,1929年
1737. 8508.Z3.4245,1923年11月12日国民党临时中央执行委员会致古应芬函,信封23.8 cm×11.8 cm,内页31 cm×21.8 cm,1套2件,1923年
1738. 8509.Z3.4246,民国国民革命军讨逆第八路军胸章及信函,信封22.7 cm×11 cm,内页32.2 cm×21.6 cm,章1.7 cm×4.6 cm,1套3件,民国
1739. 8510.Z3.4247,民国大本营审计局请古应芬催款函,20.7 cm×10.7 cm,20.7 cm×14 cm,1套2件,民国
1740. 8516.Z3.4253,民国某人致古应芬的电文,25.7 cm×18 cm,民国
1741. 8517.Z3.4254,民国未译完全的电文,27.3 cm×19.6 cm,民国
1742. 8521.Z3.4258,1923年何彤致古应芬函,信封19.5 cm×10.3 cm,内页27.3 cm×20 cm,1套5件,1923年

1743. 8522.Z3.4259,1925年黄建勋致古应芬函,信封19.5 cm×8.9 cm,内页27.2 cm×17 cm,1套3件,1925年

1744. 8531.Z3.4268,1927年6月23日孙中山先生葬事筹备处致古应芬函,信封21.5 cm×10.4 cm,函26.5 cm×19.4 cm,折页28.4 cm×20.6 cm,1套18件,1927年

1745. 8538.Z3.4275,1929年国民政府致奉安委员会委员古应芬函,信封27.6 cm×13.1 cm,页36 cm×24 cm,1套2件,1929年

1746. 8539.Z3.4276,民国总理奉安委员会致古应芬函封,20 cm×11 cm,民国

1747. 8544.Z3.4281,1924年香山县公民郑立鹤等人致孙中山电,信封20 cm×10.5 cm,内页30 cm×34.2 cm,1套3件,1924年

1748. 8545.Z3.4282,1921年黄大伟致古应芬电,信封18 cm×10.3 cm,内页31.7 cm×27.6 cm,1套2件,1921年

1749. 8547.Z3.4284,民国刘纪文致古应芬电,27.1 cm×19.5 cm,民国

1750. 8548.Z3.4285,1924年8月梁烈强等致孙中山、许崇智、廖仲恺、吴铁城、古应芬等人电文,信封18.6 cm×9.2 cm,内页28.1 cm×34.2 cm,1套2件,1924年

1751. 8549.Z3.4286,1931年河北省遵化县党政各机关各学校各人民团体致国民党中央党部及各省各级党部电文,信封15 cm×7.3 cm,内页30.6 cm×58.5 cm,1套2件,1931年

1752. 8550.Z3.4213,民国□□坤函请古应芬托谭延闿写中堂函,信封19.6 cm×10.3 cm,内页26 cm×15.8 cm,1套3件,民国

1753. 8551.Z3.4248,1930年刘纪文致古应芬函,信封21.3 cm×10.5 cm,内页29 cm×20.4 cm,1套2件,1930年

1754. 8552.Z3.4250,1920年马达臣转古应芬函,信封19.7 cm×10.1 cm,内页26.1 cm×16.8 cm,1套7件,1920年

1755. 8553.Z3.4251,1925年张难先致陈铭枢函,信封23 cm×11.6 cm,内页26.9 cm×17.8 cm,1套5件,1925年

1756. 8554.Z3.4252,民国张左丞致古应芬函(11月1日),信封20.7 cm×9.9 cm,内页27.3 cm×17.0 cm,1套3件,民国

1757. 8556.Z3.4261,1929年3月16日中国国民党第三次全国代表大会秘书处致古应芬会议通知函,信封20.7 cm×10.2 cm,内页31.1 cm×21.4 cm,1套2件,1929年

1758. 8557.Z3.4263,1925年7月12日李务滋致古应芬函,信封19.8 cm×10.3 cm,内页21.4 cm×50.8 cm,1套2件,1925年

1759. 8558.Z3.4264,1923年12月12日黄明堂致古应芬函,信封18.2 cm×8.9 cm,内页25.6 cm×17.9 cm,1套3件,1923年

1760. 8559.Z3.4265,1924年8月13日刘裁甫致古应芬函,信封19.8 cm×10 cm,内页28.4 cm×19.3 cm,1套4件,1924年

1761. 8560.Z3.4277,1924年4月28日李仙根致古应芬函,信封20.2 cm×10 cm,内页31.3 cm×21.6 cm,1套2件,1924年

1762. 8561.Z3.4278,1924年8月4日林葆怿致古应芬函,信封24.1 cm×11.6 cm,内页31.4 cm×21.4 cm,1套4件,1924年

1763. 8562.Z3.4279,民国严博球致古应芬函,信封21.7 cm×10.6 cm,内页26.5 cm×17.2 cm,1套3件,民国

1764. 8563.Z3.4283,1924年8月18日陈少陶致古应芬函,信封22.7 cm×11.3 cm,内页32 cm×22 cm,1套3件,1924年

1765. 8564.Z3.4287,民国中国红十字会南海分会会长谢仲良、番禺分会会长谢英伯致古应芬函,信封23.8 cm×11.1 cm,内页26.6 cm×16.9 cm,1套6件,民国

1766. 8566.Z3.4288,1918年9月28日邵元冲致古应芬函,信封20.8 cm×7.8 cm,内页25.2 cm×15.3 cm,1套4件,1918年

1767. 8567.Z3.4289,民国沈秉□致古应芬函,信封16.9 cm×7.5 cm,内页26.2 cm×17 cm,1套3件,民国

1768. 8568.Z3.4290,1923年12月28日陈可珏致古应芬函,信封20.4 cm×10.3 cm,内页27.5 cm×18.2 cm,1套4件,1923年

1769. 8569.Z3.4291,1927年8月24日胡汉民致古应芬电,信封15.9 cm×7.9 cm,内页25.6 cm×17.8 cm,1套2件,1927年

1770. 8570.Z3.4292,1924年香山县各界代表就沙田事致广东省长杨庶堪文,21.5 cm×98.3 cm,1924年

1771. 8571.Z3.4293,1918年胡汉民致古应芬函封,15.1 cm×9.1 cm,1918年

1772. 8572.Z3.4294,民国参议院秘书厅致古应芬大总统授职仪式文件,信封20.4 cm×10.4 cm,内页28.9 cm×41.7 cm,1套3件,民国

1773. 8573.Z3.4295,1921年钟子琼致古应芬函,信封23.8 cm×10 cm,内页26.8 cm×17.5 cm,名片15.6 cm×8.5 cm,1套4件,1921年

1774. 8574.Z3.4296,1922年何振致古应芬函,信封25.8 cm×17.4 cm,表29.6 cm×76.2 cm,内页18 cm×8.9 cm,1套5件,1922年

1775. 8575.Z3.4297,1923年12月11日蔡鹤朋致冯轶裴函,信封18 cm×8.9 cm,内页25.8 cm×17 cm,1套3件,1923年

1776. 8576.Z3.4298,1923年12月13日蔡鹤朋致冯轶裴函,信封17.5 cm×8.8 cm,内页25.8 cm×15.4 cm,1套5件,1923年

1777. 8577.Z3.4299,1923年11月12日黄明堂致古应芬函,25.4 cm×15.6 cm,1套3件,1923年

1778. 8578.Z3.4300,1922年11月12日高谨宗致古应芬函,信封19.7 cm×10.2 cm,内页28.4 cm×18.2 cm,1套3件,1922年

1779. 8579.Z3.4301,1929年12月16日吴铁城致古应芬电,29.6 cm×20.7 cm,1929年

1780. 8580.Z3.4302,1930年3月10日孙科致古应芬电,29.3 cm×20.2 cm,1930年

1781. 8581.Z3.4303,民国蒋中正南京来电,26.9 cm×19.5 cm,民国

1782. 8582.Z3.4304,1927年8月16日刘纪文致古应芬电,32.7 cm×22 cm,1927年

1783. 8583.Z3.4305,民国□志仲致古应芬电,26.9 cm×18.8 cm,民国

1784. 8584.Z3.4306,民国林云陔致古应芬电,26 cm×18.2 cm,民国

1785. 8585.Z3.4307,民国南京给古应芬的未译电报,信封17.6 cm×8.2 cm,内页26.1 cm×18.8 cm,1套4件,民国

1786. 8618.Z3.4338,民国国民政府军事委员会政治训练部致古应芬函,文件29.5 cm×19.1 cm,内页31.5 cm×22.4 cm,信封21.8 cm×10.7 cm,1套3件,民国

1787. 8619.Z3.4339,1923年11月23日何彤致古应芬函,27.6 cm×18.3 cm,1套5件,1923年

1788. 8620.Z3.4340,1919年胡汉民致邹鲁、古应芬电,26.7 cm×18.9 cm,1919年

1789. 8621.Z3.4341,1924年8月4日李凤嘴致孙中山、廖仲恺、古应芬电,27.8 cm×19.6 cm,1套2件,1924年

1790. 8624.Z3.4344,1924年4月14日张难先致古应芬函,27.8 cm×17.5 cm,1套2件,1924年

1791. 8625.Z3.4345,民国张履瑞致古应芬函(27日),24.9 cm×12.8 cm,1套2件,民国

1792. 8626.Z3.4346,民国张履瑞致古应芬函(7日),26 cm×15.7 cm,1套2件,民国

1793. 8627.Z3.4347,民国张履瑞致古应芬函(28日),26 cm×15.7 cm,1套2件,民国

1794. 8628.Z3.4348,1923年8月13日陈可钰致古应芬函,17.8 cm×23 cm,1923年

1795. 8633.Z3.4351,民国古应芬致林焕廷电文抄件,31.4 cm×21.6 cm,民国

1796. 8634.Z3.4352,民国古应芬电文抄件,26 cm×9.4 cm,民国

1797. 8635.Z3.4353,民国古应芬致胡汉民电文抄件,31.4 cm×21.8 cm,民国

1798. 8636.Z3.4354,民国许崇智致古应芬电,27 cm×19.5 cm,民国

1799. 8637.Z3.4355,1927年林云陔致古应芬电(6月15日),26 cm×18.7 cm,1927年

1800. 8638.Z3.4356,民国京津救国暗杀团高瑛致大元帅孙中山函,信封26.6 cm×16.2 cm,内页24.3 cm×11 cm,名片10.2 cm×6.4 cm,1套4件,民国

1801. 8639.Z3.4357,民国郭民发致古应芬函(30日),26.2 cm×16.8 cm,民国

1802. 8640.Z3.4358,民国董福开致古应芬函(12月30日),26.2 cm×15.8 cm,民国

1803. 8641.Z3.4359,民国佐佐木到一致古应芬函(1月7日),22.8 cm×16.7 cm,民国

1804. 8642.Z3.4360,民国江宁县公民代表电文抄件,29 cm×43.3 cm,1套3件,民国

1805. 8643.Z3.4361,1923年11月20日李仙根致古应芬函,信封19.5 cm×10.5 cm,内页26.9 cm×11.6—19.5 cm,1套5件,1923年

1806. 8645.Z3.4363,民国江门黄□生致郭民发函(12月1日),信封20.2 cm×9.8 cm,内页25.4 cm×18.8 cm,1套2件,民国

1807. 8656.Z3.4372,1926年古应芬致李济深电,30.5 cm×27.3 cm,1926年

1808. 8659.Z3.4375,1928年3月9日刘纪文致古应芬函,26 cm×18.5 cm,1928年

1809. 8660.Z3.4376,1928年2月3日刘纪文致古应芬函,27.2 cm×20.3 cm,1928年

1810. 8661.Z3.4377,1923年11月21日刘纪文致古应芬函,20.3 cm×12.7 cm,1923年

1811. 8662.Z3.4378,1924年5月20日刘纪文致古应芬函,18 cm×11.5 cm,1套2件,1924年

1812. 8663.Z3.4379,1924年5月26日刘纪文致植福堂函,18 cm×11.5 cm,1924年

1813. 8664.Z3.4380,1925年7月7日刘纪文致古应芬函,26 cm×20.3 cm,1套2件,1925年

1814. 8668.Z3.4383,1917年7月1日泽田实致古应芬函,信封14 cm×9 cm,内页20.0 cm×25.4 cm,1套2件,1917年

1815. 8669.Z3.4384,民国邓家彦致胡汉民函,23.8 cm×25—51.6 cm,1套2件,民国

1816. 8670.Z3.4385,民国邓文仪致胡青瑞转王宠惠电,26.5 cm×18.6 cm,民国

1817. 8671.Z3.4386,1927年8月16日程天固致古应芬电,25.5 cm×18 cm,1927年

1818. 8672.Z3.4387,民国朱执信致胡青瑞转王宠惠电,26.5 cm×18.9 cm,民国

1819. 8673.Z3.4388,民国蒋中正、廖仲恺致胡青瑞电,26.5 cm×18.8 cm,民国

1820. 8674.Z3.4389,民国朱执信致胡青瑞转古应芬电,26.8 cm×18.5 cm,民国

1821. 8675.Z3.4390,民国林云陔、廖仲恺、朱执信致胡青瑞电,26.7 cm×18.9 cm,民国

1822. 8676.Z3.4391,民国朱执信致胡青瑞转古应芬电,26.8 cm×18.8 cm,民国

1823. 8677.Z3.4392,1930年林焕廷致古应芬电,16.7 cm×20.9 cm,1套2件,1930年

1824. 8678.Z3.4393,1927年7月8日林云陔致古应芬电,26.5 cm×18.7 cm,1927年

1825. 8679.Z3.4394,1927年7月8日林云陔致古应芬电,26.3 cm×18.4 cm,1927年

1826. 8681.Z3.4396,1931年第四次全国代表大会东莞县初选当选代表致李烈钧等人电,24 cm×39.5 cm,1931年

1827. 8682.Z3.4397,1927年10月12日陈嘉祐致古应芬函,31 cm×21 cm,1套3件,1927年

1828. 8683.Z3.4398,民国陈其瑗致古应芬函(22日),26.6 cm×17.5 cm,1套2件,民国

1829. 8684.Z3.4399,1924年1月10日梅光培致古应芬函,信封23.5 cm×11.5 cm,内页31.8 cm×22.1 cm,1套4件,1924年

1830. 8685.Z3.4400,民国成本璞致古应芬函,27.5 cm×18 cm,1套6件,民国

1831. 8686.Z3.4401,1923年12月28日温彦斌致古应芬函,25.5 cm×15.4 cm,1套5件,1923年

1832. 8687.Z3.4402,1923年12月25日赖达致古应芬函,25.5 cm×15.4 cm,1套3件,1923年

1833. 8688.Z3.4403,民国黄铁垣致古应芬函(11月13日),信封16.2 cm×8.3 cm,内页24.7 cm×10.6 cm,1套2件,民国

1834. 8689.Z3.4404,民国徐安健致古应芬函(11月14日),28.8 cm×18.6 cm,1套3件,民国

1835. 8690.Z3.4405,民国徐绍桢致古应芬讣闻,信封18.5 cm×9.3 cm,内页25.6 cm×15.5 cm,1套3件,民国

1836. 8691.Z3.4406,民国潘乃德致古应芬函(17日),信封16.1 cm×7.8 cm,内页27 cm×18 cm,1套2件,民国

1837. 8693.Z3.4408,民国简书致古应芬函(28日),27 cm×17 cm,1套5件,民国

1838. 8694.Z3.4409,1923年12月28日李一谔致古应芬函,27.1 cm×15.3 cm,1套5件,1923年

1839. 8695.Z3.4410,1927年蒋介石致李济深电抄件,29 cm×41.5 cm,1927年

1840. 8696.Z3.4411,1923年12月18日叶兰众致古应芬函,31.3 cm×20.2 cm,1套6件,1923年

1841. 8697.Z3.4412,民国古应芬致冯轶裴电文稿,28.7 cm×42.6 cm,民国

1842. 8698.Z3.4413,民国蒋介石致冯轶裴电稿,30.3 cm×42.8 cm,民国

1843. 8699.Z3.4414,1927年6月18日冯轶裴致古应芬函,27.2 cm×20.8 cm,1927年

1844. 8700.Z3.4415,1923年11月25日胡谦致孙中山、程潜、李烈钧、许崇智电,32 cm×22.2 cm,1套2件,1923年

1845. 8701.Z3.4416,1923年11月29日胡谦致孙中山、程潜、李烈钧、许崇智电,31.9 cm×22.4 cm,1套2件,1923年

1846. 8702.Z3.4417,1914年6月6日朱执信致古应芬函,25 cm×20.1 cm,1914年

1847. 8703.Z3.4418,民国白崇禧致李烈钧转古应芬电,20.8 cm×19.2 cm,民国

1848. 8704.Z3.4419,民国张静江、蒋介石致古应芬电(7月4日),25.6 cm×18.4 cm,民国

1849. 8705.Z3.4420,民国朱执信手书信函(4月4日),25.3 cm×20.2 cm,1套2件,民国

1850. 8706.Z3.4421,1922年12月7日许崇智致古应芬电,26.8 cm×19.6 cm,1套2件,1922年

1851. 8707.Z3.4422,1927年8月27日刘纪文致古应芬电,27.2 cm×19 cm,1927年

1852. 8708.Z3.4423,1927年8月27日林焕廷致古应芬电,25.7 cm×17.6 cm,1927年

1853. 8709.Z3.4424,民国古应芬所收函封,22 cm×10.3 cm,21.3 cm×10.4 cm,18 cm×8.6 cm,10.6 cm×14.9 cm,9.4 cm×14.7 cm,1套5件,民国

1854. 8710.Z3.4425,民国待译电文,18.3—30.5 cm×17.8—44.7 cm,1套18件,民国

1855. 8712.Z3.4426,1925年周恩来致汪精卫、古应芬、陈公博电,27 cm×19.4 cm,1925年

1856. 8713.Z3.4427,1924年10月10日关乔生致古应芬函,信封23.2 cm×11.6 cm,内页31.8 cm×21.2 cm,1套2件,1924年

1857. 8714.Z3.4428,1917年11月10日张耀曾致王宠惠的电文,31.1 cm×28.1 cm,1套2件,1917年

1858. 8718.Z3.4432,民国财政部印花税总处致该处邱秘书函(5月30日),31.8 cm×21.4 cm,民国

1859. 8728.Z3.4442,1923年10月8日李海云致林森函,信封20.1 cm×26.2 cm,内页10.1 cm×16 cm,1套3件,1923年

1860. 8729.Z3.4443,1917年8月邵元冲致古应芬函,信封18.9 cm×9.5 cm,内页25.6 cm×15.5 cm,1套3件,1917年

1861. 8730.Z3.4444,1920年2月8日邵元冲致古应芬函,信封9.1 cm×16.5 cm,内页21.5 cm×16.1 cm,1套3件,1920年

1862. 8732.Z3.4446,民国黎庆恩致古应芬函,26.5 cm×15.5 cm,1套2件,民国

1863. 8733.Z3.4447,民国安健致古应芬函,信封12.4 cm×15.9 cm,内页25.5 cm×13.5 cm,1套4件,民国

1864. 8734.Z3.4448,1928年10月4日廖朗如致古应芬函(附陈铭枢致冯祝万函),信封19.2 cm×10.3 cm,内页29.8 cm×20.6 cm,1套5件,1928年

1865. 8735.Z3.4449,1929年陈铭枢致古应芬、陈策、马超俊、林翼中、邓彦华电报抄件,信封18.7 cm×9.7 cm,内页34.6 cm×21.8 cm,1套2件,1929年

1866. 8736.Z3.4450,1927年9月3日胡汉民致古应芬电,25.7 cm×17.9 cm,1927年

1867. 8737.Z3.4451,1927年9月3日刘纪文致古应芬电,25.9 cm×17.6 cm,1套2件,1927年

1868. 8739.Z3.4453,1929年2月7日中国国民党中央执行委员会宣传部致古应芬函,信封29.5 cm×13.3 cm,附件20.6 cm×28.4 cm,内页32.7 cm×21.6 cm,1套4件,1929年

1869. 8740.Z3.4454,1922年李烈钧致胡汉民、许崇智、廖仲恺、古应芬电,20.68 cm×18.8 cm,1套2件,1922年

1870. 8742.Z3.4456,1919年5月1日张毅致古应芬函,23.9 cm×18.4 cm,1套4件,1919年

1871. 8744.Z3.4458,1924年3月18日李济深致古应芬电,信封20.3 cm×10.5 cm,内页27.5 cm×20 cm,1套3件,1924年

1872. 8745.Z3.4459,1924年3月18日李济深致古应芬电,信封20.5 cm×10.5 cm,内页27.4 cm×19.7 cm,1套3件,1924年

1873. 8746.Z3.4460,1925年2月10日李仙根致李禄超、古应芬、吴铁城、蒋介石电,33.2 cm×25.9 cm,1925年

1874. 8747.Z3.4461,1924年6月12日南海县公署致古应芬函,信封20.5 cm×10 cm,内页27.3 cm×16.1 cm,1套2件,1924年

1875. 8748.Z3.4462,民国李仙根致古应芬函,信封23 cm×11.2 cm,内页31 cm×21.5 cm,剪报25 cm×36.8 cm,1套5件,民国

1876. 8749.Z3.4463,民国林鸿勋致林森函(10月9日),信封19.5 cm×10 cm,内页26.3 cm×16.1 cm,1套3件,民国

1877. 8750.Z3.4464,1922年4月19日胡汉民致古应芬电,信封19 cm×10.4 cm,内页32 cm×27.7 cm,1套4件,1922年

1878. 8752.Z3.4466,1924年2月22日李宗仁、李济深、黄绍竑发出的电文,35.2 cm×22.7 cm,1套2件,1924年

1879. 8753.Z3.4467,1924年2月23日李宗仁、李济深、黄绍竑发出的电文,26.7 cm×19.7 cm,1924年

1880. 8754.Z3.4468,1924年4月3日黄绍竑、李民欣致古应芬电,32 cm×26.5 cm,1套4件,1924年

1881. 8755.Z3.4469,民国陈铭枢给蒋介石、胡汉民的电文抄件,28.0 cm×18.0 cm,1套2件,民国

1882. 8757.Z3.4471,1920年12月1日杨翰芬致古应芬函,信封14 cm×7.4 cm,内页25 cm×12.8—18.8 cm,1套3件,1920年

1883. 8759.Z3.4473,民国古应芬致乐琴电,23.5 cm×13 cm,民国

1884. 8761.Z3.4474,民国于懋德致古应芬函,信封23 cm×11.2 cm,内页25.8 cm×14.8 cm,1套3件,民国

1885. 8762.Z3.4475,民国王肇基发出的电文(2月21日),26.5 cm×19 cm,民国

1886. 8763.Z3.4476,民国李天德致古应芬函(5月6日),30.9 cm×17.9 cm,民国

1887. 8764.Z3.4477,民国唐志崇致古应芬函(10月14日),信封20.1 cm×10.2 cm,内页27.2 cm×17.4 cm,1套3件,民国

1888. 8765.Z3.4478,民国邱于寄致古应芬函(4月22日),信封17.5 cm×8.8 cm,内页25.3 cm×12.8 cm,1套3件,民国

1889. 8766.Z3.4479,1929年3月21日中国国民党第三次全国代表大会秘书处致古应芬函,信封22.4 cm×10.3 cm,内页31.2 cm×21.2 cm,内页27.1 cm×20.3 cm,1套3件,1929年

1890. 8767.Z3.4480,1922年4月24日林业明致古应芬函,信封10.8 cm×16.8 cm,内页27.3 cm×18.8 cm,附件12.8 cm×13.2 cm,1套3件,1922年

1891. 8769.Z3.4482,1925年2月19日北京某人致古应芬电,信封16.2 cm×7.7 cm,页26.1 cm×18.8 cm,1套2件,1925年

1892. 8770.Z3.4483,1925年2月18日李仙根致古应芬电,信封19.5 cm×10.5 cm,内页26.5 cm×20 cm,1套2件,1925年

1893. 8771.Z3.4484,1925年2月9日北京某人致古应芬、廖仲恺电,27 cm×19.8 cm,1925年

1894. 8772.Z3.4485,1925年2月15日马超俊、李仙根自北京发出的电文,26.5 cm×18.4 cm,1套2件,1925年

1895. 8773.Z3.4486,1925年2月10日李仙根致古应芬、廖仲恺、李禄超电,26.5 cm×19.8 cm,1925年

1896. 8774.Z3.4487,1925年2月11日李仙根致古应芬电,27 cm×19.5 cm,1925年

1897. 8775.Z3.4488,1925年1月21日汪精卫致古应芬电,26.4 cm×18.7 cm,1925年

1898. 8776.Z3.4489,1924年2月20日李济深致古应芬电,27.2 cm×19.7 cm,1924年

1899. 8777.Z3.4490,1924年2月15日李济深致古应芬电,27.6 cm×19.9 cm,1套2件,1924年

1900. 8778.Z3.4491,1924年2月13日李济深致古应芬电,27.3 cm×19.6 cm,1套3件,1924年

1901. 8779.Z3.4492,1924年2月12日李济深致古应芬电,35.2 cm×23.1 cm,1套2件,1924年

1902. 8780.Z3.4493,1927年8月22日上海某人致古应芬、汪精卫、谭延闿、孙科电,25.9 cm×17.7 cm,1927年

1903. 8781.Z3.4494,1924年10月1日陈章浦致许崇智电,27.2 cm×31.8 cm,1924年

1904. 8782.Z3.4495,民国陈同纪致古应芬函,内页 26.8 cm×18.7 cm,呈文 126 cm×71.7 cm,呈文 226 cm×12 cm,1 套 14 件,民国

1905. 8784.Z3.4497,1919 年 4 月 16 日广东省长公署总监督瞿汪致古应芬函,25 cm×16.6 cm,1 套 2 件,1919 年

1906. 8785.Z3.4498,民国刘曼卿致古应芬函(2 月 23 日),信封 23.3 cm×11.2 cm,内页 27 cm×20.4 cm,1 套 2 件,民国

1907. 8786.Z3.4499,1925 年 2 月 8 日周自得致古应芬函,31.2 cm×16 cm,1925 年

1908. 8788.Z3.4500,民国廖仲恺电文,9.5 cm×20.2 cm,民国

1909. 8791.Z3.4503,1923 年 11 月 14 日马晓军致古应芬函,26.1 cm×15.8 cm,1 套 3 件,1923 年

1910. 8792.Z3.4504,1928 年 10 月 18 日刘竞渡致古应芬函,30.4 cm×21.2 cm,1 套 2 件,1928 年

1911. 8793.Z3.4505,1920 年 11 月 25 日黄履中致古应芬函,21 cm×27.4 cm,1920 年

1912. 8796.Z3.4507,民国熊英致古应芬函,信封 19.4 cm×9.9 cm,内页 31.4 cm×22 cm,1 套 2 件,民国

1913. 8799.Z3.4510,1928 年《自由新报》关于檀香山国民党总支部来函照录等剪报,13.2 cm×37 cm,9.2 cm×33.6 cm,33.2 cm×21.5 cm,1 套 3 件,1928 年

1914. 8800.Z3.4511,1928 年 11 月 27 日古泰璋致古应芬函,27.6 cm×21.4 cm,1 套 11 件,1928 年

1915. 8801.Z3.4512,1928 年 11 月 23 日杨训畅、谭惠全、杨伟洲致古应芬函,28.2 cm×21 cm,1 套 3 件,1928 年

1916. 8803.Z3.4513,1928 年 11 月 28 日中国国民党檀香山分部致国民政府侨务委员会函抄件,信封 23.8 cm×10.5 cm,内页 21.6 cm×18.7 cm,1 套 3 件,1928 年

1917. 8804.Z3.4514,1929 年 6 月 3 日中国国民党中央执行委员会秘书处致古应芬函,内页 32.1 cm×21.7 cm,1929 年

1918. 8805.Z3.4515,1928 年 10 月 24 日中国国货银行委员筹备委员会致古应芬公函,27.4 cm×94 cm,27.3 cm×13.3 cm,1 套 2 件,1928 年

1919. 8806.Z3.4516,1928 年 10 月 24 日中国国货银行委员筹备委员会致古应芬公函,内页 27.2 cm×64.5 cm,信封 29.5 cm×15.5 cm,1 套 2 件,1928 年

1920. 8809.Z3.4518,民国未译电文,25.8 cm×18.4 cm,民国

1921. 8810.Z3.4519,1916 年 11 月 9 日某人致王宠惠未译电文,30.9 cm×28.1 cm,1916 年

1922. 8811.Z3.4520,民国函封,6.2—32.7 cm×7.4—19.8 cm,1 套 11 件,民国

1923. 8816.Z3.4523,1939 年刘纪文夫妇致古湝函,信封 19.3 cm×9.7 cm,内页 29.3 cm×20.1 cm,1 套 2 件,1939 年

1924. 8818.Z3.4525,1923 年 10 月 27 日李清芬致古应芬函,信封 20.1 cm×10.4 cm,内页 26.6 cm×17.3 cm,1 套 3 件,1923 年

1925. 8819.Z3.4526,1923 年 11 月 21 日中国国民党临时执行委员会致古应芬函,信封 23.7 cm×11.8 cm,内页 31 cm×21.9 cm,1 套 2 件,1923 年

1926. 8820.Z3.4527,1924 年 1 月 10 日中国国民党临时执行委员会秘书处致古应芬函,信封 21.5 cm×11.5 cm,内页 33.1 cm×21.7 cm,1 套 2 件,1924 年

1927. 8821.Z3.4528,1917 年 6 月 26 日何□致古应芬函,信封 15.4 cm×10 cm,内页 24.4 cm×26.4 cm,1 套 4 件,1917 年

1928. 8822.Z3.4529,1926年7月16日吴建东致古应芬函,信封7.5 cm×9 cm,内页25.3 cm×15.4 cm,1套5件,1926年

1929. 8823.Z3.4530,1928年7月20日Mr.C.Y.Cheng致Mr.Lum函,信封10.5 cm×24.1 cm,内页27.8 cm×21.5 cm,1套2件,1928年

1930. 8824.Z3.4531,1923年6月20日李仙根致古应芬电,信封6.2 cm×8.3 cm,内页27 cm×19.7 cm,1套2件,1923年

1931. 8825.Z3.4532,1918年11月5日朱执信致王子明电,信封18.3 cm×9 cm,内页25.9 cm×8.4 cm,1套2件,1918年

1932. 8826.Z3.4533,1925年12月23日黄景汾致古应芬函,信封18.1 cm×8.7 cm,内页26.5 cm×15.8 cm,1套4件,1925年

1933. 8827.Z3.4534,1924年1月3日陈孔初致古应芬函,信封18.1 cm×9.4 cm,内页26 cm×15.7 cm,1套4件,1924年

1934. 8828.Z3.4535,1923年10月14日马英致古应芬函,信封15.8 cm×7.8 cm,内页27.3 cm×17.3 cm,1套4件,1923年

1935. 8829.Z3.4536,1923年12月20日陈孔初致古应芬函,信封15.5 cm×8.2 cm,内页25.5 cm×15.4 cm,1套5件,1923年

1936. 8830.Z3.4537,民国梁镇华致林直勉函(8月20日),24.6—25.2 cm×16.9—28.2 cm,民国

1937. 8831.Z3.4538,1928年12月29日交通部南京电话局公函,31 cm×18.3 cm,1套2件,1928年

1938. 8833.Z3.4539,1925年9月3日叶次周致古应芬函,31.5 cm×21.8 cm,1925年

1939. 8834.Z3.4540,1923年12月23日谢良牧致古应芬函,信封20.1 cm×10 cm,内页25.5 cm×17.3 cm,25.6 cm×15.4 cm,1套5件,1923年

1940. 8835.Z3.4541,1925年6月17日黄焕庭致古应芬函,信封19.8 cm×9.9 cm,内页26.2 cm×16 cm,片10.3 cm×6.5 cm,1套5件,1925年

1941. 8836.Z3.4542,民国胡仁志堂致林森函(4月30日),信封17 cm×8.5 cm,内页26.3 cm×18.1 cm,1套3件,民国

1942. 8837.Z3.4543,民国杜之枕致古应芬函,信封18.8 cm×10 cm,内页25.6 cm×15.7 cm,26.3 cm×15.2 cm,1套4件,民国

1943. 8838.Z3.4544,1923年10月31日谭平山致古应芬函,信封23.6 cm×11.8 cm,26.4 cm×19.5 cm,1套2件,1923年

1944. 8840.Z3.4546,1919年古应芬致刘纪文函,23.1 cm×13 cm,1套2件,1919年

1945. 8841.Z3.4547,1923年12月14日马晓军致古应芬函,信封20 cm×10.1 cm,内页27 cm×18.5 cm,附件25.5 cm×10.8 cm,1套4件,1923年

1946. 8842.Z3.4548,1927年陈铭枢致李济深电,28.7 cm×21.3 cm,1套2件,1927年

1947. 8843.Z3.4549,1927年8月16日□□□致古应芬电,25.9 cm×17.8 cm,1套2件,1927年

1948. 8844.Z3.4550,1928年7月11日陈耀垣致古应芬函,信封22.8 cm×10.4 cm,内页27.8 cm×20.9 cm,1套16件,1928年

1949. 8846.Z3.4552,1928年7月13日张洛川致古应芬函,信封16 cm×9.2 cm,内页27.6 cm×21.5 cm,1套4件,1928年

1950. 8847.Z3.4553,1928年10月刘纪文致古应芬电,18.3 cm×21.3 cm,1928年

1951. 8848.Z3.4554,1915 年 11 月 18 日朱执信致黄伯荣函,信封 13.5 cm×7.8 cm,内页 21.7 cm×15.5 cm,1 套 6 件,1915 年

1952. 8851.Z3.4557,1929 年 3 月中国国民党第三次全国代表大会秘书处致古应芬函,信封 20.6 cm×10 cm,内页 31.2 cm×21.5 cm,27 cm×40.1 cm,1 套 3 件,1929 年

1953. 8852.Z3.4558,1927 年 9 月 12 日程济标致古应芬电,17 cm×21 cm,1 套 2 件,1927 年

1954. 8853.Z3.4559,1925 年 10 月 18 日冯轶裴致古应芬电,20.5 cm×21.5 cm,1 套 2 件,1925 年

1955. 8854.Z3.4560,1927 年钟衍庆致古应芬电,26.1 cm×18.7 cm,1927 年

1956. 8855.Z3.4561,1931 年南昌市西江中学校全体师生公电,信封 18.2 cm×9 cm,内页 29 cm×21.6 cm,1 套 2 件,1931 年

1957. 8856.Z3.4562,1917 年 6 月 25 日张端甫致古应芬函,信封 16.1 cm×8 cm,内页 25 cm×12.5 cm,1 套 4 件,1917 年

1958. 8857.Z3.4563,1928 年 7 月 12 日胡伟号致古应芬函,信封 28.8 cm×15.2 cm,内页 23.5 cm×15.2 cm,1 套 5 件,1928 年

1959. 8858.Z3.4564,民国高俊之致古应芬函(7 月 9 日),25 cm×17.5 cm,民国

1960. 8859.Z3.4565,1930 年胡汉民致古应芬电,信封 17.3 cm×9.8 cm,内页 27.3 cm×19.8 cm,1 套 2 件,1930 年

1961. 8860.Z3.4566,1930 年 11 月 28 日刘玉山致古应芬电,34.8 cm×27 cm,1930 年

1962. 8861.Z3.4567,1924 年 3 月 2 日陈济棠致古应芬电,35.6 cm×23.8 cm,1924 年

1963. 8864.Z3.4570,1931 年 10 月 4 日惠阳县第八分区区立坪山学校公电及告民众书,信封 22.5 cm×9.9 cm,内页 39.4 cm×29.9 cm,29.6 cm×19.7 cm,28 cm×19.5 cm,1 套 4 件,1931 年

1964. 8865.Z3.4571,1931 年 10 月 9 日中国国民党山东省安丘县党务特派员办事处致古应芬电,信封 22.5 cm×9.9 cm,内页 27.8 cm×19.3 cm,1 套 2 件,1931 年

1965. 8866.Z3.4572,民国电码表及使用举例,内页 25.1 cm×15.8 cm,电码表 66 cm×46.8 cm,信封 10.2 cm×23.2 cm,1 套 3 件,民国

1966. 8867.Z3.4573,1917 年 4 月 21 日孙中山、章炳麟、李烈钧合致罗镕轩、戴循若、刘玉山、熊克武电,信封 12 cm×14.7 cm,内页 15.3 cm×20.9 cm,1 套 2 件,1917 年

1967. 8868.Z3.4574,1927 年古应芬致钱永铭电稿,29.1 cm×43 cm,1927 年

1968. 8870.Z3.4576,1923 年 12 月 22 日中国国民党临时中央执行委员会致古应芬函,信封 21.4 cm×11.8 cm,内页 31.1 cm×20.8 cm,1 套 2 件,1923 年

1969. 8871.Z3.4577,1923 年 12 月 21 日中国国民党临时执行委员会秘书处致古应芬函,信封 21.2 cm×11.7 cm,内页 33 cm×21.8 cm,1 套 2 件,1923 年

1970. 8872.Z3.4578,1917 年刘人熙致孙中山函,信封 28.6 cm×13.3 cm,内页 24 cm×13 cm,1917 年

1971. 8873.Z3.4579,1923 年 11 月 14 日中国国民党临时中央执行委员会致古应芬函,信封 23.8 cm×11.6 cm,内页 31.2 cm×22.6 cm,1 套 2 件,1923 年

1972. 8880.Z3.4585,1931 年 10 月 17 日陈安仁致古应芬函,信封 25.6 cm×13.0 cm,内页 30.8 cm×21.2 cm,书 18.2 cm×13 cm,1 套 3 件,1931 年

1973. 8887.Z3.4592,1927 年 7 月 6 日卫挺生致古应芬函,28 cm×19 cm,30.8 cm×21.6 cm,1 套 4 件,1927 年

1974. 8888.Z3.4593,1927年11月25日汪精卫、蒋介石等致古应芬、邓泽如电,18 cm×21.5 cm,1套3件,1927年

1975. 8892.Z3.4596,1924年10月21日林业明致古应芬电,27.1 cm×20.1 cm,1924年

1976. 8893.Z3.4597,1929年6月29日国民政府文官处公函第5722号,28.9 cm×83.6 cm,1929年

1977. 8894.Z3.4598,1923年11月18日中国国民党临时中央执行委员会致古应芬函,24.3 cm×11.7 cm,31 cm×21.8 cm,1套2件,1923年

1978. 8911.Z3.4608,民国空信封,10.7—22.5 cm×10.2—26 cm,1套6件,民国

1979. 9012.Z3.4621,民国律师郭腾蛟致黄忠有函,信封20.4 cm×10.5 cm,内页29.5 cm×20.2 cm,1套3件,民国

1980. 9014.Z3.4623,民国复莫官瑶律师函稿,25.5 cm×31.8 cm,民国

1981. 9015.Z3.4624,民国陈文呈广州地方法院民事调节处函稿,25 cm×12.5 cm,民国

1982. 9019.Z3.4627,1934年广州普益行商行致永昌隆函,28 cm×38.4 cm,1934年

1983. 9020.Z3.4628,民国锦全致黄忠有函(元月十二日),24.8 cm×11 cm,民国

1984. 9021.Z3.4629,1929年名另致黄忠有函,30.5 cm×19.7 cm,1929年

1985. 9023.Z3.4631,1932年次山恩垣致黄忠有函,信封14.4 cm×7.6 cm,内页25 cm×28.6 cm,1套2件,1932年

1986. 9025.Z3.4633,民国次山致黄忠有函,信封13.7 cm×7.3 cm,内页25 cm×17.8 cm,1套2件,民国

1987. 9026.Z3.4634,民国东长致黄忠有函,25.8 cm×16.2 cm,民国

1988. 9028.Z3.4635,1930年李氏致黄忠有函,25.3 cm×40.4 cm,1930年

1989. 9054.Z3.4639,民国辉廷致巨涛函(五月廿六日),信封15.6 cm×7.2 cm,内页25.1 cm×10.6 cm,1套2件,民国

1990. 9063.Z3.4642,民国广东省立勤勤大学工学院信封,12.9 cm×8 cm,民国

1991. 9362.Z3.4651,1916年5月谭延闿就湖南护国运动事宜致黄兴函电文稿,29.0 cm×18.7 cm×2 cm,1916年

1992. 9383.Z3.4653,民国张鸣岐信札,25.5 cm×17 cm,民国

1993. 9386.Z3.4654,1933年何炽昌致伯陶函,27 cm×21.2 cm,1933年

1994. 9434.Z3.4659,1924年3月15日刘纪文致古应芬函,内页25.4 cm×20.3 cm,信封8.9 cm×14.6 cm,1套3件,1924年

1995. 9435.Z3.4660,1920年山田纯一郎致廖仲恺函,内页7.9 cm×223.8 cm,信封20 cm×8.2 cm,1套2件,1920年

1996. 9550.Z3.4705,民国赵恒惕致子老函(九月七日),28.1 cm×21 cm,1套2件,民国

1997. 9551.Z3.4706,民国赵恒惕致子老函(元月五日),24.5 cm×17.7 cm,民国

1998. 9635.Z3.4710,1930年8月23日中国国民党中央执行委员会致刘纪文,32.3 cm×22 cm,1930年

1999. 9636.Z3.4711,1931年11月广州国民政府秘书长陈融致刘纪文函,30.2 cm×20.2 cm,1套2件,1931年

2000. 9637.Z3.4712,民国李仙根致刘纪文函,25.6 cm×12.6 cm,1套4件,民国

2001. 9638.Z3.4713,1950年10月28日张道藩致刘纪文函,26.9 cm×18.9 cm,1套4件,1950年

2002. 9641.Z3.4716,1954年1月25日郑郁秀致刘纪文函,27.2 cm×19.7 cm,1套2件,1954年
2003. 9648.Z3.4723,1957年蒋介石宋美龄致刘纪文夫人唁电,28 cm×21.5 cm,1957年
2004. 9650.Z3.4725,1953年12月14日刘纪文致刘曼华等五子女函,25.6 cm×18.6 cm,1953年
2005. 9651.Z3.4726,1953年12月30日刘纪文致刘恩华等四子女函,25.6 cm×18.6 cm,1953年
2006. 9653.Z3.4728,1957年陈诚夫妇致刘纪文夫人唁电,28 cm×21.5 cm,1957年
2007. 9654.Z3.4729,1957年何应钦夫妇致刘纪文夫人唁电,30.5 cm×21.3 cm,1957年
2008. 9655.Z3.4730,1957年朱家骅致刘纪文夫人唁电,26.5 cm×19.8 cm,1957年
2009. 9656.Z3.4731,1957年陆幼刚致刘纪文挽联手稿,22.9 cm×15.3 cm,1957年
2010. 9657.Z3.4732,1957年白崇禧夫妇致刘纪文夫人唁电,26.5 cm×19.4 cm,10.5 cm×23 cm,1套2件,1957年
2011. 9658.Z3.4733,1957年黄镇球夫妇致刘纪文夫人唁电,29.0 cm×21.9 cm,10 cm×19.2 cm,1套2件,1957年
2012. 9659.Z3.4734,1957年李汉魂夫妇致刘纪文夫人唁电,25.3 cm×20.3 cm,9.3 cm×16.5 cm,1套2件,1957年
2013. 9660.Z3.4735,1956年11月15日温克刚致刘纪文函,26.7 cm×26 cm,22.2 cm×10.1 cm,1套2件,1956年
2014. 9665.Z3.4740,1953年7月5日刘纪文参加国民党东京直属支部改造委员会成立大会致辞修改稿,21.5 cm×32.6 cm,1953年
2015. 9666.Z3.4741,民国林森致林焕庭函(3月11日),27.8 cm×21.5 cm,1套2件,民国
2016. 9667.Z3.4742,民国林森、陈耀垣致林焕庭函(3月17日),27.6 cm×21.4 cm,23 cm×9.6 cm,1套2件,民国
2017. 9668.Z3.4743,民国陈耀垣致刘纪文函(11月4日),28.7 cm×20.6 cm,22.6 cm×10.7 cm,1套2件,民国
2018. 9669.Z3.4744,民国于右任致刘纪文函,31.5 cm×21 cm,30.3 cm×20.8 cm,23.2 cm×10.5 cm,1套3件,民国
2019. 9670.Z3.4745,民国居正致刘纪文函(11月),25.3 cm×15.5 cm,1套2件,民国
2020. 9671.Z3.4746,民国居正致刘纪文函(11月3日),28.9 cm×20.3 cm,1套2件,民国
2021. 9672.Z3.4747,1921年9月15日林焕庭致刘纪文函,26 cm×16.9 cm,1套3件,1921年
2022. 9673.Z3.4748,民国抗战胜利后曹受坤致刘纪文、林云陔的求职信,28.5 cm×18.1 cm,1套2件,民国
2023. 9674.Z3.4749,1953年刘纪文给刘良栋的信(副本),25.5 cm×8.6 cm,1953年
2024. 9675.Z3.4750,民国雪公致刘纪文、林云陔函(十一月十九日),28.9 cm×18.2 cm,民国
2025. 9676.Z3.4751,民国雪公致刘纪文、林云陔函(六月十三日),30.1 cm×21 cm,民国
2026. 9677.Z3.4752,民国熙绩致林云陔、刘纪文函(十一月十九日),28.9 cm×18.3 cm,1套3件,民国
2027. 9678.Z3.4753,民国林业明致刘纪文函(四月廿三日),26 cm×16.8 cm,民国
2028. 9679.Z3.4754,民国李仙根致刘纪文函(三月廿七日),27.5 cm×18.8 cm,23 cm×9.7 cm,1套2件,民国
2029. 9680.Z3.4755,民国山田纯三郎致刘纪文函,信封22.7 cm×9.1 cm,内页26.2 cm×17 cm,1套3件,民国

2030. 9681.Z3.4756,1949年1月10日张默君致刘纪文函,28.8 cm×21 cm,1949年

2031. 9682.Z3.4757,民国张群致刘纪文函(一月十一日),31.7 cm×21 cm,民国

2032. 9683.Z3.4758,1954年2月7日"中华民国"驻日大使馆致刘纪文电文,29.9 cm×21.1 cm,1954年

2033. 9684.Z3.4759,1956年8月27日陈自康致刘纪文函及收据,27.5 cm×21.1 cm,13.9 cm×8.5 cm,1套2件,1956年

2034. 9685.Z3.4760,民国凌鸿勋致刘纪文函,26.9 cm×20.5 cm,1套4件,民国

2035. 9686.Z3.4761,1952年凌鸿勋致刘纪文函,21.7 cm×28 cm,10 cm×19.1 cm,1套2件,1952年

2036. 9687.Z3.4762,民国凌鸿勋致刘纪文函(一月十九日),25 cm×17.8 cm,1套2件,民国

2037. 9688.Z3.4763,1950年代刘纪文致蒋介石函(7月18日),29.5 cm×20.2 cm,1套2件,1950年代

2038. 9689.Z3.4764,1954年5月18日刘纪文致蒋介石函稿,18.8 cm×12.3 cm,1套2件,1954年

2039. 9691.Z3.4766,1953年刘纪文参加国民党东京直属支部改造委员会成立大会致辞稿刊本,25.5 cm×36 cm,1套2件,1953年

2040. 9693.Z3.4768,1956年刘纪文的离台赴美就医申请函草稿,18.7 cm×12.4 cm,1956年

2041. 9694.Z3.4769,1956年国民党中央委员会同意刘纪文赴美就医备案公函,26.7 cm×19.5 cm,1956年

2042. 9695.Z3.4770,民国刘瑞恒致刘纪文函(五月十日),27.5 cm×21 cm,民国

2043. 9696.Z3.4771,民国陆幼刚致刘纪文夫妇函,21.7 cm×27.9 cm,民国

2044. 9697.Z3.4772,1956年5月7日美国外交机构就赴美就医事致刘纪文的英文信,27.2 cm×21 cm,1956年

2045. 9698.Z3.4773,民国陈诚致刘纪文函(九月十九日),29.5 cm×20.5 cm,民国

2046. 9699.Z3.4774,民国陈诚致刘纪文函(八月十八日),30 cm×21 cm,民国

2047. 9700.Z3.4775,1956年12月12日张道藩致刘纪文夫妇函,29.6 cm×21.2 cm,1956年

2048. 9701.Z3.4776,1957年4月6日付冠雄致刘纪文函,27.9 cm×21.6 cm,1957年

2049. 9702.Z3.4777,民国张群致刘纪文函(十一月一日),27.3 cm×20.4 cm,民国

2050. 9703.Z3.4778,民国张群致刘纪文函(八月十日),27.3 cm×20.4 cm,民国

2051. 9704.Z3.4779,民国沈觐鼎致刘纪文函(六月廿五日),28.7 cm×21 cm,1套2件,民国

2052. 9705.Z3.4780,民国洪兰友、李兰致刘纪文夫妇函(八月二十日),20.2 cm×12.6 cm,1套2件,民国

2053. 9706.Z3.4781,1956年7月12日陆匡文致刘纪文函,21.1 cm×31.2 cm,1956年

2054. 9707.Z3.4782,1950年代陆匡文致刘纪文函,20.8 cm×29.4 cm,1950年代

2055. 9708.Z3.4783,1950年代陆匡文甘尚仁致刘纪文函(5月22日),21 cm×31.4 cm,1950年代

2056. 9709.Z3.4784,1950年代刘纪文的答谢函稿,27.8 cm×41.5 cm,1950年代

2057. 9710.Z3.4785,1957年4月17日于右任致刘纪文夫人唁电,28 cm×21.7 cm,1957年

2058. 9711.Z3.4786,1957年4月16日张群致刘纪文夫人唁电,14.5 cm×20.3 cm,1957年

2059. 9712.Z3.4787,1957年4月张道藩致刘纪文夫人唁电,14.6 cm×21.5 cm,1957年

2060. 9713.Z3.4788,1957年4月15日叶公超、沈昌焕、周书楷致刘纪文夫人唁电,28 cm×

21.7 cm,1957 年

2061. 9714.Z3.4789,1957 年 4 月 16 日张后生致刘纪文夫人唁电,28 cm×21.5 cm,1957 年

2062. 9715.Z3.4790,1957 年 4 月 15 日董大使致刘纪文夫人唁电,28 cm×21.5 cm,1957 年

2063. 9716.Z3.4791,1957 年 4 月 16 日郑彦芬致刘纪文夫人唁电,28 cm×21.5 cm,1957 年

2064. 9717.Z3.4792,1957 年 4 月 17 日台湾省主席严家淦致刘纪文夫人唁电,28 cm×21.7 cm,1957 年

2065. 9718.Z3.4793,1957 年 4 月 18 日第一届国民大会代表全国联谊会致刘纪文夫人唁电,28 cm×21.5 cm,1957 年

2066. 9719.Z3.4794,1957 年 4 月 15 日沈觐鼎致刘纪文夫人唁电,11.3 cm×16.6 cm,1957 年

2067. 9720.Z3.4795,1957 年 4 月 18 日国民党驻美国总支部给刘家的唁电,12.8 cm×21.5 cm,1957 年

2068. 9721.Z3.4796,1957 年 4 月 16 日利铭泽、利荣根、利荣森给刘家的唁电,14 cm×21.5 cm,1957 年

2069. 9722.Z3.4797,1957 年 4 月 25 日陈立夫致刘纪文夫人唁电,15 cm×21.5 cm,1957 年

2070. 9723.Z3.4798,1957 年 6 月 6 日洪兰友、马超俊、黄镇球、朱怀水致刘纪文夫人唁电,27.6 cm×19.5 cm,1 套 2 件,1957 年

2071. 9724.Z3.4799,1957 年洪兰友、李兰致刘纪文夫人唁电,26.5 cm×19.1 cm,1957 年

2072. 9725.Z3.4800,1957 年 4 月 17 日江易生、张世英致刘纪文夫人唁电,内页 26.7 cm×18.8 cm,信封 10.3 cm×22.6 cm,1 套 3 件,1957 年

2073. 9726.Z3.4801,1957 年 4 月 25 日抚立武夫妇致刘纪文夫人唁电,内页 30.5 cm×21.5 cm,信封 10.2 cm×17.0 cm,1 套 2 件,1957 年

2074. 9727.Z3.4802,民国陆匡文致许淑珍函(五月二十日),19.3 cm×27.3 cm,1 套 2 件,民国

2075. 9728.Z3.4803,1957 年 4 月 16 日凌鸿勋苏凤平夫妇致刘纪文夫人唁函,20.6 cm×29.3 cm,1957 年

2076. 9729.Z3.4804,1957 年广东同乡会理事长马超俊及会员致刘纪文夫人唁电,内页 27.5 cm×19.7 cm,信封 10.2 cm×22.5 cm,1 套 2 件,1957 年

2077. 9730.Z3.4805,1957 年 4 月 16 日"中华民国"驻罗省总领事馆转蔡屏藩、汪康培、陈元瑛致刘纪文唁电,28 cm×21.5 cm,1957 年

2078. 9731.Z3.4806,1957 年广东旅台国大代表联谊会致刘纪文夫人唁电,26.8 cm×19.3 cm,1957 年

2079. 9732.Z3.4807,1957 年 4 月 21 日留日广东会馆致刘纪文夫人唁电,内页 28.3 cm×20.2 cm,信封 21.5 cm×10.9 cm,1 套 2 件,1957 年

2080. 9733.Z3.4808,1957 年 4 月 28 日邓刚、周演明等七人致刘纪文夫人唁电,21 cm×27.5 cm,1957 年

2081. 9734.Z3.4809,1957 年陆匡文、甘尚仁给刘家的唁电,22.9 cm×15.3 cm,1957 年

2082. 9735.Z3.4810,1957 年 6 月 28 日"国民大会"秘书处关于刘纪文丧葬费致刘夫人函,27.6 cm×19.5 cm,1957 年

2083. 9736.Z3.4811,民国刘纪文致朱执信夫人杨道仪函,28.8 cm×39 cm,1 套 2 件,民国

2084. 9738.Z3.4813,民国赵少昂致许淑珍函,27.8 cm×21.3 cm,1 套 2 件,民国

2085. 9739.Z3.4814,民国赵少昂致许淑珍函,20.3 cm×25.4 cm,民国

2086. 9740.Z3.4815,1950年代张书旂致许淑珍函,21.7 cm×17.7 cm,1套3件,1950年代
2087. 9741.Z3.4816,1958年10月10日许文致许淑珍函,28 cm×21.9 cm,1套2件,1958年
2088. 9743.Z3.4818,1954年1月6日刘纪文致其子刘良栋函,25.7 cm×18.7 cm,1954年
2089. 9744.Z3.4819,1950年代刘纪文致俞大维函,29.9 cm×20.9 cm,1950年代
2090. 9816.Z3.4831,1937年广州市政府完成市长交接工作致刘纪文公函,30 cm×83.4 cm,1937年
2091. 9825.Z3.4840,1945年1月12日社会财政部指定刘纪文为中央合作金库监事的电文,27 cm×20 cm,1945年
2092. 9835.Z3.4846,民国林森(青芝老人)致刘纪文函(八月九日),35.3 cm×26.5 cm,民国
2093. 9836.Z3.4847,民国林森致林云陔刘纪文函(七月二十七日),35.3 cm×26.2 cm,民国
2094. 9837.Z3.4848,民国香瀚屏致刘纪文函(十二月廿八日),28 cm×75.2 cm,民国
2095. 9840.Z3.4851,1931年11月7日国民党中央执监非常会议第四十二次会议推选李文范、刘纪文等五人为国民政府委员的公函,28.2 cm×83.1 cm,1931年
2096. 9841.Z3.4852,1931年12月7日国民党第四届中央执监委员联席会议推选刘纪文为中央党部秘书长的公函,29.4 cm×86.6 cm,1931年
2097. 9842.Z3.4853,1952年中国大陆灾胞救济总会致刘纪文的电文记录,27.2 cm×20.8 cm,1952年
2098. 9843.Z3.4854,1954年6月10日中国国民党中央委员会致刘纪文的电文记录,27 cm×9.4 cm,1954年
2099. 9850.Z3.4858,1929年6月西湖博览会聘刘纪文为高等顾问的聘函,27.1 cm×50.6 cm,1929年
2100. 9895.Z3.4897,1936年4月友人致刘纪文的英文信,24.8 cm×20.4 cm,1936年
2101. 9929.Z3.4907,民国写有朱公执信之墓志铭的信封,16.5 cm×9.2 cm,民国
2102. 10090.Z3.4912,1950年代洪兰友李兰夫妇邀请刘纪文夫妇为其女主婚的函,26.7 cm×19 cm,1套2件,1950年代
2103. 10138.Z3.4915,1950年4月12日陈济棠就海南矿砂用船安全问题致驻日代表刘纪文电文,30.2 cm×21.2 cm,1950年
2104. 10139.Z3.4916,1950年4月21日陈元瑛致刘纪文电文,30.2 cm×21.3 cm,1950年
2105. 10140.Z3.4917,1950年4月5日陈元瑛就派船及外汇问题致刘纪文电文,30.2 cm×21.2 cm,1950年
2106. 10141.Z3.4918,1950年4月3日陈济棠致刘纪文、柯克上将电文,30.2 cm×21.2 cm,1950年
2107. 10142.Z3.4919,1950年4月9日陈元瑛就派船及外汇问题致刘纪文电文,30.2 cm×21.2 cm,1950年
2108. 10143.Z3.4920,1950年3月30日陈树桓致刘纪文电文,30.2 cm×21.2 cm,1950年
2109. 10144.Z3.4921,1950年3月30日陈元瑛致刘纪文电文,30.2 cm×21.2 cm,1950年
2110. 10145.Z3.4922,1950年4月12日陈元瑛致刘纪文电文,30.2 cm×21.2 cm,1950年
2111. 10146.Z3.4923,1950年代刘纪文致陈元瑛电,14.9 cm×31 cm,1套2件,1950年代
2112. 10147.Z3.4924,1950年4月4日刘纪文致葳资函,26.5 cm×18.1 cm,1套4件,1950年
2113. 10148.Z3.4925,1950年代刘纪文致陈济棠函(四月五日),26.5 cm×18.1 cm,1950年代
2114. 10149.Z3.4926,1950年代陈济棠就铁砂签约注意事项致刘纪文电文,18.3 cm×

11.5 cm,24.5 cm×21.8 cm,1套2件,1950年代

2115. 10153.Z3.4930,1950年3月21日陈济棠致刘纪文函,信封23.3 cm×11.8 cm,内页32.3 cm×22.1 cm,合约29.5 cm×36.2 cm,1套5件,1950年

2116. 10155.Z3.4932,1949年11月6日刘纪文抄陈济棠致陈元瑛函(附七五零一二三号公文),21 cm×17.7 cm,1套2件,1949年

2117. 10156.Z3.4933,1950年代陈济棠关于中联公司签约一事致刘纪文函(3月14日),信封23.3 cm×11.8 cm,内页33.1 cm×21.7 cm,1套2件,1950年代

2118. 10157.Z3.4934,1950年代刘纪文抄陈济棠致照南函(3月9日),16.1 cm×12.4 cm,1套2件,1950年代

2119. 10231.Z3.4951,1950年代刘纪文致子实函(1月3日),21.3 cm×27.6 cm,1950年代

2120. 10232.Z3.4952,1950年代黄维瑁致刘纪文函(1月13日),27.6 cm×21.3 cm,1950年代

2121. 10233.Z3.4953,1950年代黄维瑁致刘纪文函(1月19日),27.6 cm×21.3 cm,1950年代

2122. 10259.Z3.4965,1950年5月香港圣保罗书院给刘良栋的证明函,16.5 cm×21.6 cm,9.5 cm×16.5 cm,1套2件,1950年

2123. 10289.Z3.4969,1950年4月20日东京公司关于刘纪文负责签约事项的电报复件,28.9 cm×20.5 cm,1950年

2124. 10290.Z3.4970,1950年3月27日海南铁矿局代表致东京方面函件,30.2 cm×21.6 cm,1950年

2125. 10312.Z3.4992,1950年4月12日某人致刘纪文函,27.9 cm×21.3 cm,1950年

2126. 10313.Z3.4993,1950年4月刘纪文致某人函,29.7 cm×21 cm,1套2件,1950年

2127. 10316.Z3.4996,1950年4月28日驻日代表团商务处致刘纪文函,28.8 cm×20 cm,26.7 cm×20.5 cm,1套2件,1950年

2128. 10318.Z3.4998,1950年4月11日驻日代表团商务处致刘纪文函,28.9 cm×19.9 cm,26.8 cm×20.4 cm,1套2件,1950年

2129. 10319.Z3.4999,1949年日本日新通商株式会社东京支店致刘纪文函,29.7 cm×20.6 cm,1949年

2130. 10321.Z3.5001,1949年日本东京都第一物产株式会社致刘纪文函,24.6 cm×17.2 cm,1套3件,1949年

2131. 10325.Z3.5005,1949年12月16日L.J.TIGHT致刘纪文函,26.6 cm×20.4 cm,1套2件,1949年

2132. 10327.Z3.5007,1949年海南行政长官公署代表致日本经济科学部门的公函原稿,30.2 cm×21.4 cm,1套3件,1949年

2133. 10328.Z3.5008,1949年海南行政长官公署代表刘纪文签发的准许企业出口海南铁矿至日本的公函,29.6 cm×21.4 cm,1套3件,1949年

2134. 10329.Z3.5009,1950年4月14日刘纪文致对外贸易商务部F.E.PICKELLE先生函,27.7 cm×21.4 cm,1950年

2135. 10331.Z3.5011,1949年11月8日英商麦达有限公司致海南银行公函,27.5 cm×21.3 cm,1949年

2136. 10332.Z3.5012,1950年4月27日日本钢管公司采购部经理致刘纪文函,30.2 cm×20.9 cm,29.7 cm×20.7 cm,1套2件,1950年

2137. 10333.Z3.5013,1950年4月25日日本公司致刘纪文函,27.6 cm×21 cm,30 cm×21 cm,1套4件,1950年

2138. 10334.Z3.5014,1950年4月24日刘纪文致日本各公司公函原稿,30.1 cm×21 cm,1套6件,1950年

2139. 10336.Z3.5016,1950年4月14日刘纪文致F.E.PICKELLE先生函,29.8 cm×20.6 cm,1套2件,1950年

2140. 10337.Z3.5017,1950年4月20日海南铁矿购销合同及电报复件,28.9 cm×20.5 cm,1套3件,1950年

2141. 10340.Z3.5020,1950年代关于海南铁矿运抵日本的电文手稿,15.1 cm×21.2 cm,1套3件,1950年代

2142. 10341.Z3.5021,1950年4月26日陈穗生致刘纪文电,14.6 cm×21 cm,1950年

2143. 10342.Z3.5022,1950年4月25日香港办事处致刘纪文、陈树桓电,14.6 cm×21 cm,1950年

2144. 10343.Z3.5023,1950年4月28日陈穗生致陈树桓电,14.6 cm×21 cm,1950年

2145. 10344.Z3.5024,1950年4月19日芝园皓致刘纪文、陈树垣急电,14.6 cm×21 cm,1950年

2146. 10345.Z3.5025,1950年4月19日芝园皓致刘纪文、元剑电,14.6 cm×21 cm,1950年

2147. 10346.Z3.5026,1950年陈元瑛致刘纪文电,14.8 cm×22.6 cm,1套3件,1950年

2148. 10347.Z3.5027,1950年4月10日陈穗生致刘纪文电文,15.2 cm×21.2 cm,1套2件,1950年

2149. 10348.Z3.5028,1950年代刘纪文致陈树垣关于海南铁矿售卖运输的电文抄件,14 cm×20.9 cm,9.6 cm×21 cm,21.5 cm×20.9 cm,20.9 cm×29.8 cm,1套4件,1950年代

2150. 10349.Z3.5029,1950年代刘纪文致陈济棠电文抄件,29.7 cm×20.9 cm,1套2件,1950年代

2151. 10350.Z3.5030,1950年代刘纪文致陈元瑛关于海南铁砂运输的电文抄件,8 cm×21 cm,15.5—13.7 cm×21 cm,1套3件,1950年代

2152. 10351.Z3.5031,1950年代刘纪文致陈济棠关于售卖海南铁砂的电文抄件,16.9 cm×21 cm,29.7 cm×21 cm,1套2件,1950年代

（四）票 据 息 折

1. 0083.Z4.001,1927年国民政府财政部第三次有奖公债伍圆,12.7 cm×18.7 cm,1套3件,1927年

2. 0084.Z4.002,1912年中华革命军军需公债伍仟圆,30 cm×16.8 cm,1912年

3. 0085.Z4.003,1926年国民政府财政部第贰次有奖公债伍圆,12 cm×18.2 cm,1926年

4. 0086.Z4.004,1938年国防公债拾圆,23 cm×55 cm,1938年

5. 0087.Z4.006,1928年国民政府广东国税管理委员公署整理金融公债拾圆,12.5 cm×18.5 cm,1928年

6. 0088.Z4.007,1937年救国公债伍圆,34 cm×26.6 cm,1937年

7. 0089.Z4.008,1930年铁道部收回广东粤汉铁路公债券壹佰圆,31 cm×27 cm,1930年

8. 0090.Z4.009,1937年救国公债伍圆,34 cm×27 cm,1937年
9. 0091.Z4.010,1922年宁波如生罐头鲜笋股份有限公司收据,25 cm×14.5 cm,1套2件,1922年
10. 0092.Z4.011,1927年国民政府财政部第三次有奖公债伍圆,12.7 cm×18.7 cm,1套4件,1927年
11. 0093.Z4.012,民国台山全属民办公路股利折,13.4 cm×26 cm,1套2件,民国
12. 0094.Z4.013,1929年台山县公署督率地方人民建筑台山全属公路股票伍圆,26.7 cm×18.3 cm,1套2件,1929年
13. 0095.Z4.014,1912年中华银行股份有限公司股票拾股,17 cm×17.5 cm,1912年
14. 0096.Z4.015,1938年广东省国防公债拾圆,35 cm×26.6 cm,1938年
15. 0097.Z4.016,1930年铁道部收回广东粤汉铁路公债券肆圆,36 cm×26.6 cm,1930年
16. 0098.Z4.017,1930年铁道部收回广东粤汉铁路公债券肆拾圆,30.5 cm×26.7 cm,1套2件,1930年
17. 0099.Z4.018,1937年救国公债伍圆,32 cm×27 cm,1937年
18. 0357.Z4.019,1921年广东电车有限公司股票,24.4 cm×27.8 cm,信封25.6 cm×11.6 cm,1套2件,1921年
19. 0358.Z4.020,1932年香港大新公司广州西堤支行家私部发货单,26.7 cm×14.7 cm,1932年
20. 0359.Z4.021,民国广州嘉南堂银业部支票,19.2 cm×7.6 cm,民国
21. 0360.Z4.022,民国嘉华储蓄银行广州分行空白支票,29.8 cm×8.8 cm,1套2件,民国
22. 0361.Z4.023,民国广州真光公司发货单,18.8 cm×12.4 cm,民国
23. 0363.Z4.025,1925年广州市市政厅加收一成四电费收单,25.4 cm×11.5 cm,1925年
24. 0364.Z4.026,1926年东亚银行有限公司广州支行的汇款单,12.7 cm×26.2 cm,1926年
25. 0365.Z4.027,民国国民政府交通部国际电信局收据,14.9 cm×19.2 cm,民国
26. 0366.Z4.028,1938年广州市自来水管理处水费收据,11.2 cm×19.3 cm,1938年
27. 0367.Z4.029,1924年香山实业储蓄银行有限公司股份收据,单据30.9 cm×12.9 cm,信封18.1 cm×9.2 cm,1套2件,1924年
28. 0368.Z4.030,1936年广州市自动电话管理委员会省港长途电话征费通知书,17.6 cm×20.4 cm,1936年
29. 0369.Z4.031,1937年广州市政府收取曹球狗牌费之收据,21.5 cm×11.8 cm,1937年
30. 0370.Z4.032,民国太平电映大戏院入场券,6 cm×6.4 cm,民国
31. 0371.Z4.033,民国广州市公安局规定租簿,19.2 cm×13.2 cm,民国
32. 0372.Z4.034,1933年广州丝业银行储蓄存款簿,12 cm×7 cm,1933年
33. 0373.Z4.035,1934年广州市自来水管理处水费收据,22.3 cm×8.8 cm,1934年
34. 0374.Z4.036,1914年广东自来水公司出具的添装小管物料单,34 cm×22.2 cm,1914年
35. 0375.Z4.037,1921年香港广东电车有限公司发给伍耀德的股票息折,16.5 cm×10.2 cm,1921年
36. 0376.Z4.038,1923年香港联安水火保险有限公司发给雷维善的股票,35.1 cm×28.8 cm,1923年
37. 0377.Z4.039,1923年香港联安水火保险有限公司发给雷维善的股票息折,18.4 cm×10.6 cm,1923年
38. 0378.Z4.040,1957年雷维善转让香港联安水火保险有限公司股份契约,27.6 cm×

21 cm,1957年

39. 0379.Z4.041,1957年香港祐生隆记转让股份英文契约,27.4 cm×20.6 cm,1957年
40. 0380.Z4.042,1922年香港邝永福公司置业股份部及息折,18 cm×10.4 cm,1922年
41. 0381.Z4.043,1925年商办台山全属永明新记电力有限公司股份簿,16 cm×10.7 cm,1925年
42. 0382.Z4.044,1925年商办台山全属永明新记电力有限公司息折,14.6 cm×9.7 cm,1925年
43. 0383.Z4.045,1922年南华置业公司股东息折,12.6 cm×8.3 cm×0.3 cm,1922年
44. 0384.Z4.046,1935年广州昌明公司股份簿,17.1 cm×10.7 cm×0.3 cm,1935年
45. 0385.Z4.047,1923年富国庄村大塘股份簿,18.9 cm×12.8 cm×0.4 cm,1923年
46. 0386.Z4.048,1923年沙涌蔡氏兴学置业会息折,14.7 cm×9.5 cm×0.3 cm,1923年
47. 0387.Z4.049,1919年潘挥荣堂收执的光远电灯股份有限公司股份证券,20.6 cm×11.4 cm×0.3 cm,1919年
48. 0388.Z4.050,1924年美洲亚埠朱思德堂百子会实业公司股份簿,13.8 cm×8.8 cm×0.1 cm,1套2件,1924年
49. 0389.Z4.051,1925年谭联益堂新村股份簿,21.5 cm×12.4 cm×0.4 cm,1925年
50. 0390.Z4.052,1921年何赍思团防会给八房的执义,24.4 cm×12.8 cm×0.1 cm,1921年
51. 0391.Z4.053,1921年陈瓒光的香港其昌堂股份簿,25.5 cm×13.3 cm×0.2 cm,1921年
52. 0392.Z4.054,1921年伍时钰收执的新昌广兴材股份簿,22.3 cm×14.1 cm×0.3 cm,1921年
53. 0393.Z4.055,1918年马本基收执的商办广来新宁铁路股份簿,23.5 cm×13.5 cm×0.2 cm,1918年
54. 0394.Z4.056,1917年李圣用收执的裕和矿务公司股份簿,20.2 cm×12.1 cm×0.1 cm,1917年
55. 0395.Z4.057,1922年邝凤山圳会收执的邝永福公司置业股份部及息折,17.9 cm×10.5 cm×0.2 cm,1922年
56. 0396.Z4.058,1919年陈明沛收执的新昌雅彰兴记股份簿,25.4 cm×12.9 cm×0.2 cm,1919年
57. 0397.Z4.059,1926年活家翁收执的广州黄焕群堂股份簿,26.3 cm×14.4 cm×0.1 cm,1926年
58. 0398.Z4.060,1926年刘钊收执的西区四堡安澜街长生社会簿,24.7 cm×13.8 cm×0.5 cm,1926年
59. 0399.Z4.061,1928年焕诒信明收执的沙腰围股份簿,24.1 cm×15.4 cm×0.2 cm,1928年
60. 0400.Z4.062,民国李宗顷收执的廛江窑股份簿,18.1 cm×11.3 cm×0.1 cm,民国
61. 0401.Z4.063,1922年佛山三角市门牌四号土布生理店股份簿,25.5 cm×14.4 cm×0.1 cm,1922年
62. 0402.Z4.064,1919年雷家凯收执的美洲正埠遡源楼股份簿,13.5 cm×8.4 cm×0.1 cm,1919年
63. 0403.Z4.065,民国警政善后十五日租捐收讫条,33.5 cm×9.3 cm,民国
64. 0404.Z4.066,民国第叁次防空租捐壹个月第贰期半月租金收讫金,35.5 cm×9.2 cm,民国
65. 0405.Z4.067,民国罢工津贴租捐收讫条,33.7 cm×8.7 cm,民国
66. 0406.Z4.068,1938年小北区民众筹办置救火机等设备征收半月租捐收据,28.9 cm×10.9 cm,1938年
67. 0407.Z4.069,1940年广东省警务处临时警捐收据,10.2 cm×23.3 cm,1套3件,1940年
68. 0408.Z4.070,民国广东省会公安局代收防空租收据,27.5 cm×9.4 cm,1套5件,民国
69. 0409.Z4.071,1927年广州市公安局征收租捐收单,29.6 cm×10.2 cm,1套4件,1927年

70. 0410.Z4.072,1936年广州市政府自动电话管理委员会用户电话月费收据,25.5 cm×13.5 cm,1套2件,1936年
71. 0411.Z4.073,1936年广州市电话管理处给用户的电话月费收据,25.3 cm×12.4 cm,1936年
72. 0412.Z4.074,民国广州市政府自动电话管理委员会给用户的电话月费收据,25.5 cm×13.1 cm,1套2件,民国
73. 0413.Z4.075,民国广州市电力管理处电费副收条,25.5 cm×18.2 cm,1套3件,民国
74. 0414.Z4.076,1934年广东财政厅征收营业税税票,31 cm×13.4 cm,1934年
75. 0415.Z4.077,1932年广州市营业税局开具的营业税罚款收据,30.3 cm×12.8 cm,1932年
76. 0416.Z4.078,1932年广州市商办电力股份有限公司电费收条,26.6 cm×15.2 cm,1932年
77. 0417.Z4.079,1934年1月广州市电力管理委员会电费收条,22.3 cm×15 cm,1934年
78. 0418.Z4.080,1934年6月广州市电力管理处电费收条,21.9 cm×15.4 cm,1934年
79. 0419.Z4.081,1932年10月广州市电力管理委员会电费收条,26.3 cm×15.6 cm,1932年
80. 0420.Z4.082,1933年11月广州市电力管理委员会电费收条,26.4 cm×15.1 cm,1933年
81. 0421.Z4.083,1933年12月广州市电力管理委员会电费收条,26.8 cm×13.7 cm,1933年
82. 0422.Z4.084,1934年5月广州市电力管理委员会给用户何敦本的收条,26.1 cm×12.3 cm,1934年
83. 0423.Z4.085,1932年4月广州市电力管理委员会给用户邝宅的工料费用收条,26.4 cm×13.3 cm,1932年
84. 0424.Z4.086,1932年4月广州市电力有限公司给新广州旅店的电费收条,26.7 cm×12.2 cm,1932年
85. 0425.Z4.087,1934年7月广州市电力管理处给新广州宝号的电表保证金收条,27.1 cm×11.8 cm,1934年
86. 0426.Z4.088,1936年广州市电力管理处给用户德源的电费收条,10.5 cm×26.5 cm,1套3件,1936年
87. 0427.Z4.089,1936年广州市电力管理委员会给用户新广州宝号安装电表的费用收条,25.5 cm×11.1 cm,1936年
88. 0428.Z4.090,1937年广州市电力管理处给用户德源的电费收据,13.5—14.1 cm×18.3—21.3 cm,1套4件,1937年
89. 0429.Z4.091,1937年广州市自来水管理处给用户的欠费通知单,12.1 cm×20.2 cm,1937年
90. 0430.Z4.092,1937年广州市自来水管理处给用户的市立银行代收水费补给收据,12.5 cm×18.4 cm,1937年
91. 0431.Z4.093,1935年广州市自来水管理处给用户开具的驳工收据,19.9 cm×10.2 cm,1套2件,1935年
92. 0432.Z4.094,民国广州市自来水管理处给用户开具的按柜收据,19.2—20.2 cm×8.9—10.2 cm,1套2件,民国
93. 0433.Z4.095,民国广州市自来水管理委员会给用户开具的物料收据,19.7 cm×8.3 cm,1套2件,民国
94. 0434.Z4.096,民国广州市自来水管理处给用户的水费收据,8.7—23.1 cm×12.6—23.9 cm,1套6件,民国
95. 0435.Z4.097,1935年广州司法日刊发行所营业部给李宏业的普通告白费收据,26.4 cm×

13 cm,1935 年

96. 0436.Z4.098,1927 年广州市公安局消防年捐收单,26.3 cm×13.7 cm,1927 年
97. 0437.Z4.099,1930 年广东财政厅整理金融租借收据,26.1 cm×12 cm,1930 年
98. 0438.Z4.100,1933 年广东省会公安局贤思分局缴捐证,17.4 cm×21.3 cm,1933 年
99. 0439.Z4.101,民国广州市财政局房捐、警费、洁净费收据,21.2 cm×14.3 cm,1 套 3 件,民国
100. 0440.Z4.102,1928 年广州市内不动产逾限验契罚款收据,32.2 cm×18.9 cm,1928 年
101. 0441.Z4.103,1928 年广州市内不动产逾限验契罚款收据,32.2 cm×18.9 cm,1928 年
102. 0442.Z4.104,民国中华革命党债券第三种拾圆,24.9 cm×22.1 cm,民国
103. 0443.Z4.105,1922 年国民党驻三藩市总支部给周礼现的救国特别义捐收据,21 cm×10.3 cm,1922 年
104. 0444.Z4.106,1926 年周秉臣的中国国民党经费册,11.1 cm×7.4 cm,1 套 2 件,1926 年
105. 0445.Z4.107,1926 年金山正埠三德总堂给周松宽的来出港费收据,17.9 cm×8 cm,1926 年
106. 0446.Z4.108,1926 年金山正埠三德总堂给周松宽的经费收据,13.1 cm×7.7 cm,1926 年
107. 0447.Z4.109,1926 年美洲同源总会给周松宽的助公益费收据,15.1 cm×8.5 cm,1926 年
108. 0448.Z4.110,1926 年大埠爱莲堂给周松宽的港票凭证,22.7 cm×9.6 cm,1926 年
109. 0449.Z4.111,1926 年金山大埠中华会馆给周松宽的驳例助款收条,21 cm×11.4 cm,1926 年
110. 0450.Z4.112,1926 年驻美中华总会馆给周松宽的注册执照,21 cm×9.7 cm,1926 年
111. 0451.Z4.113,1926 年金山大埠至德堂给周松宽的港票凭证,15.9 cm×8.5 cm,1926 年
112. 0452.Z4.114,1926 年金山正埠至德堂给周松宽的查票,22.4 cm×9.5 cm,1926 年
113. 0453.Z4.115,1926 年金山大埠至德堂给周松宽的周位成经费执据,19.7 cm×9.2 cm,1926 年
114. 0454.Z4.116,1930 年意大利信托储蓄国家银行猎人广场分行现金支票,10.2 cm×23.6 cm,1930 年
115. 0580.Z4.117,民国合益园在广顺发消费的结账单(正月廿二日),22.5 cm×13.2 cm,民国
116. 0581.Z4.118,民国合益园在广顺发消费的购物单(八月十九日),22.5 cm×11.1 cm,民国
117. 0582.Z4.119,民国合益园在广顺发消费的购物单(十月十九日),23.3 cm×11.5 cm,民国
118. 0583.Z4.120,民国合益园在广顺发消费的购物单(五十九号),24.1 cm×18.7 cm,民国
119. 0584.Z4.121,1919 年合益园在广顺发消费的购物单(六月廿七日),21.2 cm×13.6 cm,1919 年
120. 0585.Z4.122,1919 年合益园在广顺发消费的购物单(三月廿一号),24.1 cm×17.1 cm,1919 年
121. 0586.Z4.123,1919 年合益园在广顺发消费的购物单(六九号),22.3 cm×11.9 cm,1919 年
122. 0587.Z4.124,民国合益园在广顺发消费的购物单(七月二十七日),22.8 cm×12.5 cm,民国
123. 0588.Z4.125,民国合益园在广顺发消费的购物单(四月廿四号),22.6 cm×7.4 cm,民国
124. 0589.Z4.126,民国合益园在广顺发消费的购物单(五月卅一号、六月四日),21.5 cm×27.9 cm,民国
125. 0590.Z4.127,民国合益园在广顺发消费的购物单(二月五号),21.5 cm×11.3 cm,民国
126. 0591.Z4.128,民国合益园在广顺发消费的购物单(八月十六号),22.6 cm×7.4 cm,民国
127. 0592.Z4.129,民国利民安给松宽的手写收据,20.3 cm×10.2 cm,民国
128. 0593.Z4.130,民国加州默塞德国家农商银行付款通知,8.8 cm×21 cm,民国

129. 0600.Z4.131,1919年6月28日加州联合石油特洛克站卖油发票,12.4 cm×20.3 cm,1919年
130. 0601.Z4.132,1919年7月7日加州联合石油公司默塞德站卖油发票,12.6 cm×20.4 cm,1919年
131. 0602.Z4.133,1919年3月9日美国铁路管理局原始记名提单,27.8 cm×21.5 cm,1919年
132. 0603.Z4.134,1919年4月2日美国铁路管理局原始记名提单,28 cm×21.6 cm,1919年
133. 0604.Z4.135,1919年4月28日美国铁路管理局原始记名提单,28 cm×21.6 cm,1919年
134. 0605.Z4.136,1926年11月3日美国三藩市夏利士丹进出口中国米清单,21.5 cm×13.7 cm,1926年
135. 0606.Z4.137,1919年8月31日美国加州联合石油公司斯托克顿地区办公室出具的卖油单,24.1 cm×15.2 cm,1套2件,1919年
136. 0607.Z4.138,美国加州默塞德农商国家银行备记支票,8.7 cm×21 cm,民国
137. 0608.Z4.139,民国逢春伯手写支数单,21.3 cm×18.2 cm,民国
138. 0609.Z4.140,1920年7月14日美国加州贝尔福格思里公司出具的票尾单,13.5 cm×21.2 cm,1920年
139. 0747.Z4.141,1919年6月22日加州联合石油公司特洛克站卖油发票,12.5 cm×20.3 cm,1919年
140. 0748.Z4.142,1919年8月20日加州联合石油公司莫德斯托站卖油发票,12.5 cm×20.2 cm,1919年
141. 0749.Z4.143,民国加州联合石油公司特洛克站卖油发票,12.5 cm×20.3 cm,民国
142. 0750.Z4.144,1919年11月20日美国加州默塞德农商国家银行备记支票,8.6 cm×21.0 cm,1919年
143. 0751.Z4.145,1919年8月1日美国加州默塞德谷仓有限公司给合益园的购物单,21.6 cm×14.0 cm,1919年
144. 0752.Z4.146,1926年3月31日美国加州温里奇木材有限公司给广顺发的清单,21.7 cm×14.0 cm,1926年
145. 0753.Z4.147,民国周礼现手写合益园账单(四月三日),23.0 cm×15.0 cm,民国
146. 0754.Z4.148,民国某店手写粟壳账单,12.7 cm×19.9 cm,民国,1套3件
147. 0755.Z4.149,民国某店员工开工记录,12.7 cm×19.9 cm,民国,1套4件
148. 0771.Z4.150,清光绪二十七年邓相业的昌后堂股份簿,23.6 cm×12.5 cm,清光绪二十七年
149. 1109.Z4.347,中华民国印花税票壹角(加盖粤发行所),2.4 cm×3.2 cm,民国
150. 1110.Z4.352,粤军财政总局印花税票贰分(加盖潮安江东),2.8 cm×3.1 cm,民国
151. 1578.Z4.151,1908年7月28日美国旧金山广东银行支票,11.1 cm×25.1 cm,1908年
152. 1579.Z4.152,1904年5月6日ChaySin的美国匪匪埠亚利桑那第一卫理公会会员证,11.5 cm×18.2 cm,1904年
153. 1580.Z4.153,1938年8月16日邓汝铮的越山中学校初一年级入学试验证,12.2 cm×12.9 cm,1938年
154. 1581.Z4.154,1940年7月8日开平县立中学校暑期补习班给邓汝铮的缴费收据,26.6 cm×8.5 cm,1940年
155. 1582.Z4.155,1938年8月1日邓汝铮报名缴费收据(开平县立中学校),27.3 cm×10.3 cm,1938年

五、纸类

156. 1583.Z4.156,1936年4月25日邓汝梅膳费收据,25.1 cm×10.2 cm,1936年
157. 1584.Z4.157,1938年8月22日邓汝铮保证金收据(开平县立中学校),20.4 cm×8.2 cm,1938年
158. 1585.Z4.158,1938年7月31日邓汝梅学费收据(开平县立中学校),20.1 cm×8.1 cm,1938年
159. 1586.Z4.159,1938年2月13日邓汝梅学费收据(开平县立中学校),20.5 cm×8.9 cm,1938年
160. 1587.Z4.160,1938年5月12日邓颂唐的广东省国防公债劝募委员会开平县分会的临时收据,20.7 cm×9.2 cm,1938年
161. 1588.Z4.161,1938年4月22日邓遇隆的广东省国防公债劝募委员会开平县分会的临时收据,20.7 cm×9.3 cm,1938年
162. 1589.Z4.162,1938年8月22日邓汝铮学费收条(开平县立中学校),20.4 cm×8.7 cm,1938年
163. 1590.Z4.163,1938年8月22日邓汝铮缴费收条(开平县立中学校),20.3 cm×8.7 cm,1938年
164. 1591.Z4.164,1918年1月10日Ltu Fe RR公司的原始记名提单,18.9 cm×21.7 cm,1918年
165. 1592.Z4.165,1922年9月9日中国大学会计科给邓颂唐的缴费收据,26.3 cm×13.3 cm,1922年
166. 1593.Z4.166,1938年8月31日邓汝梅学费收条(开平县立中学校),20.5 cm×9.0 cm,1938年
167. 1594.Z4.167,1938年8月22日邓汝铮学费收条(开平县立中学校),20.9 cm×8.4 cm,1938年
168. 1595.Z4.168,1940年4月30日邓筱华学费收条(新民学校),20.4 cm×8.0 cm,1940年
169. 1596.Z4.169,1939年2月16日邓汝梅学费收条(开平县立中学校),27.6 cm×8.4 cm,1939年
170. 1597.Z4.170,1938年2月13日邓汝梅缴纳保证金收条(开平县立中学校),20.2 cm×8.0 cm,1938年
171. 1598.Z4.171,1938年2月13日邓汝梅缴纳学费收条(开平县立中学校),20.2 cm×8.0 cm,1938年
172. 1599.Z4.172,1938年8月1日黄明耀缴纳报名费收据(开平县立中学校),27.3 cm×10.4 cm,1938年
173. 1600.Z4.173,1938年8月1日邓汝梅缴纳讲义费收据(开平县立中学校),27.3 cm×9.3 cm,1938年
174. 1601.Z4.174,1938年8月16日黄(明)耀的越山中学校学生入学试验证,12.2 cm×12.9 cm,1938年
175. 1602.Z4.175,1936年5月18日邓乃烷的中华邮政第620号挂号信凭证,13.7 cm×8.7 cm,1936年
176. 1603.Z4.176,1940年2月14日邓汝梅缴纳住宿费收条(开平县立中学校),17.4 cm×8.4 cm,1940年
177. 1604.Z4.177,1940年2月14日邓汝梅缴纳学费收条(开平县立中学校),18.7 cm×

8.5 cm,1940 年

178. 1605.Z4.178,1938 年 2 月 13 日邓汝梅缴纳设备借款收条(开平县立中学校),27.4 cm×8.7 cm,1938 年

179. 1606.Z4.179,1910 年 4 月 30 日太平洋邮轮公司从香港到旧金山的外税票,8.3 cm×15.9 cm,1910 年

180. 1607.Z4.180,1940 年 2 月 14 日邓汝梅缴纳 1939 年度下学期学费收条(开平县立中学校),17.3 cm×8.4 cm,1940 年

181. 1608.Z4.181,1930 年 7 月 10 日国民政府工商部商标局给广生行股份有限公司的"双妹嚜"桂花香水商标注册证,43.0 cm×57.2 cm,1930 年

182. 1609.Z4.182,1924 年 4 月 29 日农商部商标局给广生行股份有限公司冯福田的"双妹嚜"商标注册证,42.7 cm×59.4 cm,1924 年

183. 1610.Z4.183,1915 年 3 月 23 日商办广东粤汉铁路有限公司发给麦应修的股票息单,34.0 cm×43.9 cm,28.0 cm×12.5 cm,1 套 2 件,1915 年

184. 1611.Z4.184,19 世纪 20 年代美国加州 Merced Securty Savings Bank 的空白支票,6.2 cm×15.6 cm,19 世纪 20 年代

185. 1612.Z4.185,1924 年梅襄廼的普利有限公司股票(广州市大北门象冈股票),25.3 cm×17.3 cm,1924 年

186. 1613.Z4.186,1924 年黄礼钊的松山股票,29.1 cm×10.5 cm,1924 年

187. 1614.Z4.187,1924 年陆海军大本营内政部颁给叶雨乾的中医生开业执照,31.2 cm×38.8 cm,1924 年

188. 1615.Z4.188,1924 年锡明的新安里股票存据,36.0 cm×18.8 cm,1924 年

189. 1616.Z4.189,1924 年黄材邦的世光置业按揭储蓄有限公司股票,股票 26.0 cm×32.7 cm,信封 22.4 cm×12.5 cm,1 套 2 件,1924 年

190. 1617.Z4.190,1937 年蔡铨奕的广东银行有限公司股票,股票 25.8 cm×30.8 cm,信封 26.0 cm×11.5 cm,1 套 2 件,1937 年

191. 1618.Z4.191,1933 年胡忠铭的广州常德置业有限公司股票,25.4 cm×26.3 cm,1933 年

192. 1619.Z4.192,1924 年台山县粤军短期借款收条,25.6 cm×12.7 cm,1924 年

193. 1620.Z4.193,1916 年关定儒的中国邮船有限公司股票,22.5 cm×31.4 cm,1916 年

194. 1621.Z4.194,清光绪三十二年邓广隆的商办广东粤汉铁路有限总公司第一期收股执照,29.3 cm×13.9 cm,清光绪三十二年

195. 1622.Z4.195,1920 年登学在美国黄江夏总堂黄云山公所的缴费收条,20.7 cm×10.5 cm,14.3 cm×8.7 cm,1 套 2 件,1920 年

196. 1623.Z4.196,1933 年广东省航空救国第二期一圆有奖义券,4.6 cm×11.7 cm,1 套 6 件,1933 年

197. 1624.Z4.197,1924 年余添和的美国金山大埠余武溪总公所注册收条,24.7 cm×10.8 cm,1924 年

198. 1625.Z4.198,1925 年中国国民党驻夏湾拿分部发给李超蕃缴纳基本金收条,27.2 cm×11.2 cm,1925 年

199. 1626.Z4.199,1924 年坎属筹办开平中学捐务总处给余毓琚的捐款收条,21.1 cm×11.4 cm,1924 年

200. 1627.Z4.200,1924 年沙城中国国民党分部给李贺活的收条,22.9 cm×11.1 cm,1924 年

201. 1628.Z4.201,1924年美国金山大埠中华会馆给黄灯学的驳例助款收条,19.5 cm×10.6 cm,1924年
202. 1629.Z4.202,1917年广东公立法政专门学校颁给学生陈锡麟的奖品清单,25.6 cm×11.5 cm,1917年
203. 1630.Z4.203,1924年南塘村修枪凭单,24.5 cm×9.7 cm,1924年
204. 1631.Z4.204,1917年南州学校给远藻的收据,24.9 cm×11.2 cm,1917年
205. 1632.Z4.205,1923年尚志学校给伍锡安的缴费收条,25.2 cm×9.8 cm,1923年
206. 1633.Z4.206,1936年国立中山大学给朱荣达的缴费收据,15.3 cm×10.3 cm,1936年
207. 1634.Z4.207,1936年国立中山大学给朱荣达的保证金收据,15.5 cm×10.3 cm,1936年
208. 1635.Z4.208,民国邝荣炽捐助培英青年会平民义学经常费的收条,10.2 cm×11.5 cm,民国
209. 1636.Z4.209,1933年朱荣参缴纳私立思思中学建校费的收条(二月七日),11.0 cm×14.6 cm,1933年
210. 1637.Z4.210,1933年朱荣参缴纳私立思思中学建校费的收条(九月十九日),11.5 cm×14.6 cm,1933年
211. 1638.Z4.211,民国粤汉铁路广州东至坪石的头等火车票,5.7 cm×3.0 cm,民国
212. 1639.Z4.212,民国周梯云的创办香山公医院捐款收条(十月十九日),22.9 cm×11.3 cm,民国
213. 1640.Z4.213,1930年中国国民党驻美国总支部总理纪念音乐亭筹建委员会给周梯云的义捐收条,24.4 cm×12.9 cm,1930年
214. 1641.Z4.214,1934年香港大新有限公司股息收据(空白),24.0 cm×13.7 cm,1934年
215. 1642.Z4.215,1934年周梯云货银收据(十二月十一日),25.4 cm×11.2 cm,1934年
216. 1643.Z4.216,1934年周梯云出货单,25.1 cm×11.7 cm,1934年
217. 1644.Z4.217,1934年周梯云货银收据(十二月初一日),25.3 cm×11.1 cm,1934年
218. 1645.Z4.218,民国周梯云钱银收据(元月初十),25.4 cm×8.9 cm,民国
219. 1646.Z4.219,民国周梯云钱银收据,26.2 cm×9.9 cm,民国
220. 1647.Z4.220,民国周梯云出货单(二月廿四日),25.0 cm×11.7 cm,民国
221. 1648.Z4.221,民国周梯云钱银收据(四月初九日),25.8 cm×11.8 cm,民国
222. 1649.Z4.222,民国周梯云钱银收据(二月初四日),26.4 cm×9.9 cm,民国
223. 1650.Z4.223,民国周梯云钱银收据(岁结单),25.2 cm×8.9 cm,民国
224. 1651.Z4.224,民国周梯云出货单(十二月十五),24.4 cm×9.2 cm,民国
225. 1652.Z4.225,民国周梯云出货单(二月初二日),25.1 cm×11.7 cm,民国
226. 1653.Z4.226,民国大环联栈号给周梯云的催费便条(元月廿二日),24.7 cm×9.9 cm,民国
227. 1654.Z4.227,民国周梯云钱银收据(元月廿九日),25.6 cm×11.7 cm,民国
228. 1655.Z4.228,民国周梯云出货单(元月廿二日),25.3 cm×8.8 cm,民国
229. 1656.Z4.229,民国周梯云出货单(十二月十八日),25.2 cm×11.7 cm,民国
230. 1657.Z4.230,民国周梯云出货单(十二月十八日),25.3 cm×11.1 cm,民国
231. 1658.Z4.231,民国周梯云出货单(十二月十二日),25.4 cm×11.1 cm,民国
232. 1659.Z4.232,1934年周梯云货银收条(十二月十二日),26.2 cm×11.6 cm,1934年
233. 1660.Z4.233,1935年周梯云货银收条(二月十五日),26.1 cm×11.5 cm,1935年
234. 1661.Z4.234,1934年周梯云货银收条(十二月十七日),25.4 cm×11.1 cm,1934年

235. 1662.Z4.235,民国周梯云钱银收据(乙蒲单),23.6 cm×8.9 cm,民国
236. 1663.Z4.236,民国周梯云出货单(九月初八日),25.8 cm×9.8 cm,民国
237. 1664.Z4.237,民国周梯云钱银收据(十一月廿九日),26.1 cm×11.6 cm,民国
238. 1665.Z4.238,民国周梯云出货单(三月初九日),9.1 cm×25.4 cm,民国
239. 1666.Z4.239,民国周梯云、陈蒋根往来货单,22.7 cm×22.7 cm,民国
240. 1667.Z4.240,民国周梯云与泰昌隆铜铁号往来货单(三月十八日),25.9 cm×53.2 cm,民国
241. 1668.Z4.241,1935年周梯云货银收条(四月初八日),26.2 cm×11.6 cm,1935年
242. 1669.Z4.242,民国神涌永合号与周梯云往来货银收据,24.8 cm×13.7 cm,民国
243. 1670.Z4.243,民国周梯云出货单(元月廿六日),25.0 cm×11.7 cm,民国
244. 1671.Z4.244,民国周梯云出货单(元月廿八日),23.9 cm×8.7 cm,民国
245. 1672.Z4.245,民国周梯云出货收据(元月廿一日),25.0 cm×8.8 cm,民国
246. 1673.Z4.246,民国周梯云出货收据(三月初一日),25.2 cm×8.8 cm,民国
247. 1674.Z4.247,1934年周梯云货银收据(十二月十五日),24.3 cm×9.2 cm,1934年
248. 1675.Z4.248,民国周梯云货银收据(十月廿五日),25.0 cm×11.7 cm,民国
249. 1676.Z4.249,民国周梯云出货单(二月初五日),25.2 cm×9.1 cm,民国
250. 1677.Z4.250,民国周梯云出货单(九月廿四日),25.1 cm×10.2 cm,民国
251. 1678.Z4.251,民国周梯云与泰昌隆铜铁号往来货单收据(四月廿八日),23.8 cm×13.4 cm,民国
252. 1679.Z4.252,1935年周梯云货银收据(四月初八日),24.5 cm×9.2 cm,1935年
253. 1680.Z4.253,民国周梯云出货收据(九月廿九日),25.9 cm×14.2 cm,民国
254. 1681.Z4.254,1935年曾冠恩给周梯云的货银收据(五月初三日),23.6 cm×8.9 cm,1935年
255. 1682.Z4.255,民国周梯云与泰昌隆铜铁号往来货单封套(二月初五日),15.4 cm×7.3 cm,民国
256. 1683.Z4.256,民国周梯云出货收据(十月初六),24.9 cm×11.7 cm,民国
257. 1684.Z4.257,1935年周梯云货银收据(二月十八日),25.3 cm×8.5 cm,1935年
258. 1685.Z4.258,民国佃户周玉元、周兆文、周为安缴粮单据(七月十七日),16.6 cm×12.6 cm,民国
259. 1686.Z4.259,民国佃户周玉元、陈玉兰、四妹妈缴粮单据(七月十七日),16.6 cm×12.3 cm,民国
260. 1687.Z4.260,民国周梯云与广兴昌、泰昌隆往来货单(二月初七日),24.1 cm×19.5 cm,民国
261. 1688.Z4.261,民国某开支账单(涉及周梯云),21.6 cm×14.3 cm,民国
262. 1689.Z4.262,民国周梯云收货单封套,13.2 cm×7.1 cm,民国
263. 1690.Z4.263,民国周梯云与同茂祥往来货单收据,25.0 cm×12.4 cm,民国
264. 1691.Z4.264,1937年广东省政府财政厅为征收临时地税给业户周孙月好的收据,10.8 cm×22.1 cm,1套2件,1937年
265. 1692.Z4.265,1937年广东省政府财政厅为征收临时地税给业户周灼兰的收据,10.9 cm×22.0 cm,1套2件,1937年
266. 1693.Z4.266,1937年广东省政府财政厅为征收临时地税给业户林周氏的收据,10.8 cm×22.1 cm,1套2件,1937年
267. 1694.Z4.267,1937年广东省政府财政厅为征收临时地税给业户周子庚的收据,10.8 cm×

21.9 cm,1套2件,1937年

268. 1695.Z4.268,1941年广东省财政厅为征收临时地税给业户周子庚的收据,10.7 cm×21.7 cm,1941年

269. 1696.Z4.269,1938年广东省政府财政厅为征收临时地税给业户周元彩的收据,10.6 cm×21.4 cm,1938年

270. 1697.Z4.270,1938年广东省政府财政厅为征收临时地税给业户周灼兰的收据,10.8 cm×21.8 cm,1938年

271. 1698.Z4.271,1937年广东省政府财政厅为征收临时地税给业户周作宾的收据,10.8 cm×22.2 cm,1套2件,1937年

272. 1699.Z4.272,1936年周子庚的广东省中山县政府续借二十四年度临时地税收据,12.6 cm×25.2 cm,1936年

273. 1700.Z4.273,1936年林周氏的广东省中山县政府续借二十四年度临时地税收据,12.6 cm×25.0 cm,1936年

274. 1701.Z4.274,1936年周灼兰的广东省中山县政府续借二十四年度临时地税收据,12.6 cm×25.2 cm,1936年

275. 1702.Z4.275,1936年周作宾的广东省中山县政府续借二十四年度临时地税收据,12.6 cm×22.8 cm,1936年

276. 1703.Z4.276,民国匪匪怡盛号进支账单(五月),15.0 cm×26.1 cm,民国

277. 1704.Z4.277,民国匪匪怡盛号与谭寿往来账单(1917年12月5日),26.2 cm×6.9 cm,1917年

278. 1705.Z4.278,民国匪匪怡盛号与邓调业往来账单(1917年12月5日),26.0 cm×6.9 cm,1917年

279. 1706.Z4.279,1917年美国匪匪怡盛号邓相业与余毓云往来账单(12月5日),26.1 cm×7.1 cm,1917年

280. 1707.Z4.280,1917年美国匪匪怡盛号邓相业给余毓云的借条(12月5日),26.1 cm×6.9 cm,1917年

281. 1708.Z4.281,1917年美国匪匪怡盛号邓相业与全籍和往来账单(12月5日),25.8 cm×6.9 cm,1917年

282. 1709.Z4.282,1917年美国匪匪怡盛号邓相业与荣泰号往来账单(12月5日),25.7 cm×7.1 cm,1917年

283. 1710.Z4.283,1917年邓相业与邓春炯往来账单(12月5日),26.2 cm×6.9 cm,1917年

284. 1711.Z4.284,1917年邓相业与邓晁隆往来账单(12月5日),26.2 cm×6.9 cm,1917年

285. 1712.Z4.285,民国邓相业进支账单,12.6 cm×23.8 cm,民国

286. 1713.Z4.286,民国邓湛业进支账单,15.2 cm×22.6 cm,民国

287. 1714.Z4.287,民国永合店借据,25.7 cm×19.8 cm,民国

288. 1715.Z4.288,民国时期的一份账单,18.8 cm×52.6 cm,民国

289. 1807.Z4.292,民国五色旗十八星旗火花,(3.5—13.2 cm)×(5.4—8.4 cm),1套6件,民国

290. 1944.Z4.300,1913年先施有限公司发票,18.2 cm×13.1 cm,1913年

291. 1945.Z4.301,民国先施有限公司发票,17.9 cm×13 cm,民国

292. 1947.Z4.302,民国粤东先施有限公司送货单,14.2 cm×10.2 cm,民国

293. 1948.Z4.303,民国粤东先施有限公司销号存查单,18.6 cm×9.9 cm,民国
294. 1949.Z4.304,民国粤东先施有限公司银台存查单,18.8 cm×13.3 cm,民国
295. 1951.Z4.305,民国粤华酒店结账单,34.8 cm×17.6 cm,民国
296. 1952.Z4.306,1910年中西酒店结账单,35 cm×15.5 cm,1910年
297. 1953.Z4.307,1923年广州新华大酒店结账单,32.4 cm×17.3 cm,1923年
298. 1963.Z4.308,民国广东巴黎酒店结账单,31.3 cm×15.7 cm,民国
299. 1964.Z4.309,民国平安旅店结账单,29.7 cm×15 cm,民国
300. 1965.Z4.310,1916年广州东坡酒楼结账单,30.4 cm×16.5 cm,1916年
301. 1978.Z4.311,1934年商务印书馆广州分馆发票,26.8 cm×13.3 cm,1934年
302. 1979.Z4.312,1920年广州恒安昌发货单,34 cm×16.5 cm,1920年
303. 1986.Z4.313,1931年广州利泰运输行运货单,29 cm×14.5 cm,1931年
304. 2013.Z4.314,民国广州宝华钟表材料发行发货单,18.8 cm×22 cm,民国
305. 2033.Z4.315,民国广州二天堂化妆品药品厂发货副单,30.8 cm×15.3 cm,民国
306. 2037.Z4.316,1932年广州市宝华利结账单,24.8 cm×11 cm,1932年
307. 2060.Z4.317,民国瑞华园结账单,18.8 cm×18.3 cm,民国
308. 2063.Z4.318,民国广宁公司和记渡船票,13.5 cm×8.8 cm,民国
309. 2076.Z4.319,民国光荣航业公司安记新渡行李单,10.7 cm×14.5 cm,民国
310. 2077.Z4.320,民国荣兴航业股份有限公司新兴利渡行李单,12.5 cm×6.5 cm,民国
311. 2080.Z4.321,民国广州万园储蓄会收条,13.2 cm×17.1 cm,民国
312. 2082.Z4.322,民国粤华酒店入住单,9.6 cm×13.5 cm,民国
313. 2087.Z4.323,1932年广州圆明摄影馆取相凭据,20.6 cm×12 cm,1932年
314. 2102.Z4.324,清宣统年香港永安公司发票,11 cm×13.4 cm,清宣统
315. 2105.Z4.325,民国广州兆丰米厂订米单,16 cm×9.6 cm,民国
316. 2106.Z4.326,1937年广州南利行发货单,35.6 cm×16.9 cm,1937年
317. 2107.Z4.327,1930年裕成押贷款借据,32 cm×13.8 cm,1930年
318. 2108.Z4.328,民国广东烟叶运照验联,30.9 cm×25.7 cm,民国
319. 2109.Z4.329,民国第五十期发财厂壹员联榜谢教单,28.2 cm×50.5 cm,民国
320. 2111.Z4.330,1937年广州兴发号发货单,25.9 cm×15.8 cm,1937年
321. 2112.Z4.331,1937年广州市福东米酒油庄零沽单,18.2 cm×12.6 cm,1937年
322. 2113.Z4.332,1937年广州市同源柴炭发货单,26.7 cm×13 cm,1937年
323. 2114.Z4.333,1937年广州市盛记德利号发货单,26.7 cm×10.5 cm,1937年
324. 2115.Z4.334,1937年广州市恒泰砖瓦灰英坭发行发货单,30.7 cm×15.5 cm,1937年
325. 2116.Z4.335,1932年经纶祥利记放款借据,32.8 cm×14.5 cm,1932年
326. 2117.Z4.336,1937年广州市体育委员会体育团费回据,15.2 cm×9.9 cm,1937年
327. 2118.Z4.337,1936年广州市钜成建筑号设计费收据,31.4 cm×20.6 cm,1936年
328. 2122.Z4.338,1928年美商胜家衣车公司提货单,32.5 cm×13.5 cm,1928年
329. 2133.Z4.339,1938年越华报告白费收条,26.2 cm×13.8 cm,1938年
330. 2138.Z4.340,1937年广东机器总工会油机厂类收条,26 cm×11 cm,1937年
331. 2139.Z4.341,1933年中华全国机器总工会会员登记费收据,24.9 cm×10.8 cm,1933年
332. 2140.Z4.342,1936年财政部广东机器总工会整理委员会收据,21.5 cm×8.2 cm,1936年

333. 2145.Z4.343,1915年广东普华医院捐款收据,12 cm×16.2 cm,1915年
334. 2146.Z4.344,中华民国总印花税票贰分,2.2 cm×3.4 cm,民国
335. 2147.Z4.345,中华民国印花税票伍角,2.5 cm×3.4 cm,民国
336. 2148.Z4.346,中华民国印花税票壹分(加盖粤发行所),2.6 cm×3.4 cm,民国
337. 2149.Z4.348,中华民国印花税票壹分(加盖潮梅印花处),2.8 cm×3.4 cm,民国
338. 2150.Z4.349,中华民国印花税票贰分(加盖大本营财政部),2.8 cm×3.5 cm,民国
339. 2151.Z4.350,中华民国印花税票壹分(加盖大本营财政部),2.5 cm×3.4 cm,民国
340. 2152.Z4.351,民国粤军财政总局印花税票壹分(加盖潮安江东),2.7 cm×3.5 cm,民国
341. 2153.Z4.353,中华民国印花税票壹分(加盖军政府发行),2.6 cm×3.4 cm,民国
342. 2154.Z4.357,中华民国印花税票壹分(加盖军政府发行),2.6 cm×3.5 cm,民国
343. 2155.Z4.358,中华民国印花税票贰分(加盖国民政府财政部),2.8 cm×3.4 cm,民国
344. 2156.Z4.360,中华民国印花税票伍角(加盖军政府发行),2.5 cm×3.4 cm,民国
345. 2157.Z4.364,中华民国印花税票贰分(加盖广东财政厅广东分处),2.7 cm×3.4 cm,民国
346. 2158.Z4.365,民国国民政府财政部印花税票贰分(加盖广东潮梅五华),2.1 cm×2.3 cm,民国
347. 2159.Z4.367,民国国民政府财政部印花税票壹角(加盖潮梅),2.1 cm×2.3 cm,民国
348. 2165.Z4.368,民国广昌发货单,25.3 cm×9.8 cm,民国
349. 2166.Z4.369,1919年隆昌发货单,25.2 cm×10.8 cm,1919年
350. 2167.Z4.370,1919年广东中国银行特别定期存款息折,20 cm×11.8 cm,1919年
351. 2168.Z4.371,1920年广东中国银行特别定期存款息折,19.5 cm×11.5 cm,1920年
352. 2170.Z4.372,1925年明合成宝行发出的收货单,22.9 cm×11 cm,1925年
353. 2172.Z4.373,1920年陈星朝的广东中国银行定期存单,25.5 cm×14.2 cm,1920年
354. 2173.Z4.374,1920年赵卓棠的广东中国银行特别定期存单,25.3 cm×14.4 cm,1920年
355. 2174.Z4.375,1921年黄伯贺的广东东山嘉南堂会费收条,26.3 cm×10.6 cm,1921年
356. 2175.Z4.376,民国获海东河同安昌发货单(十一月初九日),25.7 cm×14 cm,民国
357. 2176.Z4.377,民国黄良阁买西式洋装床给广美村的欠条(十月十七日),25.6 cm×13.5 cm,民国
358. 2177.Z4.378,1924年印有"大本营财政部"印花税票的某号发货单(二月十七日),23.6 cm×9.7 cm,1924年
359. 2178.Z4.379,1921年新昌东河广和隆给荣利号的发货单(三月十七日),25.5 cm×10.7 cm,1921年
360. 2179.Z4.380,1924年新昌维新街广兴材发货单(印有"大本营财政部"印花税票),25 cm×10.3 cm,1924年
361. 2180.Z4.381,1924年公益埠南华街广万林给林德俊的发货单,23.8 cm×36.2 cm,1924年
362. 2181.Z4.382,1924年新昌安宁街耀和隆发货单,24.4 cm×11.5 cm,1924年
363. 2182.Z4.383,1920年隆昌号给楼中伯的发货单,24 cm×10.9 cm,1920年
364. 2183.Z4.384,1922年新昌东河建兴祥元记给昌盛隆的发货单,24.3 cm×18.4 cm,1922年
365. 2184.Z4.385,1925年广州公盛老染房纱绸庄给黄佳炎的发货单,27.8 cm×15 cm,1925年
366. 2185.Z4.386,1925年永合信给李寿南的钱银收条,28.7 cm×12 cm,1925年
367. 2186.Z4.387,1925年新昌埠华兴街仁昌盛发货单,25.8 cm×11 cm,1925年

368. 2187.Z4.388,1922年裕行号发货单,25 cm×9 cm,1922年
369. 2188.Z4.389,1921年其昌堂给陈懿林的发货单,33.5 cm×13.6 cm,1921年
370. 2189.Z4.390,1924年伍时湛二奶的广州世光置业按揭储蓄有限公司零数涨股证券,24 cm×12.7 cm,1924年
371. 2192.Z4.391,民国永昌成记发货单,25.3 cm×12.5 cm,民国
372. 2193.Z4.392,民国广兴材发货单,24.8 cm×10.5 cm,民国
373. 2195.Z4.393,1923年广东中国银行特别定期存款息折,19.8 cm×10.7 cm,1923年
374. 2196.Z4.394,1924年广堂美发货单,26 cm×12 cm,1924年
375. 2197.Z4.395,1924年广州世光置业按揭储蓄有限公司息折,16.4 cm×11 cm,1924年
376. 2198.Z4.396,1923年蔡荣庆堂收支本,24.8 cm×23.4 cm,1923年
377. 2201.Z4.397,民国建兴祥元记发货单,24.2 cm×14.9 cm,民国
378. 2202.Z4.398,民国秋同源发货单,24.8 cm×12 cm,民国
379. 2203.Z4.399,1922年乾宝源发货单,24.8 cm×10.8 cm,1922年
380. 2204.Z4.400,民国瑞兴隆发货单,26.2 cm×13.1 cm,民国
381. 2205.Z4.401,民国同安昌发货单,25.5 cm×10.5 cm,民国
382. 2206.Z4.402,1922年生和号发货单,24.4 cm×11 cm,1922年
383. 2207.Z4.403,1922年广常美发货单,25.5 cm×11 cm,1922年
384. 2208.Z4.404,1923年广州市自来水公司收条,27.3 cm×10 cm,1923年
385. 2210.Z4.405,1923年其昌堂的发货单,34 cm×17 cm,1923年
386. 2212.Z4.406,1923年坚卓草堂的广东中国银行特别定期存单,25.6 cm×15 cm,1923年
387. 2213.Z4.407,1922年新昌东河生和号给建兴祥的发货单,25 cm×12.5 cm,1922年
388. 2214.Z4.408,1922年新昌东河生和号给昌盛隆的发货单,24.6 cm×11.2 cm,1922年
389. 2215.Z4.409,1922年新昌埠江隆福记给昌盛隆的发货单,24.2 cm×44 cm,1922年
390. 2216.Z4.410,1922年某号给昌盛隆的发货单(五月初一日),23.7 cm×20.4 cm,1922年
391. 2217.Z4.411,民国新昌埠富美街正昌吉给时源先生的发货单(八月廿九日),25.7 cm×9.5 cm,民国
392. 2219.Z4.412,1921年何棣华、黄子矩的月结账册,24.3 cm×13 cm,1921年
393. 2221.Z4.413,1924年获海埠丽兴金铺给雁中先生的发货单,26.5 cm×22.4 cm,1924年
394. 2223.Z4.414,1920年何澧泉的广东中国银行特别定期存单,19.6 cm×11.7 cm,1920年
395. 2227.Z4.415,1921年淑媛的广东中国银行特别定期存单,24.5 cm×15.1 cm,1921年
396. 2229.Z4.416,1923年光兴公司给黄彩业的息折,18.9 cm×13 cm,1923年
397. 2230.Z4.417,民国瑞昌给万国宝号的发货单,25.3 cm×33.2 cm,民国
398. 2231.Z4.418,1922年晋泰益记给魁庭兄的发货单,23.5 cm×24.6 cm,1922年
399. 2238.Z4.419,民国永茂盛给宗顷先生的发货单(四月十三日),25 cm×52 cm,民国
400. 2239.Z4.420,1924年晋恒大押当票,17.5 cm×12.6 cm,1924年
401. 2210.Z4.421,民国广陶昌发货单,25 cm×10.8 cm,民国
402. 2241.Z4.423,民国庄和栈发货单,24.8 cm×10.7 cm,民国
403. 2242.Z4.425,民国永茂盛发货单,25.2 cm×14.6 cm,民国
404. 2243.Z4.426,民国赏记号发货单,18.9 cm×10 cm,民国
405. 2244.Z4.427,民国隆栈号发货单,25.9 cm×14.5 cm,民国

406. 2245.Z4.428,民国亿兴仁记发货单,25.3 cm×9 cm,民国
407. 2246.Z4.429,民国新成利发货单,28 cm×11.9 cm,民国
408. 2247.Z4.430,1926年潘廷号发货单,34 cm×15 cm,1926年
409. 2248.Z4.431,1930年刘昌记棚单,25 cm×11 cm,1930年
410. 2249.Z4.432,1934年刘昌记棚单,24.7 cm×10.3 cm,1934年
411. 2250.Z4.433,1933年揭阳地区民间借揭单,23 cm×9.8 cm,1933年
412. 2251.Z4.434,1926年陈黉利栈给履泰宝行的正票,32 cm×12.5 cm,1926年
413. 2252.Z4.435,1928年陈黉利栈给协成昌宝行的正票,31.9 cm×12.5 cm,1928年
414. 2253.Z4.436,1928年陈黉利栈给永德并宝行的正票,32 cm×12.6 cm,1928年
415. 2254.Z4.437,1936年美的照相馆订金收据,30.6 cm×13.5 cm,1936年
416. 2255.Z4.438,民国庆丰金楼的发货单,24 cm×14.4 cm,民国
417. 2256.Z4.439,1933年广州市私立兴华中学校收条,26.3 cm×15 cm,1933年
418. 2257.Z4.440,1934年广州市私立兴华中学校收条,25.7 cm×15.7 cm,1934年
419. 2258.Z4.441,1925年英隆生意年结上利部,19 cm×12.3 cm,1925年
420. 2259.Z4.442,1928年翰文斋的收支本,23.8 cm×13.3 cm,1928年
421. 2260.Z4.443,1924年松杞造林公司息折,16.8 cm×11.3 cm,1924年
422. 2265.Z4.444,1924年台山某商号年结账散页,25.1 cm×18 cm,1924年
423. 2266.Z4.445,1925年中国康年人寿燕梳有限公司红利凭票,43.3 cm×32 cm,1925年
424. 2267.Z4.446,1939年永安人寿保险有限公司给黄焯南的保单,43.2 cm×56 cm,1939年
425. 2268.Z4.447,民国万年人寿总会保单,38.8 cm×8.5 cm,民国
426. 2269.Z4.448,民国天生人寿保险储蓄总会保单,19.5 cm×21 cm,1套3件,民国
427. 2270.Z4.449,1932年陆海通人寿保险有限公司给余奕的保单,28.5 cm×13.7 cm,1套2件,1932年
428. 2271.Z4.450,1932年爱群人寿保险有限公司给张惠铭的保单,34.6 cm×49.5 cm,1932年
429. 2272.Z4.451,民国香港中国康年人寿燕梳有限公司给伍时英的保单,50.5 cm×56.3 cm,民国
430. 2273.Z4.452,1932年华安合群保寿股份有限公司给陈锡春的保单,3张35.1 cm×23 cm,1张23 cm×21 cm,1套4件,1932年
431. 2277.Z4.453,1914年广州市兰亭侨店发票,33.8 cm×18 cm,1914年
432. 2282.Z4.454,1907年10月15日朱绍和发票,38.3 cm×14.7 cm,1907年
433. 2283.Z4.455,1907年10月17日广隆发票,33.6 cm×14.8 cm,1907年
434. 2284.Z4.456,1907年10月20日广生发票,34.8 cm×13.8 cm,1907年
435. 2297.Z4.457,1913年广州市先施有限公司发票,18.4 cm×13.1 cm,1913年
436. 2314.Z4.458,1911年4月16日新昌嘉宝轩发货单,29.3 cm×11.8 cm,1911年
437. 2319.Z4.459,1933年慎德堂药行提货单,34.8 cm×14.9 cm,1933年
438. 2320.Z4.460,1937年些吗文收据,15.9 cm×13.3 cm,1937年
439. 2330.Z4.461,清宣统年新宁宁阳酒店收银单,28.1 cm×21.9 cm,清宣统
440. 2334.Z4.462,1933年徐六记发货单,29.5 cm×18.2 cm,1933年
441. 2335.Z4.463,1914年燕喜酒楼收银单,33.5 cm×19.2 cm,1914年
442. 2336.Z4.464,1914年燕喜酒楼结账单,12 cm×17 cm,1914年

443. 2337.Z4.465,1933年岭南电器结账单,30.2 cm×17 cm,1933年
444. 2339.Z4.466,1933年十三行十一街集议所消防队收条,25.8 cm×9.5 cm,1933年
445. 2344.Z4.467,1933年广州广和祥发货单,26.1 cm×15.8 cm,1933年
446. 2349.Z4.468,民国李丕显堂演乐荣华班椅位票,13.3 cm×15.6 cm,民国
447. 2350.Z4.469,清光绪四年悦昌春记发货单,30.3 cm×13.9 cm,清光绪四年
448. 2352.Z4.470,1929年广生贤记金铺结账单,21 cm×13.7 cm,1929年
449. 2354.Z4.471,民国培英学生慰劳伤兵游艺会戏票,14 cm×8.8 cm,民国
450. 2383.Z4.472,1934年均安水火保险有限公司保单,48 cm×26.1 cm,26.7 cm×13 cm,1套2件,1934年
451. 2384.Z4.473,1936年日本保险公司保单,47.7 cm×29.8 cm,1936年
452. 2385.Z4.474,1919年英商日球燕梳公司保单,48.3 cm×30.3 cm,1919年
453. 2386.Z4.475,1935年上海通易信托公司保险部粤局保单,49.3 cm×30.5 cm,26 cm×11.2 cm,1套2件,1935年
454. 2387.Z4.476,1932年广东省会警察局征收投买保险登记费收据,29.4 cm×19 cm,1932年
455. 2388.Z4.477,1938年中国保险股份有限公司保单,45 cm×58.2 cm,30.1 cm×12.2 cm,1套2件,1938年
456. 2389.Z4.478,1937年金孖泰于仁燕梳公司保单,43 cm×35.5 cm,1937年
457. 2390.Z4.479,1937年康年水火保险有限公司粤局保单,39 cm×26.2 cm,33.5 cm×16.7 cm,20.6 cm×26.5 cm,22.3 cm×26.5 cm,24.2 cm×11.4 cm,1套5件,1937年
458. 2391.Z4.480,1934年香港联安水火保险有限公司保单,50.5 cm×34 cm,27.5 cm×12.7 cm,21.5 cm×27.1 cm,1套3件,1934年
459. 2392.Z4.481,1933年太平水火保险股份有限公司保单,45 cm×29.2 cm,25 cm×13.9 cm,19.5 cm×10.2 cm,30.2 cm×13.2 cm,1套4件,1933年
460. 2393.Z4.482,1931年广州沙面时昌洋行代理那域于仁火险燕梳有限公司给谭裔钟堂的保单,45.4 cm×29.1 cm,15 cm×23.3 cm,25.2 cm×12.3 cm,1套3件,1931年
461. 2394.Z4.483,1934年太平洋保险股份有限公司给业主廖永源堂的保单,43 cm×28 cm,1934年
462. 2395.Z4.484,1935年东京火灾保险公司给余顺中的保单,48.5 cm×32.5 cm,10.5 cm×8.4 cm,1套2件,1935年
463. 2396.Z4.485,1937年华商太平洋保险股份有限公司给永济堂的保单,43 cm×28 cm,29.8 cm×13.1 cm,1套2件,1937年
464. 2397.Z4.486,1931年荷兰保险公司给裕安祥的保单,48.7 cm×26.1 cm,20 cm×21.5 cm,15.1 cm×7.9 cm,27 cm×14.2 cm,1套4件,1931年
465. 2398.Z4.487,1934年羊城保险置业有限公司给业主余顺中的保单,40.5 cm×51.4 cm,1934年
466. 2399.Z4.488,1933年美国赫得福保险公司给业主余顺中的保单,34.5 cm×21.6 cm,17.1 cm×20.7 cm,10.4 cm×16 cm,1套3件,1933年
467. 2400.Z4.489,1933年美国大美保险公司给余顺中的保单,34 cm×22 cm,1933年
468. 2401.Z4.490,1931年广州沙面时昌代理来路燕梳公司给业主谭裔钟堂的保单,42 cm×24.1 cm,15 cm×23.2 cm,25 cm×12.3 cm,1套3件,1931年

469. 2402.Z4.491,1937年美商费城保险公司给太利合记号的保单,21.3 cm×17.8 cm,21.3 cm×17.8 cm,1套2件,1937年
470. 2403.Z4.492,1937年英国商贸保险有限公司保单,38.5 cm×24 cm,1937年
471. 2404.Z4.493,1937年保太水火保险公司给远记的保单,42.2 cm×27.7 cm,12.5 cm×19 cm,1套2件,1937年
472. 2405.Z4.494,1928年香港康年水火保险有限公司给余毓韶的保单,38.2 cm×26 cm,22.2 cm×9.9 cm,1套2件,1928年
473. 2406.Z4.495,民国联泰保险有限公司空白股票,27.1 cm×32.8 cm,民国
474. 2407.Z4.496,1946年英商四海保险公司保单,34.2 cm×21.4 cm,1946年
475. 2408.Z4.497,1949年美商美亚保险公司给黄豪宽的保单,28 cm×21.7 cm,22.7 cm×11 cm,1套2件,1949年
476. 2409.Z4.498,1931年香港香安保险有限公司粤局凭票,44.7 cm×26.7 cm,1931年
477. 2410.Z4.499,1933年大华保险有限公司给业主朱藻德的保单,36.4 cm×28.5 cm,1933年
478. 2411.Z4.500,1937年中国保险股份有限公司给业主载福堂的保单,45 cm×29 cm,27.7 cm×19.9 cm,19.5 cm×11.3 cm,30 cm×12 cm,1套4件,1937年
479. 2412.Z4.501,1946年亚洲保险有限公司给业主周耀兴的保单,48 cm×31.7 cm,21.5 cm×20.2 cm,13.4 cm×20.5 cm,1套3件,1946年
480. 2413.Z4.502,1948年联安水火保险有限公司粤分公司给业主恕益蔴包保险单,42.1 cm×28.5 cm,24 cm×11.4 cm,1套2件,1948年
481. 2414.Z4.503,1948年联安水火保险有限公司粤分公司给业主谭裔华的保单,42 cm×28.3 cm,23.5 cm×11.3 cm,1套2件,1948年
482. 2415.Z4.504,1938年香港香安保险有限公司给业主周家骝的股票,34 cm×21.5 cm,18.5 cm×10.7 cm,1套2件,1938年
483. 2416.Z4.505,1930年L'URBAINE保险公司保单,34 cm×25.5 cm,1930年
484. 2417.Z4.506,1947年南英修附毕啫燕梳有限公司给恕益大宝号的保单,47.5 cm×30 cm,27.3 cm×13 cm,1套2件,1947年
485. 2418.Z4.507,1937年法商安全保险公司广州分公司给业主刘建章堂的保单,43 cm×27.5 cm,1937年
486. 2419.Z4.508,1931年英国Palatine保险公司保单,44 cm×33.6 cm,9.8 cm×7 cm,1套2件,1931年
487. 2420.Z4.509,1930年英国商业联合保险有限公司给伍佰林的保单,45.5 cm×34.6 cm,12 cm×17.2 cm,1套2件,1930年
488. 2421.Z4.510,1937年香港康年水火保险有限公司粤局给业主李厚德堂的保费收条,33.2 cm×16.8 cm,1937年
489. 2424.Z4.511,1934年香港联安保险有限公司给业主廖源捷的保单封套,25 cm×12.5 cm,1934年
490. 2425.Z4.512,1933年三井燕梳公司给余顺中的保单封套,27.5 cm×13.4 cm,1933年
491. 2426.Z4.513,1932年英商鸟思伦保险公司给余顺中的保单封套,28 cm×13.2 cm,1932年
492. 2427.Z4.514,1937年香港康年水火保险有限公司给业主刘昌盛的保单封套,23.3 cm×12 cm,1937年

493. 2428.Z4.515,1936年安平水火保险有限公司广州分公司给业主廖永源的保费收条,25 cm×14.1 cm,19.5 cm×10.3 cm,1套2件,1936年
494. 2429.Z4.516,民国安平水火保险有限公司的封套,27 cm×12.6 cm,民国
495. 2430.Z4.517,1948年英商四海保险公司给利源行的保单,28 cm×21.8 cm,22.5 cm×10.9 cm,1套2件,1948年
496. 2431.Z4.518,1918年香港中国康年人寿燕梳有限公司给汤名策的保费收据,26.7 cm×14.4 cm,1918年
497. 2432.Z4.519,1915年香港中国康年人寿燕梳有限公司给汤名策的保费收据,28.1 cm×12.3 cm,1915年
498. 2433.Z4.520,1919年香港中国康年人寿燕梳有限公司给汤名策的保费收据,26.9 cm×14 cm,1919年
499. 2434.Z4.521,1912年香港中国康年人寿燕梳有限公司给张炳题的保费收据,28.6 cm×12.4 cm,1912年
500. 2435.Z4.522,1937年香港永安水火保险有限公司给业主何甘氏、郑后超的保单,45.8 cm×29.3 cm,1937年
501. 2436.Z4.523,1935年安平水火保险有限公司给廖永源堂的保单,42.9 cm×28 cm,1935年
502. 2439.Z4.524,1937年香港联泰保险有限公司粤局给业主潘遂庆堂的保单,34.1 cm×16.6 cm,17.8 cm×10.4 cm,1套2件,1937年
503. 2441.Z4.525,1937年沙面信孚洋行给业主远记的保险收条信封,16.6 cm×8.5 cm,1937年
504. 2442.Z4.526,1935年香港永安人寿保险有限公司给邝敬举的选举票,27.4 cm×20.9 cm,1935年
505. 2443.Z4.527,1938年香港永安人寿保险有限公司给邝敬举的选举票,27.2 cm×21.2 cm,1938年
506. 2444.Z4.528,1939年香港永安人寿保险有限公司给邝敬举的选举票,27 cm×21.3 cm,1939年
507. 2445.Z4.529,1948年南美修附毕啫燕梳有限公司给恕益大宝号的保单,47.5 cm×30 cm,16.5 cm×20.3 cm,11.5 cm×25.5 cm,1套3件,1948年
508. 2446.Z4.530,1948年南美修附毕啫燕梳有限公司给利源行的保单,21.3 cm×26.3 cm,16.5 cm×21 cm,11.6 cm×25.6 cm,1套3件,1948年
509. 2447.Z4.531,1931年上海联保水火保险有限公司给顺意堂的保单,53.4 cm×31.8 cm,1931年
510. 2448.Z4.532,1933年集益联保火险公会给业主百拜堂的保单收条,27.2 cm×13.2 cm,1933年
511. 2449.Z4.533,1937年丰盛保险股份有限公司广州分公司给业主潘仁得堂的保单,43.2 cm×27.9 cm,26 cm×14 cm,10.8 cm×21.5 cm,19 cm×9.9 cm,25.5 cm×10.6 cm,1套5件,1937年
512. 2450.Z4.534,1936年兴华保险股份有限公司给业主潘遂庆堂的保单,43.5 cm×27.8 cm,30 cm×20.5 cm,21 cm×16.5 cm,19.9 cm×9.2 cm,25 cm×11.5 cm,1套5件,1936年
513. 2451.Z4.535,1936年中国天一保险置业有限公司给业主潘仁得堂的保单,43.5 cm×

27.9 cm,26.5 cm×15.2 cm,19.2 cm×10 cm,25.4 cm×12.4 cm,1套4件,1936年

514. 2452.Z4.536,1930年先施保险置业有限公司粤局给业主潘尚活堂的保单,42 cm×25.7 cm,1930年

515. 2453.Z4.537,1937年先施保险置业有限公司给景华堂的保单封套,23.5 cm×10.6 cm,1937年

516. 2454.Z4.538,1933年康年水火保险有限公司给业主潘恩华的保单,29.6 cm×25.9 cm,1933年

517. 2455.Z4.539,1937年香港联泰水火保险有限公司给业主潘遂庆堂的保单,38.8 cm×26.6 cm,22.5 cm×11.8 cm,1套2件,1937年

518. 2456.Z4.540,1935年香港联泰互保火烛兼洋面燕梳有限公司给业主潘遂庆堂的保单,38.2 cm×26.1 cm,1935年

519. 2457.Z4.541,1929年先施保险置业有限公司粤局给业主潘尚活堂的保单,40.5 cm×25.2 cm,1929年

520. 2458.Z4.542,1936年新加坡联东保险有限公司给潘仁德堂的保单,26 cm×36 cm,1936年

521. 2459.Z4.543,1930年永安水火保险有限公司给业主潘遂庆堂的保单,42 cm×31 cm,1930年

522. 2460.Z4.544,1920年Batavia保险公司给业主合和堂的保单,42.5 cm×34 cm,1920年

523. 2461.Z4.545,1930年香港香安保险有限公司粤局给业主潘遂庆堂的保单,44.5 cm×26.8 cm,18 cm×12.2 cm,1套2件,1930年

524. 2462.Z4.546,1937年英商华侨保险有限公司粤行给业主潘遂庆堂的保单,44.8 cm×29.4 cm,28 cm×12.8 cm,29.2 cm×16 cm,17.2 cm×20.7 cm,19.2 cm×9.5 cm,1套5件,1937年

525. 2463.Z4.547,1937年瑞士保险公司给业主潘遂庆堂的保单,43.2 cm×27.8 cm,23.5 cm×11 cm,1套2件,1937年

526. 2464.Z4.548,1937年英商南英修附毕啫燕梳有限公司给远记的保单,47.6 cm×30 cm,26.5 cm×12 cm,32.7 cm×14 cm,16.4 cm×20.7 cm,1套4件,1937年

527. 2465.Z4.549,1936年上海联保水火险有限公司给业主潘遂庆堂的保单,54.5 cm×38.9 cm,37.1 cm×17.5 cm,20.7 cm×10.5 cm,1套3件,1936年

528. 2466.Z4.550,1936年香港上海水火保险有限公司粤局给业主顺意堂的信封,25 cm×12.6 cm,1936年

529. 2467.Z4.551,1937年先施保险置业有限公司给业主景华堂的保单,47.7 cm×31.7 cm,35.3 cm×16.3 cm,19.7 cm×10 cm,1套3件,1937年

530. 2468.Z4.552,1936年上海联保水火有限公司给业主潘遂庆堂的保单,54.5 cm×38.7 cm,37.2 cm×17.6 cm,20.6 cm×10.5 cm,25.2 cm×12.4 cm,1套4件,1936年

531. 2472.Z4.553,1923年香港上海联保水火险有限公司给赵发权的息折,18 cm×9 cm,1923年

532. 2473.Z4.554,1937年香港康年水火保险有限公司粤局给业主刘昌盛堂的保单,33.2 cm×16.7 cm,1937年

533. 2479.Z4.555,1933年广州市三合别墅凭票,25.8 cm×31.1 cm,1933年

534. 2480.Z4.556,1930年世光置业按揭储蓄有限公司股票,25.5 cm×33.3 cm,1930年

535. 2481.Z4.557,民国广州世光置业按揭储蓄有限公司给业主李爱好的股票息折信封,22 cm×12.5 cm,民国

536. 2483.Z4.558,1910年开平新宁新会恩平四邑陈广积堂给陈宗辉的捐款收据,30.5 cm×12 cm,1910年
537. 2485.Z4.559,1938年广州广源大押当票,20 cm×13.9 cm,1938年
538. 2487.Z4.560,1933年广州侨兴公司股票,18.8 cm×21.5 cm,1933年
539. 2488.Z4.561,1919年广东省政府维持纸币八厘短期公债,27.2 cm×26.3 cm,1919年
540. 2489.Z4.562,1929年光东书局股份有限公司股票,27.6 cm×19.7 cm,1929年
541. 2492.Z4.563,1936年中央储蓄会广州分会给陈杏如的会单,38 cm×26.2 cm,12.5 cm×13.8 cm,1套2件,1936年
542. 2493.Z4.564,1938年中央储蓄会广州分会给储户曾秀金的会单,38.1 cm×26 cm,1938年
543. 2494.Z4.565,1942年中央储蓄会广州分会给储户钟茹的会单,38.1 cm×26 cm,1942年
544. 2497.Z4.566,民国国民政府航空公路建设奖券第三十六期,12.5 cm×46 cm,民国
545. 2498.Z4.567,民国第三十六期国民政府航空公路建设奖券对号单,31.7 cm×22.3 cm,民国
546. 2502.Z4.568,1925年铜山太和饷当当票,23.8 cm×14 cm,1925年
547. 2503.Z4.569,1934年江门大来公司有奖议会第五十六期,20.5 cm×9.5 cm,1934年
548. 2504.Z4.570,1932年江门大来公司有奖议会第十八期,20.5 cm×9.7 cm,1932年
549. 2505.Z4.571,民国江门大来公司有奖议会第五十三期,20.5 cm×9.6 cm,民国
550. 2506.Z4.572,1935年广州市市政府财政局第四期建设奖券兑奖单,18.3 cm×25.2 cm,1935年
551. 2512.Z4.573,1922年偿还内外八厘债券,35 cm×26.5 cm,1922年
552. 2513.Z4.575,1917年军事内国公债券一千圆,29.2 cm×26.5 cm,1917年
553. 2515.Z4.576,1923年商办台山西门墟光有限公司股票(黄经萱),31.5 cm×31.9 cm,1923年
554. 2521.Z4.577,1925年开平滘堤州司徒联盛里股票,26.7 cm×18.8 cm,1925年
555. 2523.Z4.578,1913年中国政府在俄罗斯发行的债券,46 cm×33.3 cm,1套2件,1913年
556. 2524.Z4.579,1925年中国政府在法国发行的五十美金债券,32.8 cm×36.8 cm,1925年
557. 2525.Z4.580,1920年中国政府在法国发行的债券,36 cm×37 cm,1920年
558. 2526.Z4.581,1913年中国政府在英国发行的债券,46.2 cm×33 cm,1套2件,1913年
559. 2527.Z4.582,1903年清政府在法国发行的矿业债券,41.5 cm×32.2 cm,1903年
560. 2528.Z4.583,1912年中华民国广东全省地方劝业有奖公债,28 cm×50.5 cm,1912年
561. 2529.Z4.584,1917年甄家保安码头会给英徐的股份票,22.6 cm×10.8 cm,1917年
562. 2533.Z4.585,1920年美国旧金山李凤仪堂给广东台山县凤仪乡稠来楼业百子会的实业股票,20.8 cm×9.6 cm,1920年
563. 2534.Z4.586,1927年美国旧金山中国时报股票,21 cm×27.8 cm,1927年
564. 2600.Z4.587,1933年上海新亚大酒店股份有限公司发票,33 cm×18.5 cm,1933年
565. 2601.Z4.588,1911年永昌隆发货单,31.8 cm×15.8 cm,1911年
566. 2602.Z4.589,1901年昌源收据,34.8 cm×12.7 cm,1901年
567. 2603.Z4.590,1901年公益堂广万祥收据,34.8 cm×12.8 cm,1901年
568. 2606.Z4.591,1932年双十鞋屋优待券,7.3 cm×9.7 cm,1932年
569. 2653.Z4.592,1914年石岐永昌刘荣记定单,34.8 cm×14.3 cm,1914年
570. 2668.Z4.593,1938年公益埠丽荣金铺发票单,22.7 cm×15 cm,1938年
571. 2672.Z4.594,民国广州成栈收据,17.4 cm×12.8 cm,民国

572. 2674.Z4.595,1913年江门华盛隆发单,36.9 cm×17 cm,1913年
573. 2675.Z4.596,民国江门兴盛号发货单,31.4 cm×15.5 cm,民国
574. 2680.Z4.597,1910年台山新宁杂志社分局订杂志单,23.4 cm×10.5 cm,1910年
575. 2706.Z4.598,1924年顺德县捐银收据,26.2 cm×11.5 cm,1924年
576. 2707.Z4.599,1923年顺德县立中学收条,30.8 cm×13 cm,1923年
577. 2708.Z4.600,1924年顺德县钱银收据,28.3 cm×10.4 cm,1924年
578. 2734.Z4.601,民国美国芝城大荣华男女班戏单(十一月廿三日),26.5 cm×43.2 cm,民国
579. 2735.Z4.602,民国美国芝城大观戏院颂太平男女班戏单,26.3 cm×43.2 cm,民国
580. 2736.Z4.603,民国美国芝城大荣华男女班戏单(十二月廿四日),26.6 cm×43.3 cm,民国
581. 2737.Z4.604,民国华侨戏院月光明第一班戏单,32.9 cm×25.2 cm,民国
582. 2738.Z4.605,民国槟榔中央大戏院月光明第一班戏单,32.8 cm×24.9 cm,民国
583. 2739.Z4.606,民国黄江夏堂乔迁开幕盛典演大荣华班戏单,26.5 cm×43.4 cm,民国
584. 2740.Z4.607,民国堤岸中华戏院胜寿年班戏单,32.3 cm×24.9 cm,民国
585. 2741.Z4.608,民国大中华戏院戏单,27.2 cm×43 cm,民国
586. 2743.Z4.609,1904年上海至南京铁路股票,39 cm×25.4 cm,1904年
587. 2747.Z4.610,1907年华墨银行溢利公司给谭文效的股票,24.6 cm×18 cm,1907年
588. 2920.Z4.611,1928年履生祥致刘大学全年进支账单(九月),26 cm×19.8 cm,26 cm×53 cm,15.9 cm×8.8 cm,1套4件,1928年
589. 3120.Z4.612,1938年广州市地政局登记费收据(四月十二日),29.5 cm×10.3 cm,1938年
590. 3121.Z4.613,1938年广州市地政局登记费收据(四月十八日),29.5 cm×10.3 cm,1938年
591. 3122.Z4.614,1938年广州市地政局登记费收据,29.9 cm×13 cm,1938年
592. 3123.Z4.615,1938年广州市地政局登记费收据(四月十八日),29.9 cm×13 cm,1938年
593. 3124.Z4.616,1938年刘耀堂的收据(四月十三日),29.9 cm×9.9 cm,1938年
594. 3125.Z4.617,1938年广州地政局给刘耀堂的收据(四月十三日),28.6 cm×13 cm,1938年
595. 3126.Z4.618,1938年刘耀堂的收据(四月十三日),29.7 cm×10 cm,1938年
596. 3127.Z4.619,1938年广州市地政局发的核收书类收据(四月十三日),29.6 cm×15.8 cm,1938年
597. 3134.Z4.620,1911年中华革命军筹饷局所发收据,20.8 cm×14.0 cm,1911年
598. 3144.Z4.621,刘春昌、刘世武、禧先等人证粮单据,29.8 cm×41.3 cm,24.0 cm×34.0 cm,19.0 cm×23.0 cm,8.5 cm×23.6 cm,17.8 cm×8.9 cm,1套5件,民国
599. 3158.Z4.622,1894年刘怀章记生数簿,18.6 cm×12.5 cm,1894年
600. 3159.Z4.623,1878年刘燃章记簿,12.0 cm×12.5 cm,1878年
601. 3160.Z4.624,1862年田亩屯米数簿,12.9 cm×12.7 cm,1862年
602. 3161.Z4.625,1900年刘氏家族记账本,12.8 cm×15.3 cm,1900年
603. 3162.Z4.626,1911年永安广和昌记账本,16.0 cm×10.0 cm,1911年
604. 3163.Z4.627,1920年履生祥栈给刘大学的股份簿,24.3 cm×13.3 cm,1920年
605. 3165.Z4.628,民国广州楼业契据号数记录本,14.5 cm×12.8 cm,民国
606. 3166.Z4.629,民国筹防公所发给刘大学等人的报火灶簿,16 cm×10.5 cm,民国
607. 3167.Z4.630,民国刘氏家族记账本,16.2 cm×10.2 cm,民国
608. 3168.Z4.631,民国履生祥股份簿,21.9 cm×12.9 cm,民国

609. 3169.Z4.632,民国刘维耀的生借记数簿,19.6 cm×12.8 cm×1.3 cm,民国
610. 3170.Z4.633,1912年昌平村修整井立数簿,15.9 cm×10.2 cm,1912年
611. 3171.Z4.634,民国新宁县第五区冲篓警察署给刘大学的收条,21 cm×10.2 cm,民国
612. 3172.Z4.635,1912年冲篓永安两墟、永泰十三两堡筹防公所给刘氏的收条,25.6 cm×6.8 cm,1912年
613. 3176.Z4.636,1938年1月24日广东司法日刊营业部给刘耀堂的收据,26.6 cm×12.3 cm,1938年
614. 3177.Z4.637,1938年广州市地政局会计股给舒顕棠的阅览登记费收据,29.5 cm×9.0 cm,1938年
615. 3178.Z4.638,1942年3月21日广东省立粤华中学给刘华球的学费收据,16 cm×7.7 cm,1942年
616. 3179.Z4.639,民国同福隆给刘维耀的收据,24.6 cm×25.6 cm,民国
617. 3183.Z4.640,1911年3月20日维光嫂、刘振常的借揭单,24.3 cm×13.2 cm,1911年
618. 3185.Z4.641,民国十三堡联元社给刘大学的收据(八月十一日),25 cm×14.9 cm,民国
619. 3188.Z4.642,民国伙灶收费单,8.3 cm×24.2 cm,民国
620. 3189.Z4.643,民国广恒昌石厂给刘维耀的发货单,25.4 cm×26 cm,民国
621. 3200.Z4.644,1943年美京安良工商会给梅宗超的欠银单,28.2 cm×14 cm,1943年
622. 3201.Z4.645,1941年美京安良工商会给梅宗超的欠银单,25.3 cm×13 cm,1941年
623. 3202.Z4.646,1934年梅汝南堂给梅宗超的执据,17.9 cm×10.2 cm,1934年
624. 3203.Z4.647,1946年安良工商会建楼公债给梅宗超的临时收据,21 cm×9 cm,1946年
625. 3204.Z4.648,1943年美京安良工商会给梅宗超的市点收条,13.8 cm×7.2 cm,1943年
626. 3206.Z4.649,民国香港荣兴承刊某股份簿残页,24.5 cm×29.7 cm,1套4件,民国
627. 3207.Z4.650,1975年台山交通银行乙种活期存款折,14.2 cm×9 cm,1975年
628. 3208.Z4.651,民国某股份簿残页,24.8 cm×28.8 cm,民国
629. 3218.Z4.652,1915年梅宗超的记数本,19.5 cm×13.3 cm×1 cm,1915年
630. 3228.Z4.653,1921年复隆高等小学校发给梅萝松的学费堂费收条,25.4 cm×10.8 cm,1921年
631. 3239.Z4.654,民国第一国家银行支票,16.7 cm×8.6 cm,民国
632. 3241.Z4.655,1947年美国乔治亚州环球机票公司换乘票(7月30日),7.5 cm×5 cm,1947年
633. 3242.Z4.656,1928年梅襄埏的实户科粮票,20.8 cm×9.5 cm,1928年
634. 3254.Z4.657,1941年美国棒球联赛俱乐部的比赛票根,3.7 cm×8.5 cm,1941年
635. 3255.Z4.658,1929年美国普尔曼公司的车票存根,5.9 cm×5.6 cm,1929年
636. 3257.Z4.659,1926年美国总统剧院票根,3.7 cm×9 cm,1926年
637. 3261.Z4.660,1948年美国国家高中篮球联赛票根,4.9 cm×7.8 cm,1948年
638. 3266.Z4.661,1914年海阳学校发的学费收条,23.9 cm×10.9 cm,1914年
639. 3273.Z4.662,1933年美国ABC洗衣店洗衣单,15.2 cm×9.2 cm,1933年
640. 3274.Z4.663,民国美国商业证券储蓄银行的空白汇票,23.7 cm×21.1 cm,民国
641. 3276.Z4.664,民国波拖马可河储蓄银行支票,18 cm×8.7 cm,民国
642. 3279.Z4.665,民国第一国家银行支票,6.8 cm×16 cm,民国
643. 3284.Z4.666,1945年北都公司票根,10.3 cm×5.2 cm,1945年

644. 3285.Z4.667,1945年京都运输公司票根,10.5 cm×5.2 cm,1945年
645. 3286.Z4.668,1943年京都运输公司票根,9.5 cm×5.2 cm,1943年
646. 3288.Z4.669,1914年海阳学校给兆棠学费收据,24 cm×10.7 cm,1914年
647. 3419.Z4.692,1903年英属吴周蔡至德堂发给周文照捐款的收据,17.5 cm×9.8 cm,1903年
648. 3420.Z4.670,民国域多厘埠泰昌隆给周文照的发货单,24.4 cm×8 cm,12.3 cm×6.1 cm,1套2件,民国
649. 3442.Z4.671,1916年三藩市中国国民党美洲总支部发给关裕的基金收条,27.2 cm×11.8 cm,1916年
650. 3444.Z4.672,1911年香港开平商务公所司库发给关定俐的收条,28 cm×11.2 cm,1911年
651. 3446.Z4.673,1915年海珠戏院门票,15.3 cm×11.8 cm,1915年
652. 3447.Z4.674,1909年商办川省川汉铁路有限公司发给股东王新铭的拾股票,27 cm×45.6 cm,1909年
653. 3448.Z4.675,1911年振兴济川实业民生有限公司股份票(8月1日),11.2 cm×18 cm,1911年
654. 3449.Z4.676,1908年广九铁路局发给周文光的推收条(9月27日),26.8 cm×11.5 cm,1908年
655. 3450.Z4.677,1911年郑善堂发给罗怡生的收单(1月20日),26.8 cm×12 cm,1911年
656. 3451.Z4.678,1911年郑善堂发给罗怡生的收单(9月30日),26.1 cm×10.7 cm,1911年
657. 3452.Z4.679,1911年郑善堂发给罗怡生的收单(10月29日),26 cm×10.8 cm,1911年
658. 3453.Z4.680,民国新安声发祥钱庄的收据,20.8 cm×9.7 cm,民国
659. 3454.Z4.681,民国万邑白水利源远钱庄的支票,17.3 cm×7.8 cm,民国
660. 3455.Z4.682,1905年获海建余族宗祠的收据(12月),26 cm×11 cm,1905年
661. 3456.Z4.683,1904年获海建余族宗祠学堂的收据(4月),28.9 cm×12 cm,1904年
662. 3457.Z4.684,1904年美国汶浅打省中国保皇会联卫总部发给谭裔森的股票凭证(4月22日),26 cm×12.8 cm,1904年
663. 3465.Z4.685,1926年位亚域华文学校给陈洲(陈明沛)的捐款收条,19 cm×8.7 cm,1926年
664. 3466.Z4.686,1931年檀山正埠共和银行给CHIN KII PAK的汇票副本,10.2 cm×23.3 cm,1931年
665. 3467.Z4.687,1931年檀山正埠共和银行给CHIN LEONG CHUNG的汇票副本,10.2 cm×23.3 cm,1931年
666. 3468.Z4.688,1927年陈洲(陈明沛)的汇票,8.5 cm×21.1 cm,1927年
667. 3469.Z4.689,1928年陈洲(陈明沛)的汇票,8.2 cm×21 cm,1928年
668. 3470.Z4.690,1930年陈洲(陈明沛)的汇票,8.6 cm×21 cm,1930年
669. 3474.Z4.691,1912年民主政党会计处发给潘汝廉的收单,26.5 cm×11 cm,1912年
670. 3515.Z4.693,1892年金山中华会馆发给黄逢盛的收单(11月),23.9 cm×9.6 cm,1892年
671. 3516.Z4.694,1893年黄崇本堂发给黄逢盛的收单(10月30日),27 cm×10.5 cm,1893年
672. 3517.Z4.695,1893年金山正埠纲纪慎总正道会发给黄逢盛的收票(10月13日),16.7 cm×7.9 cm,1893年
673. 3518.Z4.696,1905年旅美华人拒约总会发给黄登学的捐款收据,26.2 cm×10 cm,1905年
674. 3519.Z4.697,1909年黄江夏堂发出的收据(4月),21 cm×10.5 cm,1909年

675. 3520.Z4.698,1914年金山正埠黄崇本房发给黄登学的收条(6月4日),21 cm×9.6 cm,1914年
676. 3521.Z4.699,1916年金山正埠黄云山公所发给黄登学的收条(3月9日),18 cm×9.6 cm,1916年
677. 3522.Z4.700,1920年美洲大埠黄江夏总堂发给黄登学的收条(1月30一日),18.4 cm×8.8 cm,1920年
678. 3523.Z4.701,1920年金山正埠黄云山总公所发给黄登学的收条(2月9日),10.9 cm×7.5 cm,1920年
679. 3524.Z4.702,1924年金山正埠黄云山公所发给黄登学的收条(5月8日),14 cm×8.6 cm,1924年
680. 3525.Z4.703,1911年湖境同盟会发给黄逢盛的收单(5月15日),28 cm×12.7 cm,1911年
681. 3526.Z4.704,1912年美国莱德枪店收据,17 cm×21 cm,1912年
682. 3527.Z4.705,1903年美国先锋债务所收据,16.2 cm×21.4 cm,1903年
683. 3538.Z4.706,1913年黄发祥给黄耀祥的联泰大宝号提货单,25.6 cm×10.5 cm,14 cm×6.8 cm,1套2件,1913年
684. 3656.Z4.707,1914年劳国华给劳经筵的催款单,25.7 cm×18 cm,1914年
685. 3657.Z4.708,1911年驻美国金山总领事府黎发给侨民劳经筵的收执(8月26日),38 cm×31.2 cm,1911年
686. 3687.Z4.709,1910年香港四邑轮船有限公司股票,34.8 cm×29.4 cm,1910年
687. 3688.Z4.710,1908年香港四邑轮船有限公司息折,16.3 cm×9.5 cm,1908年
688. 3689.Z4.711,1909年英属九牧公所发给林道壬的股票收据,25.3 cm×12.3 cm,17.1 cm×10.3 cm,15.2 cm×9 cm,1套3件,1909年
689. 3690.Z4.712,1913年加拿大大汉日报收单,22 cm×8.3 cm,1913年
690. 3691.Z4.713,清末鹤邑化都自治会收单,19.9 cm×10.7 cm,清末
691. 3692.Z4.714,1913年商办广东粤汉铁路有限公司股票,34 cm×29 cm,34 cm×15.2 cm,28.2 cm×12.5 cm,1套3件,1913年
692. 3697.Z4.715,1911年新宁上泽区塘头镇自治筹备会发给陈贤傑的收条,24.9 cm×10.8 cm,1911年
693. 3733.Z4.716,1938年太古水火保险公司给李南照堂的收据,13.8 cm×21 cm,1938年
694. 3734.Z4.717,1938年太古水火保险公司给李南照堂的收据,17.2 cm×22.8 cm,1938年
695. 3735.Z4.718,1942年黄将的日本千代田生命保险相互会社人身保险单,21 cm×29.7 cm,1942年
696. 3736.Z4.719,1935年邱庚辛的日本安田生命保险株式会社人身保险单,22.7 cm×29.5 cm,1935年
697. 3737.Z4.720,1960年温志良的香港先施人寿保险有限公司保险单,34 cm×21.5 cm,1960年
698. 3738.Z4.721,1931年黄贻□堂的四邑联保火险公司收条,29.2 cm×12.8 cm,1931年
699. 3739.Z4.722,1943年中国银行的中国保险股份有限公司水险承保条,21 cm×26.8 cm,1943年
700. 3740.Z4.723,1943年中国银行的中国保险股份有限公司实保费收据,10 cm×18.9 cm,1943年
701. 3741.Z4.724,1930年顺意堂的香港香安保险有限公司粤局保险单,31.8 cm×26.5 cm,

1930年

702. 3742.Z4.725,1930年尚积堂的香港香安保险有限公司粤局保险单,32 cm×26.5 cm,1930年
703. 3744.Z4.726,1930年泉洲号的香港联安水火保险有限公司保险单,49.3 cm×33.8 cm,24.8 cm×12.3 cm,1套2件,1930年
704. 3746.Z4.727,1915年香港中国康年人寿燕梳有限公司保险单,57 cm×32.5 cm,1915年
705. 3747.Z4.728,1936年日本生命保险株式会社保险单,23 cm×30.5 cm,1936年
706. 3748.Z4.729,1949年中国保险股份有限公司发给中国银行重庆分行的水险承保条,20.8 cm×26.8 cm,1949年
707. 3749.Z4.730,1947年中国保险股份有限公司发给中国银行叙府办事处的水险承保条,21 cm×26.5 cm,1947年
708. 3754.Z4.731,1923年同益联保火险公会发给潘遂庆堂的凭票,37.9 cm×37.3 cm,1923年
709. 3756.Z4.732,1933年广东省会警局发给景华堂的征收投买保险登记费收据,29.4 cm×9 cm,1933年
710. 3757.Z4.733,1923年香港联安水火保险有限公司发给安盛堂的息折,18.3 cm×10.5 cm,1923年
711. 3765.Z4.734,1929年香港联泰保火烛兼洋面燕梳有限公司给源利的保单,33 cm×22.7 cm,1929年
712. 3766.Z4.735,1929年香港康年人寿燕梳有限公司给龚枝祥、龚若民的保单,26 cm×12.9 cm,1929年
713. 3767.Z4.736,1911年永隆祥的上海洪昌隆茶栈代保险单,27.2 cm×9.2 cm,1911年
714. 3807.Z4.737,1932年粤东橡胶制品厂给曹球的股份簿,18.5 cm×12.5 cm,1932年
715. 3808.Z4.738,1932年粤东橡胶制品厂给曹春的股份簿,18.4 cm×12.6 cm,1932年
716. 3809.Z4.739,1932年粤东橡胶制品厂给曹潜的股份簿,18.4 cm×12.7 cm,1932年
717. 3810.Z4.740,1934年永福堂股份部,24.5 cm×13.5 cm,1934年
718. 3813.Z4.741,1933年粤东橡胶制品厂1932年度财务总结开列,20.5 cm×13.5 cm,1933年
719. 3814.Z4.742,1936年广州市哥伦布餐室1935年度营业决算报告书,24.5 cm×16 cm,1936年
720. 3815.Z4.743,民国时和总厂给福庆宝堂的财务年结簿(第六祃结),24.2 cm×13.8 cm,民国
721. 3816.Z4.744,民国时和总厂给福庆宝堂的财务年结簿(第七祃结),24.2 cm×13.6 cm,民国
722. 3817.Z4.745,民国时和总厂给福庆宝堂的财务年结簿(第八祃结),24.2 cm×13.7 cm,民国
723. 3818.Z4.746,民国时和总厂给福庆宝堂的财务年结簿(第拾祃结),24.4 cm×13.7 cm,民国
724. 3819.Z4.747,民国福利总厂给植材堂的财务年结簿(首祃),14 cm×13.5 cm,民国
725. 3820.Z4.748,民国福利总厂给植材堂的财务年结簿(式祃),24.6 cm×13.3 cm,民国
726. 3821.Z4.749,民国福利总厂给植材堂的财务年结簿(三祃),24.5 cm×13.5 cm,民国
727. 3822.Z4.750,1934年福利总厂给植材堂的财务年结簿(第六祃),24.5 cm×13.5 cm,1934年
728. 3823.Z4.751,民国福利总厂给植材堂的财务年结簿(第十二祃),14.8 cm×13.4 cm,民国
729. 3824.Z4.752,1933年景福公司给曹植材堂的财务年结簿(第四祃),24.5 cm×13.4 cm,1933年
730. 3825.Z4.753,1933年景福公司给植材堂的财务年结簿(第五祃),24.8 cm×13.3 cm,1933年
731. 3826.Z4.754,1934年宏安祥记东翁年结簿,25.8 cm×15.3 cm,1套2件,1934年

732. 3827.Z4.755,1934年粤东橡胶制品厂给曹春的年结簿,25.4 cm×13.4 cm,1934年
733. 3828.Z4.756,1935年粤东橡胶制品厂给曹遂的年结簿,26.2 cm×15.2 cm,1935年
734. 3829.Z4.757,1933年粤东橡胶制品厂给曹遂的年结簿,26.4 cm×14.8 cm,1933年
735. 3830.Z4.758,1934年粤东橡胶制品厂给曹球的年结簿,25.5 cm×13.4 cm,1934年
736. 3831.Z4.759,1935年粤东橡胶制品厂给曹球的年结簿,26 cm×15.3 cm,1935年
737. 3832.Z4.760,1934年粤东橡胶制品厂给曹潜的年结簿,25.5 cm×13.3 cm,1934年
738. 3833.Z4.761,1935年粤东橡胶制品厂给曹潜的年结簿,26 cm×15.3 cm,1935年
739. 3834.Z4.762,1933年大德公司给曹权的年结簿,25.8 cm×15.7 cm,1套4件,1933年
740. 3835.Z4.763,民国时和分厂年结部,24.3 cm×13.7 cm,民国
741. 3836.Z4.764,民国时和分厂年结部,24.3 cm×13.8 cm,民国
742. 3840.Z4.765,1937年粤东橡胶厂给序东堂的临时股票收据,29.5 cm×11.3 cm,1937年
743. 3841.Z4.766,1937年粤东橡胶厂给健培堂的临时股票收据,29.4 cm×11.3 cm,1937年
744. 3848.Z4.767,1930年鸟思伦(新西兰)火烛洋面保险公司驻广州市分公司给宏安祥记的临时保单,19.9 cm×22.5 cm,1930年
745. 3849.Z4.768,1932年鸟思伦(新西兰)保险公司粤局给宏安祥记的保单,52.5 cm×32.1 cm,1932年
746. 3852.Z4.769,1922年广东省筹建张氏孝友书院办事处发的捐银执据,30.3 cm×17.2 cm,1922年
747. 3855.Z4.770,1924年广州世光置业按揭储蓄有限公司给刘尊城的储蓄会份收条,18.7 cm×12.5 cm,21.8 cm×12.6 cm,1套2件,1924年
748. 3857.Z4.771,1937年广州世光置业按揭储蓄有限公司给刘顕登的股东会入场券,15.9 cm×12 cm,1937年
749. 3873.Z4.772,民国省议会议员初选举票,14 cm×7.6 cm,民国
750. 3874.Z4.773,民国众议院议员初选举票,13.8 cm×8 cm,民国
751. 3898.Z4.774,1937年广州南利行给环球的发货单,35.5 cm×16.9 cm,1937年
752. 3905.Z4.775,清代广州彩票"省城富兴贵",13.8 cm×20.9 cm,清代
753. 3906.Z4.776,清代广州彩票"省城老富贵全",14.3 cm×21.3 cm,清代
754. 3907.Z4.777,清代广州彩票"省城名成利",13.5 cm×21.5 cm,清代
755. 3921.Z4.778,1925年广州司法日刊给铭章堂的广告费收条,25.7 cm×11.5 cm,1925年
756. 3931.Z4.779,民国光荣航业公司安记新渡广州至三埠船票,10.7 cm×14.7 cm,民国
757. 3935.Z4.780,1932年新会永行钟表店给梁先生的货单,27.2 cm×13 cm,1932年
758. 3936.Z4.781,民国大东酒店住客取货单,18.5 cm×14.5 cm,民国
759. 3937.Z4.782,1933年广州同丰泰药品发货单,35.8 cm×19 cm,1933年
760. 3939.Z4.783,1938年广州何金记给人和堂的发货单,28 cm×14.5 cm,1938年
761. 3940.Z4.784,民国广州何金记给陈植福的发货单,18 cm×14.4 cm,民国
762. 3941.Z4.785,1934年广州黄万昌号给永昌隆大宝号的发货单,27.8 cm×15.2 cm,1934年
763. 3949.Z4.786,1933年广州东兴颜料店给镜明的发货单,裱34.9 cm×25.2 cm,芯31.4 cm×15.5 cm,1933年
764. 3955.Z4.787,1937年华安合群保寿股份有限公司给李祐旭的保单,35.5 cm×20.8 cm,14.5 cm×18.7 cm,19 cm×9.1 cm,24 cm×10.1 cm,1套4件,1937年
765. 3957.Z4.788,1937年广东省警察局征收投买保险登记费收据,29.4 cm×9 cm,29.1 cm×8.8 cm,28.8 cm×9.4 cm,1套3件,1937年

766. 3958.Z4.789,1938年香港联安水火保险有限公司火险保费收条,28 cm×13.5 cm,1938年
767. 3960.Z4.790,1933年香港联益互保火水险燕梳有限公司保费收据,31.7 cm×13.9 cm,1933年
768. 3961.Z4.791,1938年同安火烛保险有限公司保费收单,33.3 cm×15 cm,1938年
769. 3962.Z4.792,民国关氏家族因资产纠纷案件发出的传单,裱114.5 cm×64 cm,芯73 cm×50.6 cm,民国
770. 3963.Z4.793,1933年商办广东新宁铁路股份簿,23.8 cm×14.5 cm,1933年
771. 3964.Z4.794,1910年商办广东新宁铁路公司息折,17.3 cm×10.8 cm,1910年
772. 3965.Z4.795,1933年新宁铁路公司股东常会开会入场券,26 cm×12 cm,1933年
773. 3966.Z4.796,1933年新宁铁路第十一届监察人选举票,29.7 cm×12.3 cm,1933年
774. 3967.Z4.797,1933年新宁铁路公司廿二年份股东常会议决票,29.8 cm×11.8 cm,1933年
775. 3968.Z4.798,1935年新宁铁路二十四年份股东常会开会入座券,24.8 cm×11.2 cm,1935年
776. 3969.Z4.799,1935年新宁铁路第十三届监察人选举票,27.8 cm×12.2 cm,1935年
777. 3978.Z4.800,1932年肇罗地方法院发给关荣煖的收条,27.2 cm×10.8 cm,1932年
778. 3979.Z4.801,1933年广东高等法院发给关荣煖的收单,28.8 cm×11.5 cm,1933年
779. 3980.Z4.802,1932年关崇璋的讼费收证,27 cm×11.5 cm,1932年
780. 3981.Z4.803,1932年广东肇罗地方法院发给关崇璋的传票,30.5 cm×14.8 cm,1932年
781. 3987.Z4.804,1931年开平县分庭收发处收到关龙辉罚金的收据,24 cm×11.8 cm,1931年
782. 3988.Z4.805,1932年开平县分庭收发处收到关崇璋状纸的收据,28.8 cm×11.4 cm,1932年
783. 3989.Z4.806,民国具状人关荣煖呈给肇罗地方法院的状纸草稿,26 cm×54.8 cm,民国
784. 3990.Z4.807,1932年9月9日谢关氏呈给开平县分庭关于起诉关氏族人的状纸,24.3 cm×45 cm,1932年
785. 4010.Z4.808,1932年肇罗地方法院发给关崇璋的收条,26.5 cm×10.7 cm,1932年
786. 4012.Z4.809,1937年承建永安德业两路通渠建昌公司给裕成堂的收条,23.6 cm×9.5 cm,1937年
787. 4015.Z4.810,1931年开平全属木匠建筑工会收条,19 cm×8 cm,1931年
788. 4016.Z4.811,1931年广东高等法院开平县分处给关龙辉的罚金收据,29 cm×13.2 cm,1931年
789. 4024.Z4.812,1934年关荣户田亩征收办事处发给关定彦的缴纳田地调查费的凭证(9月17日),24.4 cm×10 cm,1934年
790. 4025.Z4.813,1934年关荣户田亩征收办事处发给定彦的附加捐款收据(9月17日),25.4 cm×9.1 cm,1934年
791. 4026.Z4.814,1935年关荣户田亩征收办事处发给定彦的附加捐款收据(3月22日),25.7 cm×10.02 cm,1935年
792. 4028.Z4.815,1932年余茂隆给关勒铭的发货单(12月1日),33.4 cm×15 cm,1932年
793. 4029.Z4.816,1932年广英材发给均成大宝号的发货单(10月12日),24.8 cm×27.3 cm,1932年
794. 4030.Z4.817,民国崇章收到的发货单,24.4 cm×10.5 cm,民国
795. 4031.Z4.818,民国崇章收到的发货单,24.3 cm×11.3 cm,民国
796. 4032.Z4.819,民国赤坎上埠富祥发给秋成堂的发货单,25 cm×9.8 cm,民国
797. 4033.Z4.820,民国赤坎上埠富祥发给秋成堂的发货单,25 cm×9.9 cm,民国

798. 4040.Z4.821,民国赤坎上埠富祥给裕成堂的发货单(一月十九日),24.9 cm×9.8 cm,民国
799. 4041.Z4.822,民国赤坎东埠广万隆兴记给关宗璋等的发货单(十月初四日),25 cm×12.9 cm,民国
800. 4051.Z4.823,1869年定南等人给祐启堂的推单,26 cm×18.8 cm,1869年
801. 4061.Z4.824,1932年成记美兴隆给关勒铭的发货单,33 cm×15.9 cm,1932年
802. 4062.Z4.825,民国裕仁家塾立呈文集抄部,25 cm×18.5 cm×0.5 cm,民国
803. 4063.Z4.826,1937年光义堂会份建筑铺历年进支总部,16 cm×18.5 cm×0.6 cm,1937年
804. 4070.Z4.827,1931年广东省会公安局警费、洁净费收据(12月),26.5 cm×9.1 cm,1931年
805. 4071.Z4.828,1931年广东省会公安局消防年捐收据(12月16日),25.3 cm×11.8 cm,1931年
806. 4072.Z4.829,1931年广东省会公安局代收防空租捐收据(2月28日),27.8 cm×9.5 cm,1931年
807. 4073.Z4.830,1933年广东省会公安局代收防空租捐收据(5月2日),27.3 cm×9 cm,1933年
808. 4074.Z4.831,1932年广东省会公安局消防年捐收据(12月16日),25.2 cm×11.8 cm,1932年
809. 4075.Z4.832,1934年广东省会公安局代收防空租捐收据(12月25日),27.7 cm×9.1 cm,1934年
810. 4076.Z4.833,1936年广东省会公安局代收防空租捐收据(6月25日),29.5 cm×10.5 cm,1936年
811. 4077.Z4.834,1936年广东省会公安局代收防空租捐收据(4月25日),28 cm×8.8 cm,1936年
812. 4078.Z4.835,1932年广州市财政局征收临时地税收单(9月10日),16.6 cm×9.1 cm,1932年
813. 4079.Z4.836,1932年广州市财政局贫民教养费收单(9月10日),20.2 cm×9.8 cm,1932年
814. 4080.Z4.837,1933年广州市财政局贫民教养费收单(12月21日),19.6 cm×11.2 cm,1933年
815. 4081.Z4.838,1932年广州市营业税第六区发给和昌商号申报单收据(1月22日),25.9 cm×8.7 cm,1932年
816. 4082.Z4.839,1925年华商银行广州分行给李业庆堂的收单(8月20日),29.5 cm×12.3 cm,1925年
817. 4139.Z4.840,民国林旋给潘天福堂的工程费收单,25.4 cm×11.4 cm,民国
818. 4152.Z4.841,1932年广州市不动产投税断卖契收据,29.5 cm×22.2 cm,1932年
819. 4153.Z4.842,1929年广州市商办电力股份有限公司电费收条,28.5 cm×22 cm,1929年
820. 4163.Z4.843,1930年广州市财政局发给潘辑荣的土地增价税收据,28.8 cm×12.9 cm,1930年
821. 4164.Z4.844,1927年广州市土地局发给潘辑荣的核收书类收据,28.8 cm×16.2 cm,1927年
822. 4165.Z4.845,1933年广州市土地局发给黄侣豪的核收书类收据,29.2 cm×15.5 cm,1933年
823. 4166.Z4.846,1929年广州市民警队总办事所发给住户的收条,29.8 cm×19.6 cm,1929年
824. 4167.Z4.847,1929年广州市民警队总办事所发给住户的收条,29.9 cm×19.5 cm,1929年
825. 4171.Z4.848,民国万丰众股东给潘辑荣的欠银抄单,24.5 cm×18 cm,民国
826. 4179.Z4.849,1930年广州市商办电力股份有限公司给顺发公司的副收条(8月12日),28.1 cm×12 cm,1930年

827. 4180.Z4.850,1930年广州市商办电力股份有限公司给顺发公司的副收条(7月28日),28 cm×11.9 cm,1930年
828. 4181.Z4.851,1932年广州市市立银行代理市金库给潘辑庆的收据,27.3 cm×14.8 cm,1932年
829. 4182.Z4.852,1933年潘遂庆堂收到新金山号租铺定银的收定单,25.8 cm×15.5 cm,1933年
830. 4183.Z4.853,1937年潘仁德堂收到勤昌号租铺定银的收单,25.4 cm×15 cm,1937年
831. 4184.Z4.854,1932年潘遂庆堂收到何炳初租铺定银的定单,25 cm×18 cm,1932年
832. 4185.Z4.855,1926年广州市工务局给合和公司的收据,30.8 cm×16.5 cm,1926年
833. 4186.Z4.856,民国德兴桥电美给潘五桂堂的工料银收条,25.5 cm×13 cm,民国
834. 4187.Z4.857,1932年广州明信号给奇雅大宝号的工料银收条,26 cm×10.3 cm,1932年
835. 4188.Z4.858,民国发景电器号给潘遂庆堂的发货单,25.3 cm×23.2 cm,民国
836. 4189.Z4.859,1937年广州市电力管理处电费副收条,25.3 cm×18.4 cm,1937年
837. 4199.Z4.860,1926年广州市公安局房捐收单(7月),26.6 cm×6.3 cm,1926年
838. 4200.Z4.861,1926年广州市公安局房捐收单(8月),26.7 cm×6.5 cm,1926年
839. 4201.Z4.862,1933年林钜记给潘先生的收条,25.2 cm×10 cm,1933年
840. 4202.Z4.863,1935年张树德堂缴纳地税租捐单据,25.3 cm×9.3 cm,1935年
841. 4204.Z4.864,1930年何耀庭缴费单据,24.4 cm×12.5 cm,1930年
842. 4205.Z4.865,1930年陈和广记全权代表李祺交屋存据,24.6 cm×9 cm,1930年
843. 4206.Z4.866,1932年龙浩泉租屋存据,28.7 cm×12.5 cm,1932年
844. 4207.Z4.867,1930年天信号租铺按金存据,24.8 cm×14.5 cm,1930年
845. 4208.Z4.868,1935年潘辑荣立租铺定银存据,25 cm×12.9 cm,1935年
846. 4209.Z4.869,1934年潘仁德堂立租铺定银存据,25.1 cm×14.3 cm,1934年
847. 4211.Z4.870,1931年梁万文立交易存据,25.5 cm×13.8 cm,1931年
848. 4212.Z4.871,1934年彭品朝立缴费存据,24.9 cm×13.5 cm,1934年
849. 4213.Z4.872,民国十三行广兴的所卖欠债存据,13.5 cm×9.9 cm,民国
850. 4214.Z4.873,民国十三行广兴的所卖欠债存据,9.9 cm×13.5 cm,民国
851. 4245.Z4.874,1930年广州市自动电话管理委员会给火星机器制鞋厂的安装费收据,22.7 cm×10.5 cm,1930年
852. 4257.Z4.875,1936年2月5日广东机器总工会整理委员会理财部发给德源宝号的收据,21.3 cm×8.5 cm,1936年
853. 4258.Z4.876,1936年广东机器总工会整理委员会理财部发给德源宝号的收据(2月27日),21.3 cm×8.2 cm,1936年
854. 4259.Z4.877,1936年广东机器总工会整理委员会理财部发给德源宝号的收据(3月26日),21.4 cm×8.8 cm,1936年
855. 4260.Z4.878,1936年广东机器总工会整理委员会理财部发给德源宝号的收据(7月),21.4 cm×8.5 cm,1936年
856. 4261.Z4.879,1936年广东机器总工会整理委员会理财部发给德源宝号的收据(5月25日),21.4 cm×8.5 cm,1936年
857. 4262.Z4.880,1937年广州市电力管理处电光缴费回执(3月30日),13.3 cm×13.1 cm,1937年

858. 4263.Z4.881,1937年广州市电力管理处电力缴费回执(3月30日),13.1 cm×13 cm,1937年

859. 4264.Z4.882,1931年广州市自来水管理委员会发给德源号的收据(6月9日),23 cm×10.1 cm,1931年

860. 4265.Z4.883,1936年广东机器总工会油机厂类给德源号的收据(12月18日),26 cm×11 cm,1936年

861. 4266.Z4.884,1936年广东机器总工会油机厂类给德源号的收据(8月18日),25.8 cm×11 cm,1936年

862. 4267.Z4.885,1936年广州市土榨油铺同业公会发给德源号的收据(1月11日),28.3 cm×12.9 cm,1936年

863. 4268.Z4.886,1928年广州市商号注册专员发给德源商号的收据(5月6日),29 cm×13.9 cm,1928年

864. 4269.Z4.887,1936年广州市土榨油铺同业公会发给德源号的收据(11月8日),28.5 cm×11 cm,1936年

865. 4270.Z4.888,1937年广州市土榨油铺同业公会发给德源号的收据(7月5日),12.5 cm×19 cm,1937年

866. 4271.Z4.889,1937年广州市土榨油铺同业公会发给德源号的收据(2月8日),29 cm×11.6 cm,1937年

867. 4273.Z4.890,1933年广州市刘昌记给德源大宝号的棚单收据(1月1日),24.8 cm×10.8 cm,1933年

868. 4274.Z4.891,1926年广州市刘昌记给德源大宝号的棚单收据,25 cm×10.6 cm,1926年

869. 4275.Z4.892,1927年广州市刘昌记给德源大宝号的棚单收据(1月1日),25 cm×13 cm,1927年

870. 4276.Z4.893,1925年广州市刘昌记给德源大宝号的棚单收据(1月),25.7 cm×12.2 cm,1925年

871. 4277.Z4.894,1929年广州市刘昌记给德源大宝号的棚单收据(1月1日),24.9 cm×10.6 cm,1929年

872. 4278.Z4.895,1936年广州市电力管理处给德源号的电费收据(6月),10.5 cm×26.1 cm,1936年

873. 4279.Z4.896,1936年广州市电力管理处给德源号的电费收据(5月),10.5 cm×25.8 cm,1936年

874. 4280.Z4.897,1936年广州市电力管理处给德源号的电费收据(4月),26.4 cm×10.3 cm,1936年

875. 4281.Z4.898,1936年广州市电力管理处发给德源号的电费收据(3月),26.1 cm×10 cm,1936年

876. 4282.Z4.899,1936年广州市电力管理处发给德源号的电费收据(2月),10.3 cm×26 cm,1936年

877. 4283.Z4.900,1936年广州市电力管理处发给德源号的电费收据(1月),10.4 cm×25.5 cm,1936年

878. 4284.Z4.901,1935年广州市电力管理处发给德源号的电费收据(12月),10.7 cm×26.7 cm,1935年

879. 4285.Z4.902,1936年广州市电力管理处发给德源号的电费收据(11月),10.4 cm×25.6 cm,1936年

880. 4286.Z4.903,1936年广州市电力管理处发给德源号的电费收据(10月),10.5 cm×25.3 cm,1936年

881. 4287.Z4.904,1937年广州市电力管理处发给德源号的电费收据(1月),13.7 cm×18.3 cm,1937年

882. 4288.Z4.905,1937年广州市电力管理处发给德源号的电费收据(5月),14 cm×17.8 cm,1937年

883. 4289.Z4.906,1937年广州市电力管理处发给德源号的电费收据(4月),14 cm×18.2 cm,1937年

884. 4290.Z4.907,1937年广州市电力管理处发给德源号的电费收据(8月),14.2 cm×20.4 cm,1937年

885. 4291.Z4.908,1937年广州市电力管理处发给德源号的电费收据(6月),14 cm×20.5 cm,1937年

886. 4292.Z4.909,1937年广州市电力管理处发给德源号的电费收据(2月),13.5 cm×19.4 cm,1937年

887. 4293.Z4.910,1937年广州市电力管理处发给德源号的电费收据(7月),13.9 cm×20.2 cm,1937年

888. 4294.Z4.911,1937年广州市电力管理处发给德源号的电费收据(3月),13.4 cm×19.8 cm,1937年

889. 4295.Z4.912,1937年广州市电力管理处发给德源号的电费收据(2月),13.5 cm×19.5 cm,1937年

890. 4296.Z4.913,1937年广州市电力管理处发给德源号的电费收据(4月),14.6 cm×17.6 cm,1937年

891. 4297.Z4.914,1937年广州市电力管理处发给德源号的电费收据(5月),14.1 cm×17.9 cm,1937年

892. 4298.Z4.915,1937年广州市电力管理处发给德源号的电费收据(3月),13.3 cm×19.5 cm,1937年

893. 4299.Z4.916,1931年广东财政厅征收德源号营业税税单(11月9日),29.6 cm×13.5 cm,1931年

894. 4300.Z4.917,1931年广东财政厅征收德源号营业税税单(11月26日),29.9 cm×13.5 cm,1931年

895. 4301.Z4.918,1932年广东财政厅征收德源号营业税税单(7月29日),30.5 cm×13.8 cm,1932年

896. 4302.Z4.919,1932年广东财政厅征收德源号营业税税单(9月29日),30.5 cm×13.5 cm,1932年

897. 4303.Z4.920,1932年广东财政厅征收德源号营业税税单(9月29日),30.5 cm×13.6 cm,1932年

898. 4304.Z4.921,1935年广东财政厅征收德源号营业税税单(3月26日),30.4 cm×12.5 cm,1935年

899. 4305.Z4.922,1935年广东财政厅征收德源号营业税税单(3月26日),30.5 cm×13 cm,1935年

900. 4306.Z4.923,1935年广东财政厅征收德源号营业税税单(3月26日),30.2 cm×13 cm,1935年

901. 4307.Z4.924,1935年广东财政厅征收德源号营业税税单(3月26日),30.4 cm×13 cm,1935年

902. 4308.Z4.925,1931年广州市营业税第十二区发给德源号首次申报营业税手续费收据,35 cm×12.3 cm,1931年

903. 4309.Z4.926,1932年广东省财政厅广州市营业税局发给德源号的申报单收据(7月19日),25.8 cm×8.5 cm,1932年

904. 4310.Z4.927,1933年广州市营业税局发给德源号的营业税罚款收据(12月30日),

29.8 cm×13 cm,1933 年

905. 4311.Z4.928,1936 年广州市自来水管理处给德源号的水费收据(2 月 12 日),22.5 cm× 8.8 cm,1936 年
906. 4312.Z4.929,1936 年广州市自来水管理处给德源号的水费收据(5 月 23 日),22 cm× 8.8 cm,1936 年
907. 4313.Z4.930,1936 年广州市自来水管理处给德源号的水费收据(4 月 20 日),22.5 cm× 8.7 cm,1936 年
908. 4314.Z4.931,1936 年广州市自来水管理处给德源号的水费收据(2 月 22 日),22.5 cm× 8.7 cm,1936 年
909. 4315.Z4.932,1936 年广州市自来水管理处给德源号的水费收据(1 月 21 日),22.5 cm× 8.8 cm,1936 年
910. 4316.Z4.933,1936 年广州市自来水管理处给德源号的水费收据(4 月 17 日),24 cm× 8.9 cm,1936 年
911. 4317.Z4.934,1936 年广州市自来水管理处给德源号的水费收据(11 月 16 日),24.3 cm× 9.1 cm,1936 年
912. 4318.Z4.935,1936 年广州市自来水管理处给德源号的水费收据(8 月 21 日),24.3 cm× 8.8 cm,1936 年
913. 4319.Z4.936,1936 年广州市自来水管理处给德源号的水费收据(9 月 28 日),23.8 cm× 8.9 cm,1936 年
914. 4320.Z4.937,1937 年广州市自来水管理处给德源号的收费收据(4 月 21 日),13.1 cm× 23.8 cm,1937 年
915. 4321.Z4.938,1937 年广州市自来水管理处给德源号的收费收据(5 月 19 日),13.2 cm× 24.4 cm,1937 年
916. 4322.Z4.939,1937 年广州市自来水管理处给德源号的收费收据(6 月 14 日),13 cm× 23.9 cm,1937 年
917. 4323.Z4.940,1937 年广州市自来水管理处给德源号的收费收据(7 月 6 日),13 cm× 23.9 cm,1937 年
918. 4324.Z4.941,1937 年广州市自来水管理处给德源号的收费收据(8 月 26 日),13.4 cm× 23.1 cm,1937 年
919. 4325.Z4.942,1926 年梁炜全卖给何尚德堂的卖地契(3 月 28 日),56.8 cm×54.2 cm,1926 年
920. 4333.Z4.943,1926 年金山正埠中华会馆发给叶君钜的驳例助款收条(11 月 11 日),21 cm× 11.1 cm,1926 年
921. 4334.Z4.944,1923 年金山正埠中华会馆发给雷灿维的驳例助款收条(8 月 21 日),19.3 cm× 10.9 cm,1923 年
922. 4335.Z4.945,1926 年金山正埠余武溪总公所发给添和的收条(2 月 1 日),23.9 cm×10.5 cm,1926 年
923. 4336.Z4.946,1927 年美洲三藩市朱帅国总堂发给秉庸的收条(7 月 9 日),20 cm×10 cm,1927 年
924. 4338.Z4.947,1932 年均泰皮厂合同,25.5 cm×13 cm,1932 年
925. 4339.Z4.948,1917 年继远堂广益会部,23.5 cm×13 cm,1917 年
926. 4340.Z4.949,1922 年岐阳里普安堂股份簿,24.8 cm×14 cm,1922 年
927. 4341.Z4.950,1922 年牛皮工业联合总会股份簿,23.8 cm×13 cm,1922 年

928. 4381.Z4.951,1911年中华民国军需公债伍圆公债票,34.6 cm×26.5 cm,1911年
929. 4382.Z4.952,1930年铁路部收回广东粤汉铁路公债券肆圆票,30.8 cm×26.5 cm,1930年
930. 4383.Z4.953,1930年铁路部收回广东粤汉铁路公债券肆圆票,30.8 cm×26.5 cm,1930年
931. 4384.Z4.954,1930年铁路部收回广东粤汉铁路公债券肆拾圆票,37.9 cm×26.6 cm,1930年
932. 4385.Z4.955,1930年铁路部收回广东粤汉铁路公债券肆拾圆票,30.6 cm×26.6 cm,1930年
933. 4386.Z4.956,1938年广东省国防公债伍圆票,34.7 cm×26.5 cm,1938年
934. 4387.Z4.957,1938年广东省国防公债拾圆票,34.8 cm×26.5 cm,1938年
935. 4388.Z4.958,1938年广东省国防公债拾圆票,34.8 cm×26.5 cm,1938年
936. 4389.Z4.959,1937年救国公债伍圆票,28.8 cm×26.5 cm,1937年
937. 4390.Z4.960,1937年救国公债伍圆票,28.8 cm×26.5 cm,1937年
938. 4391.Z4.961,1937年救国公债伍圆票,28.8 cm×26.5 cm,1937年
939. 4392.Z4.962,1937年救国公债拾圆票,34.8 cm×27 cm,1937年
940. 4393.Z4.963,1937年救国公债拾圆票,34.8 cm×27 cm,1937年
941. 4394.Z4.964,1937年救国公债拾圆票,34.8 cm×27 cm,1937年
942. 4395.Z4.965,1937年救国公债佰圆票,34.8 cm×27 cm,1937年
943. 4396.Z4.1648,民国新宁国民党第九分区开成立大会的演出戏票(日票),15 cm×9.7 cm,民国
944. 4397.Z4.1649,民国新宁国民党第九分区开成立大会的演出戏票(夜票),15 cm×9.7 cm,民国
945. 4398.Z4.968,1937年救国公债千圆票,28.4 cm×27 cm,1937年
946. 4399.Z4.969,1927年东洋生命保险株式会社联合长寿保险证券,22.5 cm×29 cm,1927年
947. 4400.Z4.970,1934年千代田生命保险相互会社保险证券,21.7 cm×28.5 cm,1934年
948. 4401.Z4.971,1941年日华生命保险株式会社养老生命保险证券,22.9 cm×30.1 cm,1941年
949. 4402.Z4.972,1936年日本生命保险株式会社养老生命保险证券,23.4 cm×30.4 cm,1936年
950. 4403.Z4.973,1941年住友生命保险株式会社每年配当附养老保险证券,22.8 cm×30.4 cm,1941年
951. 4404.Z4.974,1933年明治生命保险株式会社廿年有限挂金终身保险证券,22.4 cm×58.4 cm,1933年
952. 4405.Z4.975,1937年第一征兵保险株式会社教育结婚资金保险证券,23.8 cm×29.8 cm,1937年
953. 4406.Z4.976,1948年台湾人寿保险有限公司保险单(6月22日),29 cm×12.9 cm,1948年
954. 4426.Z4.977,民国广州高升号优待券,12.4 cm×8.5 cm,民国
955. 4428.Z4.978,民国广州民兴钟表收单,17 cm×10.8 cm,民国
956. 4430.Z4.979,1908年萃升小学堂给邱维超的捐款收据,29 cm×10.1 cm,1908年
957. 4433.Z4.980,1932年友邦人寿保险有限公司保单收据(11月11日),23.8 cm×10.7 cm,1932年
958. 4434.Z4.981,1935年广州市自来水管理处的偿还前水公司股本息项支付凭证(10月22日),26.6 cm×11.5 cm,1935年
959. 4435.Z4.982,1938年中国康年人寿燕梳有限公司收保费凭单(1月28日),28 cm×12 cm,1938年
960. 4436.Z4.983,1911年开平县征收周嘉祥色米的执照(12月26日),35.8 cm×10.4 cm,

1911 年

961. 4438.Z4.984,1936 年丽源批挡公司给方富兴的发货单,29.9 cm×14.5 cm,1936 年
962. 4439.Z4.985,1936 年裕行号的发货单(3 月 11 日),30.3 cm×15.2 cm,1936 年
963. 4440.Z4.986,1927 年万国火油有限公司给伍振源的股份收据(7 月 1 日),27.1 cm×21.3 cm,1927 年
964. 4441.Z4.987,1927 年万国火油有限公司给伍时满的股份收据(7 月 1 日),27.1 cm×21.3 cm,1927 年
965. 4442.Z4.988,1927 年万国火油有限公司给伍干沐的股份收据(6 月 25 日),27.1 cm×21.3 cm,1927 年
966. 4461.Z4.989,1932 年徐行记钟表保行单,21 cm×10.9 cm,1932 年
967. 4462.Z4.990,1917 年西盛号金器发货单,16.3 cm×17.1 cm,1917 年
968. 4465.Z4.991,1932 年始发祥宝号交钱的正收条(3 月 8 日),23.5 cm×9.3 cm,1932 年
969. 4482.Z4.992,1938 年金山大埠莺古路加罅宽国家银行汇票,10.5 cm×23.5 cm,1938 年
970. 4483.Z4.993,1932 年广东银行纽约支行汇票,10.5 cm×23.5 cm,1932 年
971. 4484.Z4.994,1937 年美国国家银行汇票,10.2 cm×23.3 cm,1937 年
972. 4485.Z4.995,1922 年金山正埠广东银行汇票,11.5 cm×24.8 cm,1922 年
973. 4486.Z4.996,1932 年美国国家银行华埠分行汇票,10.4 cm×23.8 cm,1932 年
974. 4487.Z4.997,民国香港广东银行有限公司暹罗支行汇票,10.9 cm×19.7 cm,民国
975. 4488.Z4.998,1925 年加拿大帝国银行汇票,10.5 cm×23.7 cm,1925 年
976. 4489.Z4.999,1927 年伊利诺斯州招商银行汇票,10.5 cm×25.7 cm,1927 年
977. 4490.Z4.1000,1923 年纽约国际银行汇票,11.1 cm×25.4 cm,1923 年
978. 4491.Z4.1001,1921 年中法实业银行汇票,11 cm×25.2 cm,1921 年
979. 4492.Z4.1002,1923 年加拿大商务银行汇票,11.5 cm×23.1 cm,1923 年
980. 4493.Z4.1003,1932 大通公司纽约分行汇票,10.3 cm×23.5 cm,1932 年
981. 4496.Z4.1004,1921 年交通部汕头无线电台收据,14.9 cm×19.8 cm,1921 年
982. 4497.Z4.1005,1927 年广州河南发财联榜彩票(三十二期),18.5 cm×16 cm,1927 年
983. 4499.Z4.1006,1929 年汕头陈赟利栈汇票,26.5 cm×12.5 cm,1929 年
984. 4505.Z4.1007,民国美国芝城大荣华男女班戏单,26.5 cm×43.5 cm,民国
985. 4506.Z4.1008,民国美国芝城大观戏院颂太平男女班戏单,26.5 cm×43.2 cm,民国
986. 4507.Z4.1009,1948 年广州开元文具行发货单,29.9 cm×17 cm,1948 年
987. 4508.Z4.1010,1938 年广州应行发货单,20.5 cm×11.4 cm,1938 年
988. 4509.Z4.1011,1945 年广州康泰号发货单,23.8 cm×13 cm,1945 年
989. 4510.Z4.1012,1945 年广州成记昌发货单,26.7 cm×12.1 cm,1945 年
990. 4511.Z4.1013,1945 年广州顺昌号发货单,29.8 cm×14.6 cm,1945 年
991. 4512.Z4.1014,1938 年广东省国防公债换领债票收据,21.3 cm×12.5 cm,1938 年
992. 4515.Z4.1015,1917 年江门新昌美丰隆账单,19 cm×12.5 cm,1917 年
993. 4516.Z4.1016,1918 年江门新昌美丰隆账单,19 cm×12.5 cm,1918 年
994. 4517.Z4.1017,1919 年江门新昌美丰隆账单,19 cm×12.5 cm,1919 年
995. 4518.Z4.1018,1920 年江门新昌美丰隆账单,19 cm×12.5 cm,1920 年
996. 4519.Z4.1019,1929 年义合号收条,25.2 cm×12.5 cm,1 套 2 件,1929 年

997. 4523.Z4.1020,1926年美洲大埠黄江夏总堂注册凭票,20.7 cm×10.5 cm,1926年
998. 4524.Z4.1021,1931年金山罗省黄云山公所收条,12.9 cm×9.4 cm,1931年
999. 4525.Z4.1022,1932年金山罗省黄云山公所收条,12.8 cm×9.3 cm,1932年
1000. 4526.Z4.1023,1917年香山沙溪悦隆号发货单,18.9 cm×15.6 cm,1917年
1001. 4554.Z4.1024,1950年代李锦均的南海县土地房产所有证收费收据,19 cm×18.1 cm,1950年
1002. 4555.Z4.1025,1950年代李寅灼的南海县土地房产所有证收费收据,19 cm×18.5 cm,1950年
1003. 4559.Z4.1026,1944年李焕章分单部,22.8 cm×13.6 cm,1套4件,1944年
1004. 4578.Z4.1027,1930年广州特别市土地局发给潘昌记的登记费收据,30 cm×15.3 cm,1930年
1005. 4581.Z4.1028,1926年广州登记局发给潘昌记的登记收据,28.7 cm×11.8 cm,1926年
1006. 4586.Z4.1029,1923年广州市财政局发给王昭仁的收据,28 cm×13.3 cm,1923年
1007. 4598.Z4.1030,1933年大德堂卖地给陈仁安堂的断卖定单(11月28日),25.2 cm×14 cm,1933年
1008. 4649.Z4.1031,民国赤墈上埠品香号致维桓的发货单,24.1 cm×11.8 cm,民国
1009. 4652.Z4.1032,1940年澳大利亚商业银行汇单,11.3 cm×24.5 cm,1940年
1010. 4653.Z4.1033,1940年澳大利亚商业银行汇单,11.1 cm×24.7 cm,1940年
1011. 4654.Z4.1034,1918年加利福尼亚农商银行汇单,11.5 cm×24.6 cm,1918年
1012. 4655.Z4.1035,1920年代金山正埠广东银行汇单,11.5 cm×24.6 cm,1920年
1013. 4678.Z4.1036,民国香港雄鹿酒店空白票据,11.9 cm×15 cm,民国
1014. 4679.Z4.1037,民国香港雄鹿酒店空白票据,11.9 cm×15 cm,民国
1015. 4691.Z4.1038,1907年澳大利亚海关给Ah Shing的收据,16.5 cm×7.4 cm,1907年
1016. 4692.Z4.1039,1920年澳大利亚海关给Ah Shing的收据,15.7 cm×17 cm,1920年
1017. 4693.Z4.1040,1925年澳大利亚海关给Ah Shing的收据,10.9 cm×15.4 cm,1925年
1018. 4698.Z4.1041,1930年梅耀秸等人的汇款清单(11月6日),24 cm×19 cm,1930年
1019. 4714.Z4.1042,1911年开邑福祐祖修祠收支公所发出的收单(5月19日),26 cm×13 cm,1911年
1020. 4734.Z4.1043,1922年广州大东袜厂南号(上海分号)发票,17 cm×13 cm,1922年
1021. 4745.Z4.1044,1931年广州市民促进自治会促进市地方自治债券,9.5 cm×12.8 cm,1931年
1022. 4769.Z4.1045,1908年於仁洋面水险保安公司保险单,20.5 cm×26 cm,1908年
1023. 4770.Z4.1046,1931年英商公裕太阳水火保险公司水险保单,24.4 cm×33.3 cm,1931年
1024. 4771.Z4.1047,民国太古水火险公司空白水险保单,21 cm×38.7 cm,民国
1025. 4772.Z4.1048,1885年香港安泰保险有限公司存单,28 cm×21.8 cm,1885年
1026. 4773.Z4.1049,1885年香港安泰保险有限公司存单,31.2 cm×21.7 cm,1885年
1027. 4774.Z4.1050,1923年香港普安洋面及火烛保险兼货仓有限公司存单,33.5 cm×24.5 cm,1923年
1028. 4775.Z4.1051,1923年香港普安洋面及火烛保险兼货仓有限公司存单,33.5 cm×24.5 cm,1923年

1029. 4776.Z4.1052,1923年香港普安洋面及火烛保险兼货仓有限公司存单,33.5 cm×24.5 cm,1923年
1030. 4777.Z4.1053,1948年美亚代理保险股份有限公司保单,28 cm×21.5 cm,13.2 cm×21.5 cm,22.1 cm×9.9 cm,1套3件,1948年
1031. 4778.Z4.1054,1948年美亚代理保险股份有限公司保单,27.7 cm×21.5 cm,22.4 cm×9.8 cm,1套2件,1948年
1032. 4779.Z4.1055,1951年泰山产物保险股份有限公司保单,28 cm×21.7 cm,24.2 cm×11.5 cm,1套2件,1951年
1033. 4783.Z4.1056,1931年华安合群保寿股份有限公司保费收据,14.7 cm×16.8 cm,1931年
1034. 4784.Z4.1057,1937年南英修附毕啫燕梳有限公司保单,47.5 cm×29.9 cm,33 cm×14 cm,26.5 cm×12 cm,1套3件,1937年
1035. 4786.Z4.1058,1937年广州均和安发货单(4月22日),33.5 cm×14.8 cm,1937年
1036. 4787.Z4.1059,1937年广州成兴发货单(4月25日),30.3 cm×14.7 cm,1937年
1037. 4788.Z4.1060,1937年广州广裕隆发货单(4月25日),36 cm×16.5 cm,1937年
1038. 4792.Z4.1061,1924年名发旅店结账单,33.5 cm×15 cm,1924年
1039. 4796.Z4.1062,1923年南海速安局乡侨联合维持会给李岳然收条(6月18日),27 cm×11.8 cm,1923年
1040. 4797.Z4.1136,1924年广州广华救伤队的收证(7月11日),25 cm×11.2 cm,1924年
1041. 4799.Z4.1063,1937年上海会文堂新记书局广州分局发票(8月25日),24.5 cm×19.5 cm,1937年
1042. 4802.Z4.1064,民国广州右经堂书局发货票,30.2 cm×18.5 cm,民国
1043. 4803.Z4.1065,1937年广州南方旗店货单,30.5 cm×15.4 cm,1937年
1044. 4804.Z4.1066,1936年广州共和书局发票,13.5 cm×19.5 cm,1936年
1045. 4805.Z4.1067,1936年商务印书馆股份有限公司广州分馆门市发票,16 cm×17 cm,1936年
1046. 4806.Z4.1068,1936年世界书局股份有限公司广州分局门市发票,16.4 cm×15.1 cm,1936年
1047. 4807.Z4.1069,1936年上海开明书店有限公司广州分店发票,17.5 cm×12.8 cm,1936年
1048. 4808.Z4.1070,1936年广州广益书局分行所发发票,27 cm×15.2 cm,1936年
1049. 4809.Z4.1071,1937年广州市顺生利给南海七区第三小学发货单,27 cm×13 cm,1937年
1050. 4810.Z4.1072,1936年广州市右经堂书局发票,30.3 cm×17.9 cm,1936年
1051. 4811.Z4.1073,1937年上海生活书店广州分店给南海七区三小学的门市发票,17 cm×14.1 cm,1937年
1052. 4812.Z4.1074,1937年上海生活书店广州分店门市发票,17.7 cm×12 cm,1937年
1053. 4813.Z4.1075,1936年广州市右经堂书局发货票,17.3 cm×23.4 cm,1936年
1054. 4814.Z4.1076,民国广州市大兴隆发货单,27.2 cm×15.7 cm,民国
1055. 4815.Z4.1077,1937年广州一中书局发票,24.6 cm×18.8 cm,1937年
1056. 4816.Z4.1078,1937年广州一中书局发货单,31.5 cm×19 cm,1937年
1057. 4817.Z4.1079,1937年广州市振兴旗家发货单,31 cm×15.4 cm,1937年
1058. 4818.Z4.1080,1937年德记号发货单,30.4 cm×17.7 cm,1937年
1059. 4819.Z4.1081,1937年广州市明华球厂发货单,24.8 cm×11 cm,1937年

1060. 4820.Z4.1082,1930年潮安四西书局特约世界书局发票,27.3 cm×16 cm,1930年
1061. 4823.Z4.1083,1930年海口会文书局发货单,31.5 cm×19.7 cm,1930年
1062. 4824.Z4.1084,1933年广东同春堂丸药局发货单,28.4 cm×17.7 cm,1933年
1063. 4929.Z4.1085,1933年中国南洋兄弟烟草有限公司发票,19 cm×12.8 cm,1933年
1064. 4930.Z4.1086,1929年陈一鹗烟号发票,20.9 cm×15.1 cm,1929年
1065. 4931.Z4.1087,民国晋和烟公司现售发票,15.3 cm×21.3 cm,民国
1066. 4932.Z4.1088,民国汉口义记烟行零售部发票,17.8 cm×22.4 cm,民国
1067. 4933.Z4.1089,1935年上海同源烟号发票,25 cm×11.8 cm,1935年
1068. 4934.Z4.1090,1934年汉口义生永烟公司发票,20.1 cm×18.5 cm,1934年
1069. 4938.Z4.1091,1935年华美烟草股份有限公司批发部发票,27.7 cm×15 cm,1935年
1070. 4939.Z4.1092,1936年上海同源烟号发票,25 cm×11.9 cm,1936年
1071. 4940.Z4.1093,1935年华美烟草股份有限公司门市部发票,19.1 cm×12.7 cm,1935年
1072. 4941.Z4.1094,民国大昌烟纸发票,26.4 cm×10.6 cm,民国
1073. 4942.Z4.1095,1930年上海志大烟号发票,26.4 cm×12.1 cm,1930年
1074. 4943.Z4.1096,1935年汉镇衡大康烟公司发票,24.9 cm×12.2 cm,1935年
1075. 4944.Z4.1097,1934年汉口天泰纸庄发票,27.2 cm×17.3 cm,1934年
1076. 4945.Z4.1098,1930年华盛顿洋烛制造厂协昌烟公司发票,25.5 cm×13.8 cm,1930年
1077. 4946.Z4.1099,1930年华盛顿洋烛制造厂协昌烟公司发票,25.5 cm×13.8 cm,1930年
1078. 4947.Z4.1100,1930年华盛顿洋烛制造厂协昌烟公司发票,25.3 cm×13.7 cm,1930年
1079. 4948.Z4.1101,1930年上海志大烟号发票,26.4 cm×12.5 cm,1930年
1080. 4949.Z4.1102,1938年华美烟草股份有限公司批发部发票,28 cm×15 cm,1938年
1081. 4950.Z4.1103,1933年□记汉昌烟公司发票,25 cm×12 cm,1933年
1082. 4951.Z4.1104,1935年衡大康海味号发票(12月3日),25 cm×12.2 cm,1935年
1083. 4952.Z4.1105,1933年汉口义记烟行发票(12月30日),17.8 cm×22.3 cm,1933年
1084. 4953.Z4.1106,1934年汪祥记发票(1月24日),24.7 cm×8.9 cm,1934年
1085. 4954.Z4.1107,1933年茂和烟行发票(12月6日),26 cm×11.2 cm,1933年
1086. 4955.Z4.1108,1933年上海烟公司发票(12月14日),26.6 cm×15.2 cm,1933年
1087. 4956.Z4.1109,1933年晋和股份有限烟公司现售发票(5月27日),15.8 cm×23.1 cm,1933年
1088. 5038.Z4.1110,1922年广东福利赛马股份有限公司股票,38.4 cm×36.8 cm,1922年
1089. 5078.Z4.1111,1938年广州英昌隆药行发货单,31.5 cm×16.4 cm,1938年
1090. 5079.Z4.1112,民国粤东新胜隆记发货单,34.4 cm×13.1 cm,民国
1091. 5123.Z4.1113,1951年光华保险股份有限公司保单,39 cm×26.5 cm,1951年
1092. 5124.Z4.1114,1943年华商大陆保险股份有限公司保单(内有两张相联),43.5 cm×27.8 cm,14 cm×21.2 cm,29 cm×12.5 cm,1套3件,1943年
1093. 5125.Z4.1115,1936年泰山保险股份有限公司火险保单,43.2 cm×28 cm,1936年
1094. 5126.Z4.1116,1947年北美洲保险公司保单,49.3 cm×27.5 cm,25.1 cm×11.9 cm,1套2件,1947年
1095. 5127.Z4.1117,1950年旗昌保险有限公司保单,47.8 cm×37.9 cm,14 cm×21.6 cm,28 cm×12.4 cm,1套3件,1950年

1096. 5128.Z4.1118,1933年先施保险有限公司粤局发的保险单,48.2 cm×25.3 cm,23.3 cm× 10.5 cm,1套2件,1933年

1097. 5162.Z4.1119,1926年广州嘉南堂银业部给李世光的付款单,19 cm×7.6 cm,1926年

1098. 5163.Z4.1120,民国广州福盛金铺发票,16.8 cm×17.9 cm,民国

1099. 5164.Z4.1121,1920年域埠加属宁阳余庆总堂发给廖乐捐款筹办台山中学校舍的收条,21.7 cm×11.7 cm,1920年

1100. 5167.Z4.1122,1910年肇庆会馆发给敖联灼认购公益票的收条,21.9 cm×9.7 cm,1910年

1101. 5168.Z4.1123,1914年肇庆会馆发给敖连灼认缴点册的收条,21 cm×9.7 cm,1914年

1102. 5169.Z4.1124,1912年金山中华会馆发给敖连灼驳例助款收条,20.2 cm×10.8 cm,1912年

1103. 5172.Z4.1125,1928年私立广东国民大学发给余廷栋的学费正式收条(9月25日),20.6 cm×12.1 cm,1928年

1104. 5173.Z4.1126,1929年私立广东国民大学发给余廷栋的学费正式收条(9月7日),20 cm× 10.5 cm,1929年

1105. 5175.Z4.1127,1937年广州市财政局贫民教养费收单(1月24日),13 cm×11 cm,1937年

1106. 5181.Z4.1128,民国台山四九墟国民党分区开幕上演丹山凤影女班的头等藤椅位票,16 cm×14.5 cm,民国

1107. 5183.Z4.1129,1934年国立中山大学第一医院清单,24.6 cm×27.5 cm,1934年

1108. 5184.Z4.1130,1937年英商四海保险有限公司发给潘锦伦的保费收据,23.6 cm× 10.8 cm,1937年

1109. 5198.Z4.966,1920年《舍路昌兴公司琼彩餐馆规约数目股份簿》,21.1 cm×13.1 cm, 1920年

1110. 5262.Z4.005,民国给香港广东银行执事的空白签据,22.8 cm×14.9 cm,民国

1111. 5306.Z4.967,1918年香港广东银行金山支行致汤务重的收条(8月17日),23.7 cm× 16.5 cm,1918年

1112. 5331.Z4.1131,民国张幼硕收条,30.3 cm×20 cm,民国

1113. 5346.Z4.1132,1947年广东高等法院收状处发给胡玉衡的收受状纸收条,29.5 cm× 16 cm,1947年

1114. 5347.Z4.1133,1949年律师张治平代支款项存据,29 cm×19.5 cm,1949年

1115. 5348.Z4.1134,1950年卢伯瑄代蒋康候收立轴收条,27.5 cm×18.5 cm,1950年

1116. 5349.Z4.1135,1928年刘时莘收到汪道源的借款收条,26 cm×12 cm,1928年

1117. 5365.Z4.1137,1918年美国纽约中华公所发给梁芳荣的赈济捐款发票,23.2 cm×8.9 cm, 1918年

1118. 5408.Z4.1138,1935年少年中国晨报股票(六月十四日),23 cm×31.6 cm,1935年

1119. 5411.Z4.1139,1918年交个人所得税之滞纳金的收据,16.8 cm×17.9 cm,1918年

1120. 5416.Z4.1140,1925年广州市中美公司股票(六月十五日),25.4 cm×33 cm,1925年

1121. 5419.Z4.1141,1916年中华民国护国军筹饷总局发给自成文的收据,25.7 cm×33.5 cm,1916年

1122. 5427.Z4.1142,1921年民国建设会总会发给余满和的收据,19.9 cm×9 cm,1921年

1123. 5437.Z4.1143,1921年广东地方善后内国公债,30.3 cm×25.5 cm,1921年

1124. 5455.Z4.1144,1925年黄锡三代马聘三收王万年的凭折图章的收据,21 cm×15.6 cm, 1925年

1125. 5476.Z4.1145,1920年长崎纺织株式会社株金取扱所发给王万年的额面超过金领取证,18.8 cm×18 cm,1920年
1126. 5480.Z4.1146,1932年王陈氏的收款立单(1月19日),26 cm×12.2 cm,1932年
1127. 5525.Z4.1147,1925年、1926年岩水特许事务所发给林励的收条,17.8 cm×15.7 cm,1套2件,1925年
1128. 5535.Z4.1148,1932年陈伯乔的借据,26 cm×18.8 cm,1932年
1129. 5540.Z4.1149,1919年报德银行长崎支店给王万年的拂込金领收证(第10号),18.8 cm×14 cm,1919年
1130. 5541.Z4.1150,1919年报德银行长崎支店给王文锷的拂込金领收证(第11号),18.8 cm×14 cm,1919年
1131. 5546.Z4.1151,1925年长崎中华民国领事馆给杜洵博的挂号信收据,11.2 cm×12.2 cm,1925年
1132. 5560.Z4.1152,1934年陈伯乔借王伍氏款项的借条,26 cm×17.1 cm,1934年
1133. 5566.Z4.1153,1919年王万年买的天草造船株式会社券,20.9 cm×27.4 cm,1919年
1134. 5567.Z4.1154,1919年王文远买的京都石硷株式会券,21 cm×27.5 cm,1919年
1135. 5568.Z4.1155,1925年王文超买的长崎油脂工业株式会社券,21.5 cm×27.5 cm,1925年
1136. 5585.Z4.1156,1926年中国康年人寿燕梳有限公司保险单,54.5 cm×59.7 cm,1926年
1137. 5588.Z4.1157,1926年广东广州总商会的收据,25.6 cm×12 cm,1926年
1138. 5594.Z4.1158,1935年新华酒店有限公司股票及股息,19.9 cm×25.4 cm,10 cm×16 cm,20.8 cm×11.6 cm,1套3件,1935年
1139. 5609.Z4.1159,1934年香港广东银行有限公司给张庆悟的收条,22 cm×12.1 cm,1934年
1140. 5653.Z4.1160,民国秘鲁介休埠中国国民党交通部军需收条,20.5 cm×9.7 cm,民国
1141. 5654.Z4.1161,1926年张浪芬捐北伐军饷拾圆的存根,21 cm×7.5 cm,1926年
1142. 5655.Z4.1162,1921年黄杉捐北伐军饷存底,21 cm×6.3 cm,1921年
1143. 5656.Z4.1163,民国捐北伐军饷的空白存底,20.5 cm×6.2 cm,1套2件,民国
1144. 5660.Z4.1164,1927年香港广东银行有限公司收息凭簿,15.4 cm×9.2 cm,1927年
1145. 5667.Z4.1165,1930年广东国民大学收据,14.6 cm×16.4 cm,1930年
1146. 5668.Z4.1166,民国中华有声电影院学界八折优待券,10.1 cm×5.4 cm,民国
1147. 5669.Z4.1167,民国新华有声电影院学界八折优待券(中座位),10.1 cm×6.2 cm,民国
1148. 5670.Z4.1168,民国新华有声电影院学界八折优待券(后厢位),10 cm×6.3 cm,民国
1149. 5671.Z4.1169,民国新国民有声影戏院共和位八折购券证,8.9 cm×5.7 cm,民国
1150. 5672.Z4.1170,民国明珠有声电影院民大高中学生头等位八折优待券,10.4 cm×6.8 cm,民国
1151. 5678.Z4.1171,民国美国芝城大荣华男女班粤曲戏单,26.5 cm×43.2 cm,民国
1152. 5679.Z4.1172,民国美国芝城大荣华男女班粤曲戏单,26.2 cm×23 cm,民国
1153. 5680.Z4.1173,民国美国芝城大荣华男女班粤曲戏单,26.4 cm×43.3 cm,民国
1154. 5681.Z4.1174,民国美国芝城大荣华男女班粤曲戏单,26.6 cm×43.1 cm,民国
1155. 5682.Z4.1175,民国美国芝城大荣华男女班粤曲戏单,26.4 cm×43.3 cm,民国
1156. 5683.Z4.1176,民国美国芝城大荣华男女班粤曲戏单,26.4 cm×43.2 cm,民国
1157. 5684.Z4.1177,民国美国芝城大荣华男女班粤曲戏单,26.3 cm×43 cm,民国
1158. 5685.Z4.1178,民国美国芝城大荣华男女班粤曲戏单,26.4 cm×43.3 cm,民国

1159. 5686.Z4.1179,民国美国芝城大荣华男女班粤曲戏单,26.4 cm×23.3 cm,民国
1160. 5687.Z4.1180,民国美国芝城大荣华男女班粤曲戏单,26.5 cm×43 cm,民国
1161. 5688.Z4.1181,民国美国芝城大荣华男女班粤曲戏单,26.5 cm×43 cm,民国
1162. 5689.Z4.1182,民国美国芝城大荣华男女班粤曲戏单,26.4 cm×43.4 cm,民国
1163. 5690.Z4.1183,民国美国芝城大荣华男女班粤曲戏单,26.3 cm×22.8 cm,民国
1164. 5691.Z4.1184,民国美国芝城大荣华男女班粤曲戏单,26.3 cm×43.3 cm,民国
1165. 5692.Z4.1185,民国美国芝城大观戏院颂太平男女班戏单,26.6 cm×43 cm,民国
1166. 5695.Z4.1186,1906年兴邑俊盛老号收到刘蔼帆的奥汉铁路小股银收单,21.7 cm×8 cm,1906年
1167. 5696.Z4.1187,1907年粤东筹饷彩票恒丰公司第一年第一会谢教单,61 cm×42 cm,1907年
1168. 5717.Z4.1188,1921年广东地方善后内国公债,30.4 cm×25.7 cm,1921年
1169. 5781.Z4.1189,民国广州市东方美术照像晒像单,12.8 cm×8.7 cm,民国
1170. 5963.Z4.1190,民国新巧华优待证券,9.1 cm×13.1 cm,民国
1171. 6173.Z4.1191,民国赵元兴药房礼券,8.5 cm×5.3 cm,民国
1172. 6198.Z4.1192,民国兴记裕长堂参茸庄结账单,34.4 cm×18.8 cm,民国
1173. 6248.Z4.1193,1929年承办广州市屠场利群公司发票,31 cm×32.2 cm,1929年
1174. 6264.Z4.1194,民国广东盖香山邮戳邮票,2.4 cm×2.3 cm,民国
1175. 6277.Z4.1195,1912年广东省城中国商务大信银行兼办储蓄银行进支簿据,16 cm×8.9 cm,1912年
1176. 6278.Z4.1196,1933年万国储蓄会发行有奖储蓄会单,39.2 cm×52.7 cm,1933年
1177. 6279.Z4.1197,1933年中法储蓄会(两广管理会)发行储蓄会券,37.4 cm×25.8 cm,1933年
1178. 6280.Z4.1198,1917年军事内国公债券(一百元),29 cm×26.5 cm,1917年
1179. 6281.Z4.1199,1917年军事内国公债券(一千元),29 cm×26.4 cm,1917年
1180. 6282.Z4.1200,1932年广州河南发财联榜彩票(第十九期),18.3 cm×14.8 cm,1932年
1181. 6283.Z4.1201,1932年广州河南发财联榜彩票(第七十一期),18.6 cm×15.8 cm,1932年
1182. 6284.Z4.1202,1932年广州河南发财联榜彩票(第三期),18 cm×15.5 cm,1932年
1183. 6285.Z4.1203,1932年广州河南发财联榜彩票(第九期),18 cm×15.4 cm,1932年
1184. 6286.Z4.1204,1932年广州发财联榜昌兴单榜彩票(第六十二期),13.8 cm×16 cm,1932年
1185. 6287.Z4.1205,1932年广州发财联榜昌兴单榜彩票(第五十八期),13.8 cm×16 cm,1932年
1186. 6288.Z4.1206,1914年羊城聚利银号发给吴厚和室堂的收条,33 cm×13.5 cm,1914年
1187. 6289.Z4.1207,1930年广州裕成借揭,32 cm×13.8 cm,1930年
1188. 6290.Z4.1208,1934年香港中国银行广州办事处定期存单,24 cm×14.8 cm,1934年
1189. 6291.Z4.1209,1923年广州中国银行特别定期存单,25.5 cm×14.3 cm,1923年
1190. 6292.Z4.1210,1923年广州中国银行特别定期存单,25.5 cm×15.1 cm,1923年
1191. 6293.Z4.1211,1922年广东中国银行特别定期存款息折,19 cm×46.8 cm,1922年
1192. 6294.Z4.1212,1923年广东中国银行特别定期存款息折,19.7 cm×47 cm,1923年
1193. 6295.Z4.1213,1935年广州中国银行汇票,21 cm×8.9 cm,1935年
1194. 6329.Z4.1214,民国广东敬修堂丸散铺股证,25.3 cm×16.7 cm,民国
1195. 6333.Z4.1215,1919年邓耀记发单,30.5 cm×13.1 cm,1919年
1196. 6340.Z4.1216,民国广州亚洲大酒店行李票,8.4 cm×13.8 cm,民国

1197. 6444.Z4.1225,民国中国亚洲烟草公司粤局第一期银星奖券,8 cm×12.6 cm,民国
1198. 6449.Z4.1217,民国广州市河南罗奇生烟庄有奖赠券,8.9 cm×12.4 cm,民国
1199. 6450.Z4.1218,民国广州市河南罗奇生烟庄有奖赠券,8.7 cm×12.5 cm,民国
1200. 6459.Z4.1219,1928年广州市自来水股份有限公司物料收据,21 cm×9.2 cm,1928年
1201. 6460.Z4.1220,1928年广州市自来水股份有限公司物料收据,21 cm×9.2 cm,1928年
1202. 6461.Z4.1221,1930年广州市自来水管理委员会按柜收据,22.6 cm×9.5 cm,1930年
1203. 6473.Z4.1222,1912年中央政府发行中华民国军需公债拾圆公债票,34.8 cm×27.3 cm,1912年
1204. 6474.Z4.1223,1912年中央政府发行中华民国军需公债伍圆公债票,34.5 cm×26.7 cm,1912年
1205. 6475.Z4.1224,1912年中央政府发行中华民国军需公债壹佰圆公债票,34.5 cm× 26.7 cm,1912年
1206. 6518.Z4.1226,1935年广州西濠大酒店有限公司发票,31.3 cm×16.4 cm,1935年
1207. 6519.Z4.1227,民国广州正盛号金店发票,17.3 cm×18.2 cm,民国
1208. 6523.Z4.1228,1930美商胜家公司发票,26.7 cm×11.8 cm,1930年
1209. 6531.Z4.1229,1947年中央银行发行的关金壹仟圆纸币,15.5 cm×6.4 cm,1947年
1210. 6532.Z4.1230,1947年中央银行发行的关金壹仟圆纸币,15.5 cm×6.4 cm,1947年
1211. 6533.Z4.1231,1930年中央银行发行的关金壹圆纸币,15 cm×7.5 cm,1930年
1212. 6534.Z4.1232,1930年中央银行发行的关金壹圆纸币,14.8 cm×7.1 cm,1930年
1213. 6535.Z4.1233,1947年中央银行发行的关金伍仟圆纸币,16.5 cm×7.5 cm,1947年
1214. 6536.Z4.1234,1930年中央银行发行的关金伍拾圆纸币,19 cm×8.7 cm,1930年
1215. 6537.Z4.1235,1914年交通银行发行的伍圆纸币,8.3 cm×15.5 cm,1914年
1216. 6538.Z4.1236,1930年中央储备银行发行的拾圆纸币,8.1 cm×16.7 cm,1930年
1217. 6539.Z4.1237,1942年中央储备银行发行的壹佰圆纸币,8.3 cm×17 cm,1942年
1218. 6540.Z4.1238,1930年中国银行发行的拾圆纸币,8 cm×17.3 cm,1930年
1219. 6541.Z4.1239,1930年中国银行发行的拾圆纸币,8 cm×17.5 cm,1930年
1220. 6542.Z4.1240,1937年中国银行发行的壹圆纸币,7 cm×14.3 cm,1937年
1221. 6543.Z4.1241,1936年中央银行发行的伍圆纸币,7.7 cm×15.5 cm,1936年
1222. 6544.Z4.1242,1936年中央银行发行的伍圆纸币,7.8 cm×15.7 cm,1936年
1223. 6545.Z4.1243,1945年中央银行发行的伍佰圆法币,6.5 cm×15.3 cm,1945年
1224. 6546.Z4.1244,1935年中国银行发行的伍圆纸币,8.5 cm×16.5 cm,1935年
1225. 6547.Z4.1245,1944年中央银行发行的伍佰圆纸币,8.5 cm×16.8 cm,1944年
1226. 6548.Z4.1246,1940年中国银行发行的伍圆纸币,7.8 cm×16.8 cm,1940年
1227. 6549.Z4.1247,1936年中央银行发行的壹圆纸币,7.4 cm×15 cm,1936年
1228. 6550.Z4.1248,1942年中央银行发行的拾圆纸币,7.5 cm×13.4 cm,1942年
1229. 6551.Z4.1249,1930年中央银行发行的拾圆纸币,7 cm×13.9 cm,1930年
1230. 6552.Z4.1250,1936年中央银行发行的拾圆纸币,8.1 cm×16.6 cm,1936年
1231. 6553.Z4.1251,1936年中央银行发行的伍圆纸币,7.8 cm×15.8 cm,1936年
1232. 6554.Z4.1252,1936年中央银行发行的伍圆纸币,7.8 cm×15.6 cm,1936年
1233. 6555.Z4.1253,1936年中央银行发行的伍圆纸币,7.8 cm×15.7 cm,1936年
1234. 6556.Z4.1254,1936年中央银行发行的伍圆纸币,7.8 cm×15.8 cm,1936年
1235. 6557.Z4.1255,1936年中央银行发行的伍圆纸币,7.8 cm×15.7 cm,1936年

1236. 6558.Z4.1256,1936年中央银行发行的伍圆纸币,7.8 cm×15.7 cm,1936年
1237. 6559.Z4.1257,1936年中央银行发行的壹圆纸币,7.4 cm×14.9 cm,1936年
1238. 6560.Z4.1258,1931年中央银行发行的壹圆银毫券,8 cm×13.8 cm,1931年
1239. 6561.Z4.1259,1937年中国银行发行的壹圆纸币,7 cm×14.3 cm,1937年
1240. 6562.Z4.1260,1935年广东省银行发行的贰毫银毫券,6.2 cm×12.3 cm,1935年
1241. 6563.Z4.1261,1935年广东省银行发行的贰毫银毫券,6.2 cm×12.2 cm,1935年
1242. 6564.Z4.1262,1935年广东省银行发行的贰毫银毫券,6.2 cm×12 cm,1935年
1243. 6565.Z4.1263,1935年广东省银行发行的贰毫银毫券,6.2 cm×12.1 cm,1935年
1244. 6566.Z4.1264,1935年广东省银行发行的壹毫银毫券,5.5 cm×10.5 cm,1935年
1245. 6567.Z4.1265,1931年广东省银行发行的壹圆银毫券,8 cm×13.7 cm,1931年
1246. 6568.Z4.1266,1936年中央银行发行的壹圆纸币,7.3 cm×14.7 cm,1936年
1247. 6569.Z4.1267,1941年中国农民银行发行的壹圆纸币,7.5 cm×13.5 cm,1941年
1248. 6570.Z4.1268,1941年中国农民银行发行的壹圆纸币,7.5 cm×13.5 cm,1941年
1249. 6571.Z4.1269,1928年中央银行发行的壹圆纸币,7.4 cm×16 cm,1928年
1250. 6572.Z4.1270,民国中央银行发行的壹角纸币,6 cm×11.5 cm,民国
1251. 6573.Z4.1271,民国中央银行发行的壹角纸币,6 cm×11.6 cm,民国
1252. 6574.Z4.1272,1945年中央银行发行的壹佰圆纸币(东北九省流通券),6 cm×15.3 cm,1945年
1253. 6575.Z4.1273,1936年中央银行发行的壹圆纸币,7.3 cm×14.5 cm,1936年
1254. 6576.Z4.1274,1936年中央银行发行的壹圆纸币,7.3 cm×15 cm,1936年
1255. 6577.Z4.1275,1940年中国银行发行的伍圆纸币,7.7 cm×16.7 cm,1940年
1256. 6578.Z4.1276,1936年中央银行发行的壹圆纸币,7.5 cm×14.7 cm,1936年
1257. 6579.Z4.1277,1945年中央银行发行的壹佰圆纸币(东北九省流通券),6 cm×15.3 cm,1945年
1258. 6582.Z4.1278,1936年中央银行发行的壹圆纸币,7.4 cm×14.8 cm,1936年
1259. 6583.Z4.1279,1940年中国银行发行的拾圆纸币,8 cm×17.2 cm,1940年
1260. 6584.Z4.1280,1940年中国银行发行的壹角纸币,5.7 cm×11.5 cm,1940年
1261. 6585.Z4.1281,1945年中央银行发行的壹佰圆纸币(东北九省流通券),6 cm×15.4 cm,1945年
1262. 6586.Z4.1282,1935年交通银行发行的拾圆纸币,8.5 cm×16 cm,1935年
1263. 6587.Z4.1283,1935年交通银行发行的拾圆纸币,8 cm×16 cm,1935年
1264. 6588.Z4.1284,1935年交通银行发行的拾圆纸币,8.5 cm×15.8 cm,1935年
1265. 6589.Z4.1285,1940年中国农民银行发行的壹圆纸币,7.4 cm×13.5 cm,1940年
1266. 6590.Z4.1286,1945年中央银行发行的壹佰圆纸币,5.8 cm×15.8 cm,1945年
1267. 6591.Z4.1287,1945年中央银行发行的壹佰圆纸币,6 cm×15.5 cm,1945年
1268. 6592.Z4.1288,1940年中央银行发行的壹角纸币,5.8 cm×11.5 cm,1940年
1269. 6593.Z4.1289,1940年中央银行发行的壹角纸币,5.8 cm×11.3 cm,1940年
1270. 6594.Z4.1290,1940年中央银行发行的壹角纸币,5.8 cm×11.3 cm,1940年
1271. 6595.Z4.1291,1940年中国银行发行的拾圆纸币,8 cm×17.3 cm,1940年
1272. 6596.Z4.1292,1940年中国银行发行的拾圆纸币,8 cm×17.3 cm,1940年
1273. 6597.Z4.1293,1940年中国银行发行的伍圆纸币,7.8 cm×16.5 cm,1940年
1274. 6598.Z4.1294,1940年中国银行发行的伍圆纸币,7.8 cm×16.5 cm,1940年
1275. 6599.Z4.1295,1936年中央银行发行的拾圆纸币,8 cm×16.5 cm,1936年

1276. 6600.Z4.1296,1937年中国银行发行的拾圆纸币,8.5 cm×16.7 cm,1937年
1277. 6601.Z4.1297,民国中央银行发行的贰角纸币,6.2 cm×12.2 cm,民国
1278. 6602.Z4.1298,民国中央银行发行的贰角纸币,6.2 cm×12.2 cm,民国
1279. 6603.Z4.1299,1936年中央银行发行的拾圆纸币,8.2 cm×16.5 cm,1936年
1280. 6604.Z4.1300,1936年中央银行发行的拾圆纸币,8.2 cm×16.5 cm,1936年
1281. 6605.Z4.1301,1947年中央银行发行的壹萬圆纸币,6.8 cm×14.3 cm,1947年
1282. 6606.Z4.1302,1940年中国银行发行的拾圆纸币,8 cm×17.5 cm,1940年
1283. 6607.Z4.1303,1947年中央银行发行关金伍仟圆纸币,15 cm×6.2 cm,1947年
1284. 6608.Z4.1304,1937年中国银行发行的拾圆纸币,8 cm×16.5 cm,1937年
1285. 6609.Z4.1305,1945年中央银行发行的壹仟圆法币,6.5 cm×15.3 cm,1945年
1286. 6610.Z4.1306,1941年中央银行发行的壹佰圆纸币,8.1 cm×15.8 cm,1941年
1287. 6611.Z4.1307,1936年中央银行发行的拾圆纸币,8.1 cm×16.5 cm,1936年
1288. 6612.Z4.1308,1928年中央银行发行的拾圆纸币,8 cm×17.3 cm,1928年
1289. 6613.Z4.1309,1947年中央银行发行的壹萬圆纸币,7.5 cm×16.5 cm,1947年
1290. 6614.Z4.1310,1935年交通银行发行的伍圆纸币,8.1 cm×15 cm,1935年
1291. 6615.Z4.1311,1931年广东省银行发行的壹圆银毫券,8 cm×13.8 cm,1931年
1292. 6616.Z4.1312,1930年中央银行发行的关金伍佰圆纸币,16 cm×7.7 cm,1930年
1293. 6617.Z4.1313,1942年中国农民银行发行的伍拾圆纸币,8.5 cm×16 cm,1942年
1294. 6618.Z4.1314,1935年交通银行发行的拾圆纸币,8.8 cm×16 cm,1935年
1295. 6619.Z4.1315,1936年中央银行发行的壹圆纸币,7.3 cm×15 cm,1936年
1296. 6620.Z4.1316,1914年交通银行发行的拾圆纸币,8.8 cm×15.8 cm,1914年
1297. 6621.Z4.1317,1943年中央储备银行发行的壹佰圆纸币,8.2 cm×17.1 cm,1943年
1298. 6622.Z4.1318,1936年中央银行发行的拾圆纸币,8.4 cm×16.5 cm,1936年
1299. 6623.Z4.1319,1937年中国银行发行的拾圆纸币,8 cm×16.6 cm,1937年
1300. 6624.Z4.1320,1937年财政部发行的救国公债拾圆,31.5 cm×27 cm,1937年
1301. 6625.Z4.1321,1947年中央银行发行的关金伍仟圆纸币,14.9 cm×6 cm,1947年
1302. 6626.Z4.1322,1948年中央银行发行的壹佰圆纸币,6.3 cm×14.8 cm,1948年
1303. 6627.Z4.1323,1940年中国银行发行的拾圆纸币,8.2 cm×17.5 cm,1940年
1304. 6628.Z4.1324,1930年中央银行发行的伍圆纸币,7.6 cm×16.8 cm,1930年
1305. 6629.Z4.1325,1936年中央银行发行的伍圆纸币,7.8 cm×15.7 cm,1936年
1306. 6630.Z4.1326,1937年中国银行发行的拾圆纸币,8.4 cm×16.6 cm,1937年
1307. 6631.Z4.1327,1936年中央银行发行的拾圆纸币,8.3 cm×16.5 cm,1936年
1308. 6632.Z4.1328,1936年中央银行发行的拾圆纸币,8.3 cm×16.5 cm,1936年
1309. 6633.Z4.1329,1937年财政部发行的救国公债伍圆,31.6 cm×26.8 cm,1937年
1310. 6634.Z4.1330,1935年广东省银行发行的贰毫银毫券,6.2 cm×12.1 cm,1935年
1311. 6635.Z4.1331,1931年广东省银行发行的伍圆银毫券,7.4 cm×13.9 cm,1931年
1312. 6636.Z4.1332,1936年中央银行发行的伍圆纸币,7.7 cm×15.7 cm,1936年
1313. 6637.Z4.1333,1940年中央银行发行的拾圆纸币,7 cm×13.9 cm,1940年
1314. 6638.Z4.1334,1936年中央银行发行的拾圆纸币,8.2 cm×16.6 cm,1936年
1315. 6639.Z4.1335,1937年中国银行发行的拾圆纸币,8.4 cm×16.5 cm,1937年

1316. 6640.Z4.1336,1945年中央银行发行的壹圆纸币,6.2 cm×14.5 cm,1945年
1317. 6641.Z4.1337,1941年中央银行发行的壹佰圆纸币,8.2 cm×16 cm,1941年
1318. 6642.Z4.1338,1937年财政部发行的救国公债拾圆,31.5 cm×27 cm,1937年
1319. 6643.Z4.1339,1949年中央银行发行的壹佰圆纸币,6.1 cm×14.6 cm,1949年
1320. 6644.Z4.1340,1940年中国银行发行的拾圆纸币,8 cm×17.3 cm,1940年
1321. 6645.Z4.1341,1936年中央银行发行的伍圆纸币,7.7 cm×15.7 cm,1936年
1322. 6646.Z4.1342,1936年中央银行发行的拾圆纸币,8.2 cm×16.5 cm,1936年
1323. 6647.Z4.1343,1937年财政部发行的救国公债拾圆,31.5 cm×27 cm,1937年
1324. 6648.Z4.1344,1940年中国银行发行的拾圆纸币,8 cm×17.3 cm,1940年
1325. 6649.Z4.1345,1936年中央银行发行的拾圆纸币,8.2 cm×16.5 cm,1936年
1326. 6650.Z4.1346,1945年中央银行发行的壹仟圆法币,6.6 cm×15.3 cm,1945年
1327. 6651.Z4.1347,1931年广东省银行发行的壹圆银毫券,8 cm×13.5 cm,1931年
1328. 6652.Z4.1348,1935年交通银行发行的壹圆纸币,7.9 cm×14.7 cm,1935年
1329. 6653.Z4.1349,1947年中央银行发行的伍佰圆纸币,6.3 cm×15.6 cm,1947年
1330. 6654.Z4.1350,1928年中央银行发行的壹圆纸币,7.4 cm×16.2 cm,1928年
1331. 6655.Z4.1351,1941年中央银行发行的壹佰圆纸币,8 cm×16 cm,1941年
1332. 6656.Z4.1352,1940年中国银行发行的拾圆纸币,8 cm×17.5 cm,1940年
1333. 6657.Z4.1353,1937年财政部发行的救国公债拾圆,31.5 cm×27 cm,1937年
1334. 6658.Z4.1354,1936年中央银行发行的拾圆纸币,8.2 cm×16.5 cm,1936年
1335. 6659.Z4.1355,1936年中央银行发行的壹圆纸币,7.5 cm×15 cm,1936年
1336. 6660.Z4.1356,1937年中国银行发行的拾圆纸币,8.5 cm×16.6 cm,1937年
1337. 6661.Z4.1357,1928年中央银行发行的壹圆纸币,7.4 cm×16 cm,1928年
1338. 6662.Z4.1358,1931年广东省银行发行的壹圆银毫券,8 cm×13.7 cm,1931年
1339. 6663.Z4.1359,1945年中央银行发行的壹仟圆法币,6.5 cm×15.4 cm,1945年
1340. 6664.Z4.1360,1961年台湾银行发行的壹圆纸币,5.3 cm×13 cm,1961年
1341. 6665.Z4.1361,民国中央银行发行的贰角纸币,5.4 cm×12.9 cm,民国
1342. 6666.Z4.1362,1945年中央银行发行的壹仟圆法币,6.6 cm×15.2 cm,1945年
1343. 6667.Z4.1363,民国中央银行发行的壹角纸币,5.9 cm×11.6 cm,民国
1344. 6668.Z4.1364,1930年中央银行发行的伍圆纸币,7.6 cm×16.8 cm,1930年
1345. 6669.Z4.1365,1936年中央银行发行的拾圆纸币,8 cm×16.3 cm,1936年
1346. 6670.Z4.1366,1930年中国银行发行的拾圆纸币,8.1 cm×17.5 cm,1930年
1347. 6671.Z4.1367,1937年财政部发行的拾圆救国公债,31.5 cm×27 cm,1937年
1348. 6685.Z4.1368,1936年中央银行发行的拾圆纸币,8.1 cm×16.5 cm,1936年
1349. 6686.Z4.1369,1931年广东省银行发行的壹圆银毫券,8 cm×13.8 cm,1931年
1350. 6687.Z4.1370,1930年中国银行发行的伍圆纸币,7.7 cm×16.6 cm,1930年
1351. 6688.Z4.1371,1930年中国银行发行的壹佰圆纸币,8.5 cm×18.7 cm,1930年
1352. 6882.Z4.1372,1923年中央银行印行拾圆纸币,8.4 cm×16.3 cm,1923年
1353. 6883.Z4.1373,1923年中央银行印行拾圆纸币,8.4 cm×16.3 cm,1923年
1354. 6884.Z4.1374,1931年广东省银行发行的拾圆大洋券(作省毫券用),9 cm×16.2 cm,1931年

1355. 6885.Z4.1375,1931年广东省银行发行的拾圆大洋券(作省毫券用),9 cm×16.1 cm,1931年
1356. 6886.Z4.1376,1931年广东省银行发行的伍圆大洋券(作省毫券用),8.5 cm×15.4 cm,1931年
1357. 6887.Z4.1377,1931年广东省银行发行的伍圆大洋券(作省毫券用),8.7 cm×15.3 cm,1931年
1358. 6888.Z4.1378,1931年广东省银行发行的伍圆大洋券(作银毫券用),8.7 cm×15.4 cm,1931年
1359. 6889.Z4.1379,1931年广东省银行发行的伍圆大洋券(作银毫券用),8.7 cm×15.9 cm,1931年
1360. 6890.Z4.1380,1931年广东省银行发行的拾圆银毫券,8.7 cm×14.4 cm,1931年
1361. 6891.Z4.1381,1931年广东省银行发行的拾圆银毫券,8.7 cm×14.5 cm,1931年
1362. 6892.Z4.1382,1915年财政部平市官钱局发行的当拾铜元伍拾枚代用券,8.8 cm×15.4 cm,1915年
1363. 6902.Z4.1383,1949年广东省银行发行的大洋票(壹圆),5.9 cm×14.9 cm,1949年
1364. 6903.Z4.1384,1949年广东省银行发行的大洋票(伍圆),6.1 cm×14.8 cm,1949年
1365. 6904.Z4.1385,1949年广东省银行发行的大洋票(拾圆),6 cm×14.8 cm,1949年
1366. 6928.Z4.1386,1912年中华民国军需公债伍圆公债票,34.8 cm×26.7 cm,1912年
1367. 6929.Z4.1387,1912年中华民国军需公债拾圆公债票,35 cm×27.2 cm,1912年
1368. 6931.Z4.1388,1917年军事内国公债券壹佰圆,28.4 cm×24.8 cm,1917年
1369. 6935.Z4.1389,1926年戴贺建的捐助北伐军饷存根,21.2 cm×7.5 cm,1926年
1370. 6936.Z4.1390,民国秘鲁介休埠中国国民党交通部军需收条,20.5 cm×16 cm,民国
1371. 6942.Z4.1391,民国盖"中华民国"印的大清国邮政邮票(伍分),2.6 cm×2.3 cm,民国
1372. 6943.Z4.1392,民国盖"中华民国"印的大清国邮政邮票(壹分),2.6 cm×2.2 cm,民国
1373. 6944.Z4.1393,民国盖"中华民国"印的大清国邮政邮票(壹角),2.6 cm×2.2 cm,民国
1374. 6945.Z4.1394,民国盖"中华民国"印的大清国邮政邮票(贰分),2.6 cm×2.2 cm,民国
1375. 6946.Z4.1395,民国盖"中华民国"印的大清国邮政邮票(伍角),2.5 cm×2.3 cm,民国
1376. 6947.Z4.1396,民国中华民国光复纪念邮票(壹角陆分),2.5 cm×3.8 cm,民国
1377. 6948.Z4.1397,民国中华民国光复纪念邮票(伍角),2.5 cm×3.3 cm,民国
1378. 6949.Z4.1398,民国中华民国光复纪念邮票(贰分),2.5 cm×3.3 cm,民国
1379. 6950.Z4.1399,民国中华民国光复纪念邮票(叁分),2.5 cm×3.3 cm,民国
1380. 6951.Z4.1400,民国中华民国光复纪念邮票(壹分),2.5 cm×3.3 cm,民国
1381. 6952.Z4.1401,民国中华民国光复纪念邮票(伍分),2.5 cm×3.3 cm,民国
1382. 6953.Z4.1402,1912年中华民国广东全省地方劝业有奖公债(伍圆),28.2 cm×25.5 cm,1912年
1383. 6954.Z4.1403,1922年中华民国国民政府在法国发行的公债券,21.3 cm×21 cm,1922年
1384. 6955.Z4.1404,1927年国民政府财政部第叁次有奖公债(伍圆),12.8 cm×18.6 cm,1927年
1385. 6956.Z4.1405,民国中华民国邮政邮票(贰角),2.5 cm×2.2 cm,1套2件,民国
1386. 6957.Z4.1406,民国印有"人民邮政(甘)"的孙中山像邮票(壹佰圆),2.5 cm×2.2 cm,民国
1387. 6958.Z4.1407,民国限东北贴用的孙中山像邮票(伍拾圆),2.6 cm×2.2 cm,民国
1388. 6959.Z4.1408,民国限东北贴用的孙中山像邮票(壹佰圆),2.6 cm×2.2 cm,民国
1389. 6960.Z4.1409,1959年台湾出版的民主导师邮票(3元),3 cm×4.5 cm,1959年
1390. 6961.Z4.1410,1959年台湾出版的民主导师邮票(0.4元),3 cm×4.5 cm,1959年
1391. 6967.Z4.1411,1942年美国特印发向中国人民长期英勇抗日致敬的五仙邮票,12.8 cm×

9 cm,1942年

1392. 6971.Z4.1412,1961年美国印发的孙中山像邮票,23 cm×26 cm,1套50件,1961年
1393. 6984.Z4.1413,1912年在英国发行的中华民国公债券(100英镑),45.6 cm×43 cm,1912年
1394. 6985.Z4.1414,1912年在英国发行的中华民国公债券(20英镑),45.6 cm×43 cm,1912年
1395. 7004.Z4.1415,1949年上海大东一版孙中山像金圆邮票,直径2.5×2.3 cm,1套9件,1949年
1396. 7005.Z4.1416,1946年伦敦三版孙中山像邮票,直径2.5×2.2 cm,1套5件,1946年
1397. 7006.Z4.1417,1946年伦敦三版孙中山像邮票,直径2.5×2.2 cm,1套5件,1946年
1398. 7007.Z4.1418,1946年伦敦三版孙中山像邮票,直径2.5×2.2 cm,1套5件,1946年
1399. 7008.Z4.1419,1941年纽约版孙中山像邮票,直径2.6×2.2 cm,1套16件,1941年
1400. 7009.Z4.1420,1941年纽约版孙中山像邮票,直径2.6×2.2 cm,1套16件,1941年
1401. 7010.Z4.1421,1949年上海大东二版孙中山像金圆邮票,直径2.5×2.2 cm,1套12件,1949年
1402. 7011.Z4.1422,1949年上海大东二版孙中山像金圆邮票,直径2.5×2.2 cm,1套12件,1949年
1403. 7012.Z4.1423,1949年上海大东二版孙中山像金圆邮票,直径2.5×2.2 cm,1套12件,1949年
1404. 7013.Z4.1424,1949年上海大东二版孙中山像金圆邮票,直径2.5×2.2 cm,1套12件,1949年
1405. 7014.Z4.1425,1949年上海大东二版孙中山像金圆邮票,直径2.5×2.2 cm,1套12件,1949年
1406. 7015.Z4.1426,1949年上海大东二版孙中山像金圆邮票,直径2.5×2.2 cm,1套12件,1949年
1407. 7016.Z4.1427,1949年上海大东二版孙中山像金圆邮票,直径2.5×2.2 cm,1套12件,1949年
1408. 7017.Z4.1428,1949年上海大东二版孙中山像金圆邮票,直径2.5×2.2 cm,1套12件,1949年
1409. 7018.Z4.1429,1949年上海大东二版孙中山像金圆邮票,直径2.5×2.2 cm,1套12件,1949年
1410. 7019.Z4.1430,1949年上海大东二版孙中山像金圆邮票,直径2.5×2.2 cm,1套12件,1949年
1411. 7020.Z4.1431,1949年上海大东二版孙中山像金圆邮票,直径2.5×2.2 cm,1套12件,1949年
1412. 7021.Z4.1432,1949年上海大东二版孙中山像金圆邮票,直径2.5×2.2 cm,1套12件,1949年
1413. 7022.Z4.1433,1949年上海大东二版孙中山像金圆邮票,直径2.5×2.2 cm,1套12件,1949年
1414. 7023.Z4.1434,1949年上海大东二版孙中山像金圆邮票(捌萬元),27.1 cm×23.3 cm,1套100件,1949年
1415. 7024.Z4.1435,1949年重庆华南版孙中山像金圆邮票,直径2.5×2.2 cm,1套8件,1949年

1416. 7025.Z4.1436,1949年重庆华南版孙中山像金圆邮票,直径2.5×2.2 cm,1套8件,1949年
1417. 7026.Z4.1437,1949年重庆华南版孙中山像金圆邮票,直径2.5×2.2 cm,1套8件,1949年
1418. 7027.Z4.1438,1949年重庆华南版孙中山像金圆邮票,直径2.5×2.2 cm,1套8件,1949年
1419. 7028.Z4.1439,1949年上海中央版孙中山像金圆邮票,直径2.5×2.2 cm,1套2件,1949年
1420. 7029.Z4.1440,1949年上海中央版孙中山像金圆邮票,直径2.5×2.2 cm,1套2件,1949年
1421. 7030.Z4.1441,1949年上海中央版孙中山像金圆邮票,直径2.5×2.2 cm,1套2件,1949年
1422. 7031.Z4.1442,1949年上海中央版孙中山像金圆邮票,直径2.5×2.2 cm,1套2件,1949年
1423. 7032.Z4.1443,1949年上海中央版孙中山像金圆邮票,直径2.5×2.2 cm,1套2件,1949年
1424. 7033.Z4.1444,1949年上海中央版孙中山像金圆邮票,直径2.5×2.2 cm,1套2件,1949年
1425. 7034.Z4.1445,1949年上海中央版孙中山像金圆邮票,直径2.5×2.2 cm,1套2件,1949年
1426. 7035.Z4.1446,1949年上海中央版孙中山像金圆邮票,直径2.5×2.2 cm,1套2件,1949年
1427. 7036.Z4.1447,1949年上海中央版孙中山像金圆邮票,直径2.5×2.2 cm,1套2件,1949年
1428. 7037.Z4.1448,1949年上海中央版孙中山像金圆邮票,直径2.5×2.2 cm,1套2件,1949年
1429. 7038.Z4.1449,1949年上海中央版孙中山像金圆邮票,直径2.5×2.2 cm,1套2件,1949年
1430. 7039.Z4.1450,1949年上海中央版孙中山像金圆邮票,直径2.5×2.2 cm,1套2件,1949年
1431. 7040.Z4.1451,1949年上海中央版孙中山像金圆邮票,直径2.5×2.2 cm,1套2件,1949年
1432. 7041.Z4.1452,1949年上海中央版孙中山像金圆邮票,直径2.5×2.2 cm,1套2件,1949年
1433. 7042.Z4.1453,1949年上海中央版孙中山像金圆邮票,直径2.5×2.2 cm,1套2件,1949年
1434. 7043.Z4.1454,1949年上海中央版孙中山像金圆邮票,直径2.5×2.2 cm,1套2件,1949年
1435. 7044.Z4.1455,1949年上海中央版孙中山像金圆邮票,直径2.5×2.2 cm,1套2件,1949年
1436. 7045.Z4.1456,1949年上海中央版孙中山像金圆邮票,直径2.5×2.2 cm,1套2件,1949年
1437. 7046.Z4.1457,1949年上海中央版孙中山像金圆邮票,直径2.5×2.2 cm,1套2件,1949年
1438. 7047.Z4.1458,1949年上海中央版孙中山像金圆邮票,直径2.5×2.2 cm,1套2件,1949年
1439. 7048.Z4.1459,1949年上海中央版孙中山像金圆邮票,直径2.5×2.2 cm,1套2件,1949年
1440. 7049.Z4.1460,1949年上海中央版孙中山像金圆邮票,直径2.5×2.2 cm,1套2件,1949年
1441. 7050.Z4.1461,1949年上海中央版孙中山像金圆邮票,直径2.5×2.2 cm,1套2件,1949年
1442. 7051.Z4.1462,1949年上海中央版孙中山像金圆邮票,直径2.5×2.2 cm,1套2件,1949年
1443. 7052.Z4.1463,1949年上海中央版孙中山像金圆邮票,直径2.5×2.2 cm,1套2件,1949年
1444. 7053.Z4.1464,1949年上海中央版孙中山像金圆邮票,直径2.5×2.2 cm,1套2件,1949年
1445. 7054.Z4.1465,1949年上海中央版孙中山像金圆邮票,直径2.5×2.2 cm,1套2件,1949年
1446. 7055.Z4.1466,1949年上海中央版孙中山像金圆邮票,直径2.5×2.2 cm,1套2件,1949年
1447. 7056.Z4.1467,1948年邮政纪念日邮票展览纪念邮票,直径2.9×5 cm,1套2件,1948年
1448. 7057.Z4.1468,1936年盖有"庆祝蒋委员长五秩寿辰纪念"邮戳的邮票,12.7 cm×15.4 cm,1套4件,1936年
1449. 7058.Z4.1469,清蟠龙邮票(贰分),直径2.5×2.2 cm,清代
1450. 7059.Z4.1470,1912年清蟠龙邮票加盖楷体字"中华民国"邮票,直径2.6×2.3 cm,1套3件,1912年
1451. 7060.Z4.1471,1912年清蟠龙邮票加盖宋体字"中华民国"邮票,直径2.6×2.3 cm,1套2件,1912年
1452. 7061.Z4.1472,民国重庆版孙中山像加盖"金圆"邮票,直径2.5×2.2 cm,1套3件,民国

1453. 7062.Z4.1473,1937—1938年伦敦孙中山像再版加盖"暂作"改值邮票,直径2.5×2.2 cm,1937—1938年
1454. 7063.Z4.1474,民国孙中山像加盖"国币"邮票,直径2.5×2.2 cm,1套5件,民国
1455. 7064.Z4.1475,1948年北平中央版孙中山像限东北贴用改值邮票,直径2.6×2.3 cm,1套2件,1948年
1456. 7065.Z4.1476,民国北京一版、二版帆船加盖"暂作"改值邮票,直径2.5×2.2 cm,1套5件,民国
1457. 7066.Z4.1477,1932年北平版黄欠资邮票(半分),直径2.5×1.7 cm,1932年
1458. 7067.Z4.1478,1949年重庆华南版孙中山像金圆加盖伍分邮票,直径2.5×2.2 cm,1949年
1459. 7068.Z4.1479,1949年重庆华南版孙中山像金圆加盖伍分邮票,直径2.5×2.2 cm,1套6件,1949年
1460. 7069.Z4.1480,1949年重庆华南版孙中山像金圆加盖贰分半邮票,直径2.5×2.2 cm,1套2件,1949年
1461. 7070.Z4.1481,民国中华民国邮政伍拾萬圆加盖伍分邮票,总直径2.5×8.9 cm,1套4件,民国
1462. 7214.Z4.289,1924年的一份进支帐单,24.9 cm×51.7 cm,1924年
1463. 7215.Z4.290,民国中华民国两分邮票,2.6 cm×2.2 cm,1套4件,民国
1464. 7216.Z4.291,民国国民政府财政部壹分印花税票,2.2 cm×2.5 cm,民国
1465. 7217.Z4.1482,1949年上海大东二版孙中山像金圆邮票,2.5 cm×2.2 cm,1套11件,1949年
1466. 7218.Z4.1483,1949年上海大东二版孙中山像金圆邮票,2.5 cm×2.2 cm,1套11件,1949年
1467. 7219.Z4.1484,1949年上海大东二版孙中山像金圆邮票,2.5 cm×2.2 cm,1套9件,1949年
1468. 7220.Z4.1485,1949年上海大东二版孙中山像金圆邮票,2.5 cm×2.2 cm,1套8件,1949年
1469. 7221.Z4.1486,1949年上海大东二版孙中山像金圆邮票,2.5 cm×2.2 cm,1套8件,1949年
1470. 7222.Z4.1487,1949年上海大东二版孙中山像金圆邮票,2.5 cm×2.2 cm,1套8件,1949年
1471. 7223.Z4.1488,1949年上海大东二版孙中山像金圆邮票,2.5 cm×2.2 cm,1套8件,1949年
1472. 7224.Z4.1489,1949年上海大东一版孙中山像金圆邮票,2.5 cm×2.2 cm,1套8件,1949年
1473. 7225.Z4.1490,1949年上海大东二版孙中山像金圆邮票,2.5 cm×2.2 cm,1套7件,1949年
1474. 7226.Z4.1491,1949年上海大东一版孙中山像金圆邮票,2.5 cm×2.2 cm,1套8件,1949年
1475. 7227.Z4.1492,1949年上海大东一版孙中山像金圆邮票,2.5 cm×2.2 cm,1套3件,1949年
1476. 7228.Z4.1493,1949年上海大东一版孙中山像金圆邮票,2.5 cm×2.2 cm,1套8件,1949年
1477. 7229.Z4.1494,1949年上海大东一版孙中山像金圆邮票,2.5 cm×2.2 cm,1套8件,1949年
1478. 7230.Z4.1495,1949年上海大东一版孙中山像金圆邮票,2.5 cm×2.2 cm,1套8件,1949年
1479. 7231.Z4.1496,1949年上海大东一版孙中山像金圆邮票,2.5 cm×2.2 cm,1套8件,1949年
1480. 7232.Z4.1497,1949年上海大东一版孙中山像金圆邮票,2.5 cm×2.2 cm,1套8件,1949年
1481. 7233.Z4.1498,1949年上海大东一版孙中山像金圆邮票,2.5 cm×2.2 cm,1套8件,1949年
1482. 7234.Z4.1499,1949年上海大东一版孙中山像金圆邮票,2.5 cm×2.2 cm,1套8件,1949年
1483. 7235.Z4.1500,1949年上海大东一版孙中山像金圆邮票,2.5 cm×2.2 cm,1套8件,1949年
1484. 7236.Z4.1501,1949年上海大东一版孙中山像金圆邮票,2.5 cm×2.2 cm,1套8件,1949年

1485. 7237.Z4.1502,1949年上海大东一版孙中山像金圆邮票,2.5 cm×2.2 cm,1套8件,1949年
1486. 7238.Z4.1503,1949年上海大东一版孙中山像金圆邮票,2.5 cm×2.2 cm,1套8件,1949年
1487. 7239.Z4.1504,1949年上海大东一版孙中山像金圆邮票,2.5 cm×2.2 cm,1套8件,1949年
1488. 7240.Z4.1505,1949年上海大东一版孙中山像金圆邮票,2.5 cm×2.2 cm,1套8件,1949年
1489. 7241.Z4.1506,1949年上海大东一版孙中山像金圆邮票,2.5 cm×2.2 cm,1套7件,1949年
1490. 7242.Z4.1507,1949年上海大东一版孙中山像金圆邮票,2.5 cm×2.2 cm,1套7件,1949年
1491. 7243.Z4.1508,1949年上海大东一版孙中山像金圆邮票,2.5 cm×2.2 cm,1套7件,1949年
1492. 7244.Z4.1509,1949年上海大东一版孙中山像金圆邮票,2.5 cm×2.2 cm,1套7件,1949年
1493. 7245.Z4.1510,1949年上海大东一版孙中山像金圆邮票,2.5 cm×2.2 cm,1套7件,1949年
1494. 7246.Z4.1511,1949年上海大东一版孙中山像金圆邮票,2.5 cm×2.2 cm,1套7件,1949年
1495. 7247.Z4.1512,1949年上海大东一版孙中山像金圆邮票,2.5 cm×2.2 cm,1套7件,1949年
1496. 7248.Z4.1513,1949年上海大东一版孙中山像金圆邮票,2.5 cm×2.2 cm,1套7件,1949年
1497. 7249.Z4.1514,1949年上海大东一版孙中山像金圆邮票,2.5 cm×2.2 cm,1套7件,1949年
1498. 7250.Z4.1515,1949年上海大东一版孙中山像金圆邮票,2.5 cm×2.2 cm,1套6件,1949年
1499. 7251.Z4.1516,1949年上海大东一版孙中山像金圆邮票,2.5 cm×2.2 cm,1套6件,1949年
1500. 7252.Z4.1517,1949年上海大东一版孙中山像金圆邮票,2.5 cm×2.2 cm,1套4件,1949年
1501. 7253.Z4.1518,1949年上海大东一版孙中山像金圆邮票,2.5 cm×2.2 cm,1套3件,1949年
1502. 7254.Z4.1519,1949年上海大东一版孙中山像金圆邮票,2.5 cm×2.2 cm,1套3件,1949年
1503. 7255.Z4.1520,1949年上海大东一版孙中山像金圆邮票,2.5 cm×2.2 cm,1套3件,1949年
1504. 7256.Z4.1521,1949年上海大东一版孙中山像金圆邮票,2.5 cm×2.2 cm,1套3件,1949年
1505. 7257.Z4.1522,1949年上海大东一版孙中山像金圆邮票,2.5 cm×2.2 cm,1套3件,1949年
1506. 7258.Z4.1523,1949年上海大东一版孙中山像金圆邮票,2.5 cm×2.2 cm,1套3件,1949年
1507. 7259.Z4.1524,1931年伦敦初版孙中山像邮票,2.5 cm×2.2 cm,1套3件,1931年
1508. 7260.Z4.1525,1931年伦敦初版孙中山像邮票,2.5 cm×2.2 cm,1套2件,1931年
1509. 7261.Z4.1526,1931年伦敦再版孙中山像邮票,2.5 cm×2.2 cm,1套5件,1931年
1510. 7262.Z4.1527,1931年伦敦再版孙中山像邮票,2.5 cm×2.2 cm,1套2件,1931年
1511. 7263.Z4.1528,1941年纽约版孙中山像邮票,2.6 cm×2.2 cm,1套14件,1941年
1512. 7264.Z4.1529,1941年纽约版孙中山像邮票,2.6 cm×2.2 cm,1套12件,1941年
1513. 7265.Z4.1530,1941年纽约版孙中山像邮票,2.6 cm×2.2 cm,1套12件,1941年
1514. 7266.Z4.1531,1941年纽约版孙中山像邮票,2.6 cm×2.2 cm,1套10件,1941年
1515. 7267.Z4.1532,1941年纽约版孙中山像邮票,2.6 cm×2.2 cm,1套9件,1941年
1516. 7268.Z4.1533,1941年纽约版孙中山像邮票,2.6 cm×2.2 cm,1套7件,1941年
1517. 7269.Z4.1534,1941年纽约版孙中山像邮票,2.6 cm×2.2 cm,1套5件,1941年
1518. 7270.Z4.1535,1941年纽约版孙中山像邮票,2.6 cm×2.2 cm,1套5件,1941年
1519. 7271.Z4.1536,1941年纽约版孙中山像邮票,2.6 cm×2.2 cm,1套5件,1941年
1520. 7272.Z4.1537,1941年纽约版孙中山像邮票,2.6 cm×2.2 cm,1套5件,1941年
1521. 7273.Z4.1538,1941年纽约版孙中山像邮票,2.6 cm×2.2 cm,1套5件,1941年
1522. 7274.Z4.1539,1941年纽约版孙中山像邮票,2.6 cm×2.2 cm,1套3件,1941年
1523. 7275.Z4.1540,1941年纽约版孙中山像邮票,2.6 cm×2.2 cm,1套3件,1941年
1524. 7276.Z4.1541,1941年纽约版孙中山像邮票,2.6 cm×2.2 cm,1套3件,1941年

1525. 7277.Z4.1542,1941年纽约版孙中山像邮票,2.6 cm×2.2 cm,1套2件,1941年
1526. 7278.Z4.1543,1941年纽约版孙中山像邮票,2.6 cm×2.2 cm,1套2件,1941年
1527. 7279.Z4.1544,1912年中华民国光复纪念邮票,2.5 cm×3.3 cm,1套10件,1912年
1528. 7280.Z4.1545,1949年重庆华南版孙中山像基数邮票,2.6 cm×2.2 cm,1套2件,1949年
1529. 7281.Z4.1546,1949年重庆华南版孙中山像基数邮票,2.6 cm×2.2 cm,1套2件,1949年
1530. 7282.Z4.1547,1912年中华民国光复纪念邮票,2.5 cm×3.3 cm,1套8件,1912年
1531. 7283.Z4.1548,1912年中华民国光复纪念邮票,2.5 cm×3.3 cm,1套6件,1912年
1532. 7284.Z4.1549,1912年中华民国光复纪念邮票,2.5 cm×3.3 cm,1套5件,1912年
1533. 7285.Z4.1550,1912年中华民国光复纪念邮票,2.5 cm×3.3 cm,1套4件,1912年
1534. 7286.Z4.1551,1912年中华民国光复纪念邮票,2.5 cm×3.3 cm,1套4件,1912年
1535. 7287.Z4.1552,1912年中华民国光复纪念邮票,2.5 cm×3.3 cm,1套2件,1912年
1536. 7288.Z4.1553,1949年重庆华南版孙中山像金圆邮票,2.6 cm×2.2 cm,1套5件,1949年
1537. 7289.Z4.1554,1949年重庆华南版孙中山像金圆邮票,2.6 cm×2.2 cm,1套4件,1949年
1538. 7290.Z4.1555,1949年重庆华南版孙中山像金圆邮票,2.6 cm×2.2 cm,1套4件,1949年
1539. 7291.Z4.1556,1928年陆海军大元帅就职纪念邮票,3.3 cm×2.6 cm,1套3件,1928年
1540. 7292.Z4.1557,1928年陆海军大元帅就职纪念邮票,3.3 cm×2.6 cm,1套3件,1928年
1541. 7293.Z4.1558,1928年陆海军大元帅就职纪念邮票,3.3 cm×2.6 cm,1套3件,1928年
1542. 7294.Z4.1559,1949年重庆华南版孙中山像基数邮票,2.6 cm×2.2 cm,1套6件,1949年
1543. 7295.Z4.1560,1949年重庆华南版孙中山像基数邮票,2.6 cm×2.2 cm,1套5件,1949年
1544. 7296.Z4.1561,1949年重庆华南版孙中山像基数邮票,2.6 cm×2.2 cm,1套5件,1949年
1545. 7297.Z4.1562,1949年重庆华南版孙中山像基数邮票,2.6 cm×2.2 cm,1套5件,1949年
1546. 7298.Z4.1563,1949年重庆华南版孙中山像基数邮票,2.6 cm×2.2 cm,1套4件,1949年
1547. 7299.Z4.1564,1949年重庆华南版孙中山像基数邮票,2.6 cm×2.2 cm,1套4件,1949年
1548. 7300.Z4.1565,1949年重庆华南版孙中山像基数邮票,2.6 cm×2.2 cm,1套4件,1949年
1549. 7301.Z4.1566,1949年重庆华南版孙中山像基数邮票,2.6 cm×2.2 cm,1套2件,1949年
1550. 7302.Z4.1567,1949年重庆华南版孙中山像基数邮票,2.6 cm×2.2 cm,1套2件,1949年
1551. 7303.Z4.1568,1949年重庆华南版孙中山像基数邮票,2.6 cm×2.2 cm,1套2件,1949年
1552. 7304.Z4.1569,1949年重庆华南版孙中山像基数邮票,2.6 cm×2.2 cm,1套2件,1949年
1553. 7305.Z4.1570,1945年国父逝世二十周年纪念邮票,3.5 cm×2.5 cm,1套2件,1945年
1554. 7306.Z4.1571,民国重庆版孙中山邮票,2.6 cm×2.2 cm,1套8件,民国
1555. 7307.Z4.1572,民国福建南平百城二版孙中山像邮票,2.6 cm×2.3 cm,1套3件,民国
1556. 7308.Z4.1573,1939—1940年香港中华二版孙中山像邮票,2.5 cm×2.2 cm,1套3件,1939—1940年
1557. 7309.Z4.1574,1940年香港大东版孙中山像邮票,2.5 cm×2.3 cm,1套6件,1940年
1558. 7310.Z4.1575,1945年重庆大东版孙中山像邮票,2.4 cm×2.2 cm,1套2件,1945年
1559. 7311.Z4.1576,1945年重庆中央版孙中山像邮票,2.5 cm×2.2 cm,1套2件,1945年
1560. 7312.Z4.1577,1944年重庆中华版孙中山像邮票,2.5 cm×2.2 cm,1套6件,1944年
1561. 7313.Z4.1578,1946年北平中央一版孙中山像限东北贴用邮票,2.6 cm×2.3 cm,1套5件,1946年
1562. 7314.Z4.1579,1947年北平中央二版孙中山像限东北贴用邮票,2.5 cm×2.3 cm,1套4

件,1947年

1563. 7315.Z4.1580,1946年伦敦三版孙中山像邮票,2.5 cm×2.2 cm,1套3件,1946年
1564. 7316.Z4.1581,1946年伦敦三版孙中山像邮票,2.5 cm×2.2 cm,1套3件,1946年
1565. 7317.Z4.1582,1946年伦敦三版孙中山像邮票,2.5 cm×2.2 cm,1套3件,1946年
1566. 7318.Z4.1583,1946年伦敦三版孙中山像邮票,2.5 cm×2.2 cm,1套3件,1946年
1567. 7319.Z4.1584,1946年伦敦三版孙中山像邮票,2.5 cm×2.2 cm,1套3件,1946年
1568. 7320.Z4.1585,1932年北平版烈士像邮票,2.5 cm×2.4 cm,1套7件,1932年
1569. 7321.Z4.1586,1933年谭院长纪念邮票(伍分),3.4 cm×2.5 cm,1933年
1570. 7322.Z4.1587,1914年北京一版帆船邮票,2.4 cm×2.3 cm,1套8件,1914年
1571. 7323.Z4.1588,1914年北京一版帆船邮票,2.4 cm×2.3 cm,1套4件,1914年
1572. 7324.Z4.1589,1923年北京二版帆船邮票、新票,2.4 cm×2.2 cm,1套10件,1923年
1573. 7325.Z4.1590,1923年北京二版帆船邮票、新票,2.4 cm×2.2 cm,1套6件,1923年
1574. 7326.Z4.1591,1927年北京二版帆船"限吉黑贴用"邮票,2.4 cm×2.2 cm,1套2件,1927年
1575. 7327.Z4.1592,1933年北京二版帆船"限四川贴用"邮票,2.4 cm×2.2 cm,1933年
1576. 7328.Z4.1593,1933年伦敦再版孙中山像"限四川贴用"邮票,2.5 cm×2.3 cm,1933年
1577. 7340.Z4.1594,民国谢持给王棠的便条,11.6 cm×9.8 cm,民国
1578. 7341.Z4.1595,1936年国民党中央革命债务调查委员会为偿还胡汉民借款的收据,26.4 cm×16.4 cm,1936年
1579. 7342.Z4.1596,1936年国民党中央革命债务调查委员会为偿还谢持借款的收据,26.4 cm×16.3 cm,1936年
1580. 7343.Z4.1597,1936年国民党中央革命债务调查委员会为偿还孙中山借款的收据(7月24日),26.4 cm×16.9 cm,1936年
1581. 7344.Z4.1598,1933年陈少白手签厘印总局揭单,31.6 cm×13.9 cm,1933年
1582. 7345.Z4.1599,1933年2月27日郑子元担保的厘印总局揭单,32.4 cm×14.0 cm,1933年
1583. 7350.Z4.1600,1932年中山织造有限公司的厘印总局揭单,32.3 cm×14.0 cm,1932年
1584. 7351.Z4.1601,1934年东北织造公司的厘印总局揭单,29.4 cm×13.1 cm,1934年
1585. 7352.Z4.1602,1933年香港新亚大酒店有限公司股票(黄爱群),28.5 cm×34.6 cm,1套2件,1933年
1586. 7353.Z4.1603,1933年香港新亚大酒店股份有限公司息折(黄爱群),18.4 cm×10.7 cm,1933年
1587. 7354.Z4.1604,1946年香港域多利溜冰场股票(司理王棠),18.4 cm×29.3 cm,1946年
1588. 7356.Z4.1605,1950年黄观曼给王棠的借款欠条(十月二日),20.7 cm×13.4 cm,1套2件,1950年
1589. 7357.Z4.1606,1950年黄观曼给王棠的借款欠条(三月二十日),16.6 cm×11.3 cm,1950年
1590. 7358.Z4.1607,1949年黄观曼写给王棠的借款欠条(十二月七日),17.7 cm×13.4 cm,1949年
1591. 7359.Z4.1608,1950年黄观曼写给王棠的借条(三月廿七日),12.6 cm×7.8 cm,1950年
1592. 7361.Z4.1609,1941年陈恭华写给召明堂的借条(九月三日),25.6 cm×10.8 cm,1941年
1593. 7362.Z4.1610,1941年陈恭华写给召明堂的借条(九月五日),25.6 cm×10.8 cm,1941年
1594. 7363.Z4.1611,1949年卓詠心写给黄霖的借条(担保人王棠),20.5 cm×17.4 cm,1949年

1595. 7364.Z4.1612,民国胡国华写给王棠的借条(九月三日),18.8 cm×10.8 cm,民国
1596. 7365.Z4.1613,民国张继光写给王棠的借条(三月十二日),13.4 cm×10.1 cm,民国
1597. 7366.Z4.1614,1948年荆铁铮写给王棠的借条(七月廿九日),13.3 cm×10.5 cm,1948年
1598. 7367.Z4.1615,1940年林彭年写给王棠的借条(十一月十一日),15.5 cm×9.5 cm,1940年
1599. 7368.Z4.1616,民国高中禹写给王棠的借条(十一月十日),15.3 cm×8.9 cm,民国
1600. 7369.Z4.1617,1951年李峰写给王棠的借条(二月廿三日),21.4 cm×13.3 cm,1951年
1601. 7370.Z4.1618,1946年赵□写给王棠的借条(六月十二日),15.7 cm×9.8 cm,1946年
1602. 7371.Z4.1619,民国黄□君写给王棠的借条(六月二日),15.5 cm×12.6 cm,民国
1603. 7372.Z4.1620,1937年苏焯廷写给黄爱群的借条(二月六日),20.5 cm×16.2 cm,1套2件,1937年
1604. 7373.Z4.1621,民国某人写给王棠的借条(六月十九日),17.8 cm×9.4 cm,民国
1605. 7374.Z4.1622,1946、1947年召明堂的计数备忘单,9.7 cm×20.1 cm,1946、1947年
1606. 7375.Z4.1623,民国黄瑞海、吴全志的借款清单,13.3 cm×9.7 cm,民国
1607. 7390.Z4.1624,1925年葡商萃基写给布郎先生的借款揭单,23.8 cm×28.1 cm,1套2件,1925年
1608. 7391.Z4.1625,1932年广东银行还款单(香港德辅道中逢兴公司),25.2 cm×20.4 cm,1932年
1609. 7392.Z4.1626,民国王棠的计账单(二月十五日),25.0 cm×32.7 cm,民国
1610. 7394.Z4.1627,1931年广州市工务局发给安益公司的缴费收据,28.4 cm×16.4 cm,1931年
1611. 7398.Z4.1628,1932年记账便条,23.4 cm×14.1 cm,1932年
1612. 7450.Z4.1629,1920年10月29日名为George Chan的美国债券,21.8 cm×28.0 cm,1920年
1613. 7451.Z4.1630,1920年10月29日名为George Chan的美国债券,22.1 cm×28.3 cm,1920年
1614. 7500.Z4.1631,1965年梁寒操以募玄奘大师灵骨塔寺建筑经费的收据(刘健群),17.8 cm×38.5 cm,1965年
1615. 7538.Z4.1632,1932年驻长崎领事馆各项收入报销表(一月至七月),28.2 cm×14.4 cm,1套7件,1932年
1616. 7539.Z4.1633,1923年由中国输入朝鲜商品表(驻长崎领事馆存案),28.3 cm×40.4 cm,1套2件,1923年
1617. 7546.Z4.1634,1923年由中国输入朝鲜商品表,27.3 cm×35.9 cm,1套3件,1923年
1618. 7547.Z4.1635,民国王万年(绍贤)的钱银收据(潘蔼巨代杜荪白写),24.8 cm×11.1 cm,民国
1619. 7552.Z4.1636,1920年5月26日长崎纺织株式会社株金取扱所给王万年的领收证,18.7 cm×17.6 cm,1920年
1620. 7555.Z4.1637,1927年王万年的远东运动场的种股收据,21.0 cm×11.4 cm,1套3件,1927年
1621. 7556.Z4.1638,1921年由中国进口日本全国贸易额表(中华民国驻长崎领事馆存案),28.4 cm×20.3 cm,1套4件,1921年
1622. 7608.Z4.1639,民国广东钱澍田敬修堂丸散铺股证,25.4 cm×16.8 cm,民国

1623. 7609.Z4.1640,1947年郭凤章的香港大新有限公司股票,22.6 cm×29.6 cm,1947年
1624. 7614.Z4.1641,1921年民国建设会总会发给李锦成的捐款收据,20.5 cm×9.4 cm,1921年
1625. 7617.Z4.1642,1936年广东大生昌发堂给谢良彦的临时股票,票20.9 cm×22.3 cm,信封21.7 cm×10.3 cm,1套2件,1936年
1626. 7619.Z4.1643,1913年中华民国政府在俄国发行的公债,45.9 cm×33.2 cm,1套2件,1913年
1627. 7620.Z4.1644,1913年中华民国政府在荷兰发行的公债,46.1 cm×33.3 cm,1套2件,1913年
1628. 7621.Z4.1645,1911年在英国发行的京汉铁路债券,55.2 cm×36.7 cm,1套2件,1911年
1629. 7622.Z4.1646,1911年在美国发行的京汉铁路债券,55.5 cm×56.2 cm,1套2件,1911年
1630. 7623.Z4.1647,1913年中华民国政府在海外发行的陇泰豫海铁路公债,50.7 cm×27.8 cm,1套2件,1913年
1631. 7677.Z4.1650,民国新宁国民党第九分区开成立大会演出戏票(头等第初六日),15 cm×9.7 cm,民国
1632. 7678.Z4.1651,民国新宁国民党第九分区开成立大会演出戏票(头等第初六夜),9.6 cm×7.1 cm,民国
1633. 7751.Z4.293,1910年官窑七肯黄宅均益会簿,31 cm×15.5 cm,1910年
1634. 7752.Z4.294,1911年关启荫堂象栏新村会簿,25.8 cm×14.8 cm,1911年
1635. 7753.Z4.295,1920年英隆号立合同簿,26.2 cm×13.5 cm,1920年
1636. 7754.Z4.296,1921年麦国华收执的奇槎同志堂保境会簿,24.7 cm×13.2 cm,1921年
1637. 7755.Z4.297,1910年麦尚德堂收执的中成合记合同簿,25.8 cm×13.2 cm,1910年
1638. 7756.Z4.298,1924年伍鸿萱收执的文雅图书印务局股份簿,17.8 cm×10.2 cm,1924年
1639. 7757.Z4.299,1920年黄启良收执的日升社五乡千益会簿,24.6 cm×18.2 cm,1920年
1640. 7758.Z4.354,中华民国印花税票壹分(加盖军政府发行),2.6 cm×3.4 cm,民国
1641. 7759.Z4.355,中华民国印花税票壹分(加盖军政府发行),2.6 cm×3.4 cm,民国
1642. 7760.Z4.356,中华民国印花税票壹分(加盖军政府发行),2.6 cm×3.4 cm,民国
1643. 7761.Z4.359,中华民国印花税票贰分(加盖国民政府财政部),2.8 cm×3.6 cm,民国
1644. 7762.Z4.361,中华民国印花税票伍角(加盖军政府发行),2.5 cm×3.4 cm,民国
1645. 7763.Z4.362,中华民国印花税票伍角(加盖军政府发行),2.5 cm×3.4 cm,民国
1646. 7764.Z4.363,中华民国印花税票伍角(加盖军政府发行),2.5 cm×3.4 cm,民国
1647. 7765.Z4.366,民国国民政府财政部印花税票贰分(加盖广东潮梅五华),2.1 cm×2.3 cm,民国
1648. 7766.Z4.422,民国广陶昌发货单,25 cm×10.7 cm,民国
1649. 7767.Z4.424,民国庄和栈发货单,25 cm×10.7 cm,民国
1650. 7772.Z4.574,1922年偿还内外捌厘债券,34.9 cm×26.3 cm,1922年
1651. 7802.Z4.1652,民国伪满洲中央银行发行的壹圆纸币,6.9 cm×13.1 cm,民国
1652. 7803.Z4.1653,民国烈士像加盖"国币"增值邮票,2.4 cm×2.2 cm,1套4件,民国
1653. 7804.Z4.1654,民国烈士像加盖"华北"邮票,2.4 cm×2.2 cm,1套2件,民国
1654. 7805.Z4.1655,1945年烈士像加盖"蒙疆"增值邮票,2.4 cm×2.2 cm,1945年
1655. 7806.Z4.1656,民国烈士像加盖"苏北"邮票,2.4 cm×2.2 cm,民国

1656. 7807.Z4.1657,1931年伦敦初版孙中山像邮票,2.5 cm×2.2 cm,1931年
1657. 7808.Z4.1658,1931年伦敦再版孙中山像邮票,2.5 cm×2.2 cm,1931年
1658. 7809.Z4.1659,民国孙中山像加盖"国币"增值邮票,2.6 cm×2.2 cm,民国
1659. 7810.Z4.1660,1947伦敦四版孙中山像邮票,2.5 cm×2.3 cm,1947年
1660. 7811.Z4.1661,民国孙中山像加盖"华东邮政"邮票,2.5 cm×2.3 cm,民国
1661. 7812.Z4.1662,1939年香港中华二版孙中山像邮票,2.5 cm×2.3 cm,1939年
1662. 7813.Z4.1663,1946年北平中央一版孙中山像限东北贴用邮票,2.5 cm×2.3 cm,1套2件,1946年
1663. 7814.Z4.1664,1941年纽约版孙中山像邮票,2.6 cm×2.2 cm,1套6件,1941年
1664. 7815.Z4.1665,1943年纽约版孙中山像"收回租界纪念"邮票,2.6 cm×2.2 cm,1943年
1665. 7816.Z4.1666,民国纽约版孙中山像加盖"国币"增值邮票,2.6 cm×2.2 cm,民国
1666. 7817.Z4.1667,民国中信版孙中山像加盖"国币"增值邮票,2.6 cm×2.3 cm,1套2件,民国
1667. 7818.Z4.1668,民国百城二版孙中山像加盖"国币"增值邮票,2.6 cm×2.2 cm,民国
1668. 7819.Z4.1669,民国百城二版孙中山像加盖"改作"增值邮票,2.6 cm×2.3 cm,民国
1669. 7820.Z4.1670,民国中信版孙中山像加盖"改作"增值邮票,2.6 cm×2.2 cm,1套4件,民国
1670. 7821.Z4.1671,1944年重庆中华版孙中山像邮票,2.5 cm×2.2 cm,1套4件,1944年
1671. 7822.Z4.1672,民国重庆中华版孙中山像加盖"金圆"减值邮票,2.5 cm×2.2 cm,民国
1672. 7823.Z4.1673,民国重庆中华版孙中山像加盖"国币"增值邮票,2.5 cm×2.2 cm,民国
1673. 7824.Z4.1674,1947年上海大东二版孙中山像邮票,2.6 cm×2.2 cm,1套6件,1947年
1674. 7825.Z4.1675,1948年上海大东三版孙中山像邮票,2.5 cm×2.3 cm,1套6件,1948年
1675. 7826.Z4.1676,1948年上海大东三版孙中山像邮票,7.8 cm×7 cm,1套6件,1948年
1676. 7827.Z4.1677,民国上海大东二版孙中山像加盖"改作"增值邮票,2.6 cm×2.2 cm,1套2件,民国
1677. 7828.Z4.1678,民国上海大东二版孙中山像加盖"限台湾贴用"增值邮票,2.6 cm×2.2 cm,民国
1678. 7829.Z4.1679,1932年北平版黄欠资邮票,2.6 cm×1.8 cm,1套3件,1932年
1679. 7830.Z4.1680,1948年伦敦二版欠资邮票加盖改值,2 cm×2.3 cm,1948年
1680. 7831.Z4.1681,1944年中信一版欠资邮票,2.5 cm×1.9 cm,1套6件,1944年
1681. 7832.Z4.1682,1947年限东北贴用欠资邮票,2.5 cm×1.8 cm,1套5件,1947年
1682. 7833.Z4.1683,1948年东北贴用加盖改值欠资邮票,2.5 cm×1.8 cm,1套3件,1948年
1683. 7834.Z4.1684,1948年重庆中央版孙中山像"改作欠资"金圆邮票,2.6 cm×2.2 cm,1套10件,1948年
1684. 7835.Z4.1685,1914年北京一版帆船邮票新票,2.5 cm×2.3 cm,1套3件,1914年
1685. 7836.Z4.1686,1923年北京二版帆船邮票新票,2.5 cm×2.3 cm,1套4件,1923年
1686. 7837.Z4.1687,民国北京一版二版帆船加盖"暂作"改值邮票新票,2.5 cm×2.3 cm,1套5件,民国
1687. 7838.Z4.1688,1927年北京二版帆船邮票"限吉黑贴用",2.5 cm×2.3 cm,1927年
1688. 7839.Z4.1689,1927年北京二版航空邮票新票,3.1 cm×4.1 cm,1927年
1689. 7840.Z4.1690,1932年北京三版航空邮票新票,2.5 cm×4.5 cm,1套6件,1932年
1690. 7841.Z4.1691,1945—1946年重庆加盖"国币"航空改值邮票,2.5 cm×4.5 cm,1套5

件,1945—1946年

1691. 7842.Z4.1692,1948年上海加盖"改作"航空改值邮票,2.5 cm×4.5 cm,1948年

1692. 7843.Z4.1693,1948年上海加盖"改作"航空改值邮票,2.5 cm×4.0 cm,1948年

1693. 7844.Z4.1694,1912年清蟠龙邮票加盖楷体字"中华民国"邮票新票,2.5 cm×2.3 cm,1912年

1694. 7845.Z4.1695,1948年国营招商局七十五周年纪念邮票,3.4 cm×2.6 cm,1套4件,1948年

1695. 7846.Z4.1696,1947年国民政府还都纪念邮票,2.2 cm×3.2 cm,1947年

1696. 7847.Z4.1697,1948年资助防痨附捐邮票,3.3 cm×2.6 cm,1948年

1697. 7848.Z4.1698,1944年中信版包裹印纸,2.5 cm×2.3 cm,1套2件,1944年

1698. 7849.Z4.1699,1947年北平一版包裹印纸,2.5 cm×2.2 cm,1套6件,1947年

1699. 7850.Z4.1700,1949年北平版改值金圆包裹印纸,2.5 cm×2.2 cm,1套3件,1949年

1700. 7851.Z4.1701,1946年伦敦版包裹印纸,2.5 cm×2.3 cm,1946年

1701. 7852.Z4.1702,民国伦敦版包裹印纸"改作邮票,金圆壹仟",2.5 cm×2.3 cm,民国

1702. 7853.Z4.1703,民国伦敦版包裹印纸改作"蓉蓉壹分",2.5 cm×2.3 cm,民国

1703. 7854.Z4.1704,1923年宪法纪念邮票,2.8 cm×3.3 cm,1923年

1704. 7855.Z4.1705,1929年孙总理国葬纪念"滇省贴用"邮票,2.1 cm×3.4 cm,1929年

1705. 7856.Z4.1706,1936年中华邮政开办四十周年纪念邮票,2.5 cm×3.5 cm,1套3件,1936年

1706. 7857.Z4.1707,1944年邮政储金图邮票,2.6 cm×2.2 cm,1944年

1707. 7858.Z4.1708,1949年香港亚洲版单位邮票,2.5 cm×2.2 cm,1949年

1708. 7859.Z4.1709,1949年东北邮电管理局发行"八·一五"四周年纪念邮票,3.3 cm×2.6 cm,1949年

1709. 7860.Z4.1710,1943年伪蒙疆"蒙古政府成立五周年纪念"邮票,2.5 cm×2.0 cm,1套2件,1943年

1710. 7861.Z4.1711,1950年中华人民邮政发行的第1套欠资邮票,2.6 cm×1.9 cm,1套3件,1950年

1711. 7862.Z4.1712,中华民国发行的欠资邮票,2.6 cm×1.9 cm,1套4件,民国

1712. 7863.Z4.1713,1949年华东邮政发行的火车头邮票,2.6 cm×2.2 cm,1套2件,1949年

1713. 7864.Z4.1714,民国重庆中央版孙中山像加盖"改作"增值邮票,2.5 cm×2.2 cm,民国

1714. 7865.Z4.1715,1949年华南邮政发行的广州解放纪念邮票,2.7—3.1 cm×3.1—3.6 cm,1套5件,1949年

1715. 8038.Z4.1716,1932年裕源公司发给昌兴的麻雀牌捐存查单,2.62 cm×9.5 cm,1932年

1716. 8039.Z4.1717,1932年裕源公司发给积厚的麻雀牌捐存查单,26.3 cm×9.5 cm,1932年

1717. 8051.Z4.1718,1933年广州市展览会长期有奖入场券五圆,10.5 cm×19.9 cm,1933年

1718. 8052.Z4.1719,1918年效贤堂之成章军衣店合同部,21.9 cm×13 cm,1918年

1719. 8053.Z4.1720,1918年效贤堂之章字第三十六号成章军衣店息折,20 cm×11.4 cm,1918年

1720. 8054.Z4.1721,1918年袁仲明之领铺吉章,20.9 cm×9.4 cm,1918年

1721. 8055.Z4.1722,1929年蔡保清的宋隆基闸股份公司股票,30.5 cm×30.9 cm,1929年

1722. 8116.Z4.1723,1925年周伯深的古巴华侨救济中国工人捐款收条,24.5 cm×9.9 cm,1925年

1723. 8117.Z4.1724,1924年周伯深的古巴华侨外交协进会义捐收条,23.6 cm×10.0 cm,1924年

1724. 8118.Z4.1725,1926年邝洽敬的中国国民党布岽分部捐费收条,22 cm×9.7 cm,1926年

1725. 8120.Z4.1726,1924年广州南华置业有限公司年结簿,18.9 cm×13.7 cm,1924年

1726. 8121.Z4.1727,1927年罗仪霭的广州南华置业有限公司年结簿,18.8 cm×13.2 cm,1927年

1727. 8122.Z4.1728,1915年东股第二号何福荫堂合同部,21.8 cm×11.2 cm,1915年

1728. 8128.Z4.1729,1924年广州嘉南堂置业有限公司年结簿,19.0 cm×14.1 cm,1924年

1729. 8131.Z4.1730,1923年罗仪霭的广州南华有限公司三益储蓄会收条,25.7 cm× 10.1 cm,1923年

1730. 8132.Z4.1731,1922年罗仪霭的广州嘉南堂有限公司三益储蓄会收条,24 cm× 10.3 cm,1922年

1731. 8133.Z4.1732,1924年罗仪霭的广州嘉南堂有限公司三益储蓄会收条,25.4 cm× 12.3 cm,1924年

1732. 8134.Z4.1733,1926年8月10日甄洪润的中国国民党驻墨各哥利分部发月费收据, 20.2 cm×8.7 cm,1926年

1733. 8135.Z4.1734,1926年4月5日甄洪润的中国国民党驻墨各哥利分部发月费收据, 20.2 cm×8.7 cm,1926年

1734. 8136.Z4.1735,1927年10月25日甄洪润的中国国民党驻墨西哥支部发交费收条, 20.9 cm×8.9 cm,1927年

1735. 8137.Z4.1736,1927年4月15日甄洪润的中国国民党驻墨顺省分部交费收条,21.6 cm× 10.0 cm,1927年

1736. 8138.Z4.1737,1927年8月中国国民党驻墨顺省分部发给甄洪润的交费收条,21.6 cm× 10 cm,1927年

1737. 8139.Z4.1738,1926年4月5日中国国民党驻墨西哥支部发给甄洪润的交费收条, 23.2 cm×9.2 cm,1926年

1738. 8140.Z4.1739,1926年3月30日中国国民党驻墨西哥支部发给甄洪润的交费收条, 21.7 cm×9.1 cm,1926年

1739. 8150.Z4.1740,民国罗仪霭的广州南华有限公司充会通知单,18.3 cm×19.8 cm,民国

1740. 8158.Z4.1741,1926年4月30日甄洪润的中国国民党墨西哥总支部发收据,19.8 cm× 9.1 cm,1926年

1741. 8546.Z4.1742,民国香港恒源公司给古应芬的收条,封15.8 cm×7.7 cm,内页33.1 cm× 14.8 cm,1套2件,民国

1742. 8630.Z4.1743,1922年11月16日邓泽如给程天斗的收条,26 cm×13 cm,1922年

1743. 8652.Z4.1744,1924年8月11日永琪兴记给刘先生的捐资修邓仲元墓的收据, 25.5 cm×9.8 cm,1924年

1744. 8653.Z4.1745,1924年8月21日永琪兴记给刘先生的捐资修邓仲元墓的收据,24.7 cm×9.8 cm,1924年

1745. 8807.Z4.1746,民国中国国货银行认股单,28 cm×43 cm,民国

1746. 8875.Z4.1747,1914年5月12日横滨正金银行支票副本,14.3 cm×23.1 cm,1914年

1747. 8909.Z4.1748,民国账单散条,8.6—27 cm×6.3—13.3 cm,1套6件,民国

1748. 8954.Z4.1749,民国广州福安堂黄锡云家族资料雨安堂进支簿,24.2 cm×26.1 cm,1套13 件,民国

1749. 8955.Z4.1750,民国联益堂进支簿,25.2 cm×26.5 cm,1套7件,民国

1750. 8956.Z4.1751,1929年各伴酬金簿,24.3 cm×26.1 cm,1929年
1751. 8957.Z4.1752,1922年和记影相馆历年年结簿,24.1 cm×26.2 cm,1922年
1752. 8959.Z4.1753,1928年正心楼年结簿,25.7 cm×14.4 cm,1928年
1753. 8960.Z4.1754,1930年正心楼年结簿,25.6 cm×14.3 cm,1930年
1754. 8961.Z4.1755,1931年正心楼年结簿,25.5 cm×14.5 cm,1套3件,1931年
1755. 8962.Z4.1756,1932年正心楼年结簿,24.8 cm×13.3 cm,1932年
1756. 8963.Z4.1757,1933年正心楼年结簿,25 cm×13.4 cm,1933年
1757. 8964.Z4.1758,1934年正心楼年结簿,25 cm×13.3 cm,1934年
1758. 8965.Z4.1759,1930年添男楼年结簿,25.7 cm×14.5 cm,1930年
1759. 8966.Z4.1760,1932年添男楼年结簿,25.7 cm×14.5 cm,1932年
1760. 8967.Z4.1761,1934年添男楼年结簿,25.4 cm×14.5 cm,1934年
1761. 8968.Z4.1762,1936年添男楼年结簿,25.3 cm×14.8 cm,1936年
1762. 8969.Z4.1763,1932年常安兴记年结簿,24.5 cm×13.2 cm,1932年
1763. 8970.Z4.1764,1934年常安兴记年结簿,25.9 cm×14.8 cm,1934年
1764. 8971.Z4.1765,1935年常安兴记年结簿,25.7 cm×14.5 cm,1935年
1765. 8972.Z4.1766,1930年大元楼年结簿,25.7 cm×14.4 cm,1930年
1766. 8973.Z4.1767,1931年大元楼年结簿,25.5 cm×14.5 cm,1931年
1767. 8974.Z4.1768,1930年天香号年结簿,24.7 cm×13.3 cm,1930年
1768. 8975.Z4.1769,1934年和心楼年结簿,25.2 cm×14.4 cm,1934年
1769. 8976.Z4.1770,1930年福昌隆年结簿,24.7 cm×14.2 cm,1930年
1770. 8977.Z4.1771,1931年福昌隆年结簿,23.6 cm×14.0 cm,1931年
1771. 8978.Z4.1772,1931年悦昌和记年结簿,24.5 cm×13.4 cm,1931年
1772. 8979.Z4.1773,1930年悦昌和记年结簿,24.6 cm×13.8 cm,1930年
1773. 8980.Z4.1774,1931年黄和悦堂年结簿,24.5 cm×13.5 cm,1931年
1774. 8981.Z4.1775,1931年黄和悦堂年结簿,25 cm×13.2 cm,1931年
1775. 8982.Z4.1776,1931年黄联益堂年结簿,25.2 cm×13 cm,1931年
1776. 8983.Z4.1777,1937年黄联益堂绩业会结册,25.3 cm×13 cm,1937年
1777. 8984.Z4.1778,1930年协安号立黄福安年结簿,24.1 cm×13.3 cm×0.1 cm,1930年
1778. 8985.Z4.1779,1933年黄雨安堂年结簿,23.9—24.8 cm×12.5—13 cm,1套2件,1933年
1779. 8986.Z4.1780,1930年黄雨安堂年结簿,24 cm×12.6 cm,1930年
1780. 8987.Z4.1781,1935年时安号年结簿之"黄忠有东翁"条,26.5 cm×14 cm,1935年
1781. 8988.Z4.1782,1931年永昌和年结簿,24.7 cm×13.5 cm,1931年
1782. 8989.Z4.1783,1931年永昌和年结簿,24.4 cm×13 cm,1931年
1783. 8990.Z4.1784,1932年永昌和年结簿,25.1 cm×13.4 cm,1932年
1784. 8991.Z4.1785,1936年福安堂产业股份付揭来往总录,17.9 cm×12.3 cm,1936年
1785. 8992.Z4.1786,1936年黄福安堂使用的广东省省会公安局规定租簿正本,17.9 cm×12 cm,1936年
1786. 8993.Z4.1787,1937年陈妹使用的广东省省会公安局规定租簿正本,17 cm×11.5 cm,1937年
1787. 8994.Z4.1788,1937年黄悦堂使用的广东省省会公安局规定租簿正本,17.4 cm×

11.5 cm,1937 年

1788. 8995.Z4.1789,1936 年黄福安堂使用的广东省省会公安局规定租簿正本,17.8 cm×12 cm,1936 年

1789. 8996.Z4.1790,1937 年黄联益堂使用的广东省省会公安局规定租簿正本,19.2 cm×12.5 cm,1937 年

1790. 8997.Z4.1791,1937 年黄和悦堂使用的广东省省会公安局规定租簿正本,17 cm×11.5 cm,1937 年

1791. 8998.Z4.1792,1932 年《黄锡云妾有好来往银部》,18.5 cm×12.3 cm×0.2 cm,1932 年

1792. 8999.Z4.1793,1938 年瑞士保险公司给福安堂的保险单,封 23.2 cm×11 cm,单 43.2 cm×27.8 cm,1 套 2 件,1938 年

1793. 9010.Z4.1794,民国律师莫官瑶事务所开具的法律顾问费收据,33.1 cm×21.2 cm,民国

1794. 9016.Z4.1795,1934 年广州地方法院开具的收费单,26.7 cm×9.8 cm,1934 年

1795. 9027.Z4.1796,1933 年雨安堂进支账单,单 25.6 cm×53.7 cm,1933 年

1796. 9029.Z4.1797,1937 年广州市汉民分局第四区坊众理事会征收购机租捐收条,31.3 cm×12.2 cm,1937 年

1797. 9030.Z4.1798,1937 年广州蒙圣区购置救火机委员会开具的收条,26.2 cm×10 cm,1 套 3 件,1937 年

1798. 9031.Z4.1799,1938 年肇益号收据,30.4 cm×15.4 cm,1938 年

1799. 9032.Z4.1800,1938 年隆安号收据,27.1 cm×12.3 cm,1938 年

1800. 9033.Z4.1801,1934 年广州市电力管理处电费收条开具的电费收据,21.8 cm×15.5 cm,1 套 2 件,1934 年

1801. 9034.Z4.1802,1938 年广东省会警察局征收投买保险登记费收据,28.7 cm×8—9.3 cm,1 套 2 件,1938 年

1802. 9035.Z4.1803,1937 年广州市海幢保甲区捐款购置救火机委员会开具的收条,25.2 cm×10.5 cm,1937 年

1803. 9036.Z4.1804,1935 年会计师赵灼事务所收据,25.2 cm×25.3 cm,1935 年

1804. 9037.Z4.1805,1937 年广州市自来水管理处收费收据,13.3 cm×22.7 cm,1937 年

1805. 9038.Z4.1806,1935 年赵灼事务所收据,25.1 cm×15.3 cm,1935 年

1806. 9039.Z4.1807,1935 年广州永昌和商号建筑切结书,29.3 cm×30 cm,1935 年

1807. 9040.Z4.1808,1935 年广州永昌和商号建筑切结书,29.3 cm×32.2 cm,1935 年

1808. 9041.Z4.1809,1938 年南和大押当票,20 cm×13.6 cm,1938 年

1809. 9042.Z4.1810,1938 年公源押当票,17.9 cm×12.7 cm,1938 年

1810. 9043.Z4.1811,1938 年兴昌押当票,18 cm×12.7 cm,1938 年

1811. 9044.Z4.1812,1938 年南泰大押当票,20 cm×13.9 cm,1938 年

1812. 9056.Z4.1813,1912 年美洲中华民国总公会会票,22.6 cm×10 cm,1912 年

1813. 9058.Z4.1814,1911 年少年中国晨报捐助上海红十字救伤队收据,21.5 cm×9.2 cm,1911 年

1814. 9066.Z4.1815,1925 年广东兴亚火柴有限公司股票,22.5 cm×28.8 cm,1925 年

1815. 9067.Z4.1816,1936 年广东省银行贰角纸币,6.3 cm×12.1 cm,1936 年

1816. 9074.Z4.1817,1933 年香港兴亚大酒店有限公司股票,28.4 cm×34.4 cm,1933 年

1817. 9077.Z4.1818,1922 年广州维安银号股票收条,27.7 cm×12.2 cm,1922 年

1818. 9078.Z4.1819,1932年广州市国新建筑公司股份本,26 cm×12.3 cm,1932年

1819. 9079.Z4.1820,1935年广州市国新建筑公司进支数总结册,26.3 cm×54.6 cm,1935年

1820. 9080.Z4.1821,1922年11月2日国民党驻三藩市总支部救国特别义捐收条,20.8 cm×10.5 cm,1922年

1821. 9479.Z4.1822,民国粤省军政府通用银票壹圆,13 cm×7.8 cm,1912年

1822. 9480.Z4.1823,民国广州市立银行样票拾圆,10.7 cm×16.3 cm,民国

1823. 9481.Z4.1824,民国广州市立银行样票壹圆,7.6 cm×13.5 cm,民国

1824. 9482.Z4.1825,民国广州市立银行样票壹圆,13.4 cm×7.7 cm,民国

1825. 9483.Z4.1826,民国广州市立银行样票拾圆,16.3 cm×10.7 cm,民国

1826. 9484.Z4.1827,民国广州市立银行样票伍圆,14.8 cm×9 cm,民国

1827. 9485.Z4.1828,民国广州市立银行样票伍圆,9 cm×14.8 cm,民国

1828. 9486.Z4.1829,民国粤省军政府通用银票贰圆,8.3 cm×13.7 cm,民国

1829. 9487.Z4.1830,民国粤省军政府通用银票伍毫,7.5 cm×11.7 cm,民国

1830. 9488.Z4.1831,民国粤省军政府通用银票壹圆,7.6 cm×12.9 cm,民国

1831. 9489.Z4.1832,民国粤省军政府通用银票伍圆,9.1 cm×15.1 cm,民国

1832. 9538.Z4.1833,清光绪三十三年源兴号认购新宁商务分会会费的收条,25.9 cm×11.9 cm,1907年

1833. 9540.Z4.1834,1924年源兴认购粤军短期军需借券收条,26.9 cm×11.8 cm,1924年

1834. 9541.Z4.1835,1935年源兴的营业税罚款收据,30.4 cm×13.3 cm,1935年

1835. 9548.Z4.1836,1932年朱庆澜的和丰银行有限公司正票,23.9 cm×9.7 cm,民国

1836. 10137.Z4.1837,1931年刘纪文的总理陵园新村地租收据,9.5 cm×19.3 cm,26.2 cm×19.8 cm,1套2件,1931年

1837. 10260.Z4.1838,1946年刘良栋的私立金陵大学附属中学报名费收据,21.3 cm×6.8 cm,1946年

1838. 10280.Z4.1839,1952年阳明山管理局北投镇公所给张通的不动产监证费收据,25.6 cm×35.3 cm,1952年

1839. 10281.Z4.1840,1954年阳明山管理局北投镇公所给周忠谔的契税收据,24.7 cm×36.6 cm,1954年

1840. 10282.Z4.1841,1954年阳明山管理局给张通的地价税缴欠款收据,19.5 cm×15.4 cm,1954年

1841. 10283.Z4.1842,1955年阳明山管理局给刘纪文的土地登记收费收据,12.5 cm×18.6 cm,1955年

1842. 10285.Z4.1843,1950年中美印刷株式会社酉出正光关于海南铁矿的收条,21.9 cm×16.1 cm,18.2 cm×25.4 cm,1套2件,1950年

1843. 10287.Z4.1844,1950年驻日代表团后勤处总机室李玉正出具的台北电话费收条,1/6—2/6 21.2 cm×14.0 cm,3/6—4/6 8.9 cm×11.9 cm,5/6—6/6 9.1 cm×11 cm,1套6件,1950年

1844. 10352.Z4.1845,1950年4月21日日本GA-JO-EN观光酒店陈先生的电报费收据,7.6 cm×11 cm,1950年

1845. 8130.Z3.3931,1932年甄洪润的中国国民党墨西哥总支部发月结收据,19 cm×10.1 cm,1932年